La notion de bloc de constitutionnalité

Logiques Juridiques
Fondée par Gérard Marcou
Dirigée par Thomas Perroud

Le droit n'est pas seulement un savoir, il est d'abord un ensemble de rapports et pratiques que l'on rencontre dans presque toutes les formes de sociétés. C'est pourquoi il a toujours donné lieu à la fois à une littérature de juristes professionnels, produisant le savoir juridique, et à une littérature sur le droit, produite par des philosophes, des sociologues ou des économistes notamment.

Parce que le domaine du droit s'étend sans cesse et rend de plus en plus souvent nécessaire le recours au savoir juridique spécialisé, même dans des matières où il n'avait jadis qu'une importance secondaire, les ouvrages juridiques à caractère professionnel ou pédagogique dominent l'édition, et ils tendent à réduire la recherche en droit à sa seule dimension positive. À l'inverse de cette tendance, la collection « Logiques juridiques » des éditions L'Harmattan est ouverte à toutes les approches du droit. Tout en publiant aussi des ouvrages à vocation professionnelle ou pédagogique, elle se fixe avant tout pour but de contribuer à la publication et à la diffusion des recherches en droit, ainsi qu'au dialogue scientifique sur le droit. Comme son nom l'indique, elle se veut plurielle.

Dernières parutions

Gabrielle Beguin, Nina Lasbleiz et Jérôme Prévost-Gella (dir.), *Standard contre standards, Réflexions sur une catégorie juridique en droit public*, 2025. Brune-Laure DUGOURD, *Les organismes de titrisation*, 2025.
Christophe DELATTRE, *Le ministère public et la prévention des difficultés des entreprises*, 2025.
Alessio BELLI, *La citoyenneté sociale à la recherche d'un nouvel imaginaire normatif. L'héritage oublié*, 2025.
Ibrahima DIOR, *Le forum non conveniens et les injonctions anti-suit dans les arbitrages d'investissement des États africains*, 2025.
Laetitia DESMONS, *L'autonomie de l'ordre juridique de l'Union européenne sur la Cour de justice. Contribution à l'étude des fondements de la construction européenne*, 2025.
Boubacar EL IDE, *Influence du droit international des droits de l'homme sur le droit des investissements. L'économique au détriment du social ?* 2025.

Jean-Sébastien Boda

La notion de bloc de constitutionnalité

L'Harmattan

5-7, rue de l'École-Polytechnique - 75005 Paris

www.editions-harmattan.fr

ISBN : 978-2-336-55175-3

EAN : 9782336551753

SOMMAIRE

INTRODUCTION

En 1928, dans sa thèse de doctorat, Charles Eisenmann défendait une conception tout à la fois stricte et exigeante de la constitutionnalité : « on doit entendre par constitutionnalité et on ne peut entendre par là que la conformité à une disposition expresse de la Constitution : contrôler la constitutionnalité, c'est, et c'est uniquement, vérifier qu'une règle quelconque ne déroge pas irrégulièrement à la Constitution. En dehors de là, tout est politique, droit naturel, arbitraire »[1]. Une telle affirmation, qui reposait sur une approche strictement positiviste du droit et de l'office d'une juridiction constitutionnelle ainsi que sur une définition purement formelle de la constitution, ne laisse pas d'interroger quand il s'agit d'évoquer la notion de bloc de constitutionnalité sous la Vème République.

La notion de constitution n'est pas univoque : ce constat - brutal - peut étonner s'agissant d'une des notions les plus employées lorsqu'il est question du fondement ou de l'unité d'un système juridique. Pourtant, il est assez courant de constater qu'elle est susceptible de plusieurs acceptions au sein des discours juridiques, qui sont notamment liées au rôle que l'on souhaite lui attribuer[2]. Paul Bastid remarquait ainsi qu'on ne peut définir juridiquement la

---

[1] C. Eisenmann, *La justice constitutionnelle et la Haute Cour constitutionnelle d'Autriche*, Paris, Economica, PUAM, 1986 (rééd), p. 19-20.

[2] Sur la notion de constitution et les différentes définitions et conceptions dont elle est l'objet, voir, parmi une imposante littérature : D. Baranger, *La Constitution. Sources. Interprétations. Raisonnements*, Paris, Dalloz, 2022 ; M. Troper, D. Chagnollaud (dir.), *Traité international de droit constitutionnel*, Paris, Dallos, 2012, 3 tomes ; (Collectif), *Pouvoirs*, n° 187, 2023, *La Constitution* ; P. Bastid, *L'idée de Constitution*, Paris, Economica, 1985 ; M. Bouaziz, *Définir la constitution. L'article 16 de la Déclaration de 1789 et le constitutionnalisme*, Paris, Classiques Garnier, 2024 ; O. Beaud, « Constitution et droit constitutionnel », in D. Alland, S. Rials (dir.), *Dictionnaire de la culture juridique*, Paris, PUF, 2003, p. 257 ; « Constitution et constitutionnalisme »,
in, P. Raynaud, S. Rials (dir.), *Dictionnaire de philosophie politique*, Paris, PUF, 2003, p. 133 ; « L'histoire du concept de constitution en France. De la constitution politique à la constitution comme statut juridique de l'Etat », Jus Politicum, n° 3 [http://juspoliticum.com/article/L-histoire-du-concept-de-constitution-en-France-De-la-constitution-politique-a-la-constitution-comme-statut-juridique-de-l-Etat-140.html] ; P. Brunet, « Constitution », *Encyclopædia Universalis*, 2007 ; G. Burdeau, « Une survivance : la notion de constitution », in *L'Evolution du droit public. Etudes offertes à Achille Mestre*, Paris, Sirey, 1956, p. 53 ; S. Cotta, « La notion de constitution dans ses rapports avec la réalité sociale », *Annales de philosophie politique*, 1965, p. 147 ; P. Commanducci, « Ordre ou norme ? Quelques idées de constitution au XVIIIe siècle », in M. Troper, L. Jaume (dir.), *1789 et l'invention de la constitution*, Paris, LGDJ, 1994 p. 23 ; K. Grabarczyk, « La notion de constitution

constitution que de deux façons, selon que l'on s'attache à sa matière ou à sa forme, mais qu'aucune des deux définitions obtenues n'était « pleinement satisfaisante »[1]. De tous les auteurs ayant cherché à définir la constitution, Carl Schmitt[2] est sans doute celui qui a le mieux fait apparaître le caractère polysémique de la notion en liant les enjeux juridiques et politiques de ses différentes définitions dans son ouvrage classique *Théorie de la Constitution*[3]. Il y a exposé différentes acceptions possibles du terme « constitution » ; il y a cependant explicitement pris parti pour une définition anti-formaliste de la constitution, laquelle ne sera pas retenue ici.

Depuis la promulgation de la Constitution du 4 octobre 1958, la notion de constitution, le droit constitutionnel et plus généralement le droit public

---

à l'épreuve des révisions constitutionnelles », *RRJ*, 2007, p. 1331 ; Y. Laurans, *Recherches sur la catégorie juridique de constitution et son adaptation aux mutations du droit contemporain*, Thèse, Nancy 2, 2009 ; A. Le Divellec (dir.), *La notion de constitution dans la doctrine constitutionnelle de la Troisième République*, Paris, Panthéon-Assas, 2020 ; H. Lloyd, « Le constitutionnalisme », in J. Burns (dir.), *Histoire de la pensée politique moderne*, Paris, PUF, 1997, p. 230 ; K. Loewenstein, « Réflexions sur la valeur des constitutions dans une époque révolutionnaire. Esquisse d'une ontologie des Constitutions », *RFSP*, 1952, p. 332 ; A. Papatolias, *Conception mécaniste et conception normative de la constitution*, Bruxelles, Bruylant, 2000 ; O. Thozolan, « Aux origines pré-révolutionnaires de la notion de constitution : Henri de Boulainvilliers (1658-1722) », in *Pensée politique et droit*, Aix-en-Provence, PUAM, 1998, p. 161 ; E. Tillet, « Les ambiguïtés du concept de constitution au XVIIIe siècle : l'exemple de Montesquieu », in *Pensée politique et droit*, *op. cit.*, p. 361 ; E. Zoller, *Droit constitutionnel*, Paris PUF, 2e éd., 1999 ; Y. Roznai, « La classification des normes constitutionnelles, », *Titre VII*, n° 8, avril 2022.

[1] P. Bastid *L'idée de Constitution*, *op. cit.*, p. 27. Voir également M. Waline, « Quelques réflexions sur la notion de constitution en droit positif français », *Sirey*, 1933, p. 112.

[2] Sur cet auteur voir, parmi une importante bibliographie, S. Baume, *Carl Schmitt, penseur de l'Etat : Genèse d'une doctrine*, Paris, Les Presses de Sciences Po, 2008 ; G. Balakrishnan, *L'ennemi. Un portrait intellectuel de Carl Schmitt*, Editions Amsterdam, 2005 ; O. Beaud, *Les derniers jours de Weimar. Carl Schmitt face à l'avènement du nazisme*, Paris, Descartes & Cie, 1997 ; David Cumin, *Carl Schmitt. Biographie politique et intellectuelle*, Paris, Editions du Cerf, 2008 ; K. Dirck, « Les idées de Carl Schmitt », *APD*, 1934, p. 169 ; A. Doremus, « Introduction à la pensée de Carl Schmitt », *APD*, n° 45, 1982, p. 585 ; J.-F. Kervegan, « Actualité de Carl Schmitt ? A propos de rééditions et de publications récentes », *Jus Commune*, 1991, p. 309 ; Y.-V. Müller, *Carl Schmitt : un esprit dangereux*, Paris, Armand Collin, 2007 ; P. Pasquino, « Schmitt à Weimar. Remarques sur la préface d'Olivier Beaud à : Carl Schmitt, *Théorie de la Constitution* », *RFSP*, 1993, p. 702 ; S. Rials, « Hobbes en chemise brune. Sur un livre de Carl Schmitt et le problème Schmitt », *Droits*, n° 38, 2003, p. 183 ; B. Rüthers, « Un sauveur face à l'Antéchrist : Carl Schmitt, théologien politique », *RFDC*, 2002, p. 377 ; R. Wolin, « Carl Schmitt, l'existentialisme politique et l'Etat total », *Les temps Modernes*, 1991, p. 50.

[3] C. Schmitt, *Théorie de la constitution*, Paris, PUF, 1993.

français ont connu de nombreuses mutations, dues notamment au développement du droit européen - qu'il s'agisse du droit de l'Union européenne ou du droit issu du Conseil de l'Europe, en particulier de la façon dont la Convention européenne de sauvegarde des droits de l'homme et des libertés fondamentales, traité international signé le 04 novembre 1950, est appliquée par la Cour européenne des droits de l'homme - ainsi, à un degré bien moindre, qu'à la promotion du droit comparé[1]. C'est cependant l'émergence du contrôle de constitutionnalité des lois par un organe spécifique, le Conseil constitutionnel, qui a favorisé une approche nouvelle de la notion de constitution en France. Le Conseil constitutionnel est fréquemment conduit à exercer un contrôle de constitutionnalité, étant spécifiquement habilité à contrôler la conformité d'un certain nombre d'actes juridiques à la Constitution lorsqu'il en est saisi. Aux termes des articles 61 et 61-1 de la Constitution, parmi ces actes juridiques, figure la loi et en contrôlant celle-ci, c'est à un acte juridique revêtu d'une signification symbolique et politique particulière qu'il impose le respect de la Constitution[2]. Enfin, l'article 62 de la Constitution dispose que ses décisions « s'imposent aux pouvoirs publics et à toutes les autorités administratives et juridictionnelles », formant un support textuel déterminant pour lui permettre de revendiquer la prééminence sur les autres juridictions réputées appliquer la Constitution[3]. Au-delà de ces éléments, il semble impossible, pour un observateur, de ne pas reconnaître au Conseil constitutionnel un rôle décisif dans la façon dont les différentes juridictions interprètent la Constitution dans le système juridique français.

Les juridictions administratives et judiciaires ont également l'occasion de contrôler parfois la conformité de certains actes à la Constitution ou tout simplement d'appliquer cette dernière[4]. Depuis 2010, dans le cadre de la

---

[1] Voir C. Grewe, H. Ruiz Fabri, *Droits constitutionnels européens*, Paris, PUF, 1995 ; M.-C. Ponthoreau, *Droits(s) constitutionnel(s) comparé(s)*, Paris, Economica, 2010.

[2] De façon complémentaire, l'article 54 de la Constitution prévoit que le Conseil constitutionnel peut être saisi des engagements internationaux avant leur autorisation ou ratification pour contrôler leur conformité à la Constitution.

[3] Voir V Bacquet-Brehant, *L'article 62 alinéa 2 de la Constitution du 4 octobre 1958. Contribution à l'étude de l'autorité des décisions du Conseil constitutionnel*, Paris, LDGJ, 2005.

[4] Sur ce point, voir notamment F. Batailler, *Le Conseil d'Etat, juge constitutionnel*, Paris, LGDJ, 1966 ; J. Bonnet, *Le juge ordinaire français et le contrôle de la constitutionnalité des lois*, Paris, Dalloz, 2009 ; S. Leroyer, *L 'apport du Conseil d'État au droit constitutionnel de la Ve République*, Paris, Dalloz, 2011 ; G. Braibant, « Le contrôle de la constitutionnalité des lois par le Conseil d'Etat », in *Le nouveau constitutionnalisme. Mélanges en l'honneur de Gérard Conac*, Paris, Economica, 2001, p. 185 ; K. Butéri, *L'application de la Constitution par le juge administratif*, Thèse, Aix-en-Provence, 2000 ; A. Derrien, *Les juges français de la constitutionnalité. Etude sur la construction d'un système contentieux. Conseil*

procédure de question prioritaire de constitutionnalité, prévue à l'article 61-1 de la Constitution[1], elles ont notamment la possibilité de juger du caractère sérieux ou nouveau d'un moyen invoqué à l'encontre d'une disposition législative afin de décider s'il y a lieu à renvoi de la question posée par un requérant au Conseil constitutionnel pour qu'il statue sur l'éventuelle abrogation de la disposition en cause. L'exercice d'un contrôle de constitutionnalité par ces juridictions reste cependant résiduel et parfois implicite[2]. C'est pourquoi, dans le cadre du présent ouvrage, on s'intéressera essentiellement aux décisions du Conseil constitutionnel, sans s'interdire de mentionner la jurisprudence du juge ordinaire – en particulier celle du Conseil d'Etat – lorsqu'elle permet, notamment avant la création du Conseil constitutionnel, d'offrir une approche complémentaire et des informations utiles sur le statut juridique d'énoncés qui allaient donner naissance à la réalité normative que la notion de bloc de constitutionnalité entend décrire.

Dans la majorité des décisions rendues par le Conseil constitutionnel et se présentant comme faisant « application » de la Constitution, les motifs

---

constitutionnel, Conseil d'Etat, Cour de cassation : trois juges pour une norme, Bruxelles, Bakkoulas et Bruylant, 2003 ; (Collectif), *La Cour de cassation et la constitution de la République*, Paris, La Documentation française, 1995 ; O. Desaulnay, *L'application de la Constitution par la Cour de cassation*, Paris, Dalloz, 2009 ; G. Drago (dir.), *L'application de la Constitution par les cours suprêmes : Conseil constitutionnel, Conseil d'Etat, Cour de cassation*, Paris, Dalloz, 2007 ; G. Druesne, « La jurisprudence constitutionnelle des tribunaux judiciaires sous la Ve République », *RDP*, 1974, p. 169 ; F. Luchaire, « Le Conseil d'Etat et la constitution », *RA*, 1979, p. 141 ; B. Mathieu, « Le Conseil d'État, juge de la constitutionnalité des lois », in *Le dialogue des juges. Mélanges en l'honneur du président Bruno Genevois*, Paris, Dalloz, 2009, p. 735 ; J.-L. Nadal, « La Constitution et le juge judiciaire », in B. Mathieu (dir.), *Cinquantième anniversaire de la Constitution française*, Paris, Dalloz, 2008, p. 65 ; J.-M. Sauvé, « Le Conseil d'État et la Constitution », *RFDC*, 2009, p. 15 ; B. Stirn, « Le Conseil d'État et la Constitution », in *Le droit administratif : permanences et convergences. Mélanges en l'honneur de Jean-François Lachaume*, Paris, Dalloz, 2007, p. 1001 ; D. Baranger, O. Beaud (dir), Jus Politicum n° 32, 2024, *Le droit constitutionnel du Conseil d'État*, [https://www.juspoliticum.com/volumes/le-droit-constitutionnel-du-conseil-d'etat-(i)-136].

[1] Issu de la loi constitutionnelle n° 2008-724 du 23 juillet 2008 et complété par la loi organique n° 2009-1523 du 10 décembre 2009 (Pour l'application de laquelle le Conseil constitutionnel a fourni d'utiles précisions : Cons. constit., 3 décembre 2009, n° 2009-595 ; J. Roux, « La question prioritaire de constitutionnalité à la lumière de la décision du Conseil constitutionnel du 3 décembre 2009, *RDP*, 2010, p. 233).

[2] Voir A. Derrien, *Les juges français de la constitutionnalité. Etude sur la construction d'un système contentieux. Conseil constitutionnel, Conseil d'Etat, Cour de cassation : trois juges pour une norme*, *op. cit.*, et surtout C.-E. Senac, *L'office du juge constitutionnel. Etude du contrôle de constitutionnalité par les juridictions françaises*, Paris, LGDJ, 2015.

invoqués à l'appui du dispositif font souvent référence, en sus des dispositions contenues dans le texte de la Constitution, à des énoncés qui lui sont formellement extérieurs. Il est autant question de « Constitution » que de « normes de constitutionnalité », de « règles » et de « principes de (ou à) valeur constitutionnelle », d'« exigences constitutionnelles », d'« objectifs de valeur constitutionnelle » ou encore « de prescriptions constitutionnelles ». En outre, pour exercer son contrôle de constitutionnalité, le Conseil constitutionnel utilise parfois des énoncés contenus dans des lois organiques, dans des traités internationaux, dans l'Accord de Nouméa voire dans la loi ordinaire. Pour illustrer cet état du droit, Georges Vedel aimait à dire que « toute la Constitution n'est pas dans la Constitution ». C'est la jurisprudence issue de la décision *Liberté d'association*[1] qui a le plus influencé cette tendance en faisant rentrer dans les textes servant au contrôle de constitutionnalité ceux mentionnés dans le préambule de la Constitution du 4 octobre 1958. A partir de cette décision, « le contrôle de constitutionnalité n'a plus pour seule finalité le respect des règles constitutionnelles régissant les rapports entre pouvoirs publics. Il s'étend à la protection des droits et libertés proclamés par les textes auxquels se réfère le Préambule de la Constitution »[2]. A ce propos, Guy Canivet, ancien membre du Conseil constitutionnel, a pu relever le fait que le juge constitutionnel français a « considérablement élargi ses propres compétences, mais aussi les droits des citoyens et justiciables, en "considérant" que le Préambule de la Constitution faisait partie de la Constitution – alors que les constituants de 1958 avaient cherché, ne serait-ce que par sa formulation tout à fait programmatique et non techniquement juridique, à l'exclure des données de référence que pourrait appliquer le futur Conseil constitutionnel »[3]. De son côté, Pascal Jan a pu affirmer que « le juge constitutionnel dégage, sous l'effet des arguments insistants des requêtes parlementaires, des réflexions doctrinales, des jurisprudences extérieures – nationales comme européennes – ou de sa propre doctrine de nouveaux principes, de nouvelles exigences, de nouveaux objectifs qui n'acquièrent pas nécessairement pleine valeur constitutionnelle mais qui, illustrant une règle ou principe constitutionnel clairement établi, sont pris en compte dans l'appréciation de son contrôle de constitutionnalité »[4]. C'est afin de rendre compte de cette réalité bien connue que, dans son écrasante majorité, la

---

[1] Cons. constit, 16 juillet 1971, n° 71-44 DC.

[2] B. Genevois, *La jurisprudence du Conseil constitutionnel. Principes directeurs*, Paris, STH, 1988, p. 11.

[3] G. Canivet, « les limites de la mission du juge constitutionnel », *Cités*, 2017, n° 69, p. 15.

[4] P. Jan, « La question de constitutionnalité : une question de circularité », in *Mélanges en l'honneur du professeur Dominique Rousseau*, Paris, LGDJ, 2020, p. 108

doctrine juridique a employé la notion de bloc de constitutionnalité[1], laquelle s'est ensuite diffusée à tous les juristes par le biais principalement des cours d'introduction au droit ou de droit public délivrés dans les facultés de droit.

Employée pour la première fois par Claude Emeri[2], la notion de « bloc de constitutionnalité » est surtout reprise et développée, en référence au bloc de légalité du juge administratif, par Louis Favoreu à partir de son étude sur *Le principe de constitutionnalité*[3] publiée en 1975. Si elle n'a jamais fait l'objet

---

[1] Sur le bloc de constitutionnalité, voir notamment : C. Denizeau, *Existe-t-il un bloc de constitutionnalité ?*, Paris, LGDJ, 1997 ; « La genèse du bloc de constitutionnalité », *Titre VII*, n° 8, avril 2022 ; D. Fallon (Dir.), *Les normes de référence du contrôle de constitutionnalité*, Paris, LGDJ, 2017 ; A. Roblot-Troizier, *Contrôle de constitutionnalité et normes visées par la Constitution française. Recherches sur la constitutionnalité par renvoi*, Paris, Dalloz, 2007 ; J. Bonnet, A ; Roblot-Troizier, « Repenser le "bloc de constitutionnalité" sous l'effet des rapports entre ordres juridiques : pour une redéfinition des sources de la constitutionnalité », in B. Bonnet (dir.), *Traité des rapports entre ordres juridiques*, Paris, LGDJ, 2016, p. 359 ; D. Baranger, « La faiblesse des liens forts et la force des liens faibles : comprendre le "bloc de constitutionnalité", *Les droits de l'homme à la croisée des droits, Mélanges en l'honneur de Frederic Sudre*, Paris, LexisNexis, 2018, p. 21 ; « Comprendre le "bloc de constitutionnalité" », in Jus policum, n° X, *Le Conseil constitutionnel et les différentes branches du droit. Regards critiques*, Paris, Dalloz, 2019, p. 125 ; G. Alberton, « De l'indispensable intégration du bloc de conventionnalité au bloc de constitutionnalité », *RDFA*, 2005, p. 249 ; L. Favoreu, « Le principe de constitutionnalité, essai de définition d'après la jurisprudence du Conseil constitutionnel », in *Recueil d'études en hommage à Charles Eisenmann*, Paris, Cujas, 1975, p. 33 ; « Définition du bloc de constitutionnalité », in *Dictionnaire de droit constitutionnel*, Paris, PUF, 1992, p. 87 ; G. Vedel, « La place de la Déclaration de 1789 dans le bloc de constitutionnalité », in *La Déclaration des droits de l'homme et du citoyen et la jurisprudence*, Paris, PUF, 1990, p. 49 ; B. Genevois, « Normes de référence du contrôle de constitutionnalité et respect de la hiérarchie en leur sein », in *L'Etat de droit : mélanges en l'honneur de Guy Braibant*, Paris, Dalloz, 1996.

[2] Commentant une décision du Conseil constitutionnel (Cons. constit., 20 novembre 1969, n° 69-37 DC) relative à des modifications apportées au règlement de l'Assemblée, il soulignait que la décision « retient tout d'abord l'attention par ses visas ». Relevant que la conformité du règlement de l'Assemblée avait été appréciée au regard de l'ordonnance n° 58-1100 du 17 novembre 1958 relative au fonctionnement des assemblées parlementaires, il notait qu'« on peut à juste titre s'étonner que la Haute juridiction construise ainsi un véritable "bloc de la constitutionnalité" composé de la Constitution et des ordonnances de l'article 92 qui posent "les principes d'organisation du parlementarisme limité" » et il affirmait encore qu'il serait « de bonne logique de considérer que la Constitution et son Préambule s'imposent au législateur », C. Emeri, « Chronique constitutionnelle et parlementaire française, vie et droit parlementaire », *RDP*, 1970, p. 678.

[3] L. Favoreu, « Le principe de constitutionnalité, essai de définition d'après la jurisprudence du Conseil constitutionnel », *article précité*, p. 33.

de la moindre référence dans les motivations des décisions du Conseil constitutionnel[1], elle n'en a pas moins été largement reprise – elle l'est toujours, notamment dans les divers manuels de droit - afin de désigner les normes de références utilisées par le Conseil constitutionnel – ou du moins une partie d'entre elles - au point de s'être imposée dans le langage courant des juristes[2], mais aussi, comme on le verra, de nombreux hommes politiques - bien qu'ils aient moins l'occasion de l'employer - voire de simples citoyens s'intéressant à la matière constitutionnelle. Révélatrice des mutations du droit constitutionnel à la suite de l'extension et de l'intensification du contrôle de constitutionnalité exercé par le Conseil constitutionnel, la notion de bloc de constitutionnalité illustre à la fois une modification du cadre constitutionnel de référence et le flou entourant la notion de constitution qui en est résulté. Donnant à voir « une dilatation considérable de la Constitution formelle »[3], on a pu évoquer à son sujet « les incertitudes de la notion de constitution sous la Ve République »[4], la « crise de la Constitution française »[5], « une certaine dérive de la notion même de Constitution »[6], « l'effondrement de la notion de Constitution au sens formel »[7], impliquant l'« analyse d'un désordre »[8] voire « une modification, pour ne pas dire une altération de la perception, de la nature de la constitution »[9] ou encore, « l'existence d'un profond trouble dans

---

[1] Comme l'a relevé C. Denizeau, « elle a pu être trouvée dans une unique décision en 1999 lorsque le Conseil restituait l'argumentaire des auteurs d'une saisine a priori - qui eux l'utilisent souvent, qu'ils soient députés, sénateurs ou président du Sénat - mais sans que jamais il ne se l'approprie », in « La genèse du bloc de constitutionnalité », *article précité*. Elle cite toutefois une décision de la Cour administrative d'appel de Marseille selon laquelle « il n'appartient pas au juge de contrôler la loi fiscale au regard des principes contenus ou dégagés du bloc de constitutionnalité » (CAA Marseille, 04 novembre 2008, Mme Colette Novi, n° 07MA03964).

[2] À titre d'exemple, les rapporteurs publics devant la juridiction administrative y font référence dans leurs conclusions.

[3] A. Le Divellec, « Un ordre constitutionnel confus. Indicibilité et incertitudes de la Constitution française », in *Les 50 ans de la Constitution*, Paris, Litec, 2008, p. 153.

[4] S. Rials, « Les incertitudes de la notion de constitution sous la Ve République », *RDP*, 1984, p. 587.

[5] D.-G. Lavroff, « La crise de la Constitution française », in *En hommage à Francis Delpérée. Itinéraires d'un constitutionnaliste*, Bruxelles, Bruylant, 2007, p. 757.

[6] J. Chevallier, « Constitution et communication », *Dalloz*, 1991, p. 247.

[7] O. Gohin, « La Constitution française contre les droits de l'homme : le précédent de la restriction de suffrage en Nouvelle-Calédonie », in *Mélanges en l'honneur de Pierre Pactet. L'esprit des institutions, l'équilibre des pouvoirs*, Paris, Dalloz, 2003, p. 187.

[8] M. Frappier, « Principe, règle, exigence, disposition ou prescription constitutionnels dans la jurisprudence du Conseil constitutionnel : analyse d'un désordre », *RDP*, 2021, p. 1239.

[9] D. Mongoin, « Brèves de lecture théorique de la décision de 1971 », *RFDC*, 2022, n° 130, p. 322.

la manière française de dire la Constitution »[1]. C'est précisément ce phénomène qui fait l'objet de l'étude proposée dans le présent ouvrage avec pour ambition d'en expliquer les tenants et les aboutissants. A cette fin, cette étude appelle quelques remarques préliminaires afin d'en éclaircir le sujet et d'en présenter le cadre méthodologique.

1. Les différentes acceptions de la notion

Comme cela a été justement relevé[2], c'est de l'acception retenue du terme « constitutionnalité » que dépend la description du contenu du bloc de constitutionnalité. Deux options sont alors possibles : « soit constitutionnalité rime avec norme constitutionnelle et dans ce cas, seules les normes reconnues comme telles y figurent ; soit constitutionnalité rime avec contrôle de constitutionnalité et dans ce cas, toutes les normes de référence d'un tel contrôle, même non pourvues d'une autorité constitutionnelle [...] y sont incluses »[3]. C'est ainsi que Georges Vedel opposait « bloc de constitutionnalité au sens étroit » recouvrant « les dispositions de valeur constitutionnelle dont le Conseil constitutionnel doit assurer le respect », et « bloc de constitutionnalité au sens large » incluant « toutes les normes de valeur supérieure à celle de la loi et dont le Conseil constitutionnel est chargé d'assurer le respect »[4]. Dans le premier cas, le contenu du bloc de constitutionnalité se limiterait aux normes constitutionnelles, c'est-à-dire celles auxquelles le Conseil constitutionnel est réputé avoir conféré la signification d'être des normes constitutionnelles, alors que dans le second, il inclurait l'ensemble des normes de référence du contrôle de constitutionnalité, c'est-à-dire toutes les normes appliquées par le Conseil constitutionnel lorsqu'il contrôle la conformité à la Constitution de certains actes juridiques, notamment les lois[5]. On relèvera que, dans une troisième acception, soutenue par Denis Baranger, le bloc de constitutionnalité ne concernerait que les sources du contrôle de constitutionnalité, la source étant « un *instrumentum* de droit adopté et mis en application selon les méthodes de la science

---

[1] D. Baranger, « La jurisprudence constitutionnelle française : méthode ou bricolage ? », in S. Bezina, J. Jeanneney (dir.), *La doctrine et le Conseil constitutionnel*, Paris, Dalloz, 2024, p. 262.

[2] G. Alberton, « De l'indispensable intégration du bloc de conventionnalité au bloc de constitutionnalité », *article précité*, p. 249.

[3] *Ibid.*, p. 251.

[4] G. Vedel, « La place de la Déclaration de 1789 dans le bloc de constitutionnalité », *article précité*, p. 49.

[5] Sur le décalage entre les normes constitutionnelles et les normes de référence issues d'un renvoi exprès par des dispositions de la Constitution, voir A. Roblot-Troizier, *Contrôle de constitutionnalité et normes visées par la Constitution française. Recherches sur la constitutionnalité par renvoi, op. cit.*

juridique »[1]. Ainsi le bloc de constitutionnalité renverrait à des textes, et non pas aux normes produites à partir de ces textes. Selon lui, en effet, le bloc recouvre « un "système de références" (ou de renvois) entre sources, plutôt que, comme on le dit en général, un ensemble de "normes" »[2]. On notera que cette acception rejoint parfois les autres chez certains auteurs, lesquels entretiennent simplement (volontairement ou non) une confusion entre les textes et les normes.

Alors que son principal promoteur, Louis Favoreu, envisageait, dans un premier temps, la notion dans sa deuxième acception, concluant son étude sur *Le principe de constitutionnalité* en relevant que « le bloc de constitutionnalité comprend des règles nombreuses en sus des règles proprement constitutionnelles »[3], il a finalement opté, dans un second temps, pour la première, en définissant le bloc de constitutionnalité comme « l'ensemble des principes et règles à valeur constitutionnelle dont le respect s'impose au pouvoir législatif comme au pouvoir exécutif, et d'une manière générale à toutes les autorités administratives et juridictionnelles ainsi, bien sûr, qu'aux particuliers »[4]. Autrement dit, « le bloc de constitutionnalité ne s'identifie pas au bloc de supra-légalité, il est moins large »[5]. Il justifiait cette évolution en relevant que la notion ainsi comprise permettait précisément d'éviter celle de « supra-légalité » qui a « un sens plus large que celle de "bloc de constitutionnalité" car elle englobait les normes internationales au-delà des normes constitutionnelles »[6]. Une telle incertitude sur l'acception de la notion

---

[1] D. Baranger, *La Constitution. Sources. Interprétations. Raisonnements, op. cit.*, p. 7.

[2] D. Baranger, « Comprendre le "bloc de constitutionnalité" », *articlé précité*, p. 134-135.

[3] L. Favoreu, « Le principe de constitutionnalité, essai de définition d'après la jurisprudence du Conseil constitutionnel », *article précité*, p. 37.

[4] L. Favoreu, « Définition du bloc de constitutionnalité », *article précité*. Dans cette définition du bloc de constitutionnalité formulée en 1992, il reconnaît l'évolution du sens de la notion. Pour l'illustrer, il distingue quatre stades (1974, 1982, 1987, puis le début des années 1990) correspondant à des évolutions de la politique jurisprudentielle du Conseil constitutionnel. Il en ressort que les contours du bloc de constitutionnalité se sont précisés progressivement afin de ne plus désigner que les normes constitutionnelles et « le dernier stade de l'évolution est celui auquel on parvient au début des années quatre-vingt-dix : la notion de bloc de constitutionnalité, ayant rempli son office, est appelée à disparaître au profit de celle de constitution », p. 87-89.

[5] L. Favoreu, « La prise en compte du droit international et communautaire dans la jurisprudence du Conseil constitutionnel », in *L' internationalité dans les institutions et le droit : convergences et défis : études offertes à Alain Plantey*, Paris, Pédone, 1995, p. 34.

[6] L. Favoreu, « Définition du bloc de constitutionnalité », *article précité*, p. 87. Il met à nouveau cette idée en avant en affirmant que « la notion de supra-légalité est plus large que celle de constitutionnalité car elle inclut aussi les normes européennes et

atteste son manque de clarté. Du reste, l'acception finalement retenue par Louis Favoreu ne fait pas l'unanimité chez les juristes : il a pu être considéré qu'« assimilée aux normes constitutionnelles, l'expression "bloc de constitutionnalité" perd son intérêt : elle ne permet plus de distinguer, au sein des normes de références du contrôle de constitutionnalité, celles qui ont valeur constitutionnelle et celles qui, sans avoir cette valeur, conditionnent la constitutionnalité d'une norme inférieure »[1]. Pour le dire autrement, chacun peut, à l'appui d'une démonstration juridique, choisir « sa » définition du bloc de constitutionnalité. On a ainsi pu dire que « l'expression s'est imposée, presque d'elle-même, comme une expression évidente et rassurante pour désigner, sous un vocable pratique et imagé, l'ensemble des normes utilisées par le Conseil constitutionnel pour effectuer son contrôle de constitutionnalité »[2]. C'est le signe qu'il n'existe aucune essence du bloc de constitutionnalité et que le caractère vague de la notion peut faire obstacle à son étude rigoureuse. Dans le cadre de cet ouvrage, et de façon stipulative, c'est dans un sens étroit que l'on entendra la notion, c'est-à-dire en tant qu'elle vise des normes constitutionnelles, « option qui retient les faveurs de la très grande majorité de la doctrine »[3] et option qui irrigue la majorité des cours, thèses, et des manuels de droit constitutionnel. On précisera néanmoins plus loin ce qu'il faut entendre par norme afin d'éviter tout contresens.

Indépendamment de son utilité pédagogique, l'emploi de cette notion révèle un parti pris – plus ou moins conscient - sur ce qu'il faut entendre par la Constitution en vigueur[4]. Il s'agit de décrire systématiquement l'interprétation de la Constitution par le Conseil constitutionnel comme une activité d'application portant sur une constitution préexistante. Comme l'a relevé Philipe Raynaud, « le meilleur moyen pour défendre les prérogatives d'un juge c'est de faire fond sur son pouvoir *d'interprétation* en présentant celle-ci comme un fruit de la *connaissance* du droit »[5]. Louis Favoreu illustrait parfaitement ce point lorsqu'il notait que cette notion permettait « d'éviter de

---

internationales : c'est pour éviter toute ambiguïté, que j'avais adopté en son temps le terme bloc de constitutionnalité plutôt que celui de bloc de supra-légalité que préconisait F. Luchaire sans doute parce qu'il entendait, lui, y inclure les normes européennes et internationales », L. Favoreu, « Légalité et constitutionnalité », *Les Cahiers du Conseil constitutionnel*, n° 3, 1997, p. 113.

[1] J. Bonnet, A ; Roblot-Troizier, « Repenser le "bloc de constitutionnalité" sous l'effet des rapports entre ordres juridiques : pour une redéfinition des sources de la constitutionnalité, *article précité*, p. 353.

[2] C. Denizeau, « La genèse du bloc de constitutionnalité », *article précité*.

[3] G. Alberton, « De l'indispensable intégration du bloc de conventionnalité au bloc de constitutionnalité », *article précité*, p. 251.

[4] On relèvera que les mêmes auteurs, à l'image de Louis Favoreu, peuvent se référer soit à des normes, soit à des textes pour en décrire le contenu.

[5] P. Raynaud, « La justice constitutionnelle : une approche philosophique ? », in C. Grewe, *et al.*, *La notion de « justice constitutionnelle »*, Paris, Dalloz, 2005, p. 6.

dissocier la Constitution proprement dite et le préambule » et qu'il s'agissait ainsi de faire « apparaître la Constitution comme un "bloc" », c'est-à-dire comme un ensemble normatif homogène[1]. Il ajoutait qu'elle dispensait également d'utiliser la notion de préambule, trop synonyme « de dispositions ou de principes à caractère flou ou vague ». Ainsi, là où la notion de préambule était affectée d'un préjugé dans la tradition juridique française qui n'y verrait qu'un exposé doctrinal sans valeur juridique claire, il fallait pouvoir rendre compte et convaincre, à l'inverse, du caractère juridique des énoncés en cause. Comme l'a relevé Denis Baranger, « la stratégie ici à l'œuvre – affirmer que le bloc de constitutionnalité n'est pas autre chose que la constitution elle-même – revient à faire comme si les *normes* dégagées par le juge constitutionnel étaient en même temps des *sources*, c'est-à-dire qu'elles revêtent un caractère de stabilité qui dépasse le moment où l'interprétation est opérée »[2]. Dans ce cadre, « ce qui est désigné par le "bloc de constitutionnalité" n'est pas une donnée objective du droit positif. C'est *l'idéologie du contentieux constitutionnel français* »[3].

L'interprétation dynamique[4] d'un texte est une technique classique utilisée par de nombreuses juridictions constitutionnelles – que l'on songe à la Cour suprême des Etats-Unis d'Amérique[5] – mais les circonstances particulières d'émergence du contrôle de la loi en France ont contribué à illustrer, en l'accentuant, un trait spécifique aux systèmes juridiques connaissant un contrôle de constitutionnalité, à savoir le net décalage entre le texte de la Constitution et les normes effectivement produites et appliquées à l'appui de l'argumentation juridique formant la motivation des décisions de la juridiction constitutionnelle. L'apparition de multiples normes constitutionnelles dans les décisions juridictionnelles interprétant la constitution n'est pas spécifique au système juridique français. En effet, on retrouve un phénomène similaire, de façon plus ou moins marquée, dans l'ensemble des Etats connaissant un mécanisme de contrôle de constitutionnalité effectué par une – ou plusieurs – juridiction[6]. Dans le cas français cependant, l'existence de cette pluralité de

---

[1] On comprend que cela ait pu le conduire à présenter lors d'un colloque, « fictivement mais de manière fondée » d'après lui, une constitution de 135 articles composée du texte de 1958, de celui de la Déclaration de 1789 et du Préambule de 1946 ainsi que des principes fondamentaux reconnus par les lois de la république, in « Définition du bloc de constitutionnalité », *article précité*, p. 89.

[2] D. Baranger, « Comprendre le "bloc de constitutionnalité" », *article précité*, p. 131.

[3] *Ibid.*, p. 156.

[4] Sur cette notion voir R. Guastini, « Théorie et idéologie de l'interprétation constitutionnelle », in *Leçons de théorie constitutionnelle*, Paris, Dalloz, 2010, p. 144.

[5] Voir S. Breyer, *La Cour suprême, l'Amérique et son histoire*, Paris, Odile Jacob, 2011.

[6] Pour un simple aperçu de ce phénomène, voir les extraits de décisions reproduits dans P Bon, D. Maus (dir.), *Les grandes décisions des cours constitutionnelles européennes*, Paris, Dalloz, 2008.

normes constitutionnelles est assise sur l'interprétation de textes produits à des périodes distinctes de l'histoire nationale, dans des conditions et des contextes très différents, et qui n'avaient pas été rédigés pour permettre un contrôle de la loi exercé par une juridiction. Georges Vedel notait ainsi que le contrôle de constitutionnalité exercé en France présentait deux singularités : « la première […] est que le corps de règles relatives aux droits et libertés a été non seulement conçu sans référence à la possibilité d'un contrôle de la législation, mais encore dans la perspective de son exclusion », la seconde vient du fait que « le juge constitutionnel français, déjà chargé de se servir, pour son contrôle, de textes qui n'ont pas été conçus à cette fin, dispose, […], de règles et de principes dont l'énoncé ou l'émergence se déploie sur près de deux siècles et qui sont regardés comme se complétant les uns les autres sans se contredire »[1]. D'un point de vue théorique, la notion de bloc de constitutionnalité constitue un outil de connaissance très imparfait de la réalité normative, faute de renvoyer à un phénomène juridique clairement identifié.

2. Une notion doctrinale

La notion de bloc de constitutionnalité est une notion juridique et plus précisément doctrinale. En tant que notion, elle implique « l'idée d'un objet préexistant, presque sous une forme matérielle, à la description que l'on pourrait chercher à en faire ; ensuite l'idée d'une forme d'indécision quant aux éléments qui constituent ledit objet »[2]. De fait, « la notion se révèle être un outil de connaissance insuffisant », notamment car il peut arriver qu'une seule notion paraisse « correspondre à deux sortes de phénomènes »[3]. On doit donc se satisfaire d'une certaine imperfection, déjà relevée, de la notion de bloc de constitutionnalité.

En tant que notion juridique, elle prend place dans le langage du droit, langage précis qui a ses règles propres : « la notion juridique n'existe que par et pour le droit ; c'est un outil de juristes »[4]. La singularité et l'autonomie du discours juridique proviennent à la fois de ce qu'il revêt une « *forme* spécifique »[5], et de ce qu'il recouvre de multiples aspects distincts les uns des autres. En effet, si le discours juridique est celui « dans lequel on formule le

---

[1] G. Vedel, « Le Conseil constitutionnel, gardien du droit positif ou défenseur de la transcendance des droits de l'homme ? », *Pouvoirs*, n° 45, 1988, p. 154.

[2] G. Quintane, « Les notions juridiques et les outils langagiers de la science du droit » in G. Tusseau (dir.), *Les notions juridiques*, Paris, Economica, 2009, p. 11.

[3] F.-P. Bénoit, « Notions et concepts, instruments de la connaissance juridique. Les leçons de la Philosophie du droit de Hegel », *Mélanges en l'honneur du professeur Gustave Peiser - Droit public*, Grenoble, PUG, 1995, p. 28.

[4] *Ibid.*

[5] P. Bourdieu, « La force du droit, éléments pour une sociologie du champ juridique », *Actes de la recherche en sciences sociales*, n° 64, 1986, p. 3.

droit, ou dans lequel on parle du droit »[1], il est nécessaire de bien distinguer les différents niveaux qui le composent, à la fois pour éviter toute confusion sur leur statut, mais également afin de comprendre l'intérêt spécifique qui s'attache à l'usage et à l'analyse de chacun d'entre eux. De ce point de vue, s'il convient d'opérer une nette distinction entre le discours produit par les acteurs du système juridique et le discours portant sur ce dernier, qui fait office de méta-langage par rapport au premier, la prise en compte de cette dichotomie n'est pas suffisante. On peut ainsi distinguer, au sein du *discours produit par les acteurs du système juridique*, celui par lequel sont formulés les textes et celui par lequel ils sont appliqués (cette distinction correspond peu ou prou à la distinction entre langage légal et langage jurisprudentiel[2]). Toutefois, cette distinction, qui tend à séparer radicalement création et application du droit, ne sera pas retenue ici. En revanche, on peut distinguer, au sein du méta-langage que constitue le *discours sur le droit*, d'une part celui de la science du droit et d'autre part celui de la doctrine[3]. Il s'agit d'opérer une différenciation entre ce qui relève de la science du droit envisagée comme une réflexion générale sur le fonctionnement du système juridique se plaçant « en position d'extériorité par rapport au droit »[4], et ce qui relève de la doctrine juridique en tant qu'elle se donne pour objet de décrire et d'évaluer un droit concret, c'est-à-dire le plus souvent d'interpréter des textes juridiques et d'expliquer les décisions des organes dits d'« application » du droit en présupposant une certaine cohérence au sein du système juridique[5]. Cette distinction peut souffrir à la fois de ne pas être totalement étanche, dès lors qu'aucun critère ne permet de distinguer nettement ce qui relève de la science du droit et ce qui relève de la doctrine et du fait que les discours appartenant à la science du droit recouvrent des orientations totalement différentes sur la définition du droit et la façon de l'appréhender[6]. Elle permet cependant de souligner le décalage existant entre le discours scientifique se situant « en dehors du droit »[7] et le discours doctrinal qui est « partie prenante au processus de production du droit »[8] et constitue, en tant que tel, une forme de dogmatique

---

[1] J. Wroblewski, « Les langages juridiques : une typologie », *Droit et société*, n° 8, 1988, p. 15.
[2] *Ibid.*, p. 17.
[3] Voir J. Chevallier, « Doctrine juridique et science juridique », *Droit et société*, n° 50, 2002, p. 103 ; E. Picard, « "Science du droit" ou "doctrine juridique" », *L'unité du droit. Mélanges en l'honneur de Roland Drago*, Paris, Economica, 1996, p. 119 ; M. Troper, « Science du droit et dogmatique juridique », *La théorie du droit, le droit, l'Etat*, Paris, PUF, 2001, p. 3.
[4] J. Chevallier, « Doctrine juridique et science juridique », *article précité*, p. 109.
[5] J. Wroblewski, « Les langages juridiques : une typologie », *article précité*, p. 22-23.
[6] P. Brunet, « L'infini de la définition en droit », *RDP*, 2024, n°4, p.122.
[7] E. Picard, « "Science du droit" ou "doctrine juridique" », *article précité*, p. 119.
[8] J. Chevallier, « Doctrine juridique et science juridique », *op. cit.*, p. 105.

juridique[1]. Elle offre également la possibilité d'analyser la façon particulièrement dynamique dont s'articulent ces différents discours, dès lors que la science du droit devient un méta-langage portant non seulement sur le droit, mais également sur le discours doctrinal, qui en devient l'objet en tant qu'« élément constitutif » du système juridique[2]. Dans cette perspective, le discours de la science du droit est envisagé à la fois comme une forme du discours juridique, dès lors qu'il utilise une sémantique propre au droit, et comme un instrument permettant d'analyser d'autres discours juridiques. On analysera les discours produits par les acteurs du système juridique, c'est-à-dire ceux qui créent ou contribuent à créer le droit, en s'intéressant prioritairement, mais pas uniquement, aux juridictions.

En tant que notion doctrinale[3], la notion de bloc de constitutionnalité a été créée en l'absence de définition en droit positif ; elle est une construction ayant précisément pour objet de donner à voir, d'expliquer, une partie de ce droit sans que celui-ci ne lui accorde une valeur propre. Pour autant, il est évident que l'étude d'une notion doctrinale ne peut se limiter à ses éléments constitutifs et qu'il est nécessaire de prendre également – et même prioritairement – pour objet la réalité du droit positif qu'elle entend décrire. S'il n'est jamais directement créateur de droit, le discours doctrinal n'en a pas moins des conséquences sur la façon dont on envisage celui-ci. Dans cette perspective, le travail doctrinal de systématisation « n'a pas seulement pour ambition de rendre compte du droit existant : il débouche aussi sur la production de représentations qui conduit la doctrine à exercer une fonction proprement idéologique ; dans la mesure où ces nouvelles *représentations* ont une force agissante, la doctrine contribue bel et bien à faire évoluer la réalité constitutionnelle et politique »[4]. C'est la raison pour laquelle ce type de discours peut être rattaché à la dogmatique juridique, en ce qu'il est lié à des évaluations sur le droit en vigueur, et qu'il ne se contente pas d'une démarche purement descriptive. C'est ainsi que la réception de la jurisprudence du Conseil constitutionnel par la doctrine juridique a, dans une certaine mesure, participé à la reconnaissance de la « juridicité » des normes constitutionnelles

---

[1] Sur la définition de la dogmatique juridique et la distinction de son travail avec celui de la science du droit, voir M. Troper, « Science du droit et dogmatique juridique », *article précité.*

[2] J. Chevallier, « Doctrine juridique et science juridique », *article précité*, p. 116.

[3] Voir l'excellent et très instructif ouvrage collectif dirigé par S. Benzina et J. Jeanneney, *La doctrine et le Conseil constitutionnel*, *op. cit.* Voir également X. Magnon, S. Mouton (dir.), *Quelles doctrines pour quel(s) droit(s) constitutionnel(s)*, Paris, Mare et Martin, 2022 ; S. Sydoryk, *La doctrine constitutionnelle. Etude des discours de connaissance du droit constitutionnel contemporain français*, Toulouse, Presses de l'Université Toulouse Capitole, 2023.

[4] J. Chevallier, « Pour une sociologie du droit constitutionnel », *L'architecture du droit. Mélanges en l'honneur de Michel Troper*, Paris, Economica, p. 293.

produites de façon prétorienne[1], autant qu'elle a servi à justifier l'exercice du contrôle de constitutionnalité. Par ailleurs, l'analyse du discours doctrinal est parfois précieuse pour identifier certaines confusions relatives à la notion de norme constitutionnelle. Le présent ouvrage, qui entend s'intéresser exclusivement à la notion de bloc de constitutionnalité dans une perspective critique, ne visera nullement à rechercher une hypothétique logique systématique à la jurisprudence, pas plus qu'à établir le sens « véritable » du texte constitutionnel afin d'évaluer les décisions rendues par les juges[2]. En revanche, l'outil doctrinal pourra faciliter l'étude de la façon dont l'interprétation juridictionnelle de la Constitution est envisagée par les commentateurs, ainsi que la compréhension du contexte argumentatif dans lequel certaines décisions ont été rendues et les incidences réelles de cette interprétation.

3. La distinction entre énoncé et norme

Dans leur grande majorité, les analyses relatives aux composantes du bloc de constitutionnalité pâtissent d'une confusion entre les énoncés objets de l'interprétation et les normes effectivement produites et appliquées. Ainsi, les juristes qui cherchent à définir le contenu précis du bloc de constitutionnalité sont conduits, le plus souvent, à le diviser en composantes qui se réfèrent

---

[1] Sur ce rôle de la doctrine juridique s'agissant de la jurisprudence (constitutionnelle ou administrative) voir notamment B. François, « Du juridictionnel au juridique. Travail juridique, construction jurisprudentielle du droit et montée en généralité », in CURAPP, *Droit et politique*, Paris, PUF, 1993 p. 201 ; « La constitution du droit ? La doctrine constitutionnelle à la recherche d'une légitimité juridique et d'un horizon politique », in CURAPP, *La doctrine juridique*, Paris, PUF, 1993, p. 210 ; Y. Poirmeur, D. Rosenberg, « La doctrine constitutionnelle et le constitutionnalisme français », in CURAPP, *Les usages sociaux du droit*, Paris, PUF, 1989, p. 230 ; Y. Poirmeur, « La réception du préambule de la Constitution de 1946 par la doctrine juridique. La construction de la juridicité du préambule par ses premiers commentateurs », in CURAPP *Le préambule de la Constitution de 1946*, Paris, PUF, 1996, p. 99.

[2] La doctrine juridique présuppose souvent, comme on le verra, que le texte de la Constitution possède un sens intrinsèque qu'il est possible de connaître afin de porter un jugement sur l'application qui en serait faite par les juges. Mais il arrive également qu'une controverse se fasse jour sur ce qu'ont pu décider les juges et dans ce cas, c'est le sens d'une décision qui est recherché. Pour un exemple très parlant, voir P. Cassia, « Le véritable sens de la décision n° 2004-496 du Conseil constitutionnel », *AJDA*, 2004, p. 1385.

principalement à des textes[1]. Sont ainsi classiquement cités[2] le texte de la Constitution, ceux mentionnés dans son préambule, à savoir la Déclaration des droits de l'homme et du citoyen de 1789, le préambule de la Constitution de 1946 et les principes fondamentaux reconnus par les lois de la République, dont il est fait mention dans ce dernier texte, ainsi que la Charte de l'environnement[3]. Il est désormais fréquent qu'on y ajoute des principes : Charlotte Denizeau a relevé que sous l'onglet Constitution du site internet du Conseil constitutionnel figure une rubrique « bloc de constitutionnalité » : un contenu est indiqué avec « la Constitution et ses cent quatre articles, son Préambule et les trois textes auxquels il renvoie : la Déclaration des droits de l'homme et du citoyen du 26 août 1789, le Préambule de la Constitution du 27 octobre 1946 et la Charte de l'environnement de 2004. À quoi il est ajouté "les principes essentiels issus de ces textes, et qui touchent pour la plupart à des droits fondamentaux" »[4]. Cette dernière mention est capitale car elle est en grande partie, on le verra, un élément de la représentation de la Constitution que le juge constitutionnel a entendu promouvoir dans ses décisions.

En partant du parti pris méthodologique selon lequel il convient de distinguer l'énoncé compris dans un texte et la norme qui en est la signification et son corollaire, à savoir le constat selon lequel le droit ne se trouve pas uniquement dans les textes, mais également, pour partie, dans les interprétations qui en sont produites[5], le présent ouvrage prend pour acquis que, lorsqu'il est saisi en tant qu'autorité d'application du droit, le Conseil constitutionnel est parfaitement libre de prendre la décision qu'il souhaite et qu'il dispose pour ce faire « de suffisamment de ressources argumentatives pour produire une justification de cette décision qui soit fondée sur les

---

[1] On peut notamment citer G. Vedel pour qui « au total, le bloc de constitutionnalité stricto sensu se compose exclusivement de textes de niveau constitutionnel, à savoir celui de la constitution elle-même, celui de la Déclaration, celui du préambule et des lois de la République en tant que ces dernières sont porteuses de principes fondamentaux », « La place de la Déclaration de 1789 dans le bloc de constitutionnalité », *article précité*, p. 52.

[2] G. Drago, *Contentieux constitutionnel français*, Paris, Puf, 2e éd., 2006, p. 258-270.

[3] Depuis la loi constitutionnelle n° 2005-205 du 1er mars 2005 relative à la Charte de l'environnement.

[4] C. Denizeau, « La genèse du bloc de constitutionnalité », *article précité*. Voir sur le site du Conseil constitutionnel : [https://www.conseil-constitutionnel.fr/la-constitution].

[5] Sur cette distinction, voir parmi une importante bibliographie : H. Kelsen, *Théorie générale des normes*, Paris, PUF, 1996 ; M. Troper, *Pour une théorie juridique de l'Etat*, Paris, PUF, 1994 ; *La théorie du droit, le droit, l'Etat*, Paris, PUF, 2001 ; *Le droit et la nécessité*, Paris, PUF, 2011 ; V. Champeil-Desplats, *Méthodologie du droit et des sciences du droit*, Paris, Dalloz, 2014.

matériaux juridiques de l'ordre juridique »[1]. Certes, comme l'a relevé Denis Baranger, l'interprète est placé entre deux règles que sont le « principe de fidélité interprétative » et le « principe de liberté interprétative »[2], mais l'auteur reconnait lui-même que cela ne l'empêche pas de produire de la constitution « hors textes »[3] dès lors que « *l'interprète est toujours alchimiste* ; il détient la pierre philosophale qui lui permet de conférer une signification normative à un énoncé quelconque »[4]. En tant que produit d'une interprétation authentique, la norme générale ainsi créée « s'incorpore au texte, en ce sens que celui-ci ne peut désormais être compris qu'à la lumière de l'interprétation authentique »[5]. De ce point de vue, la grande diversité des énoncés utilisés par le Conseil constitutionnel est un indice de la liberté dont il s'est doté pour concevoir les normes constitutionnelles : les textes lui fournissent des outils linguistiques variés pour créer des normes relativement élastiques dans leur dénomination comme dans les concrétisations qu'elles peuvent nourrir ou appeler. Comme l'a relevé Denys de Béchillon, « le pouvoir normatif des juges constitutionnels existe ; il existe nécessairement ; il existe partout et même là où on l'attend le moins ; il a toujours existé ; il pose invariablement un problème de légitimité auquel, malgré leur considérable diversité, les traditions académiques se confrontent toutes dans la douleur et le conflit ; son exercice est propre à déjouer les anticipations souvent compréhensibles des acteurs et singulièrement celle du législateur ; son incidence est susceptible d'avoir un coût dont il n'est pas mal avisé de chercher à prendre conscience (…) »[6]. La tendance de tout juge constitutionnel à se référer aux dispositions contenues dans le texte de la constitution ainsi, dans le cas français, qu'aux textes mentionnés dans son préambule, est généralement complétée par l'invocation des normes plus générales que sont – notamment mais pas uniquement – les différentes classes de principes.

4. L'ambigüité de la notion de valeur juridique

Il convient enfin de souligner l'ambiguïté de la notion de « valeur juridique » employée tant par les acteurs du droit que par la doctrine

---

[1] A. Le Pillouer, « Indétermination du langage et indétermination du droit », *Droit et Philosophie*, Volume 9, Dalloz, 2018, p. 41.
[2] D. Baranger, *La Constitution. Sources. Interprétations. Raisonnements, op. cit., p. 62.*
[3] *Ibid.*, p. 75.
[4] *Ibid.*, p. 51.
[5] P. Brunet, F. Hamon, M. Troper, *Droit constitutionnel*, Paris, LGDJ, 45e ed., 2024, p. 75.
[6] D. de Bechillon, « Comment encadrer le pouvoir normatif du juge constitutionnel ? », *Cahiers du Conseil constitutionnel*, n° 24, juillet 2008.

lorsqu'elle rend compte des normes formulées par ceux-ci ou des discours sur ces normes. On constate en effet qu'à travers la référence à la valeur juridique d'un énoncé, on peut dans un premier sens désigner sa normativité, c'est-à-dire sa qualité de norme juridique (est-ce une norme juridique ou un énoncé sans portée normative ?). Dans un second sens, on peut se référer au statut d'une norme au sein du système juridique, c'est-à-dire dans la hiérarchie formelle du droit (a-t-elle ou non le statut de norme constitutionnelle ?). Par souci de clarté, on réservera la locution « valeur juridique » pour désigner le niveau réputé être celui d'une norme au sein du système juridique (c'est-à-dire sa place au sein de la hiérarchie des normes).

*

L'émergence et l'intensification du contrôle de constitutionnalité des lois par le Conseil constitutionnel sous la Vème République ont donné lieu à une célébration précoce et durable dont l'histoire reste à écrire[1]. Les multiples commentaires dont a pu faire l'objet la jurisprudence constitutionnelle ont exploré, sous les angles les plus divers, l'apport du Conseil constitutionnel au droit public en particulier et au système juridique en général, notamment sous les prismes parfois déformants des exigences de l'Etat de droit[2] et de la

---

[1] Voir A. Stone, *The Birth of Judicial Politics in France*, Oxford University Press, 1992 ; A. Manouguian, « La décision du 16 juillet 1971 aux prises avec la diatribe de René de Lacharrière : une opinion toujours "dissidente" », *RFDC*, 2022, n° 130, p. 361. Il faut préciser qu'une partie marginale de la doctrine a témoigné une hostilité plus ou moins vive au contrôle exercé par le Conseil constitutionnel, stigmatisant ouvertement son manque de légitimité. Voir notamment R. Savy, « La constitution des juges », *Dalloz*, 1983, p. 105 ; J. Foyer, « Pour la suppression du Conseil constitutionnel », *RA*, 1998, p. 101 ; A. Werner, « Le Conseil constitutionnel et l'appropriation du pouvoir constituant », *Pouvoirs*, n° 67, 1993, p. 117 ; R. Lacharriere (de), « Opinion dissidente », *Pouvoirs*, n° 13, 1980, p. 134, qui évoque significativement p. 139 les « orientations vagues » et les « normes imaginaires » sur lesquelles le Conseil fonde certaines de ses décisions. Sur ces auteurs voir A. le Divellec, « La doctrine contre le Conseil constitutioonnel. (Petite) Histoire d'un combat perdu qui ne pouvait être gagné », in C. Boutin, B. Daugeron, F. Rouvillois (dir.), *Contre le gouvernement des juges ?*, Paris, Les éditions du Cerf, 2022 p. 241.

[2] Sur cette notion, voir notamment E.-W. Böckenförde, « Naissance et développement de la notion d'Etat de droit », in *Le droit, l'Etat et la constitution démocratique*, Paris, LGDJ, 2000, p. 127. ; J. Chevallier, *L'Etat de droit*, Paris, Montchrestien, 4e éd., 2003 ; « L'Etat de droit », *RDP*, 1988, p. 314 ; P. Raynaud, « Des droits de l'homme à l'Etat de Droit », *Droits*, n° 2, 1985, p. 63 ; L. Hamon, « L'Etat de droit et son essence », *RFDC*, 1990, p. 699 ; X. Phillippe, « Le rôle du constitutionnalisme dans la construction des nouveaux Etats de droit », in *Etudes en l'honneur de Loïc Philip. Constitution et finances publiques*, Paris, Economica, 2005, p. 187 ; C. Goyard, « Etat de droit et démocratie », in *Mélanges René Chapus. Droits administratif*, Paris,

protection des droits fondamentaux[1]. La notion de bloc de constitutionnalité est, pour les raisons pédagogiques évoquées plus haut, facilement acceptée par les juristes – praticiens ou non - souhaitant se référer à la situation particulière du contrôle de constitutionnalité en France ; reste que l'impensé demeure et que les uns l'utilisent pour faire référence à la norme constitutionnelle – ou plus vraisemblablement aux normes constitutionnelles – quand les autres en font le synonyme des normes de référence du contrôle de constitutionnalité. On a pu affirmer que « toute l'attention de la doctrine constitutionnaliste se porte logiquement sur le bloc de constitutionnalité, la délimitation de ses frontières, la signification de ses composantes, la consécration de leur valeur constitutionnelle, leur nécessaire conciliation : autant de tâches qui font des constitutionnalistes des auteurs travaillant avant tout sur la Constitution plutôt que sur les lois qui doivent la respecter »[2]. Pourtant, force est de constater que s'il existe de nombreuses sources, essentiellement doctrinales, relatives à la notion de bloc de constitutionnalité, on ne relève curieusement qu'un seul ouvrage qui lui ait été entièrement dédié, publié en 1997 par Charlotte Denizeau sous le titre *Existe-t-il un bloc de constitutionnalité ?*[3]. Il s'agissait alors d'un travail sérieux de dogmatique juridique qui se présentait comme visant à s'interroger sur l'existence d'une contradiction « entre l'idée de bloc qui représente un ensemble compact, solide et homogène et la réalité : un ensemble riche mais hétérogène et inachevé »[4]. Malgré ses évidentes qualités[5], il lui manquait peut-être une ambition plus analytique ou critique ; il faut dire qu'il intervenait à une époque où la jurisprudence du Conseil constitutionnel bénéficiait encore d'une certaine aura et, en tout état de cause, bien avant le renouvellement induit par la procédure de la question prioritaire de constitutionnalité. On peut également citer les passionnants développements consacrés à la notion par Denis Baranger dans son ouvrage sur *La constitution*

Dalloz, 1992, p. 305 ; D. Rousseau, « L'Etat de Droit est-il un Etat de valeurs particulières ? », in *Mélanges en l'honneur de Pierre Pactet. L'esprit des institutions, l'équilibre des pouvoirs*, Paris, Dalloz, 2003, p. 885 ; M. Troper, « Le concept d'Etat de droit », in *La théorie du droit, le droit, l'Etat*, *op. cit.*, p. 267.

[1] Sur cette notion voir notamment J. Andriantsimbazovina, *et al.*, (dir.), *Dictionnaire des Droits de l'Homme*, Paris, PUF, 2008 ; V. Champeil-Desplats, *Théorie générale des droits et libertés. Perspective analytique*, Paris, Dalloz, 2019 ; « La notion de droit fondamental et le droit constitutionnel français », *Dalloz*, 1995, p. 323 ; T. Meindl, *La notion de droit fondamental dans les jurisprudences et doctrines constitutionnelles françaises et allemandes*, Paris, LGDJ, 2003 ; E. Picard, « L'émergence des droits fondamentaux en France », *AJDA*, numéro spécial, 20 juillet 1998, p. 6.

[2] B. Plessix, « Constitutionnalistes et administrativistes face à leur juges », in *La doctrine et le Conseil constitutionnel*, *op. cit.*, p. 300.

[3] C. Denizeau, *Existe-t-il un bloc de constitutionnalité ?*, *op. cit.*

[4] *Ibid.*, p. 1

[5] Sa lecture fut précieuse à l'auteur de ses lignes.

paru en 2022[1]. On signalera enfin l'existence d'un fascicule « Contentieux constitutionnel : normes de référence » établi par Michel Verpeaux chez Dalloz[2] et d'un Fascicule Jurisclasseur « Bloc de constitutionnalité » établi par Xavier Prétot et actualisé par Pascal Jan[3] chez LexisNexis.

Dans le cadre de cet ouvrage, il s'agira de montrer, dans une perspective longue dès lors que « comprendre la situation actuelle de la justice constitutionnelle impose de se familiariser avec les références historiques qui, si elles se présentent de manière discontinue, ont pu les inspirer ou les justifier »[4], que le bloc de constitutionnalité correspond à quelque chose de très profondément ancré dans une partie des discours juridiques depuis la Révolution, à savoir la volonté d'opposer au législateur non pas simplement des règles d'organisation des pouvoirs publics, des règles de forme et de procédure, mais bien ce qu'on a choisi d'appeler une substance constitutionnelle entendue comme « du vocabulaire même commun, des notions, même indéfinies, des catégories conceptuelles, même indéterminées, à partir desquelles il est possible pour tout un chacun de raisonner pour essayer de donner du contenu à des contenants »[5]. Dans ce cadre, il apparaît que la notion de substance constitutionnelle entretient un certain lien avec ce que Carl Schmitt dénommait le principe de répartition à l'œuvre dans la « composante libérale de la constitution », à savoir le principe qui « trouve son expression dans une série de "droits fondamentaux" ou "droits à la liberté" »[6]. L'étude aura donc pour objet une notion étroitement liée à ce que l'on nomme parfois néo constitutionnalisme[7], c'est à-dire le primat accordé à l'étude des jurisprudences des cours constitutionnelles, et qui vise à mettre en avant leur rôle dans les Etats de droit modernes principalement en tant qu'elles protègent les droits dits fondamentaux. Bien plus, le présent ouvrage a été conçu en considérant que l'étude de la notion de bloc de constitutionnalité et de la réalité normative qu'elle tente de saisir, permet d'appréhender de nombreuses questions relatives à la notion de constitution et à son rapport aux juridictions, mais également à l'état du droit constitutionnel en France. Dans ce cadre, on rappellera tout d'abord les rapports qu'entretiennent la juridiction

---

[1] D. Baranger, *La Constitution. Sources. Interprétations. Raisonnements*, *op. cit.*

[2] M. Verpeaux, Répertoire de contentieux administratif, *Contentieux constitutionnel : normes de référence*, Paris, Dalloz, 2022.

[3] X. Prétot, Fasc. 1418, Bloc de constitutionnalité, JurisClasseur Administratif, 2024.

[4] G. Tusseau, *Contentieux constitutionnel comparé. Une introduction critique au droit processuel constitutionnel*, Paris, LDGJ, 2021, p. 42.

[5] B. Plessix, « Constitutionnalistes et administrativistes face à leur juges », in *La doctrine et le Conseil constitutionnel*, *op. cit.*, p. 299

[6] C. Schmitt, *Théorie de la constitution*, *op. cit.*, p. 265.

[7] Voir O. Cayla, J.-L. Halpérin (dir.), *Néo ou rétro constitutionnalisme ? Mise en perspective de la démocratie constitutionnelle contemporaine*, Paris, Mare et Martin, 2018 ; V. Champeil-Desplats, J.-M. Denquin, *Démocratie et constitutionnalisme. Retours critiques*, Paris, Mare et Martin, 2018.

constitutionnelle et la constitution dans la théorie normativiste positiviste – celle à laquelle se rattache la citation de Charles Eisenmann mentionnée en exergue de cette introduction – afin d'avoir une vue plus claire sur le sujet (**CHAPITRE PRELIMINAIRE**). On pourra alors présenter la construction du bloc de constitutionnalité comme la longue recherche d'une substance constitutionnelle dans les discours juridiques depuis la Révolution, et singulièrement sous la IIIème République avant qu'elle ne puisse trouver à exister sous la Vème République à travers l'activité tardive du Conseil constitutionnel dans les années 1970 **(PARTIE 1).** On verra ensuite que l'évolution du bloc de constitutionnalité depuis les années 1980 est l'histoire d'une consolidation erratique de la substance constitutionnelle, entre intervention du constituant et activisme « hors texte » du Conseil constitutionnel **(PARTIE 2).**

CHAPITRE PRELIMINAIRE.
LA JURIDICTION CONSTITUTIONNELLE ET LA CONSTITUTION DANS LA THÉORIE NORMATIVISTE

Afin d'appréhender au mieux ce que révèle, dans le cas français, la notion de bloc de constitutionnalité, il parait fructueux de revenir sur les acquis du positivisme normativiste en matière de constitution et de contrôle de constitutionnalité, lesquels sont entrés dans le langage courant des juristes positivistes continentaux. Une approche positiviste de la constitution désigne toute conception qui vise à appréhender celle-ci du point de vue de son processus d'édiction et à la distinguer des autres normes par son mode de production ; l'illustration classique d'une telle conception est offerte par le normativisme[1] : on désigne par ce terme la théorie du droit établie par Hans Kelsen, notamment dans la *Théorie pure du droit*[2], visant à fonder les bases d'une approche réellement scientifique du droit, c'est-à-dire axiologiquement neutre, afin de pouvoir fournir une description du système juridique pure de tout jugement de valeur[3]. De nombreux auteurs peuvent être rattachés à ce courant, au premier rang desquels Charles Eisenmann[4], qui a contribué à faire connaître et à développer la pensée de Hans Kelsen en France[5]. L'importance de la théorie du droit de Hans Kelsen s'étend à des domaines de réflexion extrêmement vastes concernant la nature du système juridique, notamment s'agissant de ses rapports avec l'Etat, mais également, s'agissant du processus de création du droit et incidemment du rôle qu'y joue l'interprétation produite

---

[1] Sur ce terme, voir M. Troper, « Normativisme », in *Dictionnaire de la culture juridique*, *op. cit.*, p. 1074 ; O. Pfersmann, « Normativisme et décisionnisme », in *Dictionnaire de philosophie politique*, *op. cit.*, p. 508, qui insiste notamment sur l'origine polémique du terme, forgé par C. Schmitt pour critiquer un formalisme jugé trop abstrait et excessif.

[2] H. Kelsen, *Théorie pure du droit*, Paris, LGDJ, 1999.

[3] Sur la neutralité axiologique du normativisme, voir J.-C. Billier et A. Maryioli, « Le paradigme formaliste de Hans Kelsen », in *Histoire de la philosophie du droit,* Paris, Broché, 2001 ; N. Bobbio, « Sur le positivisme juridique », in *Essais de théorie du droit*, Paris, Broché, 1998, p. 23 ; O. Cayla, « Kelsen Hans », in *Dictionnaire des grandes œuvres juridiques*, Paris, Dalloz, 2008, p. 320 ; O. Pfersmann, « Normativisme et décisionnisme », in *Dictionnaire de philosophie politique*, *op. cit.*, p. 508; A. Ross, « La validité et le conflit entre le positivisme juridique et le Droit naturel », in *Introduction à l'empirisme juridique*, Paris, Broché, 2004, p. 149 ; M. Troper, « Le positivisme juridique », in *Pour une théorie juridique de l'Etat*, *op. cit.* ; « Normativisme », *article précité*.

[4] L. Bonnard, *La pensée constitutionnelle de Charles Eisenmann*, Jus Politicum, n° 8 [https://juspoliticum.com/article/La-pensee-constitutionnelle-de-Charles-Eisenmann-561.html]

[5] S. Pina, « La diffusion des travaux de Hans Kelsen en France », *APD*, 2015, T. 58, p. 373.

par les acteurs du système juridique ; sa description de la constitution s'inscrit parfaitement dans sa théorie générale du droit qui fait du système juridique un ensemble normatif et de la constitution une norme au statut particulier.

Classiquement la constitution[1] est assimilée à une loi constitutionnelle ou une loi fondamentale[2] : le critère la distinguant de la loi ordinaire est essentiellement procédural. Le positivisme paraît fournir les meilleurs critères d'identification formelle de la constitution dès lors qu'il envisage le droit essentiellement à travers son mode de production, et qu'il insiste sur l'aspect procédural de l'édiction du droit constitutionnel. Dans ce cadre, l'instauration d'un contrôle de constitutionnalité ne conduit pas à modifier le critère d'identification du droit constitutionnel mais vise, bien au contraire, à protéger les prescriptions qu'est réputée contenir la constitution formelle. Une des distinctions classiques en droit constitutionnel consiste à opposer la constitution définie par sa forme à la constitution définie par son contenu. Hans Kelsen a donné de cette opposition une synthèse remarquable en semblant privilégier l'approche matérielle dans la description de la structure du système juridique, tout en prenant en compte l'importance de la formalisation de la constitution dans les systèmes juridiques modernes (**Section 1**) *a fortiori* lorsqu'ils sont dotés d'un contrôle de constitutionnalité des lois, mécanisme technique qui lui paraît souhaitable pour des questions de politique juridique (**Section 2**) et qui permet, notamment, de concrétiser la constitution (**Section 3**).

Section 1.
La formalisation de la constitution

Hans Kelsen introduisait son étude sur la garantie juridictionnelle de la constitution en notant qu'elle « est un élément du système des mesures techniques qui ont pour but d'assurer l'exercice régulier des fonctions étatiques »[3]. S'il mettait ainsi en avant le caractère technique de la justice constitutionnelle, il précisait plus loin qu'elle avait pour objet de garantir « la régularité des règles immédiatement subordonnées à la Constitution, c'est-à-dire, essentiellement, […] la constitutionnalité des lois »[4]. Il notait également que la question de la garantie de la constitution était directement liée à la

[1] Pour une approche critique, voir M. Unau, « La Constitution dans la théorie juridique de Hans Kelsen », *RDP*, 2024, n° 3, p. 60.

[2] Pour une remise en cause très étayée mais radicalement anti-positiviste de ces terminaisons, voir C. Schmitt, *Théorie de la constitution*, *op. cit.*

[3] H. Kelsen, « La garantie juridictionnelle de la Constitution, la justice constitutionnelle », *RDP*, 1928, p. 198.

[4] *Ibid.*, p. 201.

notion de constitution retenue[1]. Charles Eisenmann partait d'une prémisse similaire en définissant la justice constitutionnelle comme « cette sorte de justice ou mieux de juridiction qui porte sur les lois constitutionnelles »[2], relevant ensuite que cette définition nécessitait, pour être opératoire, d'identifier lesdites lois constitutionnelles[3]. L'idée commune à ces deux définitions est donc que l'appréhension de ce que recouvre la justice constitutionnelle[4] ne peut avoir lieu sans une clarification préalable de la notion de constitution. Il faut donc définir celle-ci dans un premier temps afin de permettre, dans un second temps, de rendre compte de l'objet de la justice constitutionnelle[5].

Les écrits que Hans Kelsen a consacrés à la constitution révèlent l'unité et la clarté de son approche du phénomène juridique. S'il affirmait que le noyau de la notion de constitution est « l'idée d'un principe suprême déterminant l'ordre étatique tout entier et l'essence de la communauté constituée par cet ordre »[6], ses analyses sont beaucoup plus subtiles et exposent, avec une grande profondeur de vue, la consistance proprement juridique d'une telle notion. Il en ressort que la constitution est avant tout une norme bénéficiant, en raison de son objet, d'une supériorité tout au moins logique sur les autres normes, cette supériorité se trouvant formalisée lorsque la constitution se différencie nettement des lois par son mode de production. Dans le cadre normativiste, si c'est avant tout en qualité de norme de production de normes que la constitution est réputée supérieure à la loi, en tant qu'elle fonde la validité de celle-ci (Paragraphe 1), l'usage du critère formel occupe une place importante lorsqu'il s'agit d'identifier la constitution au sein des systèmes juridiques modernes (Paragraphe 2).

Paragraphe 1.
La primauté apparente de la constitution matérielle

Dans le cadre de l'approche dynamique du système juridique envisagée par Hans Kelsen, chaque norme est produite valablement, elle est « valide », à condition de respecter la procédure prescrite par une autre norme, immédiatement supérieure. Ainsi, les systèmes juridiques étatiques sont des

[1] *Ibid.*, p. 204.
[2] C. Eisenmann, *La justice constitutionnelle et la Haute Cour constitutionnelle d'Autriche*, *op. cit.*, p. 1.
[3] *Ibid.*, p. 2.
[4] C. Grewe, *et al.*, (dir.), *La notion de "justice constitutionnelle"*, Paris, Dalloz, 2005.
[5] C'est pourquoi C. Eisenmann a consacré de nombreux développements de sa thèse à écarter plusieurs définitions du droit et de la constitution afin de privilégier une approche normativiste.
[6] H. Kelsen, « La garantie juridictionnelle de la Constitution, la justice constitutionnelle », *article précité*, p. 204.

systèmes hiérarchisés et « le degré suprême de ces ordres est formé par leur Constitution »[1], celle-ci étant entendue uniquement en termes de contenu. Il s'agit en effet de « la norme positive ou les normes positives qui règlent la création des normes juridiques générales »[2] : elle est donc un ensemble de « règles qui régissent la création des normes juridiques générales, des lois en particulier »[3]. On ne saurait trop insister sur cette définition de la constitution en tant que norme fixant la procédure d'édiction des normes générales car elle révèle deux éléments importants de la conception kelsénienne de la constitution. D'une part celle-ci est essentiellement pensée sous un angle normatif et toute autre approche est rejetée ; on doit donc en conclure que la constitution de l'Etat est un ensemble de prescriptions juridiquement obligatoires. D'autre part, ces prescriptions ont un objet spécifique qui est précisément la production d'autres normes au sein du système juridique, les *normes générales*, qui s'opposent aux *normes individuelles* produites pour le règlement d'un litige particulier.

Au sein d'un système juridique compris comme un ensemble normatif, la constitution n'est rien d'autre qu'une norme et son statut particulier provient uniquement de son objet, non de sa procédure d'édiction, de l'organe qui l'a produite ou encore de sa signification politique. Ramenée à une simple règle de technique juridique, elle ne peut plus être comprise autrement que comme une prescription nécessaire au bon fonctionnement du système en ce qu'elle va permettre d'identifier les normes générales valides. On comprend alors qu'elle soit présentée comme « la base indispensable des normes juridiques qui règlent la conduite réciproque des membres de la collectivité étatique, de même que de celles qui déterminent les organes nécessaires pour les appliquer et les imposer, et la façon dont ils procéderont, c'est-à-dire, en somme, l'assise fondamentale de l'ordre étatique »[4]. Ce caractère indispensable provient précisément de son objet, sans lequel aucun système juridique n'est envisageable.

S'agissant plus précisément de l'objet des normes constitutionnelles, il n'a pas qu'un caractère procédural. En effet, « on entend traditionnellement par Constitution – au sens matériel – non seulement les règles relatives aux organes et à la procédure de la législation, mais encore celles qui ont trait aux organes exécutifs suprêmes, et, en outre, la détermination des rapports de principes entre l'Etat et ses sujets »[5] et dès lors, les normes constitutionnelles peuvent déterminer « jusqu'à un certain point le contenu des lois futures »[6].

---

[1] H. Kelsen, *Théorie pure du droit*, *op. cit.*, p. 224.
[2] *Ibid.*
[3] H. Kelsen, *Théorie générale du droit et de l'État*, Paris, LGDJ, 1997, p. 179.
[4] H. Kelsen, « La garantie juridictionnelle de la Constitution, la justice constitutionnelle », *article précité*, p. 205.
[5] *Ibid.*
[6] H. Kelsen, *Théorie générale du droit et de l'Etat*, *op. cit.*, p. 180.

Toutefois, sur la forme de cette détermination, on peut parfois trouver une certaine confusion dans les écrits de Hans Kelsen. C'est le cas dans la *Théorie générale du droit et de l'Etat*, lorsqu'il cite l'article additionnel VI de la Constitution des Etats-Unis[1] comme un exemple d'une norme constitutionnelle prescrivant « à la forme positive, ce qui entre dans le contenu des lois futures »[2] tout en affirmant plus loin que « la détermination du contenu des normes par la Constitution ne revêt qu'un caractère négatif »[3]. Cela peut s'expliquer dans la mesure où selon lui, le système juridique ayant un caractère fondamentalement dynamique, les normes constitutionnelles habilitent essentiellement certaines autorités à la création de normes et ce n'est que de façon secondaire qu'elles peuvent parfois chercher à prescrire un certain contenu à ces normes générales[4].

Dans la présentation que Hans Kelsen fait des normes matériellement constitutionnelles, celles-ci sont essentiellement des normes d'habilitation[5] au sens où leur objet premier est d'organiser la production de normes générales au sein du système juridique en créant les organes qui en seront chargés et en

---

[1] Selon lequel « Dans toutes les poursuites criminelles, l'accusé aura droit à un jugement rapide et public par un jury impartial de l'Etat et du district où le crime aura été commis, ce district ayant été préalablement déterminé par la loi, et d'être instruit de la nature et du motif de l'accusation : d'être confronté avec les témoins à charge ; de bénéficier d'une procédure obligatoire de citation de témoins à décharge, et d'être assisté d'un conseil pour sa défense », in S. Rials, *Textes constitutionnels étrangers*, Paris, PUF, 12e éd., 2006, p. 45.

[2] H. Kelsen, *Théorie générale du droit et de l'Etat*, *op. cit.*, p. 180.

[3] *Ibid.*, p. 184.

[4] Dans la *Théorie pure du droit*, il note expressément que « les systèmes de normes qui se présentent comme des ordres juridiques ont pour l'essentiel un caractère dynamique. Une norme juridique n'est pas valable parce qu'elle a un certain contenu, c'est-à-dire parce que son contenu peut être déduit par voie de raisonnement logique d'une norme fondamentale supposée, elle est valable parce qu'elle est créée d'une certaine façon, et plus précisément, en dernière analyse, d'une façon qui est déterminée par une norme fondamentale, norme supposée ; c'est pour cette raison, et pour cette raison seulement qu'elle fait partie de l'ordre juridique dont les normes sont créées conformément à cette norme fondamentale. Il suit de là que n'importe quel contenu peut être droit. Il n'existe pas de conduite humaine qui serait exclue comme telle, en raison de son fond, de la possibilité de devenir le contenu d'une norme juridique, c'est-à-dire d'être visée et réglée par l'ordre juridique », in *Théorie pure du droit, op., cit.*, p. 197. Il ajoute s'agissant de la Constitution qu'« en résumé, et en d'autres termes, on peut dire que la Constitution établit surtout du droit de caractère formel, alors que le degré de la création du droit, qui lui est immédiatement inférieur, comprend aussi bien du droit formel que du droit matériel », *Ibid.*, p. 234.

[5] Sur cette notion voir G. Tusseau, *Les normes d'habilitation*, Paris, Dalloz, 2006.

leur conférant la compétence de le faire[1]. C'est l'idée qu'il exprime lorsqu'il note que « l'essence d'une Constitution réside dans la réglementation de la création des normes »[2] ou en évoquant son « domaine originaire et pour ainsi dire naturel »[3]. Or, cette notion d'habilitation est essentielle pour Hans Kelsen, qui envisage le droit comme un système dont la caractéristique est de régler sa propre création et sa propre application. Dès lors, « la fonction normative de l'habilitation joue en droit un rôle particulièrement important. Seuls, les individus auxquels l'ordre juridique confère cette puissance peuvent créer ou appliquer des normes juridiques »[4]. On saisit alors le statut prééminent de la constitution matérielle dans la façon dont le normativisme conçoit la structure du système juridique. Les normes constitutionnelles se voient certes assigner un rôle déterminé et restreint, mais sans elles, il n'y a pas de système juridique identifiable car il est impossible de savoir ce qui constitue une norme générale produite en son sein. Ceci explique qu'elles puissent être écrites ou non écrites, l'essentiel étant qu'elles déterminent le mode de production des normes générales au sein du système juridique, mais a pour conséquence une relative difficulté à identifier ces normes au sein d'un système juridique complexe.

La définition matérielle de la constitution permet ainsi de décrire le fonctionnement d'un système juridique en expliquant sur quelles bases le droit peut être produit en son sein. Tout système juridique possède donc nécessairement une constitution matérielle, ou des normes matériellement constitutionnelles, qui permettent d'identifier la façon dont sont produites les normes générales, et la formalisation de ces normes n'est nullement nécessaire pour attester l'existence d'un système juridique. Pour utiliser une illustration relativement simple, en France, sous l'Ancien Régime, il existait une constitution matérielle, celle qui voulait, pour faire court[5], que le monarque édictait seul les normes générales valides pour l'ensemble du royaume, mais il n'y avait aucun document édicté selon une forme spécifique qui organisait le pouvoir de cette façon. On comprend alors l'intérêt scientifique du concept de constitution matérielle qui permet de rendre compte de tout système juridique, qu'il soit ou non formalisé. Charles Eisenmann notait en ce sens que la définition matérielle de la constitution a « une valeur théorique ou

[1] H. Kelsen définit ainsi la fonction de l'habilitation : « conférer le pouvoir à un individu de poser et d'appliquer des normes », in *Théorie générale des normes*, *op. cit.*, p. 133.

[2] *Ibid.*, p. 345.

[3] H. Kelsen, « La garantie juridictionnelle de la constitution », *article précité*, p. 208.

[4] H. Kelsen, *Théorie générale des normes*, *op. cit.*, p. 133.

[5] Car la procédure d'enregistrement devant les Parlements, notamment, pouvait rendre la chose assez peu aisée.

scientifique et par suite une universalité supérieures »[1]. Cependant, dans le cadre des systèmes juridiques complexes composés de plusieurs couches normatives, l'identification des normes constitutionnelles paraît, à bien des égards, plus aisée du point de vue formel, et il n'est pas innocent de constater que l'un des traits principaux du normativisme consiste dans le poids conséquent qu'il confère à l'approche formelle du droit.

Paragraphe 2.
La primauté réelle de la constitution formelle

Selon Hans Kelsen, la constitution au sens formel se définit comme un document qui ne contient pas exclusivement les normes matériellement constitutionnelles « mais également des normes qui se rapportent à d'autres objets politiquement importants, et, en outre, des dispositions aux termes desquelles les normes contenues dans ce document ne peuvent pas être abrogées ou modifiées de la même façon que les lois ordinaires, mais seulement par une procédure particulière, à des conditions de difficulté accrues »[2]. La constitution peut donc bien être identifiée par sa forme, mais dans ce cas, les normes en cause ne correspondent pas exactement aux normes matériellement constitutionnelles. D'une part, elles peuvent contenir d'autres types de norme ayant un objet différent, ce que Hans Kelsen reconnaît en qualifiant dans ce cas la constitution formelle de « notion de Constitution au sens large »[3] en raison des nombreuses dispositions qu'elle comporte en sus de celles formant la constitution matérielle. D'autre part, les normes matériellement constitutionnelles « ne sont pas toujours revêtues de la forme constitutionnelle ; elles se présentent parfois comme des lois ordinaires »[4]. Dès lors, comme on l'a noté, l'existence d'une constitution formelle n'est pas une condition d'identification d'un système juridique et Hans Kelsen peut affirmer que « cette forme propre aux lois constitutionnelles, cette forme constitutionnelle, ou Constitution au sens formel du terme, n'est pas indispensable tandis que la Constitution matérielle [...] constitue un élément essentiel de tout système juridique »[5] et que « c'est à cause de la Constitution matérielle qu'il existe une forme propre aux lois constitutionnelles, ou forme constitutionnelle »[6].

Pour expliquer la tendance des systèmes juridiques complexes à formaliser la constitution, Hans Kelsen met en avant la nécessité de « stabiliser » les

---

[1] C. Eisenmann, *La justice constitutionnelle et la Haute Cour constitutionnelle d'Autriche*, *op. cit.*, p. 3.
[2] H. Kelsen, *Théorie pure du droit*, *op. cit.*, p. 225.
[3] H. Kelsen, « La garantie juridictionnelle de la Constitution », *article précité*, p. 205.
[4] *Ibid.*, p. 227.
[5] H. Kelsen, *Théorie générale du droit et de l'Etat*, *op. cit.*, p. 179.
[6] *Ibid.*

normes matériellement constitutionnelles[1], car en tant que la constitution est « l'assise fondamentale de l'ordre étatique »[2], il apparaît nécessaire « de différencier les normes constitutionnelles des normes légales, en en soumettant la révision à une procédure spéciale, comportant des conditions plus difficiles à réunir »[3]. En reconnaissant que la notion de constitution « implique l'idée d'une hiérarchie des formes juridiques »[4], il semble considérer que la formalisation des normes constitutionnelles est nécessaire au bon fonctionnement du système juridique, comme une logique immanente à sa structuration. Le critère d'identification de ces normes devient alors plus simple dès lors qu'il suffit pour les isoler de déterminer les normes qui ont été produites selon une procédure plus complexe que celle utilisée pour les lois dites ordinaires. Toutefois, la validité d'une norme ne pouvant être fondée que sur sa conformité à la procédure prescrite par la norme supérieure, la validité des normes constitutionnelles n'est pas liée à une quelconque procédure d'édiction ou à une forme déterminée, mais bien à une norme fondamentale présentée comme le présupposé nécessaire à l'élaboration d'une science des normes. Elle est également qualifiée de constitution au sens de la logique juridique[5], puisqu'elle permet d'établir cette validité[6]. Il importe cependant de relever que, si la formalisation de la constitution entraîne tout un ensemble de conséquences importantes sur le système juridique, particulièrement en cas d'existence d'un contrôle juridictionnel de conformité des lois à la constitution formelle, elle ne modifie en rien la nature de la constitution telle que la conçoit Hans Kelsen. Celle-ci s'entend toujours essentiellement comme

---

[1] H. Kelsen, *Théorie pure du droit*, *op. cit.*, p. 225.

[2] H. Kelsen, « La garantie juridictionnelle de la constitution », *article précité*, p. 205.

[3] *Ibid.*

[4] *Ibid.*, p. 204.

[5] H. Kelsen, *Théorie pure du droit*, *op. cit.*, p. 197-206.

[6] Dans la dernière version qu'il donne du statut de la théorie de la norme fondamentale dans la science du droit, H. Kelsen la présente ainsi : « c'est une norme "fondamentale" parce qu'on ne peut pas continuer à demander quel est le fondement de sa validité, car elle est une norme, non pas posée, mais présupposée. Ce n'est pas une norme positive, c'est-à-dire posée par un acte de volonté réel, mais une norme présupposée dans la pensée juridique, c'est-à-dire […] une norme fictive. Elle représente le fondement ultime de la validité de toutes les normes juridiques qui constituent l'ordre juridique. Seule une norme peut être le fondement de la validité d'une autre norme », *Théorie générale des normes*, *op. cit.*, p. 343. Evoquer une norme fictive, c'est assumer le caractère scientifique de la démonstration, qui se trouve évidemment partiellement détachée de l'étude du droit positif, dès lors que les acteurs du système juridique ont tendance à fonder la validité de la constitution sur sa légitimité et à opérer une confusion entre les deux notions, sans rechercher une façon authentiquement juridique de penser le fondement de la validité de la constitution. Cette reconnaissance du caractère fictif de la norme fondamentale marque ainsi l'ambition scientifique et, pour tout dire, épistémologique des travaux de H. Kelsen.

un ensemble de normes portant sur la création des normes générales par les acteurs du système juridique. Les normes matériellement constitutionnelles portant sur la création des normes générales, elles constituent également de telles normes, par opposition aux normes individuelles. Théoriquement, à s'en tenir à la définition fournie par Hans Kelsen, la constitution matérielle est exclusive de normes individuelles (sauf à envisager le cas des systèmes juridiques à faible structuration hiérarchique dans lesquelles un seul individu exerce nommément la compétence d'édiction des normes générales). En revanche, on peut envisager de trouver une norme individuelle[1] dans la constitution formelle, puisque celle-ci peut accueillir n'importe quel contenu dès lors qu'il y est intégré selon les formes prescrites.

La description des rapports qu'entretiennent les deux définitions de la constitution ne va pas sans une certaine ambiguïté. Ainsi, si les normes matériellement constitutionnelles sont réputées se trouver au sommet de la hiérarchie juridique en ce qu'elles prescrivent la façon dont sont produites les normes générales principales, essentiellement les lois, et trouver le fondement de leur validité dans la norme fondamentale présupposée, on a vu que la formalisation de la constitution pouvait laisser certaines de ces normes à d'autres niveaux de la hiérarchie – par exemple dans une loi ordinaire ou dans le règlement d'une assemblée. On conçoit alors difficilement, dans une perspective formelle, qu'elles trouvent le fondement de leur validité ailleurs que dans les normes qui déterminent leur procédure d'édiction. Certaines dispositions figurant dans les règlements des assemblées parlementaires sont ainsi considérées comme matériellement constitutionnelles, mais le fondement de leur validité est pourtant à rechercher dans la constitution au sens formel, voire dans la loi lorsque l'une ou l'autre détermine les conditions de production de ces actes par les assemblées. Dans ce cadre, pour être valide, la disposition du règlement devra avoir respecté la procédure d'édiction prescrite. La disjonction des définitions matérielle et formelle de la constitution atteste que la première est un concept forgé essentiellement par la science du droit afin de penser la structuration du système juridique là où la seconde fournit un critère d'identification plus fiable en pratique de ce que le droit positif qualifie de constitution. Il faut insister sur cette différence de statut car elle s'accroît lorsqu'est prise en compte l'institution d'un contrôle de constitutionnalité.

---

[1] Bien que la distinction norme générale / norme individuelle ne soit pas dénuée de toute ambigüité dans l'œuvre de H. Kelsen, comme le note notamment M. Troper dans son article « Kelsen et la jurisprudence », in *Pour une théorie juridique de l'Etat*, *op. cit.*, p. 80. Dans la *Théorie générale des normes*, H. Kelsen explique qu'« une norme a un caractère individuel si elle pose comme obligatoire un comportement déterminé pour un individu dans une circonstance particulière et unique », *op. cit.*, p. 9. Cette définition englobe ainsi essentiellement les décisions rendues par les juridictions.

La primauté réelle de la constitution formelle dans le normativisme provient de la conception même du droit que celui-ci envisage. L'aspect formel éclipse en effet toute autre considération dès lors que le système juridique est conceptualisé en tant que système dynamique, c'est-à-dire un système d'habilitation. De ce point de vue, si l'on a pu dire du normativisme kelsénien qu'il « remplace l'universalisme du *contenu* des normes, variable, suivant les contingences historiques, par celui de la *forme* qui est celle de la procédure de production des normes juridiques par le législateur compétent »[1], on peut retenir, avec Olivier Beaud, que Hans Kelsen définit la constitution « en dernière instance » comme une « pure et simple » norme d'habilitation et qu'ainsi, là où il croit définir la constitution d'un point de vue matériel, « il en revient toujours à une question formelle de compétence »[2]. Il ressort d'une approche positiviste du droit que les normes constitutionnelles, qui forment du droit positif au sens où elles sont posées par l'homme à un moment donné, sont identifiables soit par leur objet, qui est de régler la production des autres normes du système juridique, soit par leur forme, dès l'instant où elles entrent en vigueur. Il s'agit d'un élément fondamental car les normes constitutionnelles ainsi envisagées sont essentiellement matérialisées par des énoncés écrits.

Section 2.
La technicité du contrôle de constitutionnalité

Confronté notamment aux critiques d'un auteur comme Carl Schmitt, qui envisage la justice constitutionnelle uniquement sous son aspect politique, Hans Kelsen ne nie nullement l'aspect politique de la question : il n'en propose pas moins l'instauration d'un contrôle de constitutionnalité sous la forme d'une norme technique afin d'assurer l'efficacité de la constitution (Paragraphe 1) sous un angle purement procédural (Paragraphe 2).

Paragraphe 1.
Le parachèvement du système juridique par l'efficacité de la constitution

L'idée force de la pensée de Hans Kelsen en matière de contrôle de constitutionnalité peut être résumée par cette phrase célèbre où il affirme qu'« une Constitution à laquelle la garantie de l'annulabilité des actes inconstitutionnels fait défaut, n'est pas pleinement obligatoire, au sens technique », et que cette situation « équivaut à peu près, du point de vue

---

[1] J.-C. Billier, et A. Maryioli, *Histoire de la philosophie du droit*, *op. cit.*, p. 154.

[2] O. Beaud, « Kelsen contre Schmitt : un dialogue de sourds ? », in P. Pasquino, O. Beaud, *La controverse sur le gardien de la Constitution et la justice constitutionnelle, Kelsen contre Schmitt*, Paris, Panthéon-Assas, 2007, p. 199.

proprement juridique, à un vœu sans force obligatoire »[1]. Ce n'est pas la simple logique du normativisme qui est à l'œuvre derrière les mots employés, du moins si l'on entend par normativisme une méthode de description du système juridique. Il s'agit ici bien davantage d'utiliser les enseignements du normativisme pour proposer l'instauration d'un mécanisme particulier. Autrement dit, il s'agit d'une question de politique juridique[2]. La garantie juridictionnelle de la constitution a pour première fonction de rendre celle-ci obligatoire au sens où la violation des prescriptions contenues dans le texte constitutionnel fait l'objet d'une sanction. Charles Eisenmann exprimait cette idée de façon encore plus poussée lorsqu'il affirmait que seule la justice constitutionnelle « fait des règles constitutionnelles des normes juridiquement obligatoires, de véritables règles de droit en y attachant une sanction ; sans elle, la Constitution n'est qu'un programme politique, à la rigueur obligatoire moralement, un recueil de bons conseils à l'usage du législateur, mais dont il est juridiquement libre de tenir ou de ne pas tenir compte, puisque ses actes, même faits en violation de ces préceptes, seront en tout état de cause valables. La justice constitutionnelle transforme donc en normes véritablement juridiques ce qui seulement se voulait tel ». Il concluait ce plaidoyer en faveur de la justice constitutionnelle en énonçant une vérité sans appel : « la Constitution devient ainsi et ainsi seulement la règle de droit suprême, principe de toute validité juridique »[3]. Autrement dit, si on touche là le fond même de la théorie normativiste, qui vise à ériger la constitution au rang de norme juridique, au même titre que la loi, le règlement ou un simple contrat conclu par des particuliers, elle conduit ici à assurer non pas seulement la valeur obligatoire de la constitution, mais bien sa suprématie au sein du système juridique. Cette démarche paraît logiquement liée à l'appréhension du système juridique comme ensemble hiérarchisé de normes produites par des organes institués en son sein, conformément à des procédures prescrites par d'autres normes. Puisque la constitution est une telle norme, puisque sa validité est établie par la norme fondamentale, puisqu'elle est, elle aussi, exécutée et appliquée chaque fois qu'une norme immédiatement inférieure est produite (essentiellement chaque fois qu'une loi est votée et promulguée), alors rien ne s'oppose à ce qu'elle soit appliquée par un organe qui contrôlerait la régularité de cette exécution, et il serait même bon qu'elle le soit afin

[1] H. Kelsen, « La garantie juridictionnelle de la Constitution », *Article précité*, p. 250.
[2] Sur ce point voir S. Paulson, « Arguments conceptuels de Schmitt à l'encontre du contrôle de constitutionnalité et réponses de Kelsen. Un aspect de l'affrontement entre Schmitt et Kelsen sur le gardien de la constitution », in C.-M. Herrera (dir.), *Le Droit, le politique autour de Max Weber, Hans Kelsen, Carl Schmitt,* Paris, L'Harmattan, 1995, p. 258-259.
[3] C. Eisenmann, *La justice constitutionnelle et la Haute Cour constitutionnelle d'Autriche*, *op. cit.*, p. 22.

d'assurer « l'efficacité de la Constitution »[1], et le bon fonctionnement de la mécanique du système juridique.

On note ici un glissement dès lors que dans la théorie normativiste pure, la suprématie de la constitution doit s'entendre comme la suprématie logique de la constitution matérielle, alors qu'il s'agit désormais d'utiliser la justice constitutionnelle pour consacrer la suprématie de la constitution formelle. Dans cette perspective, Charles Eisenmann relevait que le contrôle juridictionnel visant de façon générale à assurer « à tous les étages du système juridique », la distinction entre les différentes couches normatives, l'instauration d'une justice constitutionnelle ne faisait que « poursuivre et achever cette œuvre de hiérarchisation : elle ajoute un nouvel et ultime degré à l'édifice du droit interne, qu'elle couronne en subordonnant la légalité ordinaire, et ainsi, indirectement, toutes les règles infra-légales, à la légalité constitutionnelle »[2]. Par ce constat, il achevait de lier structure du système juridique et contrôle de constitutionnalité. On comprend alors que c'est bel et bien la forme constitutionnelle qui fait l'objet d'un tel contrôle et Hans Kelsen est contraint, à l'instar de l'ensemble des auteurs se réclamant du normativisme, de s'intéresser davantage à la constitution formelle, c'est-à-dire à l'ensemble des dispositions édictées selon une procédure spécifique, qu'à la constitution matérielle, car, comme on l'a vu, les deux ne correspondent pas pleinement. Dès lors qu'une juridiction est chargée de faire respecter une hiérarchie par essence formelle, c'est bien une forme particulière dont elle fera application, la forme constitutionnelle. C'est ainsi qu'appréhendée sous l'angle formel, il évoque la notion précitée de « Constitution au sens large ».

Paragraphe 2.
Le caractère essentiellement procédural de la justice constitutionnelle

Indépendamment de toute question de politique juridique, le caractère technique de la justice constitutionnelle comme son lien avec l'approche formelle de la constitution se retrouvent dans les quelques lignes que Hans Kelsen a réservées à ce qu'il appelle l'inconstitutionnalité matérielle. Pour lui, la distinction inconstitutionnalité formelle et inconstitutionnalité matérielle n'est admissible que sous la réserve d'accepter que la seconde soit « en dernière analyse une inconstitutionnalité formelle »[3]. Le contrôle de constitutionnalité reste ainsi essentiellement un contrôle procédural au sens où, en se prononçant sur la conformité d'une loi à la constitution, un organe juridictionnel ne veille qu'à sa régularité formelle, dès lors qu'une annulation aurait, *in fine*, pour signification d'affirmer que les dispositions en cause n'ont

---

[1] M. Troper, « Kelsen et la Cour constitutionnelle », *article précité*, p. 88.
[2] C. Eisenmann, *La justice constitutionnelle et la Haute Cour constitutionnelle d'Autriche*, *op. cit.*, p. 22.
[3] H. Kelsen, « La garantie juridictionnelle de la Constitution », *article précité*, p. 206.

pas été adoptées selon la bonne procédure. En préservant la constitution, la juridiction ne vise ainsi qu'à assurer le respect de règles procédurales. Autrement dit, en tout état de cause, pour lui, « même si la loi est inconstitutionnelle car son contenu est contraire à la Constitution, son caractère inconstitutionnel découle du fait qu'elle n'a pas été adoptée selon la procédure de révision constitutionnelle : ici, le jugement de constitutionnalité matérielle n'existe pas [...], c'est toujours un jugement de constitutionnalité formelle, c'est-à-dire sur la manière selon laquelle la loi a été produite »[1].

Là encore, cette idée était également affirmée par Charles Eisenmann lorsqu'il notait que « l'inconstitutionnalité d'une loi – et cela répond à la nature même du droit – se ramène (...) toujours en dernière analyse à une irrégularité de procédure, dont seule la gravité diffère, selon qu'elle consiste en une violation ou des seules prescriptions de forme ou au contraire de l'ordre des compétences établies par la Constitution »[2]. Louis Favoreu utilisera la notion d'aiguilleur en reprenant cet argument pour légitimer le rôle de la juridiction constitutionnelle[3]. Il s'agit d'un puissant argument en faveur de l'exercice de ce contrôle qui, tout en assurant l'efficacité de la constitution, ne vient absolument pas paralyser le fonctionnement de la démocratie parlementaire, le pouvoir de révision de la constitution pouvant toujours être exercé pour surmonter une décision de l'organe exerçant le contrôle de constitutionnalité[4].

Hans Kelsen, notamment parce qu'il est confronté aux critiques que lui adresse Carl Schmitt[5], ne cherchait pas à séparer de façon étanche le domaine du politique et le domaine du droit, il admettait au contraire que l'instauration d'un contrôle de constitutionnalité n'est pas celle d'un mécanisme neutre. En effet, « si l'on perçoit le "politique" dans la résolution de conflits d'intérêts, dans la "décision" - pour reprendre la terminologie de Carl Schmitt -, alors dans chaque jugement juridique se trouvent plus ou moins d'éléments décisionnels relevant de l'exercice du pouvoir »[6]. Il reconnaissait ainsi que « la fonction d'un tribunal constitutionnel a un caractère bien plus politique

---

[1] Z. Nicolo, « La polémique entre Hans Kelsen et Carl Schmitt sur la justice constitutionnelle », *Annuaire international de justice constitutionnelle*, 5-1989, 1991, p. 188. Voir, dans le même sens, les développements de R. Baumert sur cette question, *La découverte du juge constitutionnel, entre science et politique*, Paris, LGDJ, 2010, p. 381-383.

[2] C. Eisenmann, *La justice constitutionnelle et la Haute Cour constitutionnelle d'Autriche*, *op. cit.*, p. 17.

[3] L. Favoreu, « Le Conseil constitutionnel et l'alternance », *RFSP*, 1984, p. 1002.

[4] Pour une approche critique de ce raisonnement, voir M. Troper, « La logique de la justification du contrôle de constitutionnalité des lois », in *Mélanges en l'honneur de Pierre Pactet. L'esprit des institutions, l'équilibre des pouvoirs*, Dalloz, 2003, p. 911.

[5] C. Schmitt, *Le Tribunal du Reich comme gardien de la Constitution*, Paris, Dalloz, 2017.

[6] H. Kelsen, *Qui doit être le gardien de la constitution*, *op. cit.*, p. 75.

que celle d'autres tribunaux »[1]. Il n'en rejetait pas moins la critique visant à dénier que la fonction d'un tel organe se rattache à la justice sous prétexte de l'indétermination du contenu de la constitution car « il est impossible d'affirmer que le caractère controversé du contenu normatif d'une loi constitutionnelle est différent de ce qui se passe pour une loi qui n'a pas le caractère d'une loi constitutionnelle »[2]. La spécificité de la justice constitutionnelle par rapport à la justice ordinaire trouve ainsi ses limites, bien qu'elle conduisît Hans Kelsen à se prononcer en faveur d'un contrôle de constitutionnalité confié à un organe spécialisé. Il s'agit d'une question d'organisation, mais elle n'est pas sans importance en termes de politique juridique et sur ce point, il eût une attitude clairement orientée. Evoquant le système de contrôle de constitutionnalité diffus américain, il notait que « les défauts et l'insuffisance d'une annulation ainsi limitée à l'espèce sont évidents. C'est avant tout le manque d'unité des solutions et l'insécurité du droit qui en résulte »[3]. C'est pourquoi il se prononçait au profit du monopole de ce contrôle en faveur d'un organe particulier, à l'instar de la Cour constitutionnelle autrichienne[4] et de ce que sera, plus tard, le Conseil constitutionnel en France. Indépendamment de questions techniques, cet organe bénéficie d'un privilège non négligeable qui est sa position particulière au sein des pouvoirs publics. En effet, et c'est son « avantage principal », cet organe « ne participe pas de prime abord à l'exercice du pouvoir » et ne se trouve pas « forcément en opposition avec le Parlement ou le Gouvernement »[5]. Sans renier la nature politique des questions constitutionnelles, Hans Kelsen montrait ainsi le décalage existant entre la juridiction constitutionnelle et les représentants des pouvoirs exécutif et législatif en cherchant à faire apparaître cette justice comme étant en retrait des querelles politiques partisanes.

Précisément, l'un de ses arguments en faveur du contrôle de constitutionnalité est lié à la configuration des pouvoirs publics dans un régime démocratique représentatif, dès lors qu'un tel contrôle constitue, selon lui, une garantie en faveur de la minorité face aux risques de voir la majorité excéder les limites constitutionnelles posées à ses compétences. On retrouve là un aspect important de la pensée normativiste qui vise à traiter un phénomène politique, en l'occurrence l'affrontement entre une majorité et une - voire plusieurs -

---

[1] *Ibid.*, p. 77.
[2] *Ibid.*, p. 79.
[3] H. Kelsen, « La garantie juridictionnelle de la Constitution », *article précité*, p. 218.
[4] Allant dans un sens similaire, C. Eisenmann conclut son étude de la justice constitutionnelle en affirmant que « c'est le système de la juridiction constitutionnelle, c'est-à-dire de la justice constitutionnelle organisée, qui, grâce à sa netteté et à sa clarté parfaites, paraît bien réunir le maximum d'avantages juridiques », *La justice constitutionnelle et la Haute Cour constitutionnelle d'Autriche*, *op. cit.*, 294.
[5] H. Kelsen, *Qui doit être le gardien de la constitution*, *op. cit.*, p. 99.

minorité parlementaire, sous l'angle de la technique juridique. Le présupposé sous-tendu par cette approche n'était nullement caché par Hans Kelsen qui explicitait ce qu'il entendait par démocratie[1]. En effet, « si l'on voit l'essence de la démocratie, non dans la toute-puissance de la majorité, mais dans le compromis constant entre les groupes représentés au Parlement par la majorité et la minorité, et par suite dans la paix sociale, la justice constitutionnelle apparaît comme un moyen particulièrement propre à réaliser cette idée »[2]. Cette citation est décisive pour comprendre l'écart séparant Hans Kelsen d'un auteur comme Carl Schmitt en termes de conception des rapports entre le droit et la politique. Là où ce dernier voyait dans la démocratie un régime dans lequel les choix relèvent d'une décision politique fondamentale prise par le peuple, dont les contours sont assez flous bien qu'on sache qu'elle exclut pour l'essentiel les compromis, Hans Kelsen voyait précisément dans l'aptitude à générer du compromis entre forces politiques distinctes la marque de ce même régime démocratique. Il est d'autant plus remarquable d'affirmer le caractère politique du contrôle de constitutionnalité que celui-ci sera placé entre les mains d'un organe juridictionnel unique. De ce point de vue, la pensée normativiste ne pouvait faire l'économie d'une réflexion plus poussée sur la nature particulière de l'opération d'application de la constitution, afin d'en circonscrire les contours et d'en retrancher autant que possible tout caractère arbitraire. C'est précisément l'objet de la notion de « concrétisation ».

Section 3.
La concrétisation de la constitution

Au-delà de l'aspect politique de la question, c'est également sur le terrain de la production normative que Hans Kelsen attribuait un rôle à la juridiction chargée d'un contrôle de constitutionnalité de la loi. Ainsi, l'organe chargé de l'annulation des lois inconstitutionnelles « n'exerce [...] pas véritablement une fonction juridictionnelle » dès lors que l'annulation de la loi se rapproche de sa confection, elle n'est « pour ainsi dire que la confection avec un signe négatif »[3]. L'organe en cause ne saurait pour autant être assimilé au législateur, car « alors que le législateur n'est lié par la Constitution que relativement à sa procédure, d'une façon exceptionnelle seulement quant au contenu des lois qu'il doit édicter et seulement par des principes ou directions générales, l'activité du législateur négatif au contraire, de la juridiction constitutionnelle, est absolument déterminée par la Constitution ». Elle n'est création du droit que « dans une faible mesure »[4], elle consiste essentiellement à appliquer la

---

[1] Sur cette question, H. Kelsen, *La démocratie : sa nature, sa valeur*, Paris, Dalloz, 2004.

[2] H. Kelsen, « La garantie juridictionnelle de la Constitution », *article précité*, p. 253.

[3] *Ibid.*, p. 224.

[4] *Ibid.*, p. 226.

constitution. La décision de la cour constitutionnelle est un « acte négatif de législation »[1] et plus généralement, Hans Kelsen affirmait que « l'institution du contrôle de constitutionnalité des lois [est] une fonction législative et non pas une pure fonction juridictionnelle »[2]. Cette présentation lui permettait d'insérer la juridiction constitutionnelle dans le système juridique tel qu'il le décrit, c'est-à-dire en tant que système où l'application équivaut à la création du droit. Même en se plaçant sur le terrain de la fonction juridique exercée par une telle juridiction, il assumait ainsi pleinement l'importance politique de ses attributions. Il était cependant contraint de fournir une analyse plus précise du pouvoir dévolu à l'organe exerçant le contrôle.

Si le normativisme met en avant de façon générale la nécessité pour la juridiction constitutionnelle de préciser les normes constitutionnelles en fonction de chaque espèce (Paragraphe 1), Hans Kelsen a également fait apparaître dans ses écrits une certaine défiance pour les dispositions constitutionnelles trop vagues en raison du pouvoir important qu'elles laisseraient à cette juridiction (Paragraphe 2).

Paragraphe 1.
La nécessité de déterminer la norme constitutionnelle pour chaque cas

Le normativisme insiste sur l'opération de concrétisation car elle permet de distinguer les normes individuelles et les normes générales (A) et car, à travers elle, on peut expliquer que, parfois, une norme individuelle demeure valide tout en violant le cadre de signification d'une norme générale (B).

A. La notion de concrétisation

Le contrôle de constitutionnalité visant, dans le cadre normativiste, à faire application des normes formellement constitutionnelles en s'assurant que celles-ci ne sont pas violées par les organes du système juridique, et en premier lieu par le législateur, la juridiction se trouve ainsi soumise à la constitution dont elle fait respecter les prescriptions. Mais pour qu'il en soit ainsi, il faut préciser, dans la perspective technique qui est celle du normativisme, ce que recouvre l'opération d'application de la constitution par la juridiction. C'est à travers la notion de concrétisation[3] qu'il est rendu compte de la production normative de

---

[1] H. Kelsen, « Le contrôle de constitutionnalité des lois. Une étude comparative des Constitutions autrichienne et américaine », *RFDC*, 1990, p. 20.

[2] *Ibid.*, p. 30.

[3] Sur cette notion, voir notamment A. Dyèvre, « Comprendre et analyser l'activité décisionnelle des cours et des tribunaux: l'intérêt de la distinction entre interprétation et concrétisation », Jus Politicum, n° 4, Juillet 2012 [http://juspoliticum.com/article/Comprendre-et-analyser-l-activite-decisionnelle-des-cours-et-des-tribunaux-l-interet-de-la-distinction-entre-interpretation-et-concretisation-217.html].

la juridiction constitutionnelle. C'est ainsi qu'il est possible de distinguer clairement la constitution au sens formel de ce qu'en fait la juridiction au moment de l'application. Hans Kelsen fournit une définition simple de cette notion d'application en affirmant que « l'application d'une norme générale à un cas concret consiste à créer une norme individuelle, à individualiser, ou concrétiser, la norme générale »[1]. Dans le cadre de la structure du système juridique, sous l'angle de la production normative, « l'édiction des normes individuelles par les tribunaux représente une étape intermédiaire du processus qui, commençant avec l'établissement de la Constitution, conduit, à travers la législation et la coutume, jusqu'aux décisions juridictionnelles, et de celles-ci jusqu'à l'exécution des sanctions. Ce processus dans lequel le droit se crée, pour ainsi dire, lui-même incessamment à nouveau, va du général à l'individuel, de l'abstrait au concret. C'est un processus d'individualisation ou concrétisation constamment croissantes »[2].

Dès lors, lorsqu'il est dit que la juridiction constitutionnelle concrétise la constitution, c'est au sens où elle doit déterminer dans chaque cas précis le sens des normes constitutionnelles en cause afin de pouvoir en faire une application concrète. Dans la perspective normativiste, le contrôle de constitutionnalité se limite donc à produire des normes individuelles appliquant la constitution, et les normes ainsi produites « constitu[ent] le résultat d'une concrétisation organique »[3]. Comme l'a précisé Otto Pfersmann, le rapport de production au sein du système juridique nécessite de passer « des normes plus abstraites et plus générales aux normes plus concrètes et plus particulières » et c'est la hiérarchie qui « structure la concrétisation de l'ordre juridique »[4]. Dans ce cadre, l'interprétation de la constitution par une juridiction chargée de l'appliquer conduit à la production de normes individuelles, tout en laissant intacte la norme générale que demeure la constitution. La notion de concrétisation, qui vise à qualifier « l'application-production de normes »[5], apparaît comme la clé permettant de saisir le rapport de la juridiction constitutionnelle à la constitution dans la théorie normativiste : celle-ci est

---

[1] H. Kelsen, *Théorie pure du droit*, *op. cit.*, p. 232.

[2] *Ibid.*, p. 238.

[3] O. Pfersmann, « La notion moderne de constitution », in L. Favoreu, *et al.*, *Droit constitutionnel*, Paris, Dalloz, 8e éd., 2005, p. 87. O. Pfersmann illustre cette notion de concrétisation organique en évoquant le dispositif des décisions du Conseil constitutionnel qui concrétisent la Constitution.

[4] O. Pfersmann, « Carré de Malberg et la hiérarchie des normes », *RFDC*, 1997, p. 488.

[5] O. Pfersmann, « De l'impossibilité du changement de sens de la constitution », in *Mélanges en l'honneur de Pierre Pactet. L'esprit des institutions, l'équilibre des pouvoirs*, Paris, Dalloz, 2003, p. 357.

formée de normes générales[1] et en les appliquant, la juridiction ne fait qu'en préciser la portée pour chaque problème concret posé dans un cas d'espèce.

Comme l'a relevé Otto Pfersmann, c'est l'objet de la norme qui permet de « déterminer le degré de concrétisation » et dès lors, « relativement à l'objet d'une norme supérieure, la norme inférieure sera plus concrète à moins qu'elle n'en soit que l'inutile duplicata »[2]. Les normes produites par la juridiction constitutionnelle sont alors de simples concrétisations des textes adoptés en la forme constitutionnelle sauf à envisager une rupture constitutive de changement de système. En insistant essentiellement sur le caractère normatif de la constitution, qui s'inscrit parfaitement dans sa vision hiérarchisée du système juridique, le normativisme ne peut identifier la constitution en vigueur qu'extérieurement à toute opération d'application du droit, sauf à évoquer le « cas-limite » que représente la supposition que la constitution applique la norme fondamentale[3]. Dès lors, la constitution en tant que norme générale de production de normes, n'est jamais modifiée par les concrétisations qui ne produisent que des normes individuelles. Il y a bien une nette distinction entre la constitution et l'application qu'en fait la juridiction constitutionnelle lorsqu'elle contrôle la constitutionnalité d'un acte.

B. La norme individuelle et le cadre de signification

Comme l'a relevé Norberto Bobbio, « l'une des affirmations récurrentes, dans l'œuvre de Kelsen, est que l'interprétation est création, de la même façon que l'est la législation, dont elle diffère uniquement parce que les normes qu'elle crée ne sont pas générales mais individuelles »[4]. En appuyant sur l'opposition entre norme générale et norme individuelle, Hans Kelsen a pu insister sur l'indépendance des premières, liées aux organes législatifs, par rapport aux secondes, émises par des organes juridictionnels. En outre, c'est la distinction entre la validité (angle dynamique) et la conformité (angle statique) qui lui a permis d'expliquer qu'une norme individuelle violant le cadre de signification de la constitution produise des effets juridiques – qu'elle soit valide – tout en ne respectant pas le contenu prescrit par la norme supérieure, autrement dit en étant non-conforme à une norme générale. En effet, la force de chose jugée « a pour conséquence qu'une norme individuelle, posée par l'organe d'application du

---

[1] L'usage de la procédure de révision permet théoriquement de conférer le statut constitutionnel à des normes individuelles, mais dès lors que l'on entend par là non pas celles qui visent un ou plusieurs individus nommément désignés, mais essentiellement celles que produisent les juridictions pour régler un litige, on voit difficilement comment cela serait possible.

[2] O. Pfersmann, « Carré de Malberg et la hiérarchie des normes », *article précité.*, p. 488.

[3] H. Kelsen, *Théorie pure du droit*, *op. cit.*, p. 235-236.

[4] N. Bobbio, « Perelman et Kelsen », in *Essais de théorie du droit*, *op. cit.*, p. 278.

droit (en particulier par le tribunal), peut être valide, alors même qu'elle n'est pas conforme à une norme générale matériellement déterminée, créée par voie législative ou coutumière »[1]. La différenciation entre la validité de la norme, qui concerne la compétence de l'organe et la procédure qu'il a suivi, et la conformité, qui a trait au contenu de la norme individuelle, permet de comprendre qu'un tribunal ayant compétence pour produire une norme individuelle puisse utiliser cette compétence en violant la norme générale qu'il est censé appliquer.

En affirmant que « même si une norme générale est en vigueur, et applicable par les juges, qui détermine par avance le contenu de la norme individuelle que créera la décision juridictionnelle, il se peut qu'entre en vigueur une norme individuelle créée par la juridiction de dernière instance, dont le contenu n'est cependant pas conforme à cette norme générale », Hans Kelsen est amené à prendre en compte cette contradiction. Il affirmait alors que dans ce cas, on doit distinguer deux normes générales également en vigueur, celle qui détermine le contenu de la décision du juge et celle qui lui confère le pouvoir de statuer, et que « pouvoir est donné à la juridiction de dernière instance, soit de créer une norme individuelle dont le contenu est déterminé par avance par la norme générale posée par voie législative ou coutumière, soit de créer une norme individuelle dont le contenu est déterminé par la juridiction de dernière instance elle-même »[2].

Reconnaître de la sorte l'existence d'une alternative pour la juridiction, c'est affirmer sa capacité potentielle à violer le cadre de signification des énoncés constitutionnels. Afin de « préserver la cohérence et l'unité de l'ordre dynamique », la méthodologie kelsénienne conduit à « inférer que les normes supérieures sont interprétées comme contenant une clause implicite, laquelle autorise également à créer un droit d'une manière et avec un contenu alternatif à celui qui est dicté explicitement, et à le considérer comme valide, tant qu'il n'est pas invalidé »[3]. Cette théorie de la clause implicite peut paraître pour le moins curieuse lorsqu'elle est mise en relation avec l'approche formelle du système juridique professée par Hans Kelsen. Toutefois, il ne suffit pas de constater que des normes individuelles peuvent être valides sans pour autant être conformes aux normes générales pour pouvoir affirmer que le système juridique reste en place. Deux arguments ont alors été avancés par Hans Kelsen pour nier que ce phénomène puisse remettre en cause sa construction. D'une part, « si des normes juridiques générales sont valides, dont la signification est de devoir être appliquées par les tribunaux, ces tribunaux les appliquent en règle générale et (…) les décisions judiciaires, qui ne correspondent pas à ces normes générales, n'acquièrent de validité que de manière exceptionnelle ». De ce caractère

[1] H. Kelsen, *Théorie générale des normes*, *op. cit.*, p. 333.
[2] H. Kelsen, *Théorie pure du droit*, *op. cit.*, p. 265.
[3] L. Gianformaggio, « La conception volontariste du droit du dernier Kelsen », *Droits*, n° 28, 1999, p. 104.

exceptionnel, il peut conclure que la force de chose jugée « n'est effectivement pas une abrogation, mais seulement une limitation du principe de la légalité matérielle des décisions judiciaires »[1]. D'autre part, si les tribunaux disposent potentiellement d'un pouvoir illimité conféré par la force de chose jugée ils n'en font « aucun usage collectif »[2]. Autrement dit, la possibilité théorique de voir le juge sortir du cadre se vérifie rarement, ne relève jamais d'une démarche collective et n'a qu'un caractère isolé. Mais il s'agit là de deux arguments de faits, et il était ainsi contraint de se situer au niveau de la description empirique, et non plus sur un plan théorique. Cette modification d'approche est révélatrice des difficultés qu'il éprouvait pour conserver toute sa cohérence et sa pertinence à sa description du système juridique en tant que système de normes articulées entre elles selon un rapport de production[3].

Il en ressort néanmoins que la situation des juridictions constitutionnelles – et donc, en France, du Conseil constitutionnel notamment - doit être différenciée de celle des juridictions inférieures, en ce qu'aucun aspect collectif ne peut venir limiter leur capacité de décision. Ce point est fondamental car on a vu que, pour Hans Kelsen, en matière de contrôle de constitutionnalité, le système le plus efficace est celui confiant le monopole de ce contrôle à un organe juridictionnel unique centralisant les questions relatives à la justice constitutionnelle. Son argumentation apparaît donc particulièrement fragile appliquée au système qu'il promouvait en matière de contrôle de la régularité de la loi et dans ce cas, les normes individuelles sortant du cadre ne seront pas isolées, elles s'imposeront dans le système juridique et, à s'en tenir aux développements de Hans Kelsen, il reste alors à espérer que de telles situations conserveront bien un caractère exceptionnel pour maintenir la définition qu'il donne de la création normative au sein du système juridique. A cette fin, il a proposé de limiter les dispositions sur lesquelles pourra porter le contrôle de constitutionnalité.

Paragraphe 2.
Le refus de dispositions constitutionnelles trop vagues

Pour Hans Kelsen, il n'était pas question de limiter le contrôle de constitutionnalité à celui de la régularité formelle de la loi : il devait porter également sur son contenu « si les normes du degré supérieur contiennent des

---

[1] H. Kelsen, *Théorie générale des normes*, *op. cit.*, p. 334.

[2] *Ibid.*, p. 152.

[3] De façon similaire H.L.A. Hart, positiviste non normativiste, opère une distinction très fine entre l'irrévocabilité de certaines décisions et leur infaillibilité afin de distinguer nettement l'existence de la règle et son application. Des décisions de justice irrévocables peuvent être contraires à la règle, mais cela indique seulement qu'elles sont faillibles, in *Le Concept de droit*, Facultés universitaires Saint Louis - Bruxelles, 2005.

dispositions sur ce point aussi »[1]. On a vu qu'il considérait qu'un tel contrôle peut, en tout état de cause, être ramené à un simple contrôle de procédure. Pour autant, il ne restait pas indifférent quant au contenu des normes constitutionnelles car il s'agit selon lui d'une question importante pour limiter le pouvoir de la juridiction constitutionnelle. Il affirmait ainsi que « les normes constitutionnelles ne doivent pas être rédigées dans des termes trop généraux, en vue de leur application par un tribunal constitutionnel »[2]. Il rejetait la formulation de dispositions trop vagues, et notamment celles énonçant des principes tels ceux de liberté ou d'égalité car « dans le domaine de la justice constitutionnelle, elles peuvent jouer un rôle extrêmement dangereux. On pourrait interpréter les dispositions de la Constitution qui invitent le législateur à se conformer à la justice, à l'équité, à l'égalité, à la liberté, à la moralité, etc., comme des directions relatives au contenu des lois ».

Il ne limitait cependant pas ses remarques au seul cas d'énoncés relatifs à des principes, il reconnaissait également que « la limite entre ces dispositions et les dispositions traditionnelles sur le contenu des lois que l'on trouve dans les Déclarations de droits individuels s'effacera facilement, et il n'est dès lors pas impossible qu'un tribunal constitutionnel appelé à décider de la constitutionnalité d'une loi l'annule pour le motif qu'elle est injuste, la justice étant un principe constitutionnel qu'il doit par conséquent appliquer ». Toute la finalité de cette analyse est de faire le lien entre de telles dispositions et le pouvoir de la juridiction amenée à les interpréter : « la puissance du tribunal serait alors telle qu'elle devrait être considérée comme simplement insupportable »[3]. Ce type d'argument, classique dans les discours juridiques, vise à considérer que les organes d'application du droit auront d'autant moins de liberté d'appréciation que les dispositions qu'ils auront pour mission d'appliquer seront précises[4]. Ainsi, Hans Kelsen reconnaissait lui-même la nécessité de restreindre la marge de concrétisation du juge constitutionnel en s'assurant que le droit constitutionnel formel soit suffisamment précis. Reste qu'en tout état de cause, pour lui, « même si la loi est inconstitutionnelle car son contenu est contraire à la Constitution, son caractère inconstitutionnel découle du fait qu'elle n'a pas été adoptée selon la procédure de révision constitutionnelle : ici, le jugement de constitutionnalité matérielle n'existe pas, (...), c'est toujours un jugement de constitutionnalité formelle, c'est-à-dire sur la manière selon laquelle la loi a été produite »[5].

---

[1] H. Kelsen, « La garantie juridictionnelle de la Constitution », *article précité*, p. 236.

[2] H. Kelsen, *Qui doit être le gardien de la constitution*, *op. cit.*, p. 86.

[3] H. Kelsen, « La garantie juridictionnelle de la Constitution », *article précité*, p. 241.

[4] Une telle argumentation est difficilement acceptable de la part de Hans Kelsen dès lors que l'on confronte sa notion de concrétisation à sa définition de l'interprétation authentique produite par les organes du système juridique.

[5] Zanon Nicolò, « La polémique entre Hans Kelsen et Carl Schmitt sur la justice constitutionnelle », *Annuaire international de justice constitutionnelle*, 5-1989, 1991,

Si, sur les plans scientifique et technique, le positivisme normativiste permet de distinguer nettement la *constitution formelle* que la juridiction constitutionnelle vise à préserver et les *normes individuelles* produites dans chaque espèce, permettant d'opposer abstraitement la *constitution* à ses *concrétisations*, Hans Kelsen reconnaissait la nécessité de restreindre la marge de concrétisation en s'assurant que le droit constitutionnel formel soit suffisamment précis. Il s'agit d'une question de politique juridique, mais, précisément, le choix de l'angle technique pour présenter le contrôle de constitutionnalité explique qu'il puisse faire ce type de proposition[1]. *A posteriori*, c'est bien évidemment la situation française du bloc de constitutionnalité qui se trouve ainsi pointée du doigt. En effet, en offrant au Conseil constitutionnel la possibilité d'interpréter des textes vagues et très généraux comme ceux de 1789 et 1946 dans un premier temps puis celui de 2004 dans un second temps, cette situation allait lui permettre de se doter d'un pouvoir particulièrement large pour déterminer ce que sont les normes constitutionnelles opposables au législateur, ce qu'illustre précisément la référence à la notion de bloc de constitutionnalité pour tenter de saisir l'ensemble ainsi créé. Dans ce cadre, la notion de concrétisation de la constitution est moins pertinente que celle d'interprétation pour décrire l'état extensif de la constitution formelle telle qu'elle ressort de l'étude de la jurisprudence constitutionnelle.

---

p. 188. Voir, dans le même sens, les développements de R. Baumert sur cette question, *La découverte du juge constitutionnel, entre science et politique*, Paris, LGDJ, 2010, p. 381-383 ; « Hans Kelsen, "La garantie juridictionnelle de la Constitution" », *RDP*, 2024, p. 99.

[1] H. Kelsen notait ainsi que celui qui se propose de connaître le droit ne peut prescrire quoi que ce soit aux créateurs de droits, mais « tout ce qu'il peut, c'est déterminer les moyens spécifiquement juridiques utilisables pour les fins poursuivies par les créateurs du droit, mettre à leur disposition des formes qu'ils pourront ensuite employer », « Préface », in C. Eisenmann, *La justice constitutionnelle et la Haute Cour constitutionnelle d'Autriche*, *op. cit*., p. VII.

CONCLUSION DU CHAPITRE PRÉLIMINAIRE

La définition positiviste de la constitution est totalement indépendante de son application par la juridiction constitutionnelle ; elle conduit à dénier tout pouvoir créateur à ce dernier pour déterminer le contenu de la constitution formelle. Elle met l'accent sur une propriété spécifiquement juridique de certains énoncés qui est leur mode de production en tant que normes juridiques. De ce point de vue, les critères d'identification rigoureux fournis par le normativisme permettent d'isoler, au sein des textes produits par les acteurs du système juridique, ceux auxquels ils ont entendu conférer une certaine forme. Ils ne permettent néanmoins pas d'expliquer une notion juridique telle celle de bloc de constitutionnalité dans le cas français : celui-ci inclut certes le texte de la Constitution du 4 octobre 1958 qui forme la constitution au sens formel, mais aussi les énoncés des textes mentionnés dans son préambule ainsi que toutes les sources/ressources qui s'y trouvent auxquels le Conseil constitutionnel a reconnu la signification de normes constitutionnelles.

En définitive, selon le positivisme normativiste, l'interprétation juridictionnelle produite à l'occasion du contrôle de constitutionnalité a pour unique finalité de faire respecter les prescriptions contenues dans le texte de la constitution formelle. En présentant la justice constitutionnelle sous un angle essentiellement technique, le normativisme s'interdit d'y voir un pouvoir détaché des textes qu'il doit appliquer. La spécificité du texte constitutionnel n'est pourtant pas totalement absente des préoccupations normativistes, comme en attestent les remarques de Hans Kelsen au sujet des déclarations de droit[1]. A travers cette remarque, on comprend que la notion de bloc de constitutionalité, qui témoigne de la multiplication des normes constitutionnelles produites par le Conseil constitutionnel en s'appuyant sur des textes aux énoncés très généraux, va directement à l'encontre des recommandations de Hans Kelsen. C'est en ayant ce constat à l'esprit que l'on peut étudier la notion de bloc de constitutionnalité et les commentaires et controverses auxquels elle a pu donner lieu.

---

[1] C. Eisenmann notait pour sa part que « la justice constitutionnelle « doit assurer purement et simplement le règne du droit positif, et par là, certes, mais de façon indirecte seulement, celui de la part de justice qu'il peut sans doute contenir. Car en fait, il faut bien reconnaître qu'il y a chance que les règles de la Constitution correspondent mieux que les lois à l'idée de justice qui a cours à une époque donnée, puisqu'elles ont, pour durer, plus que celles-ci, besoin du soutien d'un assentiment plus général », in *La justice constitutionnelle et la Haute Cour constitutionnelle d'Autriche, op. cit.*, p. 295.

PARTIE 1.
LA CONSTRUCTION DU BLOC DE CONSTITUTIONNALITÉ : LA LONGUE RECHERCHE D'UNE SUBSTANCE CONSTITUTIONNELLE

Comme l'a relevé Charlotte Denizeau, « aucune expression doctrinale n'a connu, en droit constitutionnel français, autant de succès que l'expression "bloc de constitutionnalité" »[1]. C'est dire si la notion a aujourd'hui une place de choix dans la description du fonctionnement de la justice constitutionnelle en France, d'autant que son usage « est resté stable et constant »[2]. Cette notion est intimement liée au devenir du préambule de la Constitution du 4 octobre 1958 et aux deux textes auxquels il renvoyait initialement, à savoir la Déclaration des droits de l'homme et du citoyen de 1789, laquelle poursuivait donc son parcours, certes irrégulier, au sein des textes constitutionnels français depuis la Révolution, et le préambule de la Constitution du 27 octobre 1946. Ce faisant, le préambule de la Constitution de 1958 « rassemblait, en une phrase, la pluralité des sources des libertés héritées de l'histoire constitutionnelle française : les droits civils et politiques de la première génération inscrits dans la Déclaration de 1789 et les droits économiques et sociaux de la deuxième génération inscrits dans le Préambule de 1946 »[3].

C'est dire si la notion, bien qu'apparue dans les années 1970, renvoie en réalité à d'autres sources dans les discours juridiques existant depuis – au moins – la Révolution, et qui ont tenté, en particulier sous les IIIème et IVème République, de faire émerger une « supralégalité constitutionnelle »[4], reprenant un de ces deux textes ou les deux. De sorte que la genèse du bloc de constitutionnalité nécessite une exploration bien avant son apparition expresse – c'est-à-dire avant l'emploi de la notion et la réalité normative qu'elle prétend décrire. C'est qu'en effet, « les déclarations des droits de l'homme et du citoyen sont un produit direct de la philosophie du XVIIIème siècle et du mouvement d'esprit qu'elle a développé. Ce sont les principaux axiomes dégagés par les philosophes et les publicistes, comme les fondements d'une organisation politique juste et rationnelle, que proclamèrent solennellement les auteurs des constitutions nouvelles destinées à en faire l'application »[5]. Autrement dit, la question de la proclamation des droits dits fondamentaux

---

[1] C. Denizeau, « La genèse du bloc de constitutionnalité », *article précité*.
[2] *Ibid.*
[3] *Ibid.*
[4] On emprunte cette expression à M. Troper : « Le problème de l'interprétation et la théorie de la supralégalité constitutionnelle », in *Pour une théorie juridique de l'Etat*, *op. cit.*, p. 293.
[5] A. Esmein, *Eléments de droit constitutionnel français et comparé*, Paris, Panthéon-Assas, LGDJ, 2001, p. 554.

dépasse de beaucoup le droit pur, elle a ses racines dans la culture et l'histoire, notamment celle des idées politiques. Elle est affaire de substance bien davantage que de forme.

Les notions juridiques, comme les normes qu'elles souhaitent décrire, ne sortent pas du néant : elles ont souvent plusieurs sources matérielles, qu'elles soient morales, politiques, philosophiques, culturelles ou autres. Elles traduisent dans le droit des raisonnements ou des volontés qui lui sont, de prime abord, extérieurs. Il convient alors de les restituer dans le temps long. Ainsi, établir une genèse du bloc de constituionnalité impose d'analyser, en amont, les sources dont il provient dans les discours juridiques antérieurs, tant la solution retenue par le Conseil constitutionnel à partir de la décision *Liberté d'association*[1] ne peut être présentée comme une création *ex nihilo*, vierge de tout précédent. Elle est, au contraire, le fruit et le réceptacle d'une tradition juridique – à défaut d'une pratique juridique constante – dont il convient d'analyser les termes, qui ont, en n'en pas douter, peser sur les membres du Conseil constitutionnel à l'heure de l'extension de la Constitution du 4 octobre 1958 à son préambule dans le cadre du contrôle de constitutionnalité effectué au titre de l'article 61 de la Constitution. L'étude des préludes du bloc de constitutionnalité **(TITRE 1)** paraît ainsi nécessaire pour bien comprendre les conditions de son émergence **(TITRE 2)**.

---

[1] Cons. constit., 16 juillet 1971, précité.

TITRE 1.
LA GENÈSE DU BLOC DE CONSTITUTIONNALITÉ

Robert Pelloux distinguait la signification politique des préambules, c'est-à-dire leur action de symbolisation de la constitution qu'ils introduisent, et leur signification juridique, c'est-à-dire la valeur juridique accordée à leurs dispositions[1]. Comme le note Patrice Rolland, le préambule « ne fut probablement longtemps perç(u) que comme un préliminaire dont le caractère politique et idéologique autorisait un survol rapide avant que ne s'ouvre la seule chose qui comptait vraiment du point de vue juridique, la constitution proprement dite dans ses articles numérotés »[2]. Présentant en 1989 l'évolution de la pensée juridique américaine sur la constitution, Françoise Michaut concluait son étude en notant que « si l'on veut un exemple de l'importance de la narration et de l'évolution possible d'une pensée constitutionnelle, il suffit de comparer la manière dont on traitait des préambules des constitutions il y a vingt ans en France et ce qui se passe aujourd'hui »[3]. Cette remarque fait directement référence au lien unissant l'utilisation par le Conseil constitutionnel des textes mentionnés dans le préambule de la Constitution du 4 octobre 1958 pour exercer le contrôle de constitutionnalité de certains actes, dont la loi, et l'évolution subséquente de la conception de la constitution en France[4] avec l'émergence de la notion de bloc de constitutionnalité.

Les études portant sur le préambule de la Constitution du 4 octobre 1958 sont nombreuses[5], en particulier depuis l'avènement du contrôle de constitutionnalité du

---

[1] R. Pelloux, « Quelques réflexions sur le préambule de la Constitution française de 1958 », in *Mélanges Basdevant, Paris, Pédone,* 1960, p. 389.

[2] P. Rolland, « L'art du préambule. Le précédent de 1848 », *Droits fondamentaux*, n° 1, p. 229.

[3] F. Michaut, « L'inscription de la décision judiciaire dans un système juridique. Réflexion sur l'évolution de la doctrine américaine contemporaine », *RDP*, 1989, p. 1058.

[4] De façon générale, pour une réflexion sur la portée d'un préambule, voir A. Coutant, « De la valeur d'un texte introductif : la Constitution française de 1848 et son Préambule », *RFDC*, 2011, p. 681 ; P. Rolland, « L'art du préambule. Le précédent de 1848 », *article précité* ; J. Chevallier, « Essai d'analyse structurale du Préambule », *Le Préambule de la Constitution de 1946 : antinomies juridiques et contradictions politiques*, Paris, PUF, 1996, p.13.

[5] Sur le préambule de 1958, voir notamment R. Pelloux, « Quelques réflexions sur le préambule de la Constitution française de 1958 », in *Mélanges Basdevant*, Paris, Pédone, 1960, p. 389 ; B. Genevois, « Le Préambule et les droits fondamentaux », in *L'écriture de la constitution de 1958*, Paris, Economica, 1992, p. 483 ; J. Georgel, « Aspects du préambule de la constitution de 1958 », *RDP*, 1960, p. 93 ; G. Teboul, « A propos du Préambule de la constitution du 4 octobre 1958 : Quelques remarques », *RDP*, 2002, p. 485 ; S. Hennette-Vauchez, « Redécouvrir le préambule de la Constitution, ou l'éthique minimale appliquée à l'expertise constitutionnelle », RFDA, 2009, p. 397.

fond des lois qui a suivi la décision *Liberté d'association*[1]. Malgré sa formulation particulièrement laconique[2], ce texte allait devenir le vecteur du développement de la justice constitutionnelle en France justifiant la substitution partielle, dans le vocabulaire juridique courant, de la notion de bloc de constitutionnalité à celle de constitution. Si l'analyse de la jurisprudence appliquant la Constitution de 1958 atteste l'importance de l'interprétation des textes compris dans son préambule, à partir des années 1970, pour justifier la création de nombreuses normes constitutionnelles, ces textes avaient déjà permis de motiver des décisions juridictionnelles sous la IVème République. En effet, le préambule de la Constitution du 27 octobre 1946, rédigé afin de remplacer la déclaration de droits du projet de Constitution rejeté le 5 mai 1946, comportait déjà un renvoi à la Déclaration de 1789 ainsi qu'aux principes fondamentaux reconnus par les lois de la République. Si l'importance de l'utilisation de ces textes par le Conseil constitutionnel pour contrôler la loi à partir de la décision *Liberté d'association*[3] a pu amener certains auteurs à parler de véritable « révolution juridique »[4], l'analyse de certains discours antérieurs comme de certaines décisions juridictionnelles permet de constater que la question de leur normativité occupait déjà une place importante dans les discours juridiques[5].

Après avoir mis l'accent sur la valeur des préambules et déclarations de droit avant 1958 et les discussions auxquelles ils ont donné lieu, afin d'attester que ce que l'on nomme bloc de constitutionnalité vient de loin dans les discours juridiques (**CHAPITRE 1**), on montrera, à travers l'étude de l'élaboration du préambule de la Constitution de 1958, que la question du statut normatif des énoncés qui y sont référencés était alors déjà envisagée dans son rapport au pouvoir d'interprétation du Conseil constitutionnel (**CHAPITRE 2**).

---

[1] Cons. Constit., 16 juillet 1971, précité. Sur cette décision, voir G. Boudou, « Autopsie de la décision du Conseil constitutionnel du 16 juillet 1971 sur la liberté d'association », *RFDC*, 2014, n° 97, p. 5.

[2] Il disposait, de façon lapidaire que « le peuple français proclame solennellement son attachement aux Droits de l'homme et aux principes de la souveraineté nationale tels qu'ils ont été définis par la Déclaration de 1789, confirmée et complétée par le préambule de la Constitution de 1946. En vertu de ces principes et de celui de la libre détermination des peuples, la République offre aux territoires d'outre-mer qui manifestent la volonté d'y adhérer des institutions nouvelles fondées sur l'idéal commun de liberté, d'égalité et de fraternité et conçues en vue de leur évolution démocratique ».

[3] Décision précitée du 16 juillet 1971.

[4] O. Pfersmann, « La notion moderne de constitution », in L. Favoreu, *et al.*, *Droit constitutionnel*, *op. cit.*, p. 95-98.

[5] J.-P. Chaumont, « La Déclaration des droits, la constitution et la loi : le débat doctrinal sur la valeur juridique de la Déclaration en droit public », *LPA*, n° spécial du 25 aout 1989.

CHAPITRE 1.
LA VALEUR DES PRÉAMBULES ET DÉCLARATIONS DE DROITS AVANT 1958

A partir de la Révolution, plusieurs régimes politiques se succédèrent, plusieurs constitutions également. Ainsi, la première Constitution française, celle du 3 septembre 1791, fut suivie de plusieurs autres, d'abord sous la Révolution, puis tout au long du XIXème siècle. Parmi ces constitutions, de nombreuses proclamaient des droits, à commencer par la première qui incorporait, à sa tête, la Déclaration des droits de l'homme et du citoyen du 26 août 1789, laquelle devait demeurer une source essentielle pour la construction du droit public français car demeurant pérenne dans l'esprit de nombreux juristes et acteurs politiques. Aucun contrôle de constitutionnalité ne fut néanmoins institué, le projet de jurie constitutionnaire d'Emmanuel-Joseph Sieyès ayant été expressément rejeté lors de la discussion de la Constitution du 5 Fructidor An III (c'est-à-dire celle du Directoire)[1]. De façon générale, les révolutionnaires étaient très méfiants à l'égard de la figure du juge[2]. Néanmoins, la trace laissée par la Déclaration de 1789 restera importante tout au long du XIXème siècle dans les débats juridiques : si la Constitution du 04 novembre 1848 comportait un préambule définissant des droits et devoirs[3], la Constitution du 14 janvier 1852 comportait un article 1er

---

[1] Voir Y.-A. Durelle-Marc, « Qui gardera les gardiens ? Sur la jurie constitutionnaire de Sieyès », *Les grands discours de la culture juridique*, Paris, Dalloz, 1er ed, 2017, p. 242 ; M. Troper, « Sieyès et le jury constitutionnaire, in *Mélanges en l'honneur de Pierre Avril : la République*, Paris, Montchrestien, 2001, p. 265 ; M. Fioravanti, « Sieyès et le jury constitutionnaire : perspectives historico-juridiques », *Annales historiques de la Révolution française*, 2007, n° 349 p. 87 ; T. De Logivière, « La "jurie constitutionnaire" de Sieyès, prototype du contrôle de constitutionnalité : un mythe et sa persistance », *Jus Politicum*, n° 31 [https://juspoliticum.com/article/La-jurie-constitutionnaire-de-Sieyes-prototype-du-controle-de-constitutionnalite-un-mythe-et-sa-persistance-1569.html] ; A. Manouguian, « L'opposition au jury constitutionnaire de Sieyès en 1795 », in C. Boutin, B. Daugeron, F. Rouvillois (dir.), *Contre le gouvernement des juges ?*, *op. cit.*, p. 73.

[2] G. Bigot, « La figure négative du juge dans la conception révolutionnaire du constitutionnalisme », in S. Mouton, X. Magnon (dir.), *Le juge dans le constitutionnalisme moderne*, Bayonne, Institut Francophone pour la Justice et la Démocratie, 2023, p. 49.

[3] Mais aucun contrôle de constitutionnalité des lois comme l'affirma nettement Dufaure lors de la séance du 14 septembre 1848 : « Quand la commission examina le chapitre de la garantie des droits, elle chercha, elle s'évertua à trouver des garanties qu'on pourrait donner à cette sorte de droit appelé droit au travail. Il n'y en avait qu'une seule ; c'était donner une action en justice, à quiconque voudrait obtenir du travail. La Commission recula » (Séance du 14 septembre 1848, Compte-rendu, Tome IV, p. 15).

disposant que « la Constitution reconnaît, confirme et garantit les grands principes proclamés en 1789, et qui sont la base du droit public des Français ». Si un préambule n'est formellement présent que pour les constitutions de 1848, 1946 et 1958, il faut ajouter qu'il avait pour équivalent une déclaration des droits en 1791, 1793 et 1795[1]. Tant et si bien que, comme le note Patrice Rolland, il y a « dans le cadre de la République française un rapport assez étroit entre le préambule et la déclaration des droits »[2].

La Cour de cassation[3] et le Conseil d'Etat se sont classiquement refusés à un contrôle de constitutionnalité des lois, notamment en se fondant sur la loi des 16-24 août 1790 dont les articles 11 et 12 disposent que « les tribunaux ne pourront prendre directement ou indirectement aucune part à l'exercice du pouvoir législatif, ni empêcher ou suspendre l'exécution des décrets du corps législatif, sanctionnés par le roi, à peine de forfaiture ». « Ils seront tenus de faire transcrire purement et simplement dans un registre particulier et de publier dans la huitaine, les lois qui leur seront envoyées ». Ces dispositions étaient directement liées à la volonté d'empêcher que les juridictions ne puissent avoir le pouvoir de nuisance supposé des Parlements de l'Ancien Régime[4]. Les lois constitutionnelles de 1875, ne comportaient aucune référence à des droits particuliers. Constitution « d'attente monarchiste »[5] selon Joseph Barthélémy qui n'y voyait qu'une « table des matières »[6] ne

[1] En outre, la Constitution de l'an VIII, l'Acte additionnel aux constitutions de l'empire, la Charte de 1814 et la Charte de 1830 comportaient, dans leur corps, des dispositions relatives aux droits et libertés.

[2] P. Rolland, « L'art du préambule. Le précédent de 1848 », *article précité*.

[3] La Cour de cassation avait clairement affirmé son refus dans l'arrêt *Paulin* du 11 mai 1833 selon lequel « la loi du 8 octobre, délibérée et promulguée dans les formes constitutionnelles prescrites par la Charte, fait la règle des tribunaux, et ne peut être attaquée devant eux pour cause d'inconstitutionnalité », *Sirey*, 1833, I, p. 358. Cependant, dans deux arrêts des 15 mars et 17 novembre 1851, la chambre criminelle avait accepté d'apprécier les moyens soulevés devant elle invoquant la contrariété de l'article 8 de la loi du 9 août 1849 relative à l'état de siège à l'article 4 de la constitution de 1848, pour les rejeter au fond. Voir Cass. crim, 15 mars 1851, *Gauthier*, *Dalloz*, 1851, p. 142 ; Cass. crim, 17 novembre 1851, *Gent*, *Dalloz*, 1851, p. 333. Sur ce point, voir J.-L. Mestre, « Le contrôle de constitutionnalité de la loi par la Cour de cassation sous la IIe République », in *Renouveau du droit constitutionnel, Mélanges en l'honneur de Louis Favoreu*, Paris, Dalloz, 2007, p. 291.

[4] Sur cette question, voir particulièrement J. Egret, *Louis XV et l'opposition parlementaire*, Paris, Armand Collin, 1970 ; A. J. Lemaître (dir.), *Le monde parlementaire au XVIIIe siècle. L'invention d'un discours politique*, Presses universitaires de Rennes, 2010 ; G. Tusseau, *Contentieux constitutionnel comparé. Une introduction critique au droit processuel constitutionnel*, Paris, LGDJ, 2021, p. 74-81.

[5] J. Barthélemy, *Précis de droit constitutionnel*, Paris, Dalloz, 1932, p. 5.

[6] *Ibid.*, p. 31.

proclamant « aucun principe »[1], elle fit l'objet de plusieurs tentatives de révisions tendant à intégrer la Déclaration de 1789 et/ou instaurer un contrôle de constitutionnalité[2]. Néanmoins, la Cour de cassation a refusé, après la Cour d'appel de Paris, de contrôler la constitutionnalité des lois dans la célèbre affaire *Ratier*[3] à l'occasion de laquelle le jeune avocat Paul Reynaud soutint pourtant que le législateur avait violé le principe de séparation des pouvoirs en donnant à une commission parlementaire des pouvoirs qui étaient théoriquement l'attribut exclusif de l'autorité judiciaire[4].

L'arrêt *Arrighi*[5] rendu par le Conseil d'Etat systématisa l'état du droit positif en la matière[6]. L'arrêt se contenta de rejeter le moyen tiré de la contrariété aux lois constitutionnelles de l'article 36 de la loi du 28 février 1934 qui autorisait le gouvernement à « prendre les mesures d'économie qu'exigera l'équilibre du budget »[7], en énonçant qu'il n'est pas de nature à être discuté devant le Conseil d'Etat statuant au contentieux « en l'état actuel du droit public français », formulation paraissant ménager une possible évolution du cadre juridique. Indépendamment de la place du Parlement dans les institutions de la IIIème République, le commissaire du Gouvernement Latournerie énonça dans ses conclusions que les avantages attendus d'un tel contrôle n'étaient pas envisageables en l'état car « il faudrait, pour qu'il y en

---

[1] *Ibid.*, p. 46.

[2] A. Graneo, « Les révisions constitutionnelles non abouties sous la Troisième République », *RFDC*, 2013, p. 835 ; M. Verpeaux, « Le contrôle de la loi par la voie de l'exception dans les propositions parlementaires de la IIIe République », *RFDC*, 1990, p. 688 ; C. Benoist, « Les deux parlementarismes : la cour suprême des Etats-Unis », *Revue des Deux Mondes*, 15 Janvier 1902, Vol. 7, n° 2, p. 284.

[3] Voir CA Paris, 27 mai 1925 et Cass. crim., 11 juin 1925, *Dalloz périodique*, 1926, I. 378, et sur l'affaire : M. Milet, « La controverse de 1925 sur l'exception d'inconstitutionnalité. Genèse d'un débat : l'affaire Ratier », *Revue française de science politique*, 1999, 49/6, p. 783. La Cour de cassation avait également refusé d'examiner la régularité d'un ordre du jour de la Chambre des députés (Cass. crim., 13 juin 1879, Dalloz, 1879.1.277) ou la régularité d'un règlement d'une assemblée (Cass. crim., 30 janvier 1883, Dalloz, 1885.1.170).

[4] Ses conclusions sont reproduites in A. Blondel, *Le contrôle juridictionnel de la constitutionnalité des lois*, Aix-en-Provence, Roubaud, 1927.

[5] CE, 6 novembre 1936, *Arrighi* et *Dame Coudert* (deux espèces), *Dalloz*, 1938, p. 1, conclusions Latournerie, note Eisenmann.

[6] J.-F. (de) Bujadoux, « La IIIème République et le contrôle de constitutionnalité : des origines à l'arrêt Arrighi », in C. Boutin, B. Daugeron, F. Rouvillois (dir.), *Contre le gouvernement des juges ?*, *op. cit.*, p. 115.

[7] Comme l'a relevé O. Beaud, « l'autre problème constitutionnel de fond » posé par l'arrêt « était celui de la pratique des décrets-lois », « La jurisprudence Arrighi ou le refus obstiné du Conseil d'État de contrôler la constitutionnalité de la loi par voie d'exception », *Jus Politicum*, n°32 [https://juspoliticum.com/articles/la-jurisprudence-arrighi-ou-le-refus-obstine-du-conseil-d'etat-de-controler-la-constitutionnalite-de-la-loi-par-voie-d'exception-1932]

eût un, que la loi supérieure eût un contenu substantiel à l'égard des droits individuels »[1]. En mettant l'accent sur l'aspect procédural des lois constitutionnelles de 1875[2], il se contentait ainsi de décrire les dispositions incluses dans le droit constitutionnel formel pour montrer l'intérêt limité d'un contrôle de constitutionnalité. Dans sa note – critique – sur l'arrêt, Charles Eisenmann allait dans le même sens, estimant que le revirement espéré par le requérant « ne serait pas bien considérable, en l'état de maigreur des lois constitutionnelles de 1875, qui ne contiennent guère que des prescriptions de procédure et point de prescriptions de fond touchant les droits individuels »[3]. *A contrario*, ces arguments laissaient également entendre qu'il en irait différemment si des dispositions substantielles figuraient dans le texte des lois constitutionnelles, notamment des dispositions déclarant des droits et libertés.

Si le droit positif de la IIIème République atteste que les juges refusaient tout contrôle de constitutionnalité de la loi et qu'ils n'entendaient par Constitution que les textes formellement revêtus de ce statut, il n'en allait pas de même pour certains membres de la doctrine, soucieux de voir certains droits individuels intégrer la matière constitutionnelle. C'est la recherche de ce droit constitutionnel substantiel, qui trouvera à s'épanouir dans le bloc de constitutionnalité, qu'il s'agit d'évoquer ici. Les constructions doctrinales de Léon Duguit et Maurice Hauriou en faveur de la supériorité de la Déclaration de 1789 sur la loi sont le signe évident que ce que l'on nomme bloc de constitutionnalité a eu des prémices dans les discours juridiques (**Section 1**), alors que l'étude de l'usage du préambule de 1946 par le juge administratif sous la IVème République témoigne que celui-ci fut parfois le support de normes juridiques au statut, toutefois, implicite (**Section 2**).

Section 1.
Les théories de la supralégalité constitutionnelle sous la IIIème République

Initialement conçue comme une déclaration de droits naturels[4], la Déclaration des droits de l'homme et du citoyen de 1789 n'a cessé d'avoir une place prééminente, postérieurement à la Révolution française, dans les discours juridiques : pour Adhémar Esmein elle « a été en quelque sorte

---

[1] Conclusions précitées, p. 7.

[2] J. Barthélémy et P. Duez l'évoquait en relevant que la Constitution de 1875 « n'est qu'une sorte de code de procédure, très bref, assurant le fonctionnement d'un gouvernement appelé république, mais dépouillé de tout élément constitutif d'une république, c'est-à-dire de toute garantie des droits et des libertés individuelles », in *Traité de droit constitutionnel*, Paris, Panthéon-Assas, 2004, p. 34.

[3] Note précitée.

[4] S. Rials (Présentation), *La Déclaration des droits de l'homme et du citoyen*, Paris, Hachette, 1988 ; M. Troper, « La Déclaration des droits de l'homme et du citoyen en 1789 », in *Pour une théorie juridique de l'Etat*, *op. cit.*, p. 317.

définitive ; ses articles ont promptement pénétré dans les esprits et sont devenus des axiomes courants pour la conscience française. C'est à elle que l'on songe toujours lorsqu'on parle des droits de l'homme et du citoyen : elle est pour nous la *Déclaration des droits de l'homme et du citoyen* par excellence, et c'est toujours elle que l'on désigne par ces termes employés sans aucune addition »[1]. De même, selon Georges Vedel « si la Déclaration de 1789 a non seulement survécu à la Constitution dont elle formait le Préambule, mais survolé deux siècles, elle le doit d'abord à sa valeur intrinsèque. Mais elle le doit aussi à ce qu'on n'a jamais réussi à lui substituer, dans la pieuse intention de l'améliorer, un texte qui l'ait, de loin, égalée »[2].

Si « nul n'ignore que la IIIème République a été une période riche en réflexions doctrinales sur le contrôle de constitutionnalité des lois »[3], précisément, parmi ces nombreuses contributions[4], à rebours de l'état du droit positif, les théories de Léon Duguit[5] et Maurice Hauriou occupent une place de choix dans la doctrine constitutionnelle française, à laquelle ne sont pas étrangers les développements qu'ils ont consacré à la nécessité de soumettre la loi au contrôle du juge, perspective que la pensée juridique française avait traditionnellement regardée avec circonspection depuis la Révolution. L'argumentation présentée par ces deux auteurs en faveur de l'exercice d'un contrôle de constitutionnalité de la loi, dédiée à une conception de la constitution pensée comme une norme supérieure à la loi, insistait sur l'existence d'un droit supérieur, d'une supralégalité constitutionnelle, s'imposant au pouvoir législatif, voire constituant, l'essentiel de leurs développements en cette matière étant consacré au contenu qui devait être le sien avec une rémanence évidente de la Déclaration de 1789 dans leurs écrits.

---

[1] A. Esmein, *Eléments de droit constitutionnel français et comparé*, *op. cit.*, p. 558.

[2] G. Vedel, « La place de la Déclaration de 1789 dans le "bloc de constitutionnalité", article précité, p. 36.

[3] F. Melleray, « Gaston Jèze et le contrôle de constitutionnalité des lois », in *Constitutions, peuples et territoires. Mélanges en l'honneur de André Roux*, Paris, Dalloz, 2022, p. 345.

[4] Pour un plus large panorama de la doctrine constitutionnelle sous la IIIe République voir notamment A. Le Divellec (dir.), *La notion de constitution dans la doctrine constitutionnelle de la Troisième République*, Paris, Panthéon-Assas, 2020.

[5] Lequel a évolué sur cette question après la première guerre mondiale : il se méfiait avant de donner un trop grand pouvoir aux juges puis a finalement affirmé avoir été « dans l'erreur ». Voir S. Pinon, « Léon Duguit face à la doctrine constitutionnelle naissante », *RDP*, 2010, p. 523 ; E. Pisier, « Léon Duguit et le contrôle de constitutionnalité des lois : paradoxes pour paradoxes… », in *Droit, institution et systèmes politiques. Mélanges en l'honneur de Maurice Duverger*, Paris, PUF, 1988, p. 189. Gaston Jèze a, lui, fait le parcours inverse. Voir F. Melleray, « Gaston Jèze et le contrôle de constitutionnalité des lois », *in Constitutions, peuples et territoires. Mélanges en l'honneur de André Roux*, Paris, Dalloz, 2022, p. 345.

Ces deux auteurs étaient en effet fascinés par le contenu du texte de la Déclaration de 1789 à mettre en relation avec l'aridité légendaire des trois lois constitutionnelles de 1875, stériles en matière d'énoncés relatifs aux libertés publiques. D'où leurs constructions doctrinales afin que le contenu de cette Déclaration retrouve une valeur constitutionnelle (Paragraphe 1) et leur souci de voir l'instauration d'un contrôle de conformité des lois à cette substance constitutionnelle s'instaurer, par voie d'exception, dans un système juridique ne le connaissant pas, celui de la IIIème République, marqué par la toute-puissance du Parlement et de la loi[1] (Paragraphe 2), lesquelles seront durement critiquées à l'époque (Paragraphe 3). Il faut dire que « les auteurs anciens ont pu être imaginatifs, fût-ce pour défendre une cause perdue »[2].

Paragraphe 1.
La constitution sociale et les déclarations de droits

Dans le cadre de la pensée juridique contemporaine, la lecture de certains écrits de Maurice Hauriou[3], notamment ceux qui sont présentés dans la seconde édition de son *Précis de droit constitutionnel*[4] ne manque pas d'étonner, tant le style est engagé. C'est plus précisément à sa présentation de la constitution que l'on s'intéressera ici, celle-ci ayant pour originalité d'affirmer l'existence, à côté de la constitution politique, d'une constitution sociale, formée de l'ensemble des droits individuels appartenant aux membres de la société. Si cette construction paraît, à bien des égards, hasardeuse du point de vue méthodologique, elle a l'immense mérite de faire apparaître la facilité avec laquelle la notion de constitution et les ressources du discours juridique sont mises à contribution lorsqu'il s'agit de justifier le contrôle de la loi par les juges.

De son coté, en affirmant nettement que « l'Etat est subordonné à une règle de droit supérieure à lui-même, qu'il ne crée pas et qu'il ne peut pas violer »[5],

---

[1] Voir J. Leblanc, *Du pouvoir des tribunaux d'apprécier en France la constitutionnalité des lois*, Paris, PUF, 1924.

[2] J.-P. Machelon, « Parlementarisme et Etat de droit. A propos du contrôle de constitutionnalité des lois en France sous le Troisième République (positions et controverses) », *RA*, Novembre-Décembre 1995, n° 288, p. 629.

[3] Sur M. Hauriou, voir notamment J.-C. Billier et A. Maryioli, « La théorie institutionnaliste du droit de Maurice Hauriou », in *Histoire de la philosophie du droit*, *op. cit.*, p. 227 ; (Collectif), *La pensée du doyen Maurice Hauriou et son influence*, Journées Hauriou, Paris, Pedone, 1969 ; E. Maulin, « Hauriou Maurice », in *Dictionnaire des grandes œuvres juridiques*, Paris, Dalloz, 2008, p. 246 ; N. Foulquier, « Maurice Hauriou, constitutionnaliste (1856-1929) », *Jus Politicum*, n° 2, 2009.

[4] M. Hauriou, *Précis de droit constitutionnel*, Paris, 2e éd., 1929.

[5] L. Duguit, *Traité de droit constitutionnel*, Paris, de Boccard, t. 3, 3e éd., p. 589.

Léon Duguit[1] se plaçait dans une perspective générale de limitation des pouvoirs de l'Etat. Afin de justifier l'exercice d'un contrôle de la loi par le juge, il était contraint de préciser plus clairement le type de norme auquel celui-ci pouvait se référer. La spécificité de son argumentation sur ce point fut d'identifier un ensemble de règles supérieur à la loi en se détachant partiellement de la notion de constitution, à l'inverse de Maurice Hauriou. Il existe un parallèle évident entre les deux auteurs dès lors qu'à la description d'une constitution duale par Maurice Hauriou (A) répond celle du « droit » opposable aux lois par Léon Duguit (B).

A. La dualité de la constitution

Une partie entière du *Précis de droit constitutionnel* est consacrée à « la constitution sociale de la France », celle-ci étant, selon Maurice Hauriou « à bien des points de vue [...] plus importante que sa constitution politique »[2]. Cette distinction ne visait nullement à opposer deux types de constitution, mais bien à décrire la Constitution en vigueur sous la IIIème République comme formée de deux entités complémentaires. L'expression constitution politique désignait les trois lois constitutionnelles de 1875, qui mettaient en place les pouvoirs publics et organisaient leurs rapports. C'est la constitution en tant que loi politique qui était ainsi visée[3], c'est-à-dire celle dont l'objet est de déterminer la forme de l'Etat, la structure des différents pouvoirs ainsi que

---

[1] E. Maulin, « Hauriou Maurice », in *Dictionnaire des grandes œuvres juridiques*, *op. cit.*, p. 246.

[1] Sur Duguit, voir notamment O. Beaud, « Duguit, l'État et la reconstruction du droit constitutionnel français », in F. Melleray (dir.), *Autour de Léon Duguit*, Bruxelles, Bruylant, 2010, p. 29 ; E. Pisier, « Léon Duguit et le contrôle de la constitutionnalité des lois : paradoxes pour paradoxes... », in *Droit, institutions et systèmes politiques. Mélanges en hommage à Maurice Duverger*, Paris, PUF, 19888, p. 189 ; J.-C. Billier et A. Maryioli, « Le droit objectif selon Léon Duguit », in *Histoire de la philosophie du droit*, *op. cit.*, p. 217 ; L. Fonbastier, « Une tentative de refondation du droit : l'apport ambigu de la sociologie à la pensée de Léon Duguit », *RFDA*, 2004, p. 1053 ; H. J. Laski, « La conception de l'Etat de Léon Duguit », *APD*, 1932, p. 121 ; S. Pinon, « Léon Duguit face à la doctrine constitutionnelle naissante », *RDP*, 2010, p. 523 ; K. Weidenfeld, « Duguit Léon », in O. Cayla et J.-L.Halperin, (dir.), *Dictionnaire des grandes œuvres juridiques*, Paris, Dalloz, 2008, p. 142.

[2] M. Hauriou, *Précis de droit constitutionnel*, *op. cit.*, p. 611.

[3] On emprunte cette expression à O. Beaud lorsqu'il note que « la doctrine constitutionnelle contemporaine oscille entre la définition formelle de la constitution (norme suprême) et la définition matérielle (organisation des pouvoirs publics). Toutefois, cette opposition qui se situe dans la lignée de Jellinek et de Carré de Malberg, méconnaît l'existence de la troisième conception possible de la constitution comme loi politique qui domine à la fois l'œuvre constitutionnelle de Maurice Hauriou et celle de Léon Duguit », « Carl Schmitt ou le juriste engagé », *op. cit.*, p. 76.

leurs rapports. Cette constitution politique ne formait nullement une fin en soi, car elle « est essentiellement pour la garantie des libertés individuelles », or celles-ci sont également les « bases de la constitution sociale »[1]. Les deux constitutions sont donc étroitement liées, elles ne sont que deux parties d'un même tout, et Maurice Hauriou notait à ce sujet que la constitution sociale dépend de la constitution politique « par le moyen de la loi »[2], car c'est à la loi qu'il revient d'organiser les droits individuels reconnus par la constitution sociale. Cependant, on sait l'importance de l'institution dans sa pensée[3], et ce n'est pas en tant que droits subjectifs que ces droits se trouvaient à la base de la constitution sociale, mais en « qualité d'institutions juridiques objectives »[4]. Dès lors, si la constitution vise essentiellement à instituer et organiser des institutions, à côté des institutions politiques qui font l'objet de la constitution du même nom, se trouvent les institutions juridiques qui forment la constitution sociale, à savoir les droits individuels. La notion de constitution sociale n'est pas un simple habillage terminologique, elle correspond pleinement à la conception que Maurice Hauriou se faisait de la constitution, alors que l'objectivisation des droits individuels lui permettait de les qualifier d'institutions et d'en faire les objets de cette constitution sociale. Il a exprimé sa pensée politique dans ses différents écrits dont il ressort que le droit a pour vocation de protéger l'ordre individualiste[5]. De ce fait, l'importance de la constitution sociale à ses yeux provenait de ce qu'elle traduisait cet ordre par la reconnaissance des droits individuels. A ce stade de la réflexion, on saisit mal comment ces droits qui composent la constitution sociale peuvent être appréhendés et décrits, sauf à s'en remettre à un hypothétique droit naturel.

Sûr de sa démonstration politique et philosophique, Maurice Hauriou n'en fut pas moins soucieux d'asseoir juridiquement son raisonnement. On veut dire par là de l'inscrire dans le droit positif, et non de le laisser au rang de simple spéculation intellectuelle. Pour cela, il lui fallut chercher une source positive à ces droits : il la trouva dans des textes qui sont présentés comme les

---

[1] M. Hauriou, *Précis de droit constitutionnel*, *op. cit.*, p. 612.

[2] *Ibid.*

[3] Sur ce point voir notamment M. Hauriou, « L'institution et le droit statutaire », *Recueil de l'Académie de Législation de Toulouse*, 1906, p. 134 ; « La théorie de l'Institution et de la fondation. Essai de vitalisme social », in M. Hauriou, *Aux sources du droit. Le pouvoir, l'ordre et la liberté*, Caen, Centre de philosophie politique et juridique, 1986, p. 89 ; G. Marty, « La théorie de l'institution », in *La pensée du doyen Maurice Hauriou et son influence*, *op. cit.*, p. 42 ; L. Sfez, « Institution (Doctrine) », in *Dictionnaire de la culture juridique*, *op. cit.*, p. 825.

[4] *Ibid.*, p. 613 ; P. Amselek, « De quoi l'institution est-elle le nom ? », *RDP*, 2024, p. 173.

[5] Il notait ainsi dans la première édition de son précis de droit constitutionnel en 1923 que « L'ordre individualiste doit être placé en tête des matières constitutionnelles », *Précis de droit constitutionnel*, 1er éd., 1923, p. 57.

composantes de la constitution sociale. D'après lui, le « texte constitutionnel de la constitution sociale »[1] est formé par ce qu'il qualifie de « déclaration des droits ». Il exprimait clairement ce point dans une note de bas de page, en affirmant que « par une étrange aberration d'esprit, on est allé jusqu'à se demander, en France, dans ces dernières années, si la matière des libertés, qui est la base de l'ordre individualiste, était bien une matière constitutionnelle, et l'on ne savait pas où la placer. On ne savait où la placer dans la constitution politique, mais on ne réfléchissait pas qu'il y a aussi une constitution sociale et que la Déclaration des droits était justement le texte constitutionnel de cette constitution sociale »[2]. La constitution sociale venait donc suppléer la carence de la constitution politique, et cette dernière n'est pas la constitution à elle seule, elle n'en est qu'une partie. Maurice Hauriou demeurait néanmoins flou, à la fois sur la justification de la normativité de cette déclaration et sur son contenu.

S'agissant de la normativité de ce texte, qui n'est nullement mentionné dans les lois constitutionnelles de 1875, Maurice Hauriou avançait divers systèmes, celui de la coutume ou celui des principes, pour finalement donner sa préférence à la « disjonction de la constitution sociale et de la constitution politique » en raison de la domination de la loi écrite dans un pays comme la France, qui nécessite de « pouvoir appuyer des droits sur un texte écrit »[3]. Il y aurait ainsi deux constitutions valides en même temps et se complétant. Cependant, la notion de constitution sociale, pas davantage que l'existence d'un droit coutumier ou de principes ne permettent d'expliquer qu'une normativité soit reconnue à la Déclaration de 1789, ce que Maurice Hauriou tentait de démontrer sans réellement convaincre. Il cherchait en effet pour cela à expliquer la « survie juridique des déclarations des droits des époques révolutionnaires », en s'appuyant sur une « permanence de contenu »[4], pourtant contestable au regard des différences de rédaction existantes entre ces déclarations, qui expliquerait que les droits en question se soient en quelque sorte cristallisés dans la constitution sociale et qu'ils subsistaient malgré les changements de régime et le silence des textes.

Sur ce point du reste, une ambiguïté surgit sur l'identité de la déclaration en question. S'il affirmait nettement que le texte intégral de la constitution sociale est « constitué avec toutes les déclarations des droits antérieures qui se soient appliquées »[5], sans relever les redondances et les contradictions d'un tel texte intégral, étant donné le foisonnement des dispositions mises à contribution, il semblait conférer un statut particulier au texte de la Déclaration de 1789. On sent bien en effet que c'est ce texte, intégralement

---

[1] M. Hauriou, *Précis de droit constitutionnel*, *op. cit.*, p. 625.
[2] *Ibid.*, p. 626.
[3] *Ibid.*, p. 627.
[4] *Ibid.*, p. 626.
[5] *Ibid.*

reproduit en note de bas de page, qui avait ses faveurs pour matérialiser les droits compris dans la constitution sociale, notamment lorsqu'il affirmait qu'il s'agit de la seule déclaration « qui ait survécu dans la mémoire des hommes parce que, du premier coup, elle réalisa le catéchisme social »[1], ou lorsqu'il s'appuyait sur l'article 1er précité de la Constitution du 14 janvier 1852. Il semblait par ailleurs rejeter plus loin la Déclaration des droits et des devoirs de l'homme et du citoyen placée en tête de la Constitution du 5 Fructidor An III ainsi que les devoirs figurant dans le préambule de la Constitution du 4 novembre 1848 sous le motif, assez curieux en droit, « que l'on ne peut point fonder des droits sur des devoirs »[2].

Le juriste soucieux de décrire les droits pleinement consacrés dans la constitution sociale peinerait donc à pouvoir les énumérer avec précision, sauf à établir une sélection parmi les droits consacrés dans l'ensemble des textes concernés. La notion de constitution sociale paraît très approximative et correspond davantage à une prise de position politique en faveur des droits consacrés dans la Déclaration de 1789, qu'à une stricte argumentation juridique, *a fortiori* à une démonstration de droit constitutionnel formel.

B. Les lois contraires au droit

La terminologie privilégiée par Léon Duguit, qui peut étonner le lecteur contemporain, n'est pas celle de lois contraires à la constitution mais, dans le prolongement de sa pensée juridique, de lois « contraires au droit », c'est-à-dire « toute loi formelle qui contient une disposition contraire, soit à un principe de droit supérieur, tel qu'il est aperçu par la conscience collective du peuple (...), soit à une disposition inscrite dans la Déclaration des droits, soit enfin à une disposition de la loi constitutionnelle rigide, dans les pays qui, comme la France et les Etats-Unis, ont adopté cette hiérarchie des lois »[3]. Il se référait ainsi à trois catégories de règles opposables à la loi ; s'il précisait qu'afin de faciliter la suite de son exposé, l'expression loi inconstitutionnelle serait « synonyme de loi contraire au droit supérieur écrit ou non écrit »[4], il n'entendait pas justifier le contrôle de la loi uniquement par référence au texte de la constitution, évoquant seulement une constitutionnalité au sens large. Il faut ajouter que, selon sa conception, la loi « puise sa force obligatoire, non pas dans la volonté des gouvernants, mais dans sa conformité à la solidarité sociale »[5].

La difficulté à identifier avec clarté les catégories en cause est renforcée lorsqu'il précisait qu'il existe trois catégories de lois hiérarchisées aux Etats-

---

[1] *Ibid.*, p. 627.
[2] *Ibid.*, p. 635.
[3] L. Duguit, *Traité de droit constitutionnel*, *op. cit.*, p. 709-710.
[4] *Ibid.*
[5] L. Duguit, *Manuel de droit constitutionnel*, Paris, de Boccard, 4e ed, 1923, p. 34.

Unis ou en France, à savoir « les déclarations de droit qui formulent les principes supérieurs du droit que ne peuvent transgresser ni le législateur ordinaire ni même le législateur constituant [...] et les lois constitutionnelles que le législateur ordinaire ne peut ni modifier ni abroger »[1]. A ce stade, on ne saisit pas totalement si la catégorie des principes de droit supérieur est indépendante des déclarations de droit ou si ces principes sont tout entiers formulés dans celles-ci. Cependant, s'agissant de la Déclaration de 1789, il a réfuté, à l'image de Maurice Hauriou, qu'elle soit dépourvue de normativité sous la IIIème République. A l'appui de sa démonstration, il utilisait notamment la volonté des rédacteurs de celle-ci qui avaient « l'intention de rédiger le pacte social de la France régénérée par la Révolution, la loi fondamentale qui s'imposerait à tout législateur », se référant à plusieurs citations de membres de la Constituante[2]. Il affirmait ainsi que la Déclaration de 1789 s'imposait au législateur sous l'empire des lois constitutionnelles de 1875, mais également au pouvoir constituant qui « ne pourrait point juridiquement faire une loi contraire aux termes de la Déclaration »[3]. Par ailleurs, si la Déclaration de 1789 n'a pas perdu sa normativité en même temps que la Constitution de 1791, c'est qu'elle n'en faisait pas partie, ayant « été votée séparément et définitivement en 1789 »[4]. C'est donc essentiellement à l'intention de ses auteurs que Léon Duguit se référait pour affirmer la normativité de la Déclaration. A l'instar de Maurice Hauriou, il n'oubliait cependant pas de renvoyer à la doctrine individualiste, affirmant que celle-ci se trouvait « à la base » du droit positif et que, selon cette conception, la loi n'a « de valeur et de force qu'autant qu'elle est la mise en œuvre des principes juridiques formulés dans la Déclaration »[5]. Pour saisir l'articulation entre cette Déclaration et les normes constitutionnelles opposables à la loi selon cet auteur, il est nécessaire d'analyser sa présentation des obligations de l'Etat.

Il existait selon lui deux systèmes visant à sanctionner les obligations de l'Etat, à savoir le système des déclarations des droits et celui des lois constitutionnelles rigides. Dans le premier cas, « une assemblée réunie dans des conditions exceptionnelles formule certains principes de droit supérieur qui s'imposent à l'Etat, non au pouvoir législatif ordinaire, mais même au pouvoir législatif constituant, et toute loi quelle qu'elle soit, quel que soit l'organe dont elle émane, doit être faite conformément à ces principes. Si elle viole l'un d'eux, elle est contraire au droit et logiquement aucune obéissance

[1] *Ibid.*, p. 711.

[2] Notamment Desmeunier et Dupont de Nemours.

[3] L. Duguit, *Traité de droit constitutionnel*, *op. cit.*, p. 607.

[4] *Ibid.*, p. 610. Cette Déclaration avait reçu la sanction de Louis XVI le 5 octobre 1789, annoncé le jour même par Mounier à la Constituante. C'est lors de cette journée du 5 octobre que le Roi fut ramené par la foule à Paris. La monarchie ne devait plus revoir Versailles.

[5] *Ibid.*

ne lui est due »[1]. Dans le second cas, un organe « institué dans des conditions déterminées » formule « conformément aux principes inscrits dans la Déclaration des droits, des règles d'ordre divers, habituellement des règles d'organisation politique », les règles ainsi édictées « s'impos[ant] au législateur »[2]. Les deux catégories de règles opposables au législateur sont issues des deux systèmes ainsi présentés, à savoir une déclaration des droits formalisant des principes supérieurs ayant principalement trait à la protection des droits individuels et le texte constitutionnel organisant le fonctionnement des institutions, la seconde catégorie devant respecter la première. Ces deux systèmes ne sont donc pas envisagés sous un angle mécanique, comme des systèmes de règles garantissant la limitation du pouvoir par les rapports de force institués, mais bien comme des systèmes normatifs, comme des prescriptions qui s'imposent à leurs destinataires. Cependant, il faut bien relever que, selon l'auteur, les règles ainsi énoncées pourraient tout aussi bien ne pas l'être : « elles se seraient de toute façon manifestées, d'une manière ou d'une autre et au besoin par la coutume »[3]. Cette approche normative a conduit Léon Duguit à affirmer que, pour que ces systèmes réalisent « une protection véritablement efficace de l'individu contre les violations possibles du droit de la part de l'Etat, il faut encore que dans le pays existent des juridictions éclairées, indépendantes et impartiales ; il faut qu'on leur reconnaisse compétence pour refuser d'appliquer une loi qu'elles jugent contraire aux principes de la déclaration des droits ou aux dispositions de la constitution »[4]. Ainsi, l'existence de ces règles n'assure nullement leur respect, c'est l'exercice d'un contrôle de conformité de la loi aux prescriptions édictées, permettant de rendre inapplicable une loi qui serait en contrariété avec elles, qui assure l'efficacité de ces systèmes.

Il faut souligner l'importance de cet appel au juge pour assurer l'effectivité des systèmes ainsi décrits, d'une part parce qu'il est révélateur du rapport qu'entretiennent, dans les discours juridiques, une conception normative de la constitution et la sanction juridictionnelle de celle-ci[5], d'autre part car elle permet de comprendre dans quelle mesure on peut identifier des principes supérieurs indépendants des déclarations de droits, c'est-à-dire, *in fine*, en s'en remettant au juge. En effet, comme cela a été noté, tant les écrits de Maurice Hauriou que ceux de Léon Duguit ne se situent pas dans une perspective descriptive d'un système juridique, mais dans celle d'une visée prescriptive,

---

[1] *Ibid.*, p. 597.

[2] *Ibid.*

[3] O. Jouanjan, « La notion de constitution dans l'œuvre de Léon Duguit », in A. Le Divellec (dir.), *La notion de constitution dans la doctrine constitutionnelle de la Troisième République*, *op. cit.*, p. 127.

[4] *Ibid.*, p. 598.

[5] Sur ce point, voir A. Papatolias, *Conception mécaniste et conception normative de la constitution*, *op. cit.*

d'une volonté d'agir sur le droit positif. En l'occurrence, les descriptions qu'ils fournissaient de la constitution sociale ou des principes supérieurs visaient à offrir au juge un cadre dans lequel il pourrait accepter de contrôler la conformité des lois à la constitution à l'occasion de l'exception soulevée au cours d'un litige.

Paragraphe 2.
La visée idéologique : l'instauration d'un contrôle de la loi

En tentant de décrire l'existence d'un droit opposable au législateur, les théories de la supralégalité, dont les rapprochements sont « manifestes »[1] se situaient dans une démarche favorable à l'instauration d'un contrôle juridictionnel de la loi. De ce point de vue, il paraît difficile de prendre en compte les écrits en cause indépendamment du contexte politique de la IIIème République. En militant en faveur de l'instauration d'un contrôle de constitutionnalité de la loi, il s'agissait avant tout pour ces auteurs de « limiter l'absolutisme parlementaire »[2] magistralement décrit par Raymond Carré de Malberg[3]. Les analyses de ce dernier sur la souveraineté parlementaire et l'état du droit sous la IIIème République offrent un aperçu de l'enjeu du débat portant sur le contrôle de la loi par les juges ordinaires. Qualifier les théories de la supralégalité constitutionnelle d'idéologiques, c'est avant tout montrer que les constructions en cause avaient pour objet spécifique de voir la loi être contrôlée par le juge et tout un ensemble de principe être ainsi protégés. Plus généralement, c'est également prendre en compte leur insertion dans un contexte politique particulier. En montrant que la description de la notion de constitution fournie par les deux auteurs était tributaire de leur souhait de voir la loi soumise à un contrôle juridictionnel et se rattachait à une approche prescriptive du droit (A), on peut alors faire apparaître la visée politique de ces discours (B).

A. La supériorité de la légitimité constitutionnelle sur la constitution écrite

Dans les écrits de Maurice Hauriou, l'absence de distinction entre la description du droit en vigueur et la détermination de ce que le droit devrait être se trouvait pleinement assumée par l'auteur, particulièrement lorsqu'il s'agissait pour lui de plaider en faveur de l'exercice d'un contrôle de constitutionnalité de la loi par les juridictions ordinaires, à l'image du système américain. Dans les pages de son *Précis de droit constitutionnel* consacrées à

---

[1] S. Pinon, « Léon Duguit face à la doctrine constitutionnelle naissante », *article précité*, p. 541.

[2] J. Barthélemy, P. Duez, *Traité de droit constitutionnel*, Paris, LGDJ, 2004, p. 225.

[3] R. Carré De Malberg, *La loi, expression de la volonté générale*, Paris, Economica, 1984.

la question du contrôle de constitutionnalité des lois, il utilisait une terminaison particulière pour décrire la constitution : il n'était plus question d'une dualité entre la constitution politique et la constitution sociale, mais bien de « la notion d'une légitimité constitutionnelle placée au-dessus de la constitution écrite »[1]. Le changement terminologique s'accompagnait ainsi d'un glissement théorique, puisque d'une constitution sociale placée à la base de la constitution politique, on passait à une légitimité constitutionnelle supérieure à la constitution écrite. Cette modification du vocabulaire s'explique facilement dès lors que l'objet de la présentation n'était plus le même : il ne s'agissait plus d'expliquer l'objet et le contenu de la constitution sociale, mais de revenir à la pure technique juridique et de rentrer dans le registre de la supériorité normative. Pour Maurice Hauriou en effet, la légitimité constitutionnelle était dotée d'une valeur juridique supérieure non seulement à la loi, mais aussi à la constitution, « parce qu'elle se compose de principes et que les principes sont toujours au-dessus des textes »[2]. Cette affirmation d'autorité est en elle-même particulièrement remarquable dès lors qu'on ne voit pas bien, sur le plan juridique, quels sont les éléments qui peuvent venir étayer cette supériorité des principes sur les textes. Il se référait à l'exemple des Etats-Unis pour affirmer que « le juge américain se place nettement au-dessus de la loi constitutionnelle et la juge, parce que, pour lui, il y a, au-dessus d'elle, un ensemble de principes qui forment une légitimité constitutionnelle à laquelle la constitution écrite elle-même doit se conformer ». Il en tirait pour conséquence que « la constitution primitive est censée (être) conforme à la légitimité constitutionnelle, mais, si des amendements s'en écartaient par la suite, ils devraient être déclarés inconstitutionnels »[3]. L'exemple américain peut sembler *a priori* éloigné de la situation française de l'époque, mais c'est pourtant en s'appuyant dessus qu'il a rejeté les arguments de ceux, nombreux, qui jugeaient le contrôle de constitutionnalité des lois sans objet en raison de la brièveté des trois lois constitutionnelles de 1875[4].

Il affirmait en effet que « dans les pays où le contrôle de constitutionnalité fonctionne, il n'est presque jamais question du texte même de la constitution, et presque toujours des principes constitutionnels, lesquels sont surtout les principes des droits individuels ! ». Ainsi, c'est l'exercice du contrôle de constitutionnalité qui permet de révéler l'existence des principes, qui préexistent certes, mais qui se voient ainsi conférer la valeur juridique qui leur est due. Dans cette perspective, la Constitution de 1875 « est accompagnée

[1] M. Hauriou, *Précis de droit constitutionnel*, *op. cit.*, p. 266.
[2] *Ibid.*, p. 269.
[3] *Ibid.*, p. 276.
[4] G. Morange évoquera ainsi plus tard en synthèse « la constitution "squelettique" de 1875 », « La valeur juridique des principes contenus dans les Déclarations des Droits », *RDP*, 1945, p. 229.

des principes du droit public des Français et de toute une légitimité constitutionnelle »[1] et le contrôle de constitutionnalité pouvait donc s'établir en France. On voit ici une illustration du rôle structurant de l'opposition entre les textes et les principes juridiques dans les discours visant à identifier des normes supérieures aux normes valides selon des critères formels. Les principes permettent en effet d'éviter le débat purement formel sur la validité des textes en donnant la primauté à la substance et au contenu, d'autant plus facilement que la généralité du principe permet souvent de le faire apparaître logiquement supérieur à la technicité des réglementations juridiques. On retrouvera ces notions lorsqu'il s'agira de décrire le contenu du bloc de constitutionnalité sous la Vème République.

En invoquant les droits individuels comme formant l'essentiel des principes constitutionnels concernés par le contrôle de constitutionnalité, Maurice Hauriou désignait ce qui formait la base de la constitution sociale telle qu'il la décrivait. Pourtant le vocabulaire employé est différent, il délaissait les arguments textuels pour se placer sur le terrain des principes, comme il le faisait dans la première édition du *Précis de droit constitutionnel*, mais en contradiction avec sa description de la constitution sociale en tant que texte rassemblant les différentes déclarations de droit. Il est possible d'attribuer cette contrariété à un manque d'harmonisation d'ensemble de la seconde édition du *Précis*, mais quoi qu'il en soit, l'essentiel est ailleurs et se trouve dans la finalité des concepts utilisés. Que ce soit la constitution sociale ou les principes du droit public, la description du droit positif laisse la place à la prescription et à la spéculation sur ce que *devrait être* le droit positif pour se conformer aux conceptions politiques défendues par l'auteur. Les constructions tendent toutes au même but, permettre le contrôle du fond de la loi par le juge, qui se trouve ainsi pourvu d'un réservoir inépuisable de droits à préserver face au législateur.

C'était bien la volonté ultime de l'auteur, qui n'est, du reste, pas voilée, que de permettre la limitation du pouvoir des chambres, dont on connaît l'importance sous la IIIème République. Dès lors que « dans les Etats constitutionnels où l'état de droit est complètement réalisé, le pouvoir législatif lui-même est soumis au droit positif, par le mécanisme des constitutions écrites et de l'inconstitutionnalité des lois ordinaires que le juge déclare être contraires à la constitution »[2], le moyen proposé était de permettre aux juges d'exercer un contrôle de la loi et pour cela, il fallait pouvoir se référer à une norme juridique supérieure substantielle à laquelle confronter cette loi. Faute de trouver cette matière substantielle dans les trois lois constitutionnelles de 1875, la démonstration visait, en se référant toujours à la notion de constitution, à la faire apparaître plus vaste, dépassant les simples énoncés du texte de ces lois. Les notions de constitution sociale ou de

---

[1] M. Hauriou, *Précis de droit constitutionnel*, *op. cit.*, p. 287.

[2] M. Hauriou, *Principes de droit public*, Paris, Larose, 2e éd., 1916, p. 39.

légitimité constitutionnelle n'avaient ainsi aucun objet descriptif, elles visaient bien davantage à fournir un cadre rationnel prescriptif pour justifier l'exercice d'un contrôle de la loi. L'argumentation juridique est ici bel et bien produite à l'appui d'une visée politique, soumettre le législateur aux vues libérales de l'auteur.

En notant cela, il ne s'agit nullement de disqualifier la construction esquissée, Maurice Hauriou masquant à peine son objectif ; il s'agit de comprendre en quoi cette construction lui est nécessaire. A cela on peut donner au moins deux réponses. En premier lieu, en reconstruisant une « seconde constitution », en conférant aux droits individuels qu'il plébiscitait le statut de normes constitutionnelles, Maurice Hauriou satisfaisait à l'une des caractéristiques du raisonnement juridique[1] qui consiste, pour justifier le contrôle d'une norme, en l'occurrence la loi, à exciper de l'existence de normes d'un niveau supérieur, ici le niveau constitutionnel. On retrouve là en effet une constante qui consiste, pour les juristes, à fonder le contrôle d'un énoncé juridique par référence à un énoncé plus général qualifié de supérieur[2]. En second lieu, il s'agissait également pour lui d'agir sur le droit positif et notamment sur la jurisprudence, qui a constamment refusé l'existence d'un tel contrôle sous la IIIème République, même s'il présentait quelques exemples qui, selon lui, attestaient que les juges s'étaient déjà permis d'apprécier la conformité d'une loi à des principes constitutionnels[3]. D'un point de vue descriptif, l'existence d'une constitution sociale est une pure chimère, et le

---

[1] Voir M.-L Mathieu-Izorche, *Le raisonnement juridique*, Paris, PUF, 2001.

[2] C'était toute la logique de l'utilisation des Lois fondamentales du royaume par les Parlements sous l'Ancien régime. Sur cette question voir notamment O. Martin, F. Olivier-Martin, *Les lois du roi*, Paris, Loysel, 1988 ; S. Hanley, *Les lits de justice des rois de France*, Paris, Aubier, 1991 ; J. Egret, *Louis XV et l'opposition parlementaire*, *op. cit.* ; J. Flammermont, *Remontrances du parlement de Paris au XVIIIe siècle*, Paris, Imprimerie nationale, 1888-1898 ; A. Vergne, *La notion de Constitution d'après les Cours et assemblées à la fin de l'Ancien Régime (1750-1789)*, Paris, De Boccard, 2007 ; F. Saint-Bonnet, « Le parlement, juge constitutionnel (XVIe-XVIIIe siècle) », *Droits*, n° 34, 2001, p. 177 ; « La double genèse de la justice constitutionnelle en France. La justice politique au prisme des conceptions françaises », RDP, 2007, p. 753 ; G. Tusseau, *Contentieux constitutionnel comparé. Une introduction critique au droit processuel constitutionnel*, Paris, LGDJ, 2021, p. 74-81.

[3] Il citait notamment les arrêts *Pelletier* rendu par le Tribunal des conflits le 30 juillet 1873 (*Dalloz*, 1874, p. 5, conclusions David) *Winkell* rendu par le Conseil d'Etat le 7 août 1909 (*Rec.*, p. 826) ou *Heyriès* rendu par le Conseil d'Etat le 28 juin 1918 (*Rec.*, p. 651). On aurait pourtant grande peine à trouver la trace d'un tel contrôle dans ces arrêts, qui attestent davantage la capacité du juge administratif à interpréter la loi. Curieusement, Léon Duguit fit la même analyse de l'arrêt *Winkell*, considérant même qu'il annonçait l'arrivée de l'exception d'inconstitutionnalité dans un « avenir prochain », L. Duguit, *Les transformations du droit public*, Paris, Colin, 1913, p. 98 et suiv.

concept n'est pas opératoire en tant qu'il ne permet pas de renvoyer à une réalité normative. Il n'a pas de valeur scientifique au sens où il ne permet pas à un observateur soucieux d'appréhender le système juridique de la IIIème République de comprendre les éléments qu'il pourrait isoler sous les vocables « constitution » ou « norme constitutionnelle ». Pourtant, et bien qu'il rejetât expressément l'instauration d'un organe spécialisé chargé du contrôle de la loi[1], des éléments de l'argumentation de Maurice Hauriou seront utilisés par certains auteurs sous la Vème République pour légitimer la notion de bloc de constitutionalité. On retrouve chez Léon Duguit la même prétention à fonder le contrôle de constitutionnalité des lois sur des principes supérieurs, la justification de ceux-ci étant simplement encore davantage détachée des textes.

B. La supériorité des principes

À l'image de Maurice Hauriou, Léon Duguit était favorable à l'exercice d'un contrôle du fond de la loi dont la force obligatoire dérivait selon lui « bien plus de son adéquation aux droits individuels que de la volonté nationale telle quelle »[2]. Le souhait de voir ce contrôle être exercé par les juges, et non par un organe qui en serait chargé spécifiquement[3], l'a amené à mettre l'accent sur la supériorité des principes. Selon lui, il existait « une formation continue et spontanée du droit dans tous les domaines », et ainsi « à tout moment il peut y avoir des principes du droit supérieurs à l'Etat, qui ne sont formulés ni dans les déclarations des droits, ni dans les lois constitutionnelles et qui, quoique non écrits, obligent l'Etat aussi rigoureusement que s'ils avaient été solennellement proclamés »[4]. Il en ressortait que les juridictions qui « doivent avoir compétence pour refuser d'appliquer toute loi contraire aux déclarations des droits ou à la constitution, doivent pouvoir aussi refuser d'appliquer une loi qui, sans contenir une violation d'une règle constitutionnelle écrite, est certainement en contradiction avec un principe du droit supérieur non écrit et que la conscience collective aperçoit fortement comme s'imposant à l'Etat »[5]. Après les déclarations de droit et la constitution, il y aurait donc une troisième catégorie opposable au législateur, qui serait composée des principes supérieurs, certes présentés comme issus de la conscience collective, mais surtout identifiés par les juges chargés d'exercer le contrôle de la loi.

En définitive, chez Léon Duguit, c'est donc au juge qu'il revenait de déclarer l'existence de certains principes supérieurs qui s'imposent au

---

[1] M. Hauriou, *Précis de droit constitutionnel*, *op. cit.*, p. 270.
[2] L. Duguit, *Manuel de droit public*, Paris, Fontemoing, 1er éd., 1907, t. 1, p. 485.
[3] L. Duguit, *Traité de droit constitutionnel*, *op. cit.*, p. 715-718.
[4] *Ibid.*
[5] *Ibid.*, p. 599.

législateur[1]. On l'a dit, la notion de constitutionnalité est entendue largement par l'auteur, et le contrôle de constitutionnalité ne vise pas réellement à assurer que la loi respecte la constitution, fût-elle sociale comme chez Maurice Hauriou, mais à ce qu'elle soit conforme au droit, au sens où, au-delà de la constitution rigide, elle devrait respecter des principes supérieurs consignés dans la Déclaration de 1789 ou ressortant de la conscience collective. Cette nuance terminologique entre les deux auteurs ne doit cependant pas masquer leur accord sur l'essentiel, à savoir la soumission du législateur à un certain nombre de principes, et la survivance de la Déclaration de 1789 devant servir d'étalon de mesure aux juges de la loi. Selon Léon Duguit, s'il existe une hiérarchie entre la loi ordinaire et les principes supérieurs, celle-ci préexistait à tout contrôle ou à toute décision contentieuse puisque c'est elle qui justifie la possibilité d'un contrôle de la loi : le contrôle de constitutionnalité de la loi « est la conséquence nécessaire et logique de la hiérarchie des lois »[2]. L'argumentation visait à faire apparaître évidente l'institution d'un contrôle de la loi, afin de s'assurer du respect de la hiérarchie normative réputée préexistante[3]. Selon lui, « quelles que soient les difficultés du problème, il faut arriver à le résoudre ; il faut établir d'une manière positive le principe de la limitation de l'Etat par le droit »[4]. La conséquence contentieuse est alors simple à énoncer : « s'il y a contradiction entre la loi ordinaire d'une part et la loi constitutionnelle ou la Déclaration des droits d'autre part, le tribunal ne peut pas appliquer la loi ordinaire. De même, s'il y a contradiction entre la loi constitutionnelle et une disposition de la Déclaration des droits, le tribunal devra appliquer celle-là »[5].

Si Léon Duguit affirmait l'existence de cette supériorité, c'est paradoxalement car le droit positif ne la reconnaissait pas. Il ne cherchait nullement à décrire le système juridique, mais à agir sur lui en incitant les juges à effectuer un contrôle de la loi. Toute la présentation de Léon Duguit, à l'image de celle de Maurice Hauriou, visait ainsi à permettre au juge d'exercer un contrôle de la loi et pour cela, on voit qu'il est nécessaire d'affirmer l'existence de normes positives substantielles opposables au législateur. Il résumait parfaitement son ambition en énonçant que « l'essentiel, c'est de comprendre et d'affirmer avec une indéfectible énergie,

---

[1] G. Morange observait de façon critique que les conséquences de la théorie de Duguit « aboutissent à faire du juge le pouvoir suprême dans l'Etat, pouvoir qui ne serait pas soumis au pouvoir constituant lui-même, dont il tire pourtant son existence. Dans une telle hypothèse, ce n'est même plus du "Gouvernement des juges" dont il conviendrait de parler, mais bien plutôt du "despotisme judiciaire" », « Valeur juridique des principes contenues dans les Déclarations des droits », *article précité*, p. 235.

[2] L. Duguit, *Traité de droit constitutionnel*, *op. cit.*, p. 724.

[3] M. Troper, « Marshall, Kelsen, Barak et le sophisme constitutionnaliste », in *Le droit et la nécessité*, *op. cit.*, p. 139

[4] L. Duguit, « Jean-Jacques Rousseau, Kant et Hegel », *RDP*, 1918, p. 175.

[5] L. Duguit, *Traité de droit constitutionnel*, *op. cit.*, p. 718-719.

qu'il y a une règle de droit supérieure à la puissance publique, qui vient la limiter et lui imposer des devoirs »[1]. Dans l'argumentation qu'il présentait, le rôle du juge dans la reconnaissance des principes opposables à la loi ou à la constitution était davantage marqué : bien que le juge ne soit pas considéré comme créant les principes mais comme consacrant leur prééminence selon une mystérieuse conscience collective, sa présentation du contrôle de la loi mettait l'accent sur le rôle du juge plus que sur celui des textes. A travers les arguments développés, le juge apparaissait comme le protecteur des principes qu'il devait dégager selon une méthodologie rejoignant la conception du droit plus généralement défendue par l'auteur.

Tant pour Maurice Hauriou que pour Léon Duguit, le discours juridique sur la constitution était totalement tourné vers un objectif unique, justifier le contrôle de la loi par les juges, qui n'était pas exercé en droit positif sous la IIIème République. Dans leurs discours, la notion de constitution apparaît comme un moyen au service de leur objectif et aucune définition précise ne permet d'appréhender ce qu'elle recouvre. Si, comme cela a déjà été montré[2], l'approche de ces deux juristes peut difficilement être rattachée à une démarche positiviste, au sens où elle serait pure de tout jugement de valeur[3], et si elle n'offre absolument aucun critère efficace permettant d'identifier la constitution en vigueur[4], elle illustre parfaitement la forme que prennent les discours doctrinaux visant, sous la IIIème République, a donné une valeur constitutionnelle à la Déclaration de 1789. Malgré les différences existantes entre les constructions proposées, la principale préoccupation des deux auteurs était en effet de justifier l'adjonction à la constitution écrite de principes qualifiés de supérieurs et réputés trouver leur matérialisation idéale dans les déclarations de droits[5].

---

[1] *Ibid.*, p. 590.

[2] Sur ce point, on se permet de renvoyer en particulier à la lecture d'un article de C. Eisenmann : « Deux théoriciens du droit : Duguit et Hauriou », in *Ecrits de théorie du droit, de droit constitutionnel et d'idées politiques*, Paris, LGDJ, 2002, p. 13. Voir également M. Waline, « Les idées maîtresses de deux grands publicistes français : Léon Duguit et Maurice Hauriou », *L'année politique française et étrangère*, 1929, n° 16, p. 388.

[3] Sur le positivisme juridique voir notamment N. Bobbio, « Sur le positivisme juridique », *article précité*, p. 23 ; M. Troper, « Le positivisme juridique », *article précité*, p. 27 ; T. Viehweg, « Que veut-on dire par positivisme juridique ? », *APD*, 1965, p. 181.

[4] Ce qui peut paraître un comble pour Duguit qui voulait adapter « les théories juridiques aux faits et non point les faits aux théories juridiques », L. Duguit, *L'Etat, le droit objectif et la loi positive*, Paris, Albert Fontemoing, 1901, p. 241.

[5] Sur cette question, voir notamment G. Jèze, « Valeur juridique des "Déclarations des droits" et des "Garanties des droits" », *RDP*, 1913, p. 685 ; G. Morange, « La valeur juridique des principes contenus dans les Déclarations des Droits », *article précité*.

Paragraphe 3.
Les approches critiques : l'absence de substance constitutionnelle

Pour bon nombre d'auteurs contemporains, majoritaires par surcroît, les théories de la supralégalité constitutionnelle n'avaient aucun fondement. Si Adhémar Esmein se contentait d'opposer les déclarations de droits, sans valeur juridique, aux garanties de droits qui sont « des articles constitutionnels qui assurent au citoyen la jouissance de tel ou tel droit individuel »[1], la plupart des critiques adressées à ces théories confortent l'idée d'une prééminence de la question du contrôle du fond de la loi, laquelle suppose, on l'a dit, l'existence d'un droit constitutionnel substantiel. Cela est visible tant chez Raymond Carré de Malberg (A) que chez Edouard Lambert, Gaston Jèze et Ferdinand Larnaude (B). Reste que leurs argumentations se recoupent et que des enseignements communs sont à tirer de ces critiques (C).

A. La critique de Raymond Carré de Malberg

Si les travaux de Raymond Carré de Malberg sont souvent cités s'agissant de sa théorie de l'Etat[2], il a été amené à se prononcer sur le principe du contrôle de constitutionnalité des lois, notamment à travers son analyse des trois lois constitutionnelles de 1875. A cette occasion, il a plusieurs fois réfuté les constructions de Léon Duguit et Maurice Hauriou.

S'agissant en premier lieu de la normativité de la Déclaration de 1789, il contestait que cette dernière puisse être en vigueur en 1875 car, selon lui, soit elle faisait partie de la Constitution de 1791 et avait disparu avec elle, soit elle « était distincte de l'acte constitutionnel de 1791, et elle ne faisait qu'énoncer les idées essentielles et fondamentales qui devaient servir de base à la Constitution future »[3]. Dans un cas la Déclaration n'avait plus aucune valeur formelle et dans l'autre elle n'était qu'un énoncé de droit naturel sans normativité[4]. Il contestait également la possibilité de soutenir que la Déclaration avait acquis une valeur constitutionnelle par la coutume, dès lors que, dans ce cas, ses dispositions « ne formeraient point des règles constitutionnelles » faute d'être rigides, car c'est précisément la

[1] A. Esmein, *Eléments de droit constitutionnel français et comparé*, *op. cit.*, p. 559.
[2] Sur cette théorie, voir E. Maulin, *La théorie de l'Etat de Carré de Malberg*, Paris, PUF, 2003.
[3] R. Carré de Malberg, *Contribution à la théorie générale de l'Etat*, Paris, Dalloz, 2003 (rééd.), p. 579-580.
[4] G. Morange pensait de même que la Déclaration de 1789 « comme tous les textes identiques, présente, plus peut-être que la Constitution proprement dite, un caractère politique. Elle a donc cessé d'avoir valeur positive en même temps que les dispositions organiques auxquelles elle servait, en quelque sorte, de fondement, c'est-à-dire la Constitution de 1791, « La valeur juridique des principes contenus dans les Déclarations des Droits », *article précité*, p. 247

caractéristique de la constitution que d'avoir une « puissance renforcée » du fait de sa règle de révision alors que, faute d'être écrite « il n'est pas besoin d'une procédure de révision pour modifier [la coutume] »[1]. Dès lors, selon lui, « la coutume ne peut, en aucun cas, acquérir, au point de vue juridique, une valeur constitutionnelle » et l'expression coutume constitutionnelle « renferme, aux yeux du juriste, une *contradictio in adjecto* »[2]. Il s'interrogeait certes sur la possibilité qu'un « corps de principes » se soit transmis d'un régime à l'autre depuis la Révolution et ait acquis « la valeur d'une tradition définitive », faisant expressément référence au « sentiment de nombreux auteurs, qui ont soutenu, depuis 1875, qu'à coté de notre Constitution écrite, il y avait toute une Constitution coutumière, comprenant des institutions fondamentales, qui sont consacrées par un long passé remontant jusqu'à 1789 et dont l'existence ne peut plus être mise en question »[3]. Il n'en rejetait pas moins catégoriquement cette possibilité, non pas en se plaçant sur le terrain de l'intention des auteurs des trois lois constitutionnelles de 1875, mais bien sur le refus que la coutume puisse créer du droit constitutionnel. Celle-ci est en effet « impuissante » à le faire[4] et il rejetait dès lors « la doctrine qui prétend qu'à coté de leur œuvre constitutionnelle si concise, les constituants de 1875 ont laissé subsister implicitement une Constitution coutumière, qui complète et étoffe la Constitution écrite »[5]. A la lecture de ces arguments, on comprend que Raymond Carré de Malberg se plaçait essentiellement dans une perspective formelle pour dénier toute force normative aux dispositions de la Déclaration de 1789. Bien que sa démonstration soit tributaire de cette perspective, elle a l'avantage d'insister sur la faiblesse des théories proposées par Maurice Hauriou et Léon Duguit.

En deuxième lieu, s'agissant plus précisément de la possibilité de voir un contrôle de constitutionnalité de la loi être instauré sous la IIIème République, la thèse principale de Raymond Carré de Malberg soulignait que les révolutionnaires et les auteurs des trois lois constitutionnelles de 1875 s'étaient appropriés la maxime selon laquelle la loi est l'expression de la volonté générale. Cela impliquerait le refus qu'une telle volonté soit limitée dans son expression, même par les dispositions de la constitution écrite, la primauté accordée à l'organe législatif s'accompagnant par ailleurs d'un rétrécissement de la distinction entre celui-ci et l'organe constituant (il développait en ce sens une lecture de l'article 8 de la loi constitutionnelle du 25 février 1875, relatif à la révision des lois constitutionnelles, tendant à

---

[1] *Ibid.*, p. 582.

[2] R. Carré de Malberg, « La constitutionnalité des lois et la constitution de 1875 », *Revue politique et parlementaire*, 1927, p. 353.

[3] R. Carré de Malberg, *La loi, expression de la volonté générale*, *op. cit.*, p. 106.

[4] *Ibid.*, p. 107.

[5] *Ibid.*, p. 108.

démontrer que celles-ci étaient souples, ce qui était inexact). D'après lui, c'est en raison de ce système politique que les auteurs tels que Maurice Hauriou ou Léon Duguit ont été amenés à recourir à des constructions visant à reconnaître l'existence de principes non-écrits formant « la base implicite de tout notre système de droit public et étatique »[1] et qu'ils considéraient que « c'est au juge qu'il appartient, à l'occasion et au cours des litiges dont il est saisi, de rechercher, de reconnaître et de formuler ces principes fondamentaux ou suprêmes, comme aussi de dénier la légitimité, et le droit à être appliquées, aux lois qui les auraient méconnus »[2]. De ce point de vue, il a parfaitement saisi que les contraintes propres au système politique de la IIIème République, liés à la primauté du Parlement, empêchaient toute évolution dans le sens d'un contrôle de la loi et que c'est en ayant cet objectif en tête que Léon Duguit et Maurice Hauriou s'en remettaient non pas à une modification du texte des lois constitutionnelles, mais à celle de la pratique judiciaire en souhaitant voir le juge ordinaire accueillir le moyen tiré de l'exception d'inconstitutionnalité des lois. C'est à cette fin qu'ils fournissaient au juge l'argumentation juridique nécessaire à un tel revirement. Avec ces théories, on ne quitte donc pas simplement toute ambition descriptive pour s'arrimer à un débat purement idéologique sur la nécessité de voir la loi respecter certaines valeurs, on verse également dans un débat politique lié au contexte de la IIIème République sur la position, jugée hégémonique, du Parlement au sein des pouvoirs publics.

Raymond Carré de Malberg se montrait particulièrement sévère à l'égard de ce qu'il qualifiait d'« école nouvelle, qui s'est donnée pour tâche d'exalter le rôle de la jurisprudence, en arguant de l'insuffisance des textes de loi, ou en ébranlant le crédit du pouvoir législatif lui-même » dont les chefs de file sont des « modernistes » ayant un « penchant très vif pour la méthode qui consiste à faire créer l'ordre juridique par les arrêts de justice. Ils visent à fonder le droit sans texte, comme d'autres sont parvenus à fonder la télégraphie sans fil. A les entendre, il serait possible, pour les tribunaux, de capter dans l'air (...) tout un ensemble de préceptes régulateurs et même de préceptes constitutionnels, qui formeraient un super-droit, planant bien au-dessus des formules textuelles »[3]. S'il faisait montre d'une telle hostilité à l'égard de ce qu'il identifiait comme étant une « campagne entreprise [...] pour limiter la puissance parlementaire par l'introduction d'un contrôle des tribunaux sur la constitutionnalité des lois » c'est parce que, selon lui, elle aboutirait à transférer aux juges une « puissance illimitée » dès lors qu'ils seraient maîtres des principes opposables à la loi. Dans ce cadre en effet, « il n'est guère de loi introduisant des innovations ou des réformes importantes qui, dans ces conditions, ne se prêterait à quelque contestation portant sur sa légitimité ; et

[1] *Ibid.*, p. 122.
[2] *Ibid.*, p. 123.
[3] R. Carré de Malberg, « La constitutionnalité des lois et la constitution de 1875 », *article précité*, p. 340.

le juge, pour peu qu'il soit hostile à une nouveauté législative, parviendrait trop souvent à faire valoir quelque raison d'ordre soi-disant supérieur qui lui fournirait le moyen de se soustraire à son application »[1]. On retrouvera une phrase formulée à peu près de la même façon dans les débats au comité consultatif constitutionnel relatifs à la valeur juridique du préambule de la Constitution de 1958.

Dans cette logique, il devient évident qu'« admettre les tribunaux à refuser l'application de la loi comme inconstitutionnelle, ce serait, en définitive, les habiliter à faire prévaloir, touchant la portée foncière d'une loi douteuse, leur propre façon de voir sur celle de l'organe législatif »[2] ; cela aboutirait, *in fine*, à ce que les tribunaux soient appelés « à faire par leurs jugements la Constitution qui nous manque présentement »[3]. Dans cette lignée, Raymond Carré de Malberg envisageait bien la possibilité de voir s'instaurer un contrôle de constitutionnalité[4], mais à condition de réviser la Constitution, notamment afin de lui donner « une consistance nouvelle et que, de simple statut d'organisation des pouvoirs qu'elle a été depuis 1875, elle fut transformée en un corps de règles statutaires qui comprendrait, sur toutes les matières que l'organe constituant entend se réserver à lui-même, tous les principes qui lieront le législateur et qui borneront sa compétence ». C'est dans ce cadre uniquement qu'un contrôle juridictionnel serait envisageable, et « les citoyens trouveraient, grâce aux principes positifs et *précis* formulés par la Constitution quant à leur droit individuel et grâce au contrôle dont ces principes rendraient les lois susceptibles, cette protection effective contre la puissance du législateur qui leur fait actuellement défaut (nous soulignons) »[5]. Ainsi, Raymond Carré de Malberg n'était pas hostile à ce qu'un droit constitutionnel substantiel soit mis en place, simplement il refusait que cela soit aux juges de le déterminer et à la jurisprudence de le former et il insistait sur la précision nécessaire des dispositions substantielles incluses dans les lois constitutionnelles.

---

[1] R. Carré de Malberg, *La loi, expression de la volonté générale*, *op. cit.*, p. 123.

[2] R. Carré de Malberg, « La constitutionnalité des lois et la constitution de 1875 », *article précité*, p. 344.

[3] R. Carré de Malberg, *La loi, expression de la volonté générale*, *op. cit.*, p. 123.

[4] Sur l'ambiguïté de sa position sur le sujet, voir E. Maulin, « Le principe du contrôle de la constitutionnalité des lois dans la pensée de Raymond Carré de Malberg », *RFDC*, 1995, p. 79.

[5] R. Carré de Malberg, *La loi, expression de la volonté générale*, *op. cit.*, p. 124-125. En conclusion de son étude, R. Carré de Malberg énonce par ailleurs que si un tel contrôle devait être institué, il serait préférable de le confier à une instance unique, eu égard à « La gravité d'une question contentieuse de cette sorte », *Ibid.*, p. 221-222.

B. Les critiques de Edouard Lambert, Gaston Jèze et Ferdinand Larnaude

En 1921, Edouard Lambert fit paraître un ouvrage dont le titre devait connaitre une longue postérité : *Le gouvernement des juges et la lutte contre la législation sociale aux États-Unis*[1]. De fait, c'est lui qui fît entrer l'expression « gouvernement des juges » dans la littérature juridique française, laquelle devait connaître un immense succès jusqu'à nos jours chez tous les critiques du contrôle de la loi, qu'ils soient acteurs politiques ou juristes. On aura l'occasion de voir que, dans le débat français, la notion, utilisée par les critiques des théories de la supralégalité constitutionnelle, réapparaitra également sous la Vème République en lien avec la notion de bloc de constitutionnalité.

Comme l'a relevé Franck Moderne, « dès la période de l'entre-deux guerres, la majesté de la loi avait tendance à s'effriter et (le) terrain devenait plus favorable à un contrôle de sa constitutionnalité. Une telle évolution avait vraisemblablement incité Edouard Lambert à publier ce portrait-charge de contrôle judiciaire tel qu'il était pratiqué aux Etats-Unis »[2]. L'ouvrage d'Edouard Lambert, outre la description du système américain, sonnait ainsi comme une mise en garde s'agissant de son exportation en droit français. Il eut un impact certain sur les débats portant sur la possibilité de voir s'instaurer un contrôle de constitutionnalité de la loi, par la voie de l'exception, sous la IIIème République (1). Dans ce cadre, bien qu'il n'ait pas toujours été opposé à ce qu'existe un contrôle de constitutionnalité de la loi, Gaston Jèze (2) a pourtant rudement critiqué les théories de la supralégalité constitutionnelle, tout comme, dans un style plus polémique, Ferdinand Larnaude (3).

---

[1] E. Lambert, *Le gouvernement des juges et la lutte contre la législation sociale aux Etats-Unis*, Paris, Dalloz, 2005, où il qualifiait ainsi la Cour suprême des Etats-Unis. L'expression est depuis classiquement utilisée lorsqu'il s'agit de contester le pouvoir judicaire. Sur le concept de gouvernement des juges, voir notamment F. Rouvillois, *Le gouvernement des juges. Histoire d'un mythe politique*, Bruges, Desclée de Brouwer, 2023 ; C. Boutin, B. Daugeron, F. Rouvillois (dir.), *Contre le gouvernement des juges ?*, Paris, Les éditions du Cerf, 2022 ; M. Troper, « Le bon usage des spectres. Du gouvernement des juges au gouvernement par les juges », *La théorie du droit, le droit, l'Etat, op. cit.*, p. 231 ; D. de Béchillon, « Le gouvernement des juges : une question à dissoudre », *Dalloz*, 2002, p. 973 ; P. Esplugas-Labatut, « Derrière le respect de la dignité de la personne humaine, le retour du gouvernement des juges ? », *AJDA*, 2022, p. 305 ; J. Montes, « Le retour du "gouvernement des juges". Analyse comparée de la juridicisation de la vie politique dans la France et l'Espagne contemporaines », *RSC*, 2002, p. 293 ; J. Andriantsimbazovina, « Le "gouvernement des juges" ? Quel "gouvernement des juges" ?, in *Mélanges en l'honneur du professeur Bertrand Mathieu. Pouvoir et contre-pouvoir*, Paris, LGDJ, 2023, p. 547.

[2] Préface à la réédition de *Le gouvernement des juges et la lutte contre la législation sociale aux Etats-Unis*, *op. cit.*, p. XVII.

1. Edouard Lambert et la défiance envers les juges

Si l'ouvrage d'Edouard Lambert avait pris pour objet l'attitude supposée conservatrice de la Cour suprême des Etats-Unis[1] à partir de la fin du XIXème siècle, il n'avait pas paru par hasard sous la IIIème République : Edouard Lambert entendit en effet explicitement prendre part au débat sur l'existence d'une supralégalité constitutionnelle pour mettre en garde ses partisans, à travers l'exemple américain. Il relevait ainsi que « pour que la constitution de 1875, disent les avocats du contrôle judiciaire des lois, soit autre chose qu'un ensemble d'exhortations à la sagesse adressée aux branches coordonnées du gouvernement et prenne la valeur d'un corps de règles impératives, il faut que toutes les violations de la Constitution, auxquelles peuvent être tentées de se livrer les majorités qui se succèdent au pouvoir, puissent être réprimées par une autorité planant au-dessus des préjugés et des passions qui agitent et aveuglent la foule. C'est surtout indispensable pour munir de la force obligatoire un texte supérieur encore à nos lois constitutionnelles de 1875, la Déclaration des droits de l'homme et du citoyen, cette Grande Charte de la France contemporaine qui, depuis 1791, a toujours constitué la substructure de toutes nos Constitutions et n'a plus besoin d'y être réexprimée pour rester en vigueur »[2]. Or, selon lui, l'exemple américain paraissait de nature à faire réfléchir sur une évolution du contrôle de la loi en France. Ainsi, il fit remarquer que « c'est à juste titre, semble-t-il, que C.-G. Haines considère que l'absence dans la Constitution fédérale d'Australie *de ces formules générales, présentant la même élasticité que celles de notre Déclaration des droits de l'homme et du citoyen*, est l'une des principales raisons qui ont empêchés que le contrôle constitutionnel des cours ne dégénère en Australie, comme il l'a fait aux Etats-Unis, d'un contrôle de la compétence législative en un contrôle exercé sur la justice et l'opportunité des lois (nous soulignons) »[3]. Car la thèse d'Edouard Lambert est bien que le contrôle de constitutionnalité de la loi aux Etats-Unis a dévié dès lors que les juges sont passés d'un contrôle de la régularité procédurale de la loi (procedural due process of Law) à un contrôle de son fond (substantive due process of Law).

Selon lui, l'une des raisons de cette déviation est à trouver dans la mentalité des juges : ainsi « les cours de justice reflètent la mentalité moyenne de la profession légale qui, en tous temps et en tous lieux, a toujours été la mentalité sociale la moins perméable aux ferments révolutionnaires ou même réformistes »[4] et il en allait de même pour les juges français, non élus, que

---

[1] Mais aussi les cours suprêmes des Etats fédérés américains.

[2] E. Lambert, *Le gouvernement des juges et la lutte contre la législation sociale aux Etats-Unis*, *op. cit.*, p. 5.

[3] *Ibid.*, p. 38-39.

[4] *Ibid.*, p. 222.

pour les juges américains, qui le sont parfois selon les Etats[1]. Or, comme « on ne voit guère comment le législateur pourrait violer la constitution, qui n'a pas directement prévu de limites à sa compétence, autrement que par l'intermédiaire des principes de la Déclaration de 1789-1791 considérés comme courant sous toutes nos constitutions et sous-entendus par elles »[2], le risque se trouve précisément dans l'interprétation de cette Déclaration[3] : en effet, « le jour où la judicature française aurait conquis à son tour le contrôle de constitutionnalité des lois, elle retrouverait (…) dans notre Déclaration des droits toutes les pièces constitutives de l'instrument à quatre cordes que j'ai décrit sous le nom de due process of law et qui a servi aux judicatures américaines à plier les législatures sous leur suprématie »[4]. Ainsi, la menace identifiée par Edouard Lambert est bien la trop grande généralité des dispositions de la Déclaration des droits de l'homme et du citoyen, laquelle n'est pas critiquable en soi : c'est bien ce que les juges en feraient s'ils

---

[1] *Ibid.*, p. 224.
[2] *Ibid.*, p. 226
[3] Il précisait ainsi que « la garde de la Déclaration de 1789-1791 fournira à notre magistrature les mêmes ressources que les *due process clauses* des constitutions américaines ont fournies aux judicatures des Etats-Unis pour l'établissement d'un contrôle sur la rationalité et l'opportunité des lois. Pour en faire sortir, contre la législation ouvrière ou sociale de l'avenir, un faisceau de condamnations constitutionnelles pour cause de violation des garanties promises à la liberté individuelle tout aussi imposant que celui que contient le *case law* constitutionnel américain, elle n'aura même pas besoin de faire subir au mot liberté le travail d'interprétation fécondante auquel ont dû se livrer les juges des Etats-Unis. Car ce travail a été accompli d'avance par l'article 4 de notre Déclaration des droits qui proclame que " la liberté consiste à pouvoir faire tout ce qui ne nuit pas à autrui" et en tire cette conclusion que "l'exercice des droits naturels de chaque homme n'a d'autres bornes que celles qui assurent aux autres membres de la société la jouissance des mêmes droits". Pour proscrire des règlementations législatives du travail au nom de la protection conférée à la propriété individuelle par les articles 2 et 17 de cette même Déclaration, il lui suffira de s'approprier la signification donnée par les juges américains au terme *property* dans la section 5 du *Bill of Rights* et dans les autres *due process clauses*. Pour combattre, en tant que législation de classe, des mesures législatives de protection ouvrière, elle trouvera dans l'article 6 de la Déclaration de 1789-1791 l'exact équivalent de l'argument que les judicatures des Etats-Unis ont tiré de la disposition finale de la section 1 du 14e amendement à la constitution fédérale sur l'égale protection des lois. Et notre Déclaration des droits, qui affirme que "le but de toute association politique est la conservation des droits naturels et imprescriptibles de l'homme", permettra à nos juges de glisser, plus aisément encore que ne l'ont fait leurs collègues américains, sous le couvert de la constitution, la défense de la conception individualiste du droit, qui domine nos codes comme elle domine le *common law* anglo-américain, et la proclamation d'un droit naturel supérieur aux prescriptions des législatures et à l'abri de leurs atteintes », *Ibid.*, p. 226-227.
[4] *Ibid.*, p. 227

pouvaient contrôler la conformité de la loi à ce droit constitutionnel substantiel qui l'est.

2. La distinction contrôle de constitutionnalité intrinsèque et extrinsèque chez Gaston Jèze

Dans un article paru à la *Revue générale d'administration* en 1896 et portant sur le contrôle des délibérations des assemblées délibérantes[1], Gaston Jèze affirmait que « tout le monde admet que le juge a le devoir de "vérifier l'existence" des lois ; or, en écartant une loi inconstitutionnelle il ne l'apprécie pas, il ne la déclare pas mauvaise, il déclare qu'elle n'a pas d'existence juridique ». En revanche, sur la question de fond opposée au juge « lorsque la contradiction avec la constitution n'est pas flagrante, lorsqu'elle résulte d'une interprétation probable ou même simplement possible d'un texte controversé »[2], il estimait que la question était plus douteuse mais se déclarait plutôt favorable au contrôle[3]. C'est cette position qu'il allait revoir vingt-huit ans plus tard.
En effet, pour Gaston Jèze, dans un article paru à la *Revue du droit public* en 1924, « par sa nature juridique, la loi ne répugne pas au contrôle juridictionnel » mais une autre question est de savoir « s'il est bon, politiquement, socialement, qu'un contrôle juridictionnel existe » [4]. Or selon lui, la résistance des Parlements à Louis XVI sous l'ancien Régime[5] est la raison politique qui a fait écarter en France la possibilité d'un contrôle juridictionnel de la loi. De plus, « les tribunaux d'*aucun* ordre ne peuvent contrôler une loi du point de vue de sa régularité *intrinsèque* », c'est-à-dire de son fond, ils ne peuvent « rechercher si cette loi ne contient pas une règle en opposition avec les lois constitutionnelles ou avec le *Droit* »[6]. Cela ressortirait de la loi des 16 et 24 août 1790 interdisant aux tribunaux de prendre part au pouvoir législatif. Selon lui, « les tribunaux français estiment que la loi de 1790 est toujours en vigueur et doit être interprétée comme excluant, pour les juridictions de tout ordre, le pouvoir d'apprécier la constitutionnalité *intrinsèque* des lois »[7]. Toutefois, pour l'auteur, il faut distinguer ce cas de celui où un juge ne fait qu'interpréter la loi : « c'est pure imagination que d'affirmer que toutes les fois qu'un tribunal interprète un texte de loi et essaie

---

[1] G. Jèze, « Notions sur le contrôle des délibérations des assemblées délibérantes », *Revue générale d'administration*, 1896, p. 3.
[2] *Ibid.*, p. 13.
[3] *Ibid.*, p. 14.
[4] G. Jèze, « Le contrôle juridictionnel des lois », *RDP*, 1924, p. 403.
[5] Au passage il oublie la résistance, bien plus longue, organisée et tenace des Parlements aux politiques voulues par Louis XV et ses ministres.
[6] *Ibid.*, p. 400.
[7] *Ibid.*, p. 408.

de la concilier et de la combiner avec un principe de droit constitutionnel, il contrôle la constitutionnalité intrinsèque de la loi » car « ce n'est pas refusé d'appliquer une loi que de l'interpréter »[1].

La question du contrôle de constitutionnalité des lois ne présentait cependant pas « un très grand intérêt pratique » dès lors que « la matière *constitutionnelle* est réduite au minimum » : les lois constitutionnelles de 1875 « ne contiennent aucune déclaration des droits, aucune garantie des droits ». Il donnait cependant, pour exemple d'une contrariété à ces lois constitutionnelles, la loi du 22 mars 1924[2] conférant au gouvernement un large pouvoir de prendre des décrets loi, regrettant que le président de la République l'ait promulguée. Il en concluait qu'il « peut donc y avoir, en droit public français actuel, des lois *intrinsèquement* inconstitutionnelles »[3]. Qualifiant d'« arbitraire(s) » les théories de la supralégalité constitutionnelle, il les jugeait également, à bon droit, « imprécis(es) »[4]. De plus il considérait que Léon Duguit confondait « le problème de la *technique juridique* et le problème d'*opportunité politique* »[5]. Selon lui « le système du contrôle par les juges, de la constitutionnalité intrinsèque de la loi serait, en France, très dangereux si l'on adoptait la théorie développée par certains auteurs modernes sur le caractère *constitutionnel* d'un grand nombre de *principes* généraux, plus ou moins vagues. Il n'y a pas de loi sociale, fiscale, scolaire, religieuse, qui ne pourrait être écartée par des juges subtils pour le motif qu'elle supprime un principe fondamental du Droit français. L'aptitude et l'habileté des légistes à justifier toutes les solutions sont un phénomène historique et universel bien connu. L'opération se ferait en deux temps : les légistes commenceraient par affirmer l'existence d'un principe soi-disant fondamental, auquel ils attacheraient du même coup le caractère constitutionnel ; ils inviteraient ensuite les tribunaux à écarter la loi qui leur déplairait, sous prétexte qu'elle porte à ce principe une atteinte très grave ou même le fait disparaître »[6]. Il concluait cette diatribe en prenant l'exemple des Etats-Unis et en renvoyant en note de bas de page à l'ouvrage précité d'Edouard Lambert. Pour lui pas de doute, avec les théories de la supralégalité constitutionnelle, « ce serait le gouvernement des juges, ou plutôt le gouvernement d'une Cour suprême, d'un corps inamovible et irresponsable, suspect, par ses origines et le milieu social

---

[1] *Ibid.*, p. 409. On notera qu'E. Lambert n'était pas vraiment de cet avis lorsqu'il étudiait ce qu'il appelait « la construction du statut » qu'il voyait comme « un substitut du contrôle de constitutionnalité », *Le gouvernement des juges et la lutte contre la législation sociale aux Etats-Unis*, *op. cit.*, p. 130 et suivantes.

[2] On fera remarquer que c'est le même type de loi – permettant de prendre des décrets-lois – qui sera contesté dans l'arrêt précité *Arrighi* rendu douze ans plus tard.

[3] *Ibid.*, p. 414.

[4] *Ibid.*, p. 419.

[5] *Ibid.*, p. 421.

[6] *Ibid.*, p. 421.

où il est recruté, de se poser en défenseur des privilèges des classes possédantes »[1]. Il y a donc chez Gaston Jèze, comme chez Edouard Lambert, la peur du conservatisme supposé des juges face à des réformes sociales[2].

En revanche, Gaston Jèze était favorable à l'existence d'un contrôle de la constitutionnalité extrinsèque des lois[3] : selon lui les tribunaux avaient « le pourvoir de constater la violation de la constitution *écrite* sur les conditions requises pour la confection de la loi ; ils ont compétence pour vérifier l'*existence* même de la loi »[4]. Bien plus « les tribunaux ont le devoir de vérifier la constitutionnalité extrinsèque des lois avant de les appliquer ». La seule limite étant « que ce contrôle soit limité à l'observation des formes requises par les lois constitutionnelles proprement dites »[5]. Cette distinction entre contrôle de l'existence de la loi, de sa constitutionnalité extrinsèque, et contrôle de la constitutionnalité intrinsèque de la loi fut reprise *in extenso* par Pierre Laroque[6].

3. La charge polémique de Ferdinand Larnaude

En 1902, Ferdinand Larnaude avait présenté une communication à la société de législation comparée sur les *garanties judiciaires qui existent, dans certains pays au profit des particuliers contre les actes du pouvoir législatif*[7]. Restreignant son étude aux Etats Unis, il avait longuement décrit et présenté les avantages du système de contrôle de constitutionnalité des lois qui avait prospéré dans ce pays. En conclusion de son étude, il affirmait néanmoins l'impossibilité d'un tel contrôle en France. Selon lui, « la séparation des pouvoirs, en particulier du judiciaire d'un côté et du législatif et de l'exécutif de l'autre, ce n'est pas tant à Montesquieu que la France l'a emprunté qu'à sa propre histoire. Cette séparation des pouvoirs si particulière, c'est un produit du sol français, c'est un produit national, c'est une règle essentielle de notre droit public dans le dernier état de l'ancien Régime, formulée en termes plus

---

[1] *Ibid.*, p. 422.
[2] Comme l'a justement relevé F. Rouvillois, « si Edouard Lambert et les progressistes partent en guerre contre le pouvoir des juges, c'est d'abord en se fondant sur une sociologie marxisante qui souligne leur appartenance à la classe dominante et les envisage non sur un plan individuel, mais sur un plan collectif, en tant que groupe social » in *Le gouvernement des juges. Histoire d'un mythe politique*, *op. cit.*, p. 29.
[3] Curieusement, il affirmait également que les dispositions de la Déclaration de 1789 liaient l'administration : G. Jèze, « Valeur juridique des déclarations de droits et des garanties des droits », *RDP*, 1913, p. 685.
[4] *Ibid.*, p. 423.
[5] *Ibid.*, p. 425.
[6] P. Laroque, « Les juges français et le contrôle de la loi », *RDP*, 1926, p. 736.
[7] F. Larnaude « Les garanties judiciaires qui existent, dans certains pays au profit des particuliers contre les actes du pouvoir législatif », *Bulletin de la Société de législation comparée*, n° 3, mars 1902, p. 175.

nets, plus tranchants, mais non inventée par les législateurs de la Révolution ». De sorte qu'« avec cette règle de la séparation des pouvoirs, entrée comme un coin dans notre droit public et toute entière dirigée contre le pouvoir judiciaire, il a été facile de repousser les tentatives faites à diverses reprises pour faire produire à la règle antagoniste et inverse de la constitution écrite une de ses conséquences les plus essentielles »[1].

Au-delà, il ajoutait, lui aussi, que « la question a bien peu d'intérêt en France (dès lors que) la Constitution de 1875 n'a pas cru devoir reproduire les déclarations de droits qui décorent, comme un frontispice plus ou moins ornemental et décoratif, la plupart des constitutions précédentes. Il arrivera donc bien rarement qu'un particulier puisse opposer l'exception d'inconstitutionnalité devant un tribunal. Car comment pourrait-il arriver qu'il pût invoquer un droit atteint par une loi qui aurait violé la constitution alors que cette constitution ne s'occupe que de l'organisation et des rapports des pouvoirs publics ? »[2]. Ce faisant, il ne s'intéressait pas seulement au fondement de l'absence de contrôle de constitutionnalité des lois, il ajoutait également un argument, que l'on a déjà rencontré, tiré des défauts propres des lois constitutionnelles de 1875.

Très attaché à son point de vue, il y revint vingt-quatre ans plus tard, en plein cœur d'une controverse qu'il estimait d'importance en ce qu'elle était « d'ailleurs aussi politique que juridique, puisque, si la règle n'existe pas, certains auteurs proposent de l'introduire dans notre droit public »[3]. Il a beaucoup insisté sur l'argument historique pour dénier aux tribunaux le droit de vérifier la constitutionnalité des lois. Selon lui, en France « l'histoire interdisait de faire du juge le contrôleur du législatif. L'histoire des Parlements la lutte de la royauté contre les Parlements à la fin de l'ancien Régime, les réformes de Turgot et de Necker entravées par les parlementaires, tout cela était présent à la mémoire des membres de nos assemblées révolutionnaires comme à celle des membres des corps politiques du Consulat et du Premier Empire. A aucun prix il ne fallait que les tribunaux pussent s'ériger, sous une forme quelconque, en censeurs des législateurs. Il le fallait d'autant moins que des réformes profondes se préparaient, se réalisaient tous les jours. Comment auraient-elles pu s'accomplir d'accord avec ce pouvoir éminemment conservateur – et il faut qu'il le soit pour bien remplir sa fonction – qu'est le

---

[1] *Ibid.*, p. 217.

[2] *Ibid.*, p. 219. Citant E. Boutmy, il ajoutait qu'« entre l'organisation constitutionnelle et administrative des Etats-Unis et la nôtre il y a non seulement une différence de degré, mais une différence de genre qui rend les emprunts de l'une à l'autre aussi déplacés et l'imitation aussi stérile que les croisements qu'un éleveur ignorant tenterait entre deux espèces animales éloignées », *Ibid*, p. 224.

[3] F. Larnaude, « L'inconstitutionnalité des lois et le droit public français », *Revue politique et parlementaire*, 1926, p. 184.

pouvoir judiciaire ? »[1]. On sent ici aussi qu'à l'analyse historique s'ajoute l'influence de l'ouvrage précité d'Edouard Lambert et la méfiance envers le conservatisme supposé des juges. Interprétant ce qu'il qualifiait de « séparation des pouvoirs à la française », il affirmait qu'elle était « toute entière dirigée contre le juge », utilisant, pour qualifier ce dernier, un vers de La Fontaine particulièrement évocateur : « Ce pelé, ce galeux d'où nous vient tout le mal »[2]. Ainsi, « ce qui a été pourchassé, en quelque sorte, exclu, anathématisé par les hommes de la Révolution comme par les grands législateurs du Consulat et de l'Empire, les plus grands que la France ait connus, c'est l'immixtion, sous quelques déguisements qu'elle se dissimule, qu'elle se camoufle, comme on dirait dans le langage des tranchées, du judiciaire dans le législatif ». Dès lors, « s'il y a une lacune dans notre législation constitutionnelle, ce n'est pas à la doctrine, encore moins à la jurisprudence de la faire disparaître »[3]. Toutefois, et en cela il rejoignait Gaston Jèze, il affirmait que « personne ne songe en France, à dénier aux tribunaux le droit de vérifier sur les *formes* prescrites pour le *vote*, la *promulgation* et la *publication* de la loi ont été observées (...) Il ne s'agit en effet, dans ce cas, que de vérifier certaines conditions extérieures et matérielles (...) Dans ces divers cas en effet, il n'y a même pas une loi, les formes imposées à l'action de l'organe législatif et en l'absence desquelles il n'est plus un pouvoir, ne se trouvant pas réunies. Cette vérification de forme purement matérielle, est tout autre chose, il n'est pas besoin d'y insister, qu'une vérification de fond qui soulève les questions de droit les plus ardues »[4].

C. Les enseignements des critiques adressées aux théories de la supralégalité constitutionnelle

Comme devait le relever en synthèse François Gény aux débuts de la IVème République « la doctrine la plus répandue répondait par une distinction ; si la loi critiquée contrevenait aux lois constitutionnelles, dans sa forme, par défaut des conditions prescrites pour la formuler, la promulguer et la publier, il n'est pas douteux que, nulle en la forme, elle dût être écartée pour raison d'inconstitutionnalité. Mais il en devait être tout autrement si l'on prétendait critiquer une loi régulièrement proposée, votée, promulguée et publiée, en soutenant qu'elle méconnaissait des règles de fond de nature soi-disant constitutionnelle. Et la raison péremptoire sur laquelle se basait cette solution était qu'en réalité la Constitution de 1875 ne contenait aucune règle de fond

1 *Ibid.*, p. 186.
2 *Ibid.*, p. 187.
3 *Ibid.*, p. 191.
4 *Ibid.*, p. 197.

qu'on pût opposer à une loi régulièrement adoptée »[1]. Dans le même sens, Joseph Barthélémy relevait que la « constitution ne contient l'énoncé d'aucun principe » et que les théories de la supralégalité constitutionnelle conduisaient dans le « pur arbitraire »[2]. Au-delà de ce constat, on peut tirer quatre enseignements des critiques adressées aux théories de la supralégalité constitutionnelle.

En premier lieu, il est évident que la question du contrôle de la loi est au cœur du débat et que c'est une question politique liée à la volonté de rabaisser le rôle du Parlement sous la IIIème République, aspect évoqué par Maurice Hauriou, mais beaucoup moins par Léon Duguit. Pourtant, dans les deux cas, leurs constructions juridiques sont directement liées à leurs conceptions politiques et institutionnels. Ils n'étaient pas les seuls à dénoncer le rôle omnipotent du Parlement dans la pratique de la IIIème République : « tous les auteurs du début du siècle, y compris ceux qui, comme Esmein, se sont fait les chantres du régime, ont dénoncé les abus des assemblées et la multiplication des groupes de pression qui conduisent les parlementaires à faire prévaloir des intérêts particuliers sur l'intérêt général »[3]. Mais tous n'ont pas considéré que le remède se trouvait dans un contrôle de constitutionnalité de la loi. Globalement, la doctrine tendait « à remettre en cause ce que Carré de Malberg désignait sous le nom d'Etat légal »[4].

En deuxième lieu, l'hostilité des auteurs cités aux théories de la supralégalité constitutionnelle était d'abord assise sur des arguments formels rejetant sans difficulté la possibilité d'identifier une normativité aux déclarations de droit sous l'empire des lois constitutionnelles de 1875 ainsi que celle de trouver des référents textuels aux prétendus principes invoqués par les partisans de l'existence d'une supralégalité constitutionnelle. Dans ce cadre, la notion de constitution retenue est bien l'enjeu fondamental en matière de contrôle de constitutionnalité car elle influe directement sur l'appréhension de la fonction et des pouvoirs du juge. Ainsi, les théories de la supralégalité constitutionnelle ne peuvent être appréhendées indépendamment de leur finalité, qui ne consistait nullement en la description d'un système juridique mais en la réforme d'un système politique, en permettant l'instauration d'un contrôle de la loi. Cette finalité a contraint leurs auteurs à affirmer l'existence d'une supralégalité constitutionnelle, illustrant, on l'a dit, cette constante de la pensée juridique justifiant le contrôle d'une norme par référence à une autre qui lui serait supérieure. Dans le cadre des discours produits sur le contrôle de

---

[1] F. Geny, « De l'inconstitutionnalité des lois ou des autres actes de l'autorité publique et des sanctions qu'elle comporte dans le droit nouveau de la IVe République », *JCP*, 1947, I, n° 613.

[2] J. Barthélémy, *Précis de droit constitutionnel*, *op. cit.*, p. 115.

[3] M.-J. Redor, « "C'est la faute à Rousseau…". Les juristes contre les parlementaires sous la IIIème République », *Politix*, n° 32, 1995, p. 89.

[4] *Ibid.*, p. 90.

constitutionnalité, c'est la notion de constitution qui est utilisée comme réceptacle de ces normes réputées supérieures, ce qui explique que même un auteur comme Léon Duguit, qui prend quelques libertés avec elle, s'y réfère. C'est précisément afin de prendre en défaut le pur formalisme qu'ils fondaient l'existence des principes en cause davantage sur leur valeur intrinsèque et sur une certaine conception des finalités du droit.

En troisième lieu, et de façon particulièrement intéressante, l'hostilité des auteurs cités aux théories de la supralégalité constitutionnelle était également liée à un certain refus de voir les juridictions disposer d'une large marge d'appréciation dans l'interprétation de la constitution et le contrôle de la loi. Louis Le Fur relevait ainsi que « le seul point important, c'est de voir si à ces textes constitutionnels restreints et précis, il faut ou non ajouter certains principes généraux du droit, par exemple la Déclaration des droits de 1789, avec ses articles d'extension illimitée consacrés à la liberté, à l'égalité et à leurs principales manifestations. Et alors, du jour où les tribunaux français seraient entrés dans cette voie, il ne leur faudrait pas vingt ans peut-être pour en arriver où en sont aujourd'hui les Etats-Unis »[1]. Ce faisant, ils témoignaient d'une véritable méfiance envers l'interprétation qu'une juridiction serait en mesure de donner d'une constitution entendue dans un sens si large. Il s'agit là d'un argument récurrent dans les discours juridique, que l'on retrouvera, considérant que la trop grande généralité des énoncés conduit à donner une trop grande part à la subjectivité du juge. On a vu qu'une position similaire se retrouvait chez Hans Kelsen, et qu'il recommandait, sous forme d'une norme technique, d'éviter les dispositions trop vagues pour restreindre la marge d'interprétation de la juridiction constitutionnelle. On retrouvera ce type de méfiance plusieurs fois sous la Vème République s'agissant du bloc de constitutionnalité. En définitive, non seulement la lutte théorique sur la notion de constitution n'est pas neutre sur le plan juridique, mais sa raison d'être est fondamentalement politique. Elle n'oppose pas tant les tenants d'un Parlement puissant à ceux d'un parlementarisme tempéré que les auteurs selon qu'ils sont plus ou moins confiants envers le pouvoir judiciaire.

En quatrième lieu, l'hostilité des auteurs cités aux théories de la supralégalité constitutionnelle n'est pas en soi une hostilité à tout contrôle de constitutionnalité. S'ils sont rétifs à tout contrôle du fond de la loi au regard de principes généraux ou de formules vagues, ils considèrent que le contrôle de la régularité externe de la loi ne pose pas de problème d'interprétation (c'est un point tout à fait clair et conceptualisé par Gaston Jèze) : soit la loi est votée conformément aux prescriptions constitutionnelles, dans ce cas elle est valide, soit elle ne l'est pas. Pourtant, comme on le verra, le développement de la jurisprudence constitutionnelle sous la Vème République allait assez nettement brouiller cette frontière, le Conseil constitutionnel enrichissant le bloc de constitutionnalité en mettant en place

---

[1] L. Le Fur, « Compte-rendu de l'ouvrage d'Edouard Lambert », *RDP*, 1922, p. 314.

des normes très générales portant sur la régularité de la procédure d'adoption de la loi.

Postérieurement à la troisième république, sous le régime de Vichy (c'est-à-dire l'Etat français), le Conseil d'Etat réaffirma son refus de contrôler la constitutionnalité des lois[1]. La particularité de ce cas était que le requérant contestait non seulement l'article 10 de la loi du 9 février 1943 par la voie de l'exception, mais également, directement par voie d'action, les actes constitutionnels n° 2, 12 et 12 bis confiant différents pouvoirs au maréchal Philippe Pétain, dont le pouvoir législatif. Le Conseil d'Etat a, à la fois, jugé que « les actes accomplis par les autorités investies du pouvoir constituant ou du pouvoir législatif ne peuvent faire l'objet d'un recours pour excès de pouvoir devant le Conseil d'Etat » et réitéré sa jurisprudence *Arrighi*. Le contexte particulier dans lequel les actes contestés avaient été édictés n'a donc pas joué en leur défaveur : nonobstant la violation manifeste de la séparation des pouvoirs au profit de Philippe Pétain, le Conseil d'Etat a refusé d'examiner le recours. Dans ses conclusions, le commissaire du Gouvernement Detton relevait que « au temps où la loi émanait d'une autorité dont le seul rôle était de légiférer (le Parlement), il vous suffisait de constater l'existence formelle de la loi et vous vous refusiez à tout autre investigation ». Dans sa note sur l'arrêt, Robert-Édouard Charlier notait que puisque la loi contestée n'était pas démocratique « l'exclusion de ce contrôle ne peut donc plus se fonder que sur la crainte du "gouvernement des juges", ou, plus exactement de la "législation par les juges". Ainsi selon lui, « la vraie raison d'être de l'exclusion du contrôle de fond, c'est (...) qu'il peut être abusivement détourné de sa mission et permettre à ceux qui l'exercent de se substituer ou de se joindre au législateur pour élaborer des règles d'après ce qui leur semblera juste et opportun » alors que « plus mécanique, le contrôle de forme ne comporte pas en soi un tel danger d'usurpation »[2]. On retrouve donc de nouveau l'opposition entre la forme et la substance constitutionnelle.

Section 2.
Le préambule de 1946, support de normes juridiques au statut implicite

Ecrivant en 1945, au sortir de la libération et avant la mise en œuvre de la procédure d'élaboration de la nouvelle Constitution, Georges Morange estimait que les déclarations de droits avaient force constitutionnelle (et non pas supra constitutionnelle), mais que « l'observation des principes contenus dans la Déclaration ne s'imposera au législateur, d'une manière effective, et non pas seulement d'un point de vue moral, que si le Droit positif du pays

[1] CE, 22 mars 1944, Vincent, S. 1945.3.53, conclusions Detton, note R.-E. Charlier.
[2] *Ibid.*, p. 54

considéré admet le contrôle de la constitutionnalité des lois par le juge »[1]. C'est dire si beaucoup était attendu par une partie de la doctrine de ce qui allait devenir la Constitution de la IVème République.

La Constitution du 27 octobre 1946 a renoué avec une ancienne tradition autant qu'elle est venue rompre avec la pratique juridique antérieure. D'une part, elle était précédée d'un préambule[2] qui renvoyait à la Déclaration des droits de l'homme et du citoyen de 1789, qui consacrait, selon une formule générique, l'existence de principes fondamentaux reconnus par les lois de la République et qui énumérait un certain nombre de principes politiques, économiques et sociaux qualifiés de particulièrement nécessaires à notre temps. Il s'agissait selon Georges Vedel et Jean Rivero de « prolonger la démocratie politique qui a sa charte dans la déclaration de 1789 par une démocratie économique sociale » et de « compléter les droits de l'homme et du citoyen par l'énoncé des droits du travailleur »[3]. D'autre part, elle mettait en place un embryon de contrôle de constitutionnalité des lois, dédié à un organe spécifique, le comité constitutionnel chargé, selon l'article 91, d'examiner « si les lois votées par l'Assemblée nationale supposent une révision de la Constitution »[4]. En pratique, ce comité aux « limites statutaires et procédurales »[5] n'eut qu'un rôle mineur, n'ayant été saisi qu'une seule fois,

---

[1] G. Morange, « La valeur juridique des principes contenus dans les Déclarations des Droits », *RDP,* 1945, p. 242.

[2] Il faut préciser que ce préambule avait été rédigé à la suite du rejet du premier projet de constitution d'avril 1946 lequel comprenait une déclaration des droits de l'homme plus ambitieuse mais très contestée lors de la campagne référendaire ; comme le note J. Chevallier, « la structure et le contenu du Préambule ne peuvent être expliqués sans référence à la Déclaration d'avril, avec laquelle il forme un ensemble indissociable », « Essai d'analyse structurale du Préambule », *article précité*, p.14.

[3] G. Vedel, J. Rivero, « Les principes économiques et sociaux de la constitution : le Préambule », *Collection Droit social*, vol. XXI, 1947, p. 21.

[4] Sur ce point voir J. Lemasurier, *Le contrôle de constitutionnalité des lois et la Constitution de 1946*, thèse de doctorat, Droit, Paris, 1953 ; J. Bougrab, « Le contrôle de constitutionnalité des lois dans l'élaboration de la Constitution du 27 octobre 1946 », *RFDC*, 1999, p. 285 ; F. Savonitto, « L'atonie du Comité constitutionnel dans l'exercice du contrôle de la constitutionnalité des lois sous la IVème République, *RFDC*, n° 119, 2019, p. e19 ; « La IVème République, des débats constituants à l'échec du comité constitutionnel », in C. Boutin, B. Daugeron, F. Rouvillois (dir.), *Contre le gouvernement des juges ?*, *op. cit.*, p. 129 ; Pascal Jan, « Le comité constitutionnel, embryon du Conseil constitutionnel ? », in *La Constitution du 27 octobre 1946. Nouveaux regards sur les mythes d'une Constitution "mal-aimée"*, Paris, Mare et marin, 2017, p. 89 ; B. Fargeaud, « Les ambiguïtés de l'hostilité au contrôle de constitutionnalité sous la IVème République », Jus Politicum, 2024 [https://www.juspoliticum.com/articles/les-ambiguites-de-l'hostilite-au-controle-de-constitutionnalite-sous-la-ive-republique-1920].

[1] B. Fargeaud, « Les ambiguïtés de l'hostilité au contrôle de constitutionnalité sous la Ive République », *article précité.*

le 16 juin 1948, sur une question de procédure finalement réglée par les deux chambres[1]. Son rôle était d'autant bridé par le texte de la Constitution que son article 92 limitait la compétence du Comité constitutionnel aux « dispositions des Titres Ier à X » de la Constitution. C'était lui interdire l'accès à la substance constitutionnelle.

Analysant le préambule en 1947, le civiliste François Gény, qui estimait qu'il contenait à la fois « des principes d'inspiration philosophique et des principes juridiques, susceptibles de contenir de véritables règles de droit d'ordre constitutionnel par leur origine » pensait qu'il revenait aux juridictions judiciaires de sanctionner les lois ordinaires « qui les contrarieraient en quelque mesure »[2]. En droit positif, il n'en allât pas ainsi, aucun juge ne s'engageant dans cette voie, le Conseil d'Etat réaffirmant expressément sa jurisprudence *Arrighi*[3]. Pour autant, sous l'empire de la Constitution de 1946, la signification juridique de son préambule, qui consacrait l'existence d'un droit constitutionnel substantiel, est demeurée une question récurrente dans la doctrine juridique, laquelle s'est préoccupée de le réinscrire « dans la longue durée des évolutions juridiques et de la succession des déclarations des droits et en (a) extrait le contenu proprement juridique, indépendamment des rapports de force et des considérations politiques, en s'efforçant de résoudre les contradictions qui surgissent entre ses dispositions »[4]. C'est dans ce cadre que s'est concrètement posée la question de la possibilité d'invoquer les dispositions du préambule de 1946 devant les juges judiciaire et administratif ainsi que le statut qui serait attaché à ces dispositions.

La Cour de cassation eut peu recours au préambule dans sa jurisprudence sous la IVème République. On peut mentionner un arrêt où elle a cité l'alinéa 7 du préambule, relatif au droit de grève, ainsi que l'article 4 de la loi du 11 février 1950 *relative aux conventions collectives et aux procédures de règlement des conflits collectifs de travail*, pour juger « qu'en application de ces textes, le contrat de travail liant les employeurs aux salariés est suspendu tant que dure la grève »[5]. On retrouve une démarche similaire dans un arrêt visant l'alinéa 7 du préambule, également reproduit dans les motifs, et le

---

[1] A. Soulier, « La délibération du Comité constitutionnel du 18 juin 1948 », *RDP*, 1949, p. 195.

[2] F. Geny, « De l'inconstitutionnalité des lois ou des autres actes de l'autorité publique et des sanctions qu'elle comporte dans le droit nouveau de la IVe République », *article précité*.

[3] CE, 4 février 1949, Chambre syndicale des Agents généraux d'assurance de la Martinique, *Rec.*, p. 49-50.

[4] Y. Poirmeur, « La réception du préambule de la Constitution de 1946 par la doctrine juridique. La construction de la juridicité du préambule par ses premiers commentateurs », in *Le préambule de la constitution de 1946. Antinomies juridiques et contradictions politiques*, Paris, PUF, 1996, p. 101.

[5] Cass., 5 mars 1953, n ° 53-01392.

même article de loi[1]. On peut également citer un arrêt dans lequel la Cour a énoncé « qu'aux termes du Préambule de la Constitution du 27 octobre 1946 "tout homme peut défendre ses droits et intérêts par l'action syndicale et adhérer au syndicat de son choix" » pour justifier l'arrêt d'appel qui avait alloué des indemnités à un individu licencié en raison de son action syndicale[2]. Tout cela est demeuré relativement impressionniste, bien que soit régulièrement cité un jugement du Tribunal civil de la Seine de 22 janvier 1947 déclarant un testament dont la teneur était antisémite contraire à la Déclaration de 1789[3].

Le préambule fut, à l'inverse, mentionné dans plusieurs arrêts rendus par le Conseil d'Etat. Pour autant, le juge administratif est toujours resté sibyllin sur le statut normatif exact attribué aux énoncés utilisés et ce sont davantage les commissaires du Gouvernement qui cherchèrent à systématiser ce dernier dans leurs conclusions. Il n'en est pas moins demeuré incertain, qu'il s'agisse des dispositions comprises dans le texte du préambule (Paragraphe 1), ou des principes produits par le juge en se référant à ce texte (Paragraphe 2).

Paragraphe 1.
Le statut des dispositions utilisées

Le juge administratif a pu se référer soit au texte du préambule pris globalement, soit à certaines de ses dispositions[4]. Il jugea dans un arrêt *Fédération nationale de l'éclairage*[5] que « le moyen tiré par la Fédération requérante des termes du Préambule de la Constitution est inopérant à l'égard d'un acte pris par le gouvernement en application des dispositions d'une loi en vigueur », manifestant son refus de contrôler la constitutionnalité d'un acte administratif fondé sur une loi, car cela aboutirait à porter un jugement de constitutionnalité sur la loi en question, jugement qu'il se refuse, on le sait, à exercer[6]. Si cette solution renseigne peu sur le statut du préambule, l'arrêt *Dehaene*[7] rendu au visa de la « Constitution de la République française » est beaucoup plus intéressant. Le Conseil d'Etat devait décider si le blâme infligé par un préfet à l'égard d'un fonctionnaire gréviste devait être annulé pour violation du droit de grève ; la question juridique principale était celle de la

[1] Cass., 20 mai 1955, n° 55-02582.

[2] Cass., 3 janvier 1958, n° 58-05115.

[3] Tribunal civil de la Seine, 1ère Chambre, 22 janvier 1947, *Gazette du Palais*, 1947, I, p. 68.

[4] Dans un avis du 15 mars 1949 (n° 246 908) le Conseil d'Etat, en formation administrative, a pu considérer que l'alinéa 6 du préambule relatif au droit syndical n'avait pas de force normative.

[5] CE, 10 novembre 1950, Fédération nationale de l'éclairage, *Rec.*, p. 548.

[6] CE, 6 novembre 1936, Arrighi et Dame Coudert (deux espèces), *arrêts précités*.

[7] CE, 7 juillet 1950, Dehaene, *RDP*, 1950, p. 691, conclusions Gazier, note Waline.

signification juridique que le juge allait attribuer à l'alinéa 7 du préambule de 1946 qui reconnaissait, pour la première fois, le droit de grève au niveau constitutionnel. Le juge a décidé « qu'en indiquant, dans le Préambule de la Constitution, que "le droit de grève s'exerce dans le cadre des lois qui le réglementent", l'assemblée constituante a entendu inviter le législateur à opérer la conciliation nécessaire entre la défense des intérêts professionnels, dont la grève constitue l'une des modalités, et la sauvegarde de l'intérêt général auquel elle peut être de nature à porter atteinte ». Notant que les lois en vigueur des 27 décembre 1947 et 28 septembre 1948 portaient spécifiquement sur les compagnies républicaines de sécurité et de la police, il a décidé qu'elles ne pouvaient être considérées comme constituant la réglementation du droit de grève annoncée par la Constitution et « qu'en l'absence de cette réglementation, la reconnaissance du droit de grève ne saurait avoir pour conséquence d'exclure les limitations qui doivent être apportées à ce droit, comme à tout autre, en vue d'en éviter un usage abusif ou contraire aux nécessités de l'ordre public ». Il en a tiré pour conséquence « qu'en l'état actuel de la législation il appartient au gouvernement, responsable du bon fonctionnement des services publics, de fixer lui-même, sous le contrôle du juge, en ce qui concerne ces services, la nature et l'étendue desdites limitations ».

Cette solution a assuré une grande postérité à l'arrêt, notamment quant à ses implications s'agissant du droit de grève[1], mais le statut conféré au préambule est plus flou. L'alinéa 7 est bien doté par le juge d'une signification juridique dès lors qu'il donne force normative au droit de grève, et qu'il rattache explicitement tant ce droit que la nécessité d'en réglementer l'exercice à la Constitution. Cependant, dans ses conclusions sur cet arrêt, François Gazier notait que le droit public « ne regarde pas les dispositions formulées dans les déclarations des droits ou les préambules des constitutions comme des prescriptions juridiques de nature constitutionnelle ni même législative ». Selon lui, cela ne leur retirait pas toute force normative, il s'agirait « de principes fondamentaux qui doivent inspirer » l'action des gouvernants mais le juge qui doit en imposer le respect devait également conserver davantage de liberté dans le contrôle de leur application[2]. Utilisant l'image classique des principes en tant que standards juridiques[3], plus malléables que les règles de droit au sens strict, il qualifiait ainsi les dispositions du préambule afin de minimiser leur portée. Commentant l'arrêt, Marcel Waline jugeait néanmoins la formulation employée par le commissaire

---

[1] Elle est toujours appliquée : voir CE, 5 avril 2022, Syndicat CGT de la société Cofiroute, n° 450313.

[2] *Conclusions précitées*, p. 704.

[3] Sur cette notion, voir S. Rials, *Le juge administratif français et la technique du standard (Essai sur le traitement juridictionnel de l'idée de normalité)*, Paris, LGDJ, 1980.

du Gouvernement trop catégorique en rejetant l'argument textuel qui voudrait que toute disposition non insérée dans le corps de la Constitution ne soit pas une disposition constitutionnelle. D'après lui, au contraire, l'affirmation du droit de grève par le préambule de 1946 a donné « le caractère constitutionnel à ce droit, de telle sorte que désormais, si le législateur peut en réglementer l'exercice, il ne peut aller jusqu'à le supprimer complètement à l'égard d'une catégorie d'individus »[1].

Tant les commissaires du Gouvernement que le Conseil d'Etat sont restés prudents sur le statut normatif des dispositions du préambule. Dans ses conclusions sur l'arrêt *Teissier*[2] du 13 mars 1953, Jacques Donnedieu de Vabres notait ainsi, s'agissant de la Déclaration de 1789 et du préambule de 1946, que « ces déclarations de principe n'ont point la valeur absolue de prescriptions législatives et ne sont pour le juge [...] que des indications qui laissent place à des distinctions et des constructions jurisprudentielles »[3], étayant cet argument en citant l'arrêt *Dehaene*. Cependant, dans l'arrêt *Condamine*[4], rendu au visa de « la Constitution de la République française », le Conseil d'Etat accepta d'examiner au fond le moyen invoquant la violation des articles 8, 9 et 10 de la Déclaration de 1789 « à laquelle se réfère le Préambule de la Constitution », semblant ainsi faire application du préambule de 1946 qui mentionnait la Déclaration de 1789.

Paragraphe 2.
Le statut des principes produits par référence au préambule

Le caractère incertain du statut du préambule de la Constitution de 1946 n'empêcha pas le Conseil d'Etat de l'utiliser à plusieurs reprises afin de motiver ses décisions, particulièrement à l'appui de la production de certains principes. Ce fut le cas s'agissant d'un principe fondamental reconnu par les lois de la République dans l'arrêt *Amicales des Annamites de Paris*[5], dans lequel il cita l'article 81 de la Constitution de 1946 selon lequel « tous les nationaux français et les ressortissants de l'Union française ont la qualité de citoyen de l'Union française qui leur assure la jouissance des droits et libertés garantis par le préambule de la présente Constitution » afin d'en déduire « qu'il résulte de cette disposition que les principes fondamentaux reconnus par les lois de la République et réaffirmés par le préambule de (la) Constitution sont applicables sur le territoire français aux ressortissants de l'Union française ». Il a ainsi explicitement mentionné le préambule pour consacrer la liberté d'association en tant que principe fondamental reconnu

---

[1] *Note précitée.*, p. 698.
[2] CE, 13 mars 1953, Teissier, *Dalloz*, 1953, p. 735, conclusions Donnedieu De Vabres.
[3] *Conclusions précitées*, p. 736.
[4] CE, 7 juin 1957, Condamine, *RDP*, 1958, p. 99.
[5] CE, 11 juillet 1956, Amicale des Annamites de Paris, n° 26638.

par les lois de la République afin de fonder l'annulation d'un arrêté ministériel constatant la nullité d'une association. Autrement dit, le juge a interprété cet article pour lui donner pleine force normative et en déduire une prescription à l'égard de l'administration, la soumettant à certaines dispositions du préambule. En l'occurrence, c'est à une disposition renvoyant aux principes fondamentaux reconnus par les lois de la République, c'est-à-dire une catégorie particulièrement floue[1], que le juge a conféré une signification juridique (comme le fera le Conseil constitutionnel en 1971). Cependant, rien n'indique que le principe ainsi dégagé s'est vu reconnaître un statut constitutionnel, bien qu'ultérieurement, dans un arrêt *Association des anciens combattants et victimes de la guerre du département d'Oran*[2], le Conseil d'Etat mentionna la liberté d'association en précisant qu'il s'agissait d'une « liberté constitutionnelle » ; il le fit toutefois sans évoquer, cette fois, le préambule de la Constitution.

Le Conseil d'Etat a également fait usage du préambule de la Constitution pour renforcer la légitimité de certains principes généraux du droit[3]. C'est notamment le cas dans l'arrêt *Syndicat général des ingénieurs conseils*[4], rendu sous l'empire de la Constitution de 1958, qui portait sur une situation antérieure à son entrée en vigueur et faisait donc application de la Constitution de 1946 - les deux constitutions étant mentionnées dans les visas de l'arrêt. Il décida que lorsque l'administration est habilitée à exercer un pouvoir réglementaire autonome indépendant de la loi, elle doit respecter les principes généraux du droit. Pour ce faire, le juge s'est contenté d'évoquer « les principes généraux du droit qui, résultant notamment du Préambule de la Constitution, s'imposent à toute autorité réglementaire même en l'absence de dispositions législatives ». La formule est proche de celle utilisée dans l'arrêt *Syndicat des fonctionnaires malgaches et assimilés*[5] mentionnant « les principes généraux du droit tels qu'ils résultent notamment du préambule de la Constitution ».

Concluant sur l'arrêt *Syndicat général des ingénieurs conseils*, Jacques Fournier s'était penché sur le statut normatif des principes généraux du droit

---

[1] Pour reprendre l'expression de V. Champeil-Desplats, il s'agit d'une « catégorie explicite de principes implicites », in *Les principes fondamentaux reconnus par les lois de la République : principes constitutionnels et justification dans les discours juridiques*, Paris, Economica, 2001, p. 33.

[2] CE, 24 janvier 1958, Association des anciens combattants et victimes de la guerre du département d'Oran, *Rec.*, p. 38.

[3] I. Michalis, « La genèse de la théorie des principes généraux du droit. Une politique jurisprudentielle engagée du Conseil d'Etat », *AJDA*, 2023, p. 923.

[4] CE, 26 juin 1959, Syndicat général des Ingénieurs Conseils, *RDP*, 1959, p. 1004, conclusions Fournier.

[5] CE, 25 janvier 1957, Syndicat fédéral des fonctionnaires malgaches et assimilés, *Rec.*, p. 65.

en se fondant principalement sur l'arrêt *Etablissements Vézia*[1] dans lequel le Conseil d'Etat avait soumis les décrets coloniaux[2] au respect du principe de la liberté du commerce et de l'industrie. Pour expliquer cette solution, il fallait selon lui que les principes généraux du droit « aient soit valeur législative, soit valeur constitutionnelle » ; il écarta la première solution en raison de la rareté et de l'incohérence de la législation applicable à l'outre-mer. Il jugea dès lors que seule la reconnaissance d'une valeur « constitutionnelle ou quasi constitutionnelle »[3] pouvait expliquer la solution. Il opérait alors une distinction entre le « droit non écrit » en général et « les principes généraux du droit proprement dits, posés par les déclarations des droits ou déduits par le juge de ces déclarations », ajoutant que « la plupart de ces principes sont posés par la déclaration des droits de 1789 ou par le préambule de la Constitution de 1946 »[4]. Il tempérait cependant ce plaidoyer en faveur du statut constitutionnel de ces principes, en concluant, comme pour rassurer la formation de jugement, que cela ne faisait nullement des juges les « censeurs du législateur ». Il notait même que ce problème pourrait se poser au Conseil constitutionnel nouvellement créé par la Constitution du 4 octobre 1958 et qu'il lui reviendrait de trouver une solution le moment venu (ce qu'il fit). En définitive, rien n'indiquait dans la formulation retenue par la formation de jugement qu'elle avait entendu reconnaître un tel statut aux principes généraux du droit ou au préambule. A l'inverse dans deux décisions, le Conseil d'Etat a expressément mentionné les « principes généraux du droit ayant valeur législative »[5].

Dans l'arrêt *Barel*[6], le Conseil d'Etat se contenta de relever que si le secrétaire d'Etat à la présidence du conseil, était chargé par les textes d'arrêter la liste des candidats admis à concourir à l'Ecole nationale d'administration « il ne saurait, sans méconnaître le principe de l'égalité de l'accès de tous les Français aux emplois et fonctions publics, écarter de ladite liste un candidat en se fondant exclusivement sur ses opinions politiques ». L'origine du principe utilisé pour justifier une décision de non-validité de l'acte administratif contesté a pu être discutée par le commissaire du Gouvernement Letourneur dans ses conclusions. Il avait en effet relevé, un peu lyrique, que « le principe d'égalité des citoyens pour l'accès aux fonctions publiques fait

[1] CE, 20 décembre 1935, Etablissements Vézia, *RDP*, 1936, p. 119.

[2] L'article 18 du sénatus-consulte du 3 mai 1854 alors en vigueur prévoyait que les colonies autres que la Martinique, la Guadeloupe et la Réunion étaient régies par décret.

[3] Conclusions précitées sur CE, 26 juin 1959, *RDP*, 1959, p. 1011.

[4] *Ibid.*, p. 1013.

[5] CE, 7 février 1958, Syndicat des propriétaires de forêts de chênes-lièges d'Algérie, *Rec.*, p. 74 et CE, 19 février 1960, Fédération algérienne des syndicats de défense des irrigants, *Rec.*, p. 129 et 130.

[6] CE, 28 mai 1954, Barel, *Rec.*, p. 308.

partie de ces principes généraux qui constituent la base de notre droit public, car ils font corps avec le régime démocratique qui est le nôtre, avec l'ensemble des concepts d'égalité et de liberté que ce régime suppose politiquement, socialement, économiquement et qui sont intimement ancrés dans nos esprits et dans nos cœurs depuis 1789 ». Notant que la Déclaration, dont il citait les article 6 et 10 « sert de base à tant de (décisions du Conseil d'Etat) », il citait également l'alinéa 5 du préambule de la Constitution de 1946[1].

Certains auteurs ont proposé une interprétation plus large de l'usage des principes généraux du droit par le juge administratif. Ainsi, Benoit Jeanneau a pu souligner que les principes généraux du droit ont également permis au juge de donner à certains textes législatifs une interprétation conforme à ces principes, cette technique aboutissant à un résultat proche d'un contrôle de constitutionnalité de la loi[2]. De même, comme l'a relevé Benjamin Fargeaud, Guy Braibant, membre du Conseil d'Etat, a pu estimer que celui-ci exerçait alors un contrôle de constitutionnalité « par voie d'interprétation » tout en jetant les fondements de ce qui a ensuite été qualifié de « bloc de constitutionnalité »[3]. De toute évidence, et tout en restant sibyllin sur la valeur du préambule de la Constitution de 1946, le Conseil d'Etat a bien esquissé un contrôle de conformité des actes administratifs aux prescriptions contenues dans le préambule et à celles contenues dans la Déclaration de 1789 mentionnée par ce préambule. C'est précisément ce que fera le Conseil constitutionnel à partir de 1971, mais pour le contrôle de la loi, ce qui sera un changement complet de paradigme et un usage autrement plus fort de la substance constitutionnelle.

Certaines dispositions du préambule de 1946 ont bien été dotées d'une force normative par les juges, qui n'hésitaient pas dans certains cas à faire reposer dessus la production d'énoncés nouveaux, comme c'est le cas pour les principes généraux du droit[4] ou les principes fondamentaux reconnus par les

---

[1] Conclusions sur CE, 28 mai 1954, Barel, *Rec.*, p. 308.

[2] B. Jeanneau, *Les principes généraux du droit dans la Jurisprudence administrative*, Paris, Editions du Recueil Sirey, 1954.

[3] B. Fargeaud, « Les ambiguïtés de l'hostilité au contrôle de constitutionnalité sous la IVe République », *article précité*. Voir également dans un sens similaire P. Wachsmann « Les principes généraux du droit comme droit constitutionnel non écrit élaboré par le Conseil d'état », *Jus Politicum*, n° 32, 2024 [https://juspoliticum.com/articles/les-principes-generaux-du-droit-comme-droit-constitutionnel-non-ecrit-elabore-par-le-conseil-d'etat-1940]

[4] Il est à noter que le Conseil d'Etat continua de procéder ainsi un temps, même après la décision *Liberté d'association* du Conseil constitutionnel. Par exemple, il jugea qu'il résulte des principes généraux du droit et, notamment, du préambule de la Constitution du 27 octobre 1946 auquel se réfère la Constitution du 4 octobre 1958 que les étrangers résidant régulièrement en France ont, comme les nationaux, le droit de mener une vie familiale normale (CE, 8 décembre 1978, Gisti, n° 10097).

lois de la République[1]. Pour autant, rien n'indiquait expressément que le juge ait entendu ériger les dispositions en cause au rang de normes constitutionnelles. Finalement, « que le préambule soit regardé comme ayant valeur constitutionnelle ou législative était indifférent du fait de l'absence de contrôle de constitutionnalité des lois. En revanche, l'accord était très large pour reconnaître que les actes administratifs devaient s'y conformer sauf disposition législative contraire faisant écran »[2]. Et de fait, comme l'a relevé Robert Pelloux, le Conseil d'Etat fut « hésitant à prendre parti tant que cela (n'était) pas nécessaire sur la valeur juridique du préambule ». Il craignait « de limiter par la référence à un texte précis sa liberté d'interpréter les principes généraux et de les adapter aux besoins de l'époque »[3]. En synthèse, comme l'a relevé Yves Poirmeur s'agissant de la doctrine, si « la réception du préambule de 1946 fut pour la doctrine universitaire l'occasion d'affirmer son idéal d'un ordre juridique cohérent, dans lequel la pyramide des normes juridiques serait achevée, où la loi serait bien subordonnée à la constitution et à un droit constitutionnel matériel ; si avec le préambule une pièce centrale nécessaire à l'instauration du constitutionnalisme est apparue, dont les auteurs s'attachent à construire la juridicité, ils sont parfaitement conscients de ce que l'équilibre politique du système n'a pas été sensiblement modifié : le légicentrisme en demeure la clé et le prestige des juges est trop faible pour qu'ils puissent s'opposer à la volonté du législateur »[4].

On comprend ici l'intérêt de distinguer, dans l'attribution de la signification juridique à un énoncé, le fait de le doter d'une force normative, c'est-à-dire d'être une norme juridique, et le fait de lui attribuer un certain statut (ou une certaine valeur), c'est-à-dire un rang hiérarchique. On met ainsi en lumière la capacité qu'ont les juges de conférer aux énoncés qu'ils interprètent la signification d'être des normes, sans forcément se prononcer sur leur statut. Tout cela est fonction du contexte argumentatif ou des représentations que le juge se fait du système juridique, de son agencement et notamment de son rôle en son sein.

---

[1] En revanche, il ne mentionnera pas le préambule, se contentant de viser la Constitution lorsqu'il créera le principe fondamental reconnu par les lois de la République, selon lequel l'Etat doit refuser l'extradition d'un étranger lorsqu'elle est demandée dans un but politique (CE, 3 juillet 1996, Koné, n° 169219).

[2] Y. Poirmeur, « La réception du préambule de la Constitution de 1946 par la doctrine juridique. La construction de la juridicité du préambule par ses premiers commentateurs », *article précité*, p. 124.

[3] R. Pelloux, « Quelques réflexions sur le préambule de la Constitution française de 1958 », *article précité*, p. 395.

[4] Y. Poirmeur, « La réception du préambule de la Constitution de 1946 par la doctrine juridique. La construction de la juridicité du préambule par ses premiers commentateurs », *article précité*, p. 126.

CONCLUSION DU CHAPITRE 1

La genèse du bloc de constitutionnalité, envisagée dans le temps long, atteste que la plupart des questionnements et raisonnements à l'œuvre à partir de la décision *Liberté d'association*[1] du Conseil constitutionnel avaient en réalité déjà trouvé leur place dans les discours juridiques. De ce point de vue, le droit positif peut parfois contribuer, dans sa création normative, à consacrer des constructions doctrinales antérieures, faisant ressurgir des arguments et des problématiques qui n'ont rien de nouveau et qui intéressent la doctrine, si ce ne sont les juges et plus largement les juristes, de longue date.

Bien que les démonstrations de Maurice Hauriou et Léon Duguit aient fait l'objet de plusieurs critiques à l'époque, néanmoins, en tentant de voir la Déclaration de 1789 et quelques principes – pas toujours clairement déterminés – consacrés au rang constitutionnel voire davantage, ce type de théorie avait en réalité ce qu'on pourrait qualifier d'une certaine avance sur le droit positif tel qu'il allait se développer, d'abord timidement sous la IVème République, puis sensiblement sous la Vème République avec la naissance du bloc de constitutionnalité. La question du respect de la Déclaration des droits de l'homme et du citoyen n'était pas propre à la doctrine puisque le commissaire du gouvernement Corneille avait pu, dans de célèbres conclusions prononcées sous la IIIème République, affirmer que celle-ci « est, explicitement ou implicitement, au frontispice des Constitutions républicaines »[2]. Comme l'a noté Jacky Hummel à propos de la constitution sociale de Maurice Hauriou, celle-ci fut formulée « à une époque marquée par un ordre juridique français dépourvu d'un bloc de constitutionnalité propre à intégrer formellement la Déclaration des droits de 1789 »[3]. Or, tant l'importance de la Déclaration des droits que celle des principes dégagés par le juge vont se retrouver en droit positif sous la Vème République à partir du tournant de la décision *Liberté d'association*[4]. C'est dire si les écrits analysés, sans nul doute nourris de l'expérience de la jurisprudence de la Cour suprême des Etats-Unis, ont pu exercer une influence ultérieure bien réelle, après le décès de leurs auteurs et la disparition du régime sous lequel ils avaient écrit : celui de la IIIème République.

La question du statut normatif des textes mentionnés dans le préambule de la Constitution de 1946 rejoint les débats de la IIIème République sur le statut de la Déclaration de 1789. La similarité dont il est question est celle des

---

[1] Décision précitée du 16 juillet 1971.

[2] Conclusions sur CE, 10 août 1917, Baldy, Rec., p. 638.

[3] Jacky Hummel, « Tel un ruban de Möbius. La notion de constitution dans la pensée de Maurice Hauriou », in A. Le Divellec (dir.), *La notion de constitution dans la doctrine constitutionnelle de la Troisième République*, *op. cit.*, p. 152.

[4] Décision précitée du 16 juillet 1971.

arguments échangés et des enjeux des débats soulevés. On retrouve en effet toujours mise en avant la formulation des textes davantage que le pouvoir des interprètes et les débats visent, *in fine*, à soumettre le pouvoir, réglementaire dans un cas, législatif dans l'autre, à un ensemble de dispositions souvent très générales dans leur contenu. La discussion vise ainsi toujours à l'encadrement d'un pouvoir normatif par des prescriptions substantielles réputées contenues dans les textes. La question se posera dans les mêmes termes dès la phase de rédaction du préambule de la Constitution du 4 octobre 1958, avant de s'étendre à son application, et trouvera une réponse retentissante.

On doit enfin relever que la logique tenant à voir les dispositions contenues dans la Déclaration de 1789 ou dans le préambule de 1946 opposées à la loi est une logique de conformité matérielle à la constitution : plutôt que de se limiter à la validité formelle de la loi, cette logique vise à ce que les normes constitutionnelles intègrent des principes de fond permettant au juge de censurer l'acte qui les méconnaitrait. Autrement dit, et comme la naissance effective du bloc de constitutionnalité le prouvera, les discours juridiques considèrent massivement – hors les systèmes fédéraux où la question se pose différemment[1] - que le contrôle de constitutionnalité ne peut réellement prendre son essor que s'il concerne le fond des normes qui sont susceptibles d'être contrôlées, ce qui impose que le fond de la constitution ne se limite pas à l'organisation des pouvoirs publics, comme cela fut, par exemple, le cas des lois constitutionnelles de 1875. La simple logique procédurale du contrôle de constitutionnalité ne suffit pas : il est nécessaire qu'elle se double d'une garantie substantielle, celle notamment, mais pas exclusivement, des droits et libertés dits fondamentaux.

---

[1] O. Beaud, « De quelques particularités de la justice constitutionnelle dans un système fédéral », in *La notion de "justice constitutionnelle"*, *op. cit.*, p. 49.

CHAPITRE 2.
L'ÉLABORATION DU PRÉAMBULE DE LA CONSTITUTION DE 1958

La Constitution du 4 octobre 1958, dont fait partie son préambule, essentiel pour l'éclosion du bloc de constitutionnalité ultérieurement, a été adoptée par référendum ; c'est donc le peuple français qui doit être considéré comme son auteur au sens juridique du terme[1]. Pour faciliter les prochains développements, on désignera donc sous le vocable « participants » l'ensemble de ceux qui ont contribué à l'élaboration du texte, c'est-à-dire l'ensemble des organes et des individus qui sont intervenus au cours du processus de rédaction tel que prévu par la loi constitutionnelle du 3 juin 1958. Cela concerne essentiellement le Gouvernement dirigé par Charles de Gaulle, qui avait la responsabilité de rédiger le texte ainsi que le Comité consultatif constitutionnel et le Conseil d'Etat qui ont chacun débattu et rendu un avis sur le projet de texte. Le statut des documents relatifs à l'élaboration de la Constitution de 1958 est directement lié au caractère singulier de la procédure de révision prescrite par la loi constitutionnelle du 3 juin 1958, qui confiait un rôle central au Gouvernement dans la rédaction du texte. Cela explique que l'élaboration de la Constitution n'ait pas donné lieu à des débats parlementaires. Le processus d'élaboration provoqua néanmoins de nombreuses discussions, notamment au sein du Comité consultatif constitutionnel et du Conseil d'Etat, pour aboutir au projet de Constitution présenté au référendum le 28 septembre 1958.

Les documents relatifs à l'élaboration de la Constitution de 1958 ont souvent été délaissés par les juristes[2], en partant du principe que, n'étant pas le produit d'une assemblée constituante, ils ne pouvaient servir de support

---

[1] Sur la notion juridique d'auteur voir P. Ferrari, « Essai sur la notion de coauteur », in *Recueil d'études en l'honneur de Charles Eisenmann*, Paris, Cujas, 1975, p. 215.

[2] Voir par exemple A. Roblot-Troizier: « s'il peut être intéressant d'étudier les travaux préparatoires qui ont précédé l'adoption des révisions constitutionnelles introduisant de nouvelles références à des normes identifiées dans la Constitution, tel n'est pas le cas de l'ensemble des documents et débats antérieurs à l'adoption de la Constitution du 4 octobre 1958 par le peuple français dans la mesure où ces documents et débats ne peuvent être qualifiés de travaux préparatoires », *Contrôle de constitutionnalité et normes visées par la Constitution française. Recherches sur la constitutionnalité par renvoi*, Paris, Dalloz, 2007, p. 222. Ou encore G. Vedel : « quelle que soit leur importance et leur valeur, les travaux relatifs à ce texte qui n'ont pas été connus ou n'étaient pas connaissables par les "votants" ne sont pas, juridiquement, "préparatoires" », in « La place de la Déclaration de 1789 dans le "bloc de constitutionnalité" », *article précité*, p. 44.

utile pour éclairer la signification du texte constitutionnel[1]. On peut cependant aisément écarter cette difficulté si l'on se réfère à la distinction entre l'énoncé compris dans un texte et la norme qui en est la signification. Sous cet angle, les débats portant sur la rédaction d'un texte n'offrent jamais la moindre certitude sur la signification normative de celui-ci[2]. Dès lors, si l'étude des débats d'une assemblée constituante permet d'avoir une connaissance plus riche du texte constitutionnel, nourrie des discussions, voire des controverses, auxquelles son adoption donna lieu[3], elle n'éclaire nullement de façon décisive sur la signification attribuée – attribuable – au texte adopté par les organes d'application du système juridique[4]. Les considérations énoncées durant le processus constituant ne forment qu'un paramètre, qu'une ressource mobilisable à l'appui d'une interprétation du texte plutôt qu'une autre. A défaut d'éclairer sur la signification du texte constitutionnel, l'analyse des débats constituants peut néanmoins s'avérer riche d'enseignements dans une autre perspective. En informant sur le type d'argumentation développé par les participants à l'appui ou en défaveur de l'adoption d'un énoncé, elle permet de saisir la conception qu'ils se faisaient du texte en discussion[5], en particulier de son caractère normatif. C'est précisément le cas des discours relatifs à la normativité du préambule de la Constitution de 1958 émis par les participants à son processus d'élaboration.

---

[1] Cela n'a pas empêché le Conseil constitutionnel de se référer aux « travaux préparatoires » de la Constitution dans les motifs d'une de ses décisions (Voir Cons. constit., 21 février 2013, n° 2012-297 QPC).

[2] Voir les développements très éclairants consacrés au statut de « l'intention » des pères fondateurs dans l'interprétation de la Constitution des Etats-Unis par R. Dworkin in *Une question de principe* (1985), Paris, PUF, 1996, p. 44-76.

[3] J. Elster, « Argumenter et négocier dans deux Assemblées constituantes », *RFSP*, 1994, n° 44-2, p. 187.

[4] Dans le même sens, R. Carré de Malberg précisait déjà que « la portée d'une loi, constitutionnelle ou autre, ne se juge pas d'après ce que ses auteurs ont voulu ou cru faire, mais bien d'après les effets que sont susceptibles de produire et surtout d'après les effets qu'ont produits, en fait, les principes et les institutions qu'ils ont adoptés », *La loi, expression de la volonté générale*, Paris, Economica, 1984, p. 180. Si la remarque visait l'application et donc l'interprétation du texte des lois constitutionnelles de 1875 par les acteurs politiques, afin de montrer le décalage entre l'intention d'instaurer un « dualisme séparatiste » en 1875 et la réalité de la domination totale des chambre sur le pouvoir exécutif, elle est transposable dans les mêmes termes s'agissant de l'application du texte par des juridictions : dans ce cas également, c'est l'interprétation du texte donnée par les juges qui s'imposent dans les faits, et non les intentions présumées ou attestées des constituants.

[5] A. Papatolias notait à ce sujet que les constituants « sont par excellence ceux qui se forgent une représentation de la Constitution et de son influence sur le réel », *Conception normative et conception mécaniste de la constitution*, Bruxelles, Bruylant, 2000, p. 231. Voir également M.-L. Mathieu, *Les représentations dans la pensée des juristes*, Paris, IRJS Editions, 2014.

La lecture des documents relatifs à l'élaboration du préambule de la Constitution de 1958 révèle à la fois la conception normative du préambule partagée par l'essentiel des participants et leurs doutes, voire leurs inquiétudes, sur sa valeur juridique. En effet, le lien entre la conception normative du préambule et la mise en place d'un organe chargé du contrôle de constitutionnalité des lois, à savoir le Conseil constitutionnel, fut expressément mis en évidence par certains participants et fut la cause de certaines tensions notamment quant au rôle du Conseil constitutionnel. Si la volonté de rédiger un texte opérant par renvoi s'est tout de suite imposée (**Section 1**), la question de la valeur juridique du préambule fut l'occasion d'une controverse laissant transparaître une conception clairement normative de celui-ci (**Section 2**).

Section 1.
La volonté de se limiter à un préambule de référence

« Il y a deux conceptions du préambule constitutionnel : ou bien faire un préambule semblable à celui de la Constitution de 1946, où l'on peut mettre beaucoup de choses [...] ; ou bien – et c'est le principe qui semble avoir été adopté par le gouvernement – faire un préambule bref, ce que j'appellerai un "préambule de référence" »[1]. En s'exprimant ainsi devant le Comité consultatif constitutionnel, Paul Coste-Floret expliquait la démarche suivie pour la rédaction du préambule dans l'avant-projet du Gouvernement. Cette formulation paraît particulièrement pertinente pour qualifier le travail des rédacteurs du premier alinéa du préambule de la Constitution de 1958. Elle illustre la caractéristique de ce texte qui est d'opérer par renvoi à des textes antérieurs, et pas n'importe lesquels, sans rien leur ajouter[2]. Comme l'a relevé Bruno Genevois, « le préambule et les droits fondamentaux ont (...) été appréhendés par les rédacteurs de la Constitution avec le souci d'établir un trait d'union entre la IVème République et la République nouvelle. Il en résulte une impression de continuité tant en ce qui concerne le contenu même des droits fondamentaux que la définition de leur place dans la hiérarchie des actes juridiques »[3]. De fait, sur le plan du fond des droits, c'est bien la continuité qui primait.

La lecture des *Documents pour servir à l'histoire de l'élaboration de la Constitution du 4 octobre 1958* permet de retracer le travail d'élaboration du préambule, qui fut particulièrement bref, et les quelques discussions ayant trait

---

[1] *Documents pour servir à l'histoire de l'élaboration de la Constitution du 4 octobre 1958*, Paris, La Documentation française, Vol. II, 1988, p. 448 (col. gauche).

[2] Sur la technique du renvoi voir A. Roblot-Troizier, *Contrôle de constitutionnalité et normes visées par la Constitution française. Recherches sur la constitutionnalité par renvoi, op. cit.*

[3] B. Genevois, « Le Préambule et les droits fondamentaux », *article précité*, p. 485

à son contenu. Ces dernières ne peuvent être totalement isolées des débats ayant précédé l'adoption de la loi constitutionnelle du 3 juin 1958[1] dont un alinéa a directement inspiré la rédaction du préambule. Comme l'a relevé Loïc Philip, on constate chez la plupart des membres du groupe de travail présidé par le garde des sceaux, Michel Debré, « une opposition de principe à l'égard de toute juridiction constitutionnelle et une méfiance vis-à-vis d'un véritable contrôle de la constitutionnalité de la loi »[2]. Pour autant, le choix de viser les textes de la Déclaration des droits de l'homme et du citoyen de 1789 et du préambule de la Constitution de 1946 fit consensus (Paragraphe 1). Néanmoins, la technique très sobre du renvoi employée par les rédacteurs explique qu'à défaut de pouvoir poser de nouveaux principes de fond, certains participants souhaitèrent, sans succès, mentionner un troisième texte, la Déclaration universelle des droits de l'homme de 1948, soulevant indirectement la question de la normativité du préambule (Paragraphe 2).

Paragraphe 1.
Un renvoi à la Déclaration de 1789 et au préambule de la Constitution de 1946

L'étude de la genèse du préambule de la Constitution de 1958 permet de constater que son contenu est orienté par la loi constitutionnelle du 3 juin 1958 (A) ainsi que par la décision d'opérer un simple renvoi aux textes de 1789 et 1946 (B).

A. Un renvoi lié à la loi constitutionnelle 3 juin 1958

L'article unique de la loi constitutionnelle du 3 juin 1958, qui dérogeait à la procédure prévue dans le texte de la Constitution de 1946 pour procéder à une révision constitutionnelle, énonçait cinq principes de fond que la révision devait mettre en œuvre. « Le Gouvernement de la République » devait en effet établir un projet de loi constitutionnelle mettant en œuvre les principes selon lesquels « seul le suffrage universel est la source du pouvoir. C'est du suffrage universel ou des instances élues par lui que dérivent le pouvoir législatif et le pouvoir exécutif ; le pouvoir exécutif et le pouvoir législatif doivent être effectivement séparés de façon que le Gouvernement et le Parlement assument chacun pour sa part et sous sa responsabilité la plénitude de leurs attributions ; le Gouvernement doit être responsable devant le Parlement ; l'autorité judiciaire doit demeurer indépendante pour être à même d'assurer le respect des libertés essentielles telles qu'elles sont définies par le préambule de la

---

[1] Loi constitutionnelle du 3 juin 1958 portant dérogation transitoire aux dispositions de l'article 90 de la Constitution et prévoyant un référendum.

[2] L. Philip, « le Conseil constitutionnel », in D. Maus, L. Favoreu, J.-L. Parodi (dir.), *L'écriture de la Constitution de 1958*, Paris, Economica, 1992, p. 467.

Constitution de 1946 et par la Déclaration des droits de l'homme à laquelle il se réfère ; la Constitution doit permettre d'organiser les rapports de la République avec les peuples qui lui sont associés ». Le quatrième principe mentionnant le préambule de la Constitution de 1946 et la Déclaration des droits de l'homme et du citoyen de 1789 allait avoir une importance essentielle dans la confection du préambule de la Constitution de 1958 puisqu'on allait y retrouver ces deux textes.

Dans un premier temps, ces principes étaient énoncés dans l'exposé des motifs du projet de loi constitutionnelle dans sa rédaction du 31 mai 1958[1]. Le Conseil d'Etat proposa dans son avis du 1er juin 1958 de modifier l'article unique de la loi et de rédiger ainsi son premier alinéa : « Pour mettre en œuvre les principes énoncés dans l'exposé des motifs de la présente loi, l'article 90 de la Constitution est remplacé »[2]. L'objectif de cette rédaction, qui visait à opérer un renvoi dans le corps du texte aux principes énoncés dans l'exposé des motifs, était d'établir expressément un lien entre le texte de la loi et ces principes, l'exposé des motifs étant traditionnellement considéré comme n'ayant pas de signification normative. Le texte ainsi modifié a été présenté le même jour à la commission du suffrage universel de l'Assemblée nationale. Au cours de l'audition des Ministres d'Etat, cette rédaction fut explicitement mise en avant. Ainsi, Pierre Pflimlin, affirma-t-il que le projet de Constitution qui serait élaboré par le Gouvernement devait « se situer dans un certain cadre qui est défini dans l'exposé des motifs ». Insistant sur l'« importance fondamentale » des principes énoncés dans cet exposé, il se référa expressément au premier alinéa de la loi pour juger qu'il était « indiscutable que ces principes ont une valeur contraignante » et que le projet du Gouvernement devrait « obligatoirement (...) correspondre aux cinq principes énoncés ». Il en conclut que le changement institutionnel se ferait « dans la fidélité aux principes de la démocratie et du système parlementaire »[3].

Au cours du débat en séance publique, Paul Coste-Floret[4] et Pierre-Henri Teitgen[5] demandèrent que ces principes soient retirés de l'exposé des motifs pour être pleinement intégrés dans le corps de la loi constitutionnelle. Pierre Pflimlin répondit favorablement en soulignant que ce transfert « aurait peut-être le mérite de souligner davantage [...] la valeur contraignante des principes énoncés dans l'exposé des motifs »[6]. La volonté de voir ces principes inscrits dans le corps de la loi constitutionnelle témoignait d'un souhait d'encadrer et même de limiter le Gouvernement dans son travail d'élaboration de la nouvelle Constitution. Sur le fond, il semble que les parlementaires attachaient

---

[1] *Documents pour servir à l'histoire ..., op. cit.*, Vol. I, 1987, p. 101.
[2] *Ibid.*, p. 103.
[3] *Ibid.*, p. 142 (col. gauche et droite).
[4] *Ibid.*, p. 143 (col. gauche).
[5] *Ibid.*, p. 148 (col. gauche).
[6] *Ibid.*, p. 153 (col. gauche).

une portée considérable au principe garantissant la forme parlementaire du régime, soucieux de préserver le principe de la responsabilité politique du Gouvernement devant l'assemblée.

La continuité en matière de libertés publiques, marquée par la référence aux textes de 1789 et 1946, ne fut donc pas particulièrement mise en avant[1]. La réaction la plus intéressante fut celle de Pierre-Henri Teitgen qui contesta violemment la formulation initiale de l'alinéa dont il était question, celui-ci évoquant le pouvoir judiciaire et non l'autorité judiciaire comme ce sera finalement le cas. Il considérait qu'en érigeant l'autorité judiciaire au rang de pouvoir et en lui permettant de contrôler la constitutionnalité des lois, on instaurait « le Gouvernement des juges » c'est-à-dire selon lui « un système qui fonctionne en Amérique et qui dérive de la séparation stricte des pouvoirs »[2]. Cette charge contre le contrôle de constitutionnalité, pourtant nullement impliqué par l'alinéa en cause et où l'on retrouve Edouard Lambert, ne sera pas sans écho lors de la discussion portant sur la valeur juridique du préambule devant le Comité consultatif constitutionnel.

Une lettre rectificative du 1er juin 1958 modifia finalement l'article unique de la loi pour y intégrer ces principes, conformément aux vœux émis par messieurs Paul Coste-Floret et Pierre-Henri Teitgen, l'exposé des motifs se bornant à préciser que le projet de loi constitutionnelle « respectera les principes fondamentaux de la démocratie »[3]. Par ailleurs, l'énoncé du quatrième principe faisait désormais mention de l'autorité judiciaire et non du pouvoir judiciaire. La discussion du projet de loi adopté par l'Assemblée nationale fut particulièrement brève devant le Conseil de la République, le Gouvernement insistant sur la nécessité, dans le cadre de l'élaboration de la nouvelle Constitution, de respecter les cinq principes énoncés dans la loi, qualifiés par Pierre Pflimlin devant la commission du suffrage universel de « principes fondamentaux de la démocratie [telle qu'elle est conçue] traditionnellement dans les pays d'Occident »[4]. De son côté, le président du Conseil, Charles De Gaulle, affirma en séance devant le Conseil de la

---

[1] On peut toutefois remarquer que E. Barrachin avait expressément demandé au gouvernement si le projet de Constitution soumis au référendum « toucher[ait] » (*Ibid.*, p. 151, col. droite) au préambule de la Constitution de 1946, semblant marquer un certain attachement au contenu de ce texte et la volonté de le voir repris dans la nouvelle Constitution. Durant le débat portant sur le vote de la confiance au nouveau gouvernement, au cours duquel différents orateurs se sont exprimés sur le souhait affiché par ce dernier de modifier les institutions, P. Mendès-France avait fait une première référence au préambule de 1946 en jugeant l'échec des gouvernements de la IVème République lié au refus de garder « la moralité politique et une fidélité suffisante aux grandes volontés initiales et constamment renouvelées de la nation, celles qui figurent dans le préambule de la Constitution », *Ibid.*, p. 108 (col. gauche).

[2] *Ibid.*, p. 148 (col. droite).

[3] *Ibid.*, p. 165.

[4] *Ibid.*, p. 190 (col. droite).

République qu'ils étaient « exactement dans l'esprit et même dans la lettre de ceux qui ont toujours été les fondements des institutions républicaines et démocratiques »[1].

B. Un renvoi faisant consensus

Une fois la loi constitutionnelle adoptée et promulguée, le travail d'élaboration de la nouvelle Constitution commença sous la direction du Gouvernement, conformément à la procédure prévue par la loi du 3 juin 1958. Que ce soit durant la phase de rédaction préalable du texte ou à l'occasion de sa présentation au Conseil d'Etat et au Comité consultatif constitutionnel, les renvois opérés à la Déclaration de 1789 et au préambule de la Constitution de 1946 par le nouveau préambule ont suscité peu de difficultés. L'essentiel de la structure définitive du premier alinéa du préambule était déjà présent dans un compte-rendu de la réunion de travail du 12 juin 1958 qui précisait, dans le titre « problèmes divers », sous une entrée « déclaration des droits », qu'« il n'est pas conforme à la tradition politique et juridique française de faire rédiger une déclaration des droits par le gouvernement. Une affirmation des grands principes est cependant nécessaire. La solution la plus opportune paraît être de rédiger un article maintenant en vigueur la Déclaration de 1789 et l'additif de 1946 »[2]. Ainsi, l'idée d'un simple renvoi aux deux textes visés dans la loi constitutionnelle du 3 juin 1958 fut présentée comme une façon suffisante d'affirmer les « grands principes » en évitant au Gouvernement d'avoir à rédiger une déclaration des droits, et ce alors même que le préambule de la Constitution de 1946 (un peu sommairement qualifié d'additif...) renvoyait déjà à la Déclaration de 1789. On relèvera néanmoins que l'objet du renvoi tel qu'il était alors conçu était de *maintenir* en vigueur ces deux textes, ce qui impliquait la reconnaissance d'une *signification normative* à ces textes avant 1958 (probablement par référence à la jurisprudence du Conseil d'Etat).

La première rédaction du préambule, qui ne comportait alors que ce seul alinéa, est issue d'un avant-projet de constitution présent dans les archives de Michel Debré et rédigé « vers le 10 juillet 1958 ». Il disposait qu'« en adoptant la présente Constitution, le peuple français proclame solennellement son attachement aux droits de l'homme et au principe de la souveraineté nationale tels qu'ils ont été définis par la déclaration de 1789 et confirmés au lendemain de la Libération »[3]. C'est le groupe de travail du 16 juillet 1958 qui a prévu d'ajouter une référence explicite au préambule de la Constitution de 1946 et d'adjoindre un second alinéa concernant l'outre-mer[4]. L'avant-projet du 19 juillet 1958 a pris en compte ces demandes et le préambule de la Constitution

---

[1] *Ibid.*, p. 203 (col. droite).
[2] *Ibid.*, p. 243.
[3] *Ibid.*, p. 415.
[4] *Ibid.*, p. 443.

de 1946 fut expressément cité après la Déclaration de 1789, les deux textes n'étant désormais plus retirés du préambule ni par le Gouvernement, ni par les organes chargés de donner un avis sur le projet de texte[1].

Ultérieurement, lors du débat devant l'Assemblée générale du Conseil d'Etat les 27 et 28 août 1958, Charles Blondel, soucieux à la fois de respecter la lettre de la loi constitutionnelle du 3 juin 1958 et d'éviter une interprétation trop restrictive du préambule de 1946 qui conduirait à ne pas englober les droits sociaux qui y sont énumérés, proposa de modifier légèrement la formulation du premier alinéa en évoquant l'attachement « aux droits de l'homme et aux libertés essentielles définies par le Préambule de la Constitution de 1946 »[2]. René Cassin réfuta cette proposition en précisant expressément que la rédaction du préambule reprenait « d'un bloc, (...) la Déclaration de 1789 et le Préambule de la Constitution de 1946 »[3]. A aucun moment il ne fut donc proposé de supprimer les deux renvois opérés par le préambule qui n'ont ainsi posé aucune difficulté au cours de l'élaboration du projet de Constitution. Cette solution avait l'avantage, aux yeux des rédacteurs et notamment du Gouvernement, de marquer symboliquement une continuité républicaine à travers la référence à ces deux textes[4]. En revanche, l'opportunité d'une référence à la Déclaration universelle des droits de l'homme du 10 décembre 1948 fit davantage débat, en particulier devant le Conseil d'Etat.

Paragraphe 2.
Le refus d'un renvoi à la Déclaration universelle des droits de l'homme de 1948

Le débat portant sur la proposition du Comité consultatif constitutionnel de compléter le préambule par une référence à la Déclaration universelle des droits de l'homme de 1948 est particulièrement intéressant au vu des clivages qu'il suscita devant le Conseil d'Etat. La proposition avait une visée essentiellement symbolique (A), mais l'argumentation déployée en défaveur du projet offre une vision de la conception normative que les participants se faisaient du préambule, tout en attestant leurs doutes sur sa valeur juridique exacte (B).

---

[1] *Ibid.*, p. 457.

[2] *Documents pour servir à l'histoire ..., op. cit.*, Vol. III, 1991, p. 288 (col. droite).

[3] *Ibid.*, p. 289 (col. gauche).

[4] Précisons que la proposition de M. Waline visant à intégrer dans le texte du préambule le principe de l'*habeas corpus* afin de marquer « le caractère nettement libéral de l'œuvre du Gouvernement » fut déplacée dans le texte de la Constitution (*Documents pour servir à l'histoire ..., op. cit.*, Vol. II, 1988, p. 448, col. gauche), celle de M. Van Graefschepe de compléter le préambule de plusieurs alinéas précisant le cadre économique et social de la République française ne fut pas retenue.

A. Une proposition présentée comme symbolique

Discuté lors de la séance du 13 août 1958 sur une proposition de Paul Coste-Floret[1], ce complément a peu fait débat devant le Comité consultatif constitutionnel. Paul Reynaud ayant émis l'idée que cette insertion permettrait de ratifier la Déclaration de 1948, une courte discussion s'est ensuivie pour savoir si celle-ci nécessitait ou non d'être ratifiée par la France[2]. Une fois partagée la conviction que cette Déclaration, que Pierre-Henri Teitgen qualifiait d'« espèce de modèle proposé aux Etats pour qu'ils s'en inspirent dans leur constitution »[3], ne nécessitait pas de ratification, l'amendement fut adopté[4]. Le Gouvernement n'ayant pas retenu cette référence dans le texte présenté au Conseil d'Etat, certains membres de ce dernier soulevèrent la question de sa réintroduction, suscitant un débat beaucoup plus vif que devant le Comité consultatif constitutionnel.

Pour expliquer le choix du Gouvernement devant la Commission constitutionnelle du Conseil d'Etat les 25 et 26 août 1958, le commissaire du Gouvernement Raymond Janot qualifia cette référence de « dangereuse » en s'appuyant sur un jugement de nature politique. Rappelant en effet que la Déclaration prévoyait des recours ouverts aux citoyens à l'Organisation des Nations Unies, il relevait que ceci apparaissait « explosif politiquement »[5], faisant sans doute référence à la situation en Algérie. Une telle référence sera d'ailleurs explicitée plus tard s'agissant de la loi sur l'Etat d'urgence : Bruno Genevois a noté, à juste titre, que la situation née du conflit algérien a été l'un des facteurs contribuant à limiter les ambitions des rédacteurs de la Constitution[6].

C'est lors des débats devant l'Assemblée générale du Conseil d'Etat les 27 et 28 août que cette question fut vraiment discutée, certains conseillers plaidant en faveur de la proposition émise par le Comité consultatif constitutionnel. Philippe Renaudin défendit le premier cette référence en avançant que la France ayant participé à l'élaboration de cette Déclaration et étant le premier Etat à se doter d'une constitution depuis son adoption, il concevrait « difficilement » qu'elle « ne se réfère pas à cette Déclaration universelle des droits de l'homme et la laisse, en quelque sorte, à l'extérieur

---

[1] *Ibid.*, p. 450 (col. gauche).

[2] *Ibid.* Précisons que certains participants faisaient une confusion entre le texte de la Déclaration et la Convention de sauvegarde des droits de l'homme et des libertés fondamentales du 4 novembre 1950.

[3] *Ibid.*, (col. droite).

[4] On verra que la question de la ratification ressurgira néanmoins au cours de la discussion devant le Conseil d'Etat.

[5] *Documents pour servir à l'histoire…*, *op. cit.*, Vol. III, 1991, p. 42 (col. gauche).

[6] B. Genevois, « Le Préambule et les droits fondamentaux », *article précité*, p. 487

de sa propre Constitution »[1]. En référence à la formulation de l'alinéa premier du préambule, il ajouta plus loin qu'il lui « paraît difficile que le peuple français ne manifeste pas son attachement à la Déclaration universelle des droits de l'homme de 1948 »[2]. Pierre Landron lui a emboîté le pas, estimant regrettable de ne pas opérer cette référence, la Déclaration étant « mieux adaptée à la situation actuelle, et aussi parce que c'est un texte international ». Il appuyait ce dernier point en notant qu'il serait bon pour la France d'« affirm(er) son sentiment d'appartenance à une communauté internationale » et « son sentiment qu'elle doit respecter une règle internationale supérieure, dans le cas où cette règle a pu être dégagée d'une manière juridique »[3]. Cependant, il acheva son intervention sur l'affirmation de la difficulté d'opérer cette référence en raison de l'absence de ratification préalable du texte par la France, point qui, on l'a vu, avait été écarté devant le Comité consultatif constitutionnel.

Globalement, les quelques échanges rapportés firent appel à la portée symbolique ou politique d'une telle référence, sans mettre particulièrement en avant ses conséquences sur le plan juridique et donc sans s'interroger sur la normativité du préambule. Pour rassurer les intervenants, il fut avancé de façon générale que l'absence de référence à la Déclaration de 1948 ne valait pas rejet de celle-ci. Déjà, devant la Commission constitutionnelle du Conseil d'Etat, René Cassin avait tenu à souligner qu'« il est bien entendu qu'on ne va pas considérer en vertu d'un prétendu *a contrario* que la France n'est pas ralliée à cette Déclaration »[4]. Le même argument a été repris devant l'Assemblée générale du Conseil d'Etat par M. Martin lorsqu'il notait « que l'absence de référence à cette Déclaration universelle dans la Constitution n'implique pas, pour autant, la répudiation par la France des principes qui y sont posés »[5]. A côté de ces proclamations générales, ce sont néanmoins des arguments juridiques qui ont été employés pour rejeter le renvoi proposé, laissant transparaître des premières interrogations sur la normativité du préambule.

B. Un refus faisant appel à des justifications juridiques

Les membres du Conseil d'Etat qui se sont opposés à ce qu'une référence à la Déclaration de 1948 soit opérée dans le préambule ont étayé leur désaccord à partir de trois types d'arguments : la nature internationale de la Déclaration (1), son absence de normativité (2) et le risque qu'elle vienne troubler la jurisprudence du Conseil d'Etat (3). La présentation synthétique de

---

[1] *Ibid.*, p. 289 (col. gauche).
[2] *Ibid.*, p. 290 (col. droite).
[3] *Ibid.*, p. 289 (col. droite).
[4] *Ibid.*, p. 42 (col. droite).
[5] *Ibid.*, p. 290 (col. gauche).

ces trois types d'arguments établit que les participants avaient conscience du rôle du juge dans la détermination de la signification normative des énoncés en cause.

1. La nature internationale de la Déclaration universelle des droits de l'homme

En insistant sur le caractère international de la Déclaration universelle des droits de l'homme, certains membres du Conseil d'Etat ont souhaité mettre en avant une contradiction avec la nature interne du préambule. Il s'agissait, pour eux, de souligner une impossibilité que la constitution, acte juridique interne, se réfère à un texte international. Ainsi, Charles Blondel jugeait que faire référence à la Déclaration de 1948 dans le préambule serait « sorti(r) de l'œuvre proprement constitutionnelle » en faisant « ratifier par le peuple français une déclaration d'ordre international » ce qui « n'est pas du tout le rôle d'une constitution »[1]. Ce faisant, il affirmait l'existence d'une contrariété juridique entre « le rôle d'une constitution » et la ratification d'un texte international qui rendrait impossible la mention de la Déclaration de 1948 dans le préambule. De même, André Deschamps déclarait « qu'il n'e(st) pas, dans un document intérieur, dans une Constitution française, nécessaire de référer à un document international »[2].

L'essentiel des intervenants hostiles au renvoi s'est néanmoins plutôt placé sur le terrain de la ratification. Ainsi, pour M. Martin, ce renvoi n'était pas nécessaire car la référence à la Déclaration devait revêtir une forme particulière en étant faite « par des formulations du type de droit international, soit par la législation, soit en préparation des pactes » internationaux que René Cassin venait de mentionner[3]. Ce dernier précisa néanmoins que « cette Déclaration n'a pas à être ratifiée »[4] mais qu'il lui paraissait « très difficile de faire pénétrer (la Déclaration) juridiquement par des moyens non juridiques comme le Préambule », qualifiant cela de « difficulté technique »[5]. Il ne se plaçait ainsi plus sous l'angle strict de la ratification, ayant jugé que celle-ci n'était pas nécessaire s'agissant d'une résolution de l'Assemblée générale de l'ONU, mais évoquait la pénétration de celle-ci dans le droit interne, formule beaucoup plus vague et à vrai dire peu juridique, pour dénier au préambule la capacité de réaliser cette opération[6]. Ces échanges révèlent une confusion

---

[1] *Ibid.*, p. 291 (col. gauche).
[2] *Ibid.*, p. 291 (col. gauche).
[3] *Ibid.*, p. 290 (col. gauche).
[4] *Ibid.*, p. 289 (col. droite).
[5] *Ibid.*, p. 291 (col. gauche).
[6] On précisera qu'en employant l'expression « moyen non juridique » pour qualifier le préambule de la Constitution, on peut penser que R. Cassin voulait uniquement

importante sur le statut interne de la Déclaration de 1948 dès lors que contrairement à ce qui fut affirmé, le Conseil d'Etat, statuant au contentieux, avait déjà jugé que la seule publication de la Déclaration universelle des droits de l'homme au Journal Officiel ne permettait pas « de ranger celle-ci au nombre des traités diplomatiques régulièrement ratifiés et publiés en vertu d'une loi, aux seules dispositions desquels les articles 26 et 28 de la constitution du 27 octobre 1946 reconnaissent force de loi même lorsqu'elles sont contraires aux prescriptions de la législation française interne »[1]. Il paraît par conséquent pour le moins curieux que les membres du Conseil d'Etat n'aient pas unanimement considéré que la Déclaration devait être, d'une façon ou d'une autre, ratifiée pour produire des effets juridiques en droit interne. Quoi qu'il en soit, la nature internationale de cette Déclaration fut utilisée pour dénier toute utilité au renvoi envisagé, mais également pour illustrer une contradiction avec l'objet et la fonction du préambule d'une constitution. En filigrane, c'est de la normativité du préambule dont il est question, celle-ci étant opposée à l'absence de normativité de la Déclaration de 1948.

2. L'absence de normativité de la Déclaration universelle des droits de l'homme

L'absence supposée de normativité de la Déclaration universelle des droits de l'homme de 1948 a été exploitée pour illustrer un décalage avec les autres textes référencés dans le préambule. Devant la Commission constitutionnelle du Conseil d'Etat, René Cassin avait déjà jugé que « la Déclaration universelle n'est pas une convention, c'est une proclamation »[2]. Mettant l'accent sur le travail visant au niveau international à « transformer la Déclaration universelle (...) en Pacte des droits de l'homme qui deviendrait juridiquement obligatoire pour les Etats signataires », il réaffirma devant l'Assemblée générale que la Déclaration « n'a pas valeur juridique obligatoire »[3]. M. Gros énonçait pour sa part que « cette Déclaration n'a pas d'autre valeur qu'un exposé de doctrine »[4]. En s'appuyant sur la jurisprudence interne, Léon Julliot de La Morandière arrivait à la même conclusion mais par une argumentation légèrement différente. Il affirmait ainsi que « la signification juridique de la Déclaration universelle des droits de l'homme n'est pas du tout la même que

---

souligner que ce n'était pas un moyen juridique adéquat, et non pas lui dénier toute signification normative.

[1] CE, 18 avril 1951, Elections de Nolay, *Rec.* p. 189. Cette solution fut réaffirmée sous la Ve République dans un arrêt *Roujansky* du 23 novembre 1984 (*Rec.*, p. 383) ainsi que par l'arrêt *Confédération nationale des associations familiales catholiques et autres* du 21 décembre 1990 (*RFDA*, 1990, p. 1065, conclusions B. Stirn).

[2] *Ibid.*, p. 42 (col. gauche).

[3] *Ibid.*, p. 290 (col. gauche).

[4] *Ibid.*, p. 290 (col. droite).

la valeur juridique des déclarations mises dans le Préambule de la Constitution de 1946 ». En effet, alors que « le Conseil d'Etat et la Cour de cassation [...] ont reconnu une valeur juridique précise aux formules qui se trouvaient dans le Préambule de la Constitution de 1946 », la Déclaration universelle de 1948 « est un souhait, mais qui n'aura une valeur juridique positive dans chaque Etat que lorsqu'il sera introduit, soit par la législation particulière, soit par un traité ». Au vu de cette différence, il concluait qu'il était impossible de « mettre sur le même plan la Déclaration universelle des droits de l'homme et la référence à la Déclaration ou au Préambule de 1946 »[1]. La mention de la jurisprudence des juges administratif et judiciaire visait à démontrer l'absence de normativité de la Déclaration universelle par opposition à celle déjà reconnue à la Déclaration de 1789 et au préambule de la Constitution de 1946.

Ce type d'argumentation visait à refuser toute normativité à la Déclaration universelle des droits de l'homme en s'appuyant soit sur la formulation des énoncés qu'elle contient, présentés comme trop vagues et imprécis pour être normatifs, soit sur sa nature de document international non contraignant. En mettant en opposition la signification juridique de la Déclaration de 1948 et la normativité du préambule, Léon Julliot de La Morandière laissait entendre que cette Déclaration était privée de toute normativité. L'argument de texte est néanmoins contestable pour distinguer les énoncés ayant une signification normative de ceux qui n'en auraient pas[2]. Cela révèle l'absence de distinction claire entre la formulation des énoncés compris dans le préambule d'une part, et l'application qui peut en être faite par le juge d'autre part. Or « le caractère prescriptif et la qualité normative d'un énoncé peuvent être envisagés du point de vue de l'interprétation et de la signification normative qui lui est donnée par une autorité normative de l'ordre juridique »[3]. Ainsi, c'est bien le Conseil d'Etat qui a décidé d'interpréter certaines dispositions du préambule de la Constitution de 1946, dont la formulation était pourtant réputée incertaine, pour les rendre opposables à l'administration. Rien ne l'empêchait de faire de même avec la Déclaration universelle de 1948. Le raisonnement est encore plus contestable lorsqu'il prétend sauvegarder la cohérence de la jurisprudence du Conseil d'Etat.

3. Le risque de confusion dans la jurisprudence

Certains intervenants ont affirmé qu'un renvoi à la Déclaration universelle des droits de l'homme de 1948 dans le préambule de la Constitution de 1958

---

[1] *Ibid.*, p. 290 (col. gauche).

[2] Bien des années plus tard, Y. Aguila rejettera de nouveau cet argument au sujet de la Charte de l'environnement dans ses conclusions sur l'arrêt *Commune d'Annecy* (Conclusions sur CE, 3 octobre 2008, Commune d'Annecy, n° 297931).

[3] V. Champeil-Desplats, *Méthodologie du droit et des sciences du droit*, *op. cit.*, p. 270.

viendrait troubler une jurisprudence bien établie. Devant la Commission constitutionnelle du Conseil d'Etat, M. Michel avançait déjà qu'ajouter une troisième Déclaration des droits « créerait une confusion certaine »[1]. M. Gros souligna pour sa part devant l'Assemblée générale que cette insertion pourrait entraîner « sur certains points, des contradictions entre le système français des droits de l'homme et le système international des droits de l'homme »[2]. Plus précisément, certains intervenants ont mis l'accent sur le risque de perturbation qui résulterait de l'ajout de la Déclaration de 1948 au préambule de la Constitution de 1946 et à la Déclaration de 1789, le Conseil d'Etat ayant progressivement reconnu la normativité de certains énoncés contenus dans ces derniers. Ainsi, pour expliquer les « raisons techniques » de son hostilité à cette référence, René Cassin nota la différence de formulation entre la Déclaration de 1948, qualifiée de « document hétérogène », et celle des deux autres textes visés. Il affirmait redouter qu'« il puisse y avoir, à cause des divergences de formules, un véritable trouble dans notre jurisprudence »[3]. Maxime Letourneur alla dans le même sens en déclarant « qu'il serait très grave pour la jurisprudence du contentieux de mettre une référence à la Déclaration universelle de 1948. Cela causerait certainement une perturbation »[4]. Trois séries de critiques peuvent être apportées à ces affirmations.

En premier lieu, ces prises de position reposaient toutes sur une idée déjà présente dans une déclaration de René Cassin devant la Commission constitutionnelle, lorsqu'il précisait, d'emblée, que le premier alinéa du préambule « fait sien toute la jurisprudence du Conseil d'Etat sur la conception du Préambule »[5]. Le texte du préambule était ainsi présenté comme une consécration de la jurisprudence du Conseil d'Etat sur la signification normative conférée à certaines dispositions du préambule de la Constitution de 1946. Dans ce cadre, l'ajout d'une référence à la Déclaration de 1948 pouvait paraître une innovation de nature à imposer une évolution jurisprudentielle jugée inopportune. Comme le notait Bruno Genevois, le caractère « imposant » des textes de référence rendait « malaisée la tâche de ceux qui entendaient innover »[6]. Néanmoins, une telle lecture du préambule révèle uniquement la façon dont René Cassin trouvait souhaitable de l'interpréter. Dit autrement, l'argument démontre une visée prescriptive, à savoir la volonté de ne pas enrichir la portée du préambule.

En deuxième lieu, aucune contradiction précise entre une disposition de la Déclaration de 1948 et les énoncés de la Déclaration de 1789 ou du préambule

---

[1] *Documents pour servir à l'histoire..., op. cit.*, Vol. III, 1991, p. 42 (col. gauche).
[2] *Ibid.*, p. 290 (col. droite).
[3] *Ibid.*, p. 290 (col. droite).
[4] *Ibid.*, p. 41 (col. droite).
[5] *Ibid.*, p. 41 (col. droite).
[6] B. Genevois, « Le Préambule et les droits fondamentaux », *article précité*, p. 486.

de la Constitution de 1946 auxquels le Conseil d'Etat avait reconnu une signification normative ne fut relevée. De sorte que l'argument du risque de trouble ne reposait sur aucune donnée concrète et fonctionnait davantage comme une menace très générale (outre que le Conseil d'Etat avait déjà une riche expérience du traitement des antinomies en droit). On relèvera d'ailleurs que si André Deschamps mit l'accent sur la similitude entre les droits consacrés par la Déclaration de 1948 et ceux présents dans les deux autres textes référencés en notant « qu'il est certain que beaucoup des droits de l'homme étaient consacrés par la Déclaration de 1789 que nous avons reprise en 1946 »[1], cet argument, qui vient contredire l'idée d'un risque de confusion tel qu'il était présenté, ne fut jamais repris dans le débat.

En troisième lieu, les arguments ainsi avancés entraient en totale contradiction avec ceux refusant toute normativité à la Déclaration de 1948. Car de deux choses l'une : soit la Déclaration universelle des droits de l'homme n'avait aucune signification normative et dans ce cas, elle ne pouvait venir perturber l'état du droit positif, soit sa mention dans le préambule pouvait créer un tel risque mais cela valait reconnaissance que cette Déclaration pouvait avoir une signification normative comme celle de certains énoncés compris dans les textes mentionnés dans ce même préambule.

A travers l'ensemble des arguments échangés, on voit que le débat sur le contenu laisse affleurer un débat sur la normativité du texte car les participants sont bien conscients de ne pas œuvrer dans l'abstrait. C'est précisément parce qu'ils partageaient une conception normative du préambule, au regard de l'évolution de la jurisprudence, principalement administrative, sous la IVème République, que les intervenants portaient un intérêt aux textes que l'on pourrait y adjoindre. De ce point de vue, la volonté tangible devant le Conseil d'Etat de voir le texte du préambule ne pas remettre en cause le droit positif est illustrée par l'absence totale de lien établi entre ce préambule et la création, par l'avant-projet de Constitution discuté, d'un Conseil constitutionnel chargé dans certains cas de contrôler la constitutionnalité de textes législatifs ou du règlement des Assemblées. Le Conseil d'Etat examina le préambule uniquement par référence à sa propre jurisprudence[2], à la différence du débat sur la valeur juridique du préambule qui eut lieu devant le Comité consultatif constitutionnel, qui mit pleinement en lumière le lien entre le préambule et ce

---

[1] *Documents pour servir à l'histoire...*, *op. cit.*, Vol. II, 1988, p. 289.

[2] On peut par ailleurs constater le peu d'intérêt des membres du Conseil d'Etat pour ce nouveau contrôle de constitutionnalité des lois à l'extrême faiblesse des débats auxquels donna lieu l'examen de l'article l'instituant (article 57 de l'avant-projet) tant devant la Commission constitutionnelle que devant l'Assemblée générale. Voir *Documents pour servir à l'histoire...*, *op. cit.*, Vol. III, 1991, p. 375-376. Ce, à l'inverse du comité consultatif constitutionnel : voir B. Quiriny, « Le Conseil constitutionnel dans les travaux du Comité consultatif constitutionnel de 1958 », *RDP*, 2019, n°117, p. 145.

nouvel organe qui devait devenir une juridiction constitutionnelle, à savoir le Conseil constitutionnel.

Section 2.
Le refus d'une valeur juridique constitutionnelle au préambule

Si le contenu du préambule a peu fait débat devant le Comité consultatif constitutionnel, la question de sa valeur juridique s'est en revanche posée à deux reprises avec acuité. Une première fois, dans l'après-midi du 5 août 1958, alors qu'était en discussion un amendement visant à étendre la saisine du Conseil constitutionnel à un tiers des membres de l'une ou l'autre Assemblée[1]. Une seconde fois, dans l'après-midi du 7 août 1958, à l'occasion d'une discussion portant sur un amendement au futur article 34 de la Constitution prévoyant le respect du préambule par le législateur[2]. Au cours de ces deux séances, un vif échange d'arguments a eu pour objet l'opportunité d'accorder un statut constitutionnel aux textes visés par le préambule. De ce point de vue, contrairement à l'opinion communément admise, il est difficilement soutenable que la discussion de ce dernier n'ait « pas été à l'origine de conflits »[3].

La lecture de ces débats laisse apparaître que le lien entre la valeur juridique du préambule et le pouvoir du Conseil constitutionnel était clairement établi par certains participants qui avaient parfaitement saisi que le Conseil disposerait d'une marge d'appréciation considérable pour interpréter le préambule. Plus particulièrement, le débat a mobilisé d'une part, les adversaires d'une limitation du législateur par une juridiction constitutionnelle (Paragraphe 1) et d'autre part, les adversaires de ce qui fut présenté comme une régression (Paragraphe 2).

Paragraphe 1.
Le refus du gouvernement des juges

La question de la valeur juridique du préambule étant soulevée devant le Comité consultatif constitutionnel, le rôle et la place du Conseil constitutionnel au sein des institutions créées par le projet de Constitution furent mis en question, certains participants faisant immédiatement référence au risque du gouvernement des juges (A) et ce à deux reprises (B).

---

[1] Amendement présenté par Messieurs Valentin et Triboulet.

[2] Amendement présenté par M. Van Graefschepe.

[3] B. Genevois, « Le Préambule et les droits fondamentaux », *article précité.*, p. 483. L'auteur affirme également quelques lignes plus loin qu'« il est significatif que, devant le Comité consultatif constitutionnel, le préambule n'ait pas suscité de difficultés ».

A. Le premier refus d'une valeur constitutionnelle

Cette question fut d'abord soulevée au cours du débat portant sur l'extension de la saisine du Conseil à l'opposition. Cette proposition suscita la défense d'un certain nombre de participants et la réserve du Garde des sceaux, craignant une politisation de « l'opération de contrôle de la Constitution »[1]. Prenant la parole au cours du débat, Pierre-Henri Teitgen jugea que l'extension proposée aurait pour conséquence la saisine du Conseil par l'opposition « après tous les débats passionnés » car « c'est le rôle de l'opposition », cette saisine pouvant toujours être étayée par des arguments de droit puisés dans le texte de la Constitution. Le propos est illustré par l'exemple de la loi Barangé du 28 septembre 1951 portant sur l'enseignement privé qui avait entraîné un clivage important dans la classe politique sous la IVème République[2]. Selon lui, « la loi Barangé sera saisie par l'opposition laïque, sous prétexte que les mots "République laïque", qui figurent dans la constitution sont violés. La loi anti-Barangé sera aussi portée devant le (Conseil) constitutionnel car les libertés garanties par le Préambule sont violées ». Cette intervention portait pour la première fois sur la valeur juridique du préambule en faisant le lien avec le rôle et le fonctionnement du Conseil constitutionnel. En mettant l'accent sur l'exploitation politique que l'opposition pourrait faire de la possibilité de contester la conformité de toute loi aux textes visés dans le préambule, il s'agissait de mettre en garde sur le rôle que le Conseil constitutionnel pourrait jouer au sein des institutions. Ces éléments seraient de nature à mener vers ce que Pierre-Henri Teitgen qualifia de « gouvernement des retraités »[3] qui pourrait ainsi « gouverner contre tout le monde »[4]. C'est donc bien la question de la valeur juridique du préambule qui permet d'introduire le thème du gouvernement des juges dans le débat[5].

---

[1] *Documents pour servir à l'histoire..., op. cit.*, Vol. II, 1988, p. 175 (col. gauche).

[2] Le vote de cette loi, qui avait entraîné la fin de la Troisième force, avait par ailleurs donné lieux à un échange d'arguments sur sa constitutionnalité lors des débats parlementaires : Voir B. Fargeaud, « Les ambiguïtés de l'hostilité au contrôle de constitutionnalité sous la Ive République », *article précité.*

[3] Il nomme ainsi les membres du Conseil constitutionnel dès le début de son intervention.

[4] *Ibid.*, p. 176.

[5] Assez curieusement, L. Favoreu développa un argument similaire dans les débuts de la Vème République : « l'octroi d'un droit de saisine à la minorité se traduirait par de nombreux arrêts dans l'élaboration des lois et le Parlement serait bien plus qu'auparavant soumis au contrôle du juge. Pratiquement, le pouvoir passerait entre ses mains et l'on aurait un gouvernement des juges », « Le Conseil constitutionnel régulateur de l'activité normative des pouvoirs publics », *RDP*, 1967, p. 99.

La discussion s'étant poursuivie sans qu'aucun intervenant ne soit revenu sur le préambule[1], Pierre-Henri Teitgen est de nouveau intervenu pour « préciser le débat ». Il estimait en effet que la discussion sur l'extension de la saisine du Conseil à l'opposition n'avait d'intérêt « que si le contrôle de la constitutionnalité permet de vérifier la conformité de la loi au Préambule de la Constitution ». Il réaffirmait ainsi le lien entre la valeur juridique du préambule et l'extension de la saisine du Conseil constitutionnel à l'opposition, jugeant qu'il n'y aurait aucun inconvénient à cette extension en cas d'exclusion du contrôle de conformité de la loi au préambule. En effet, selon lui, le préambule contenait des « dispositions positives et virtuelles » et le contrôle de conformité à ces dispositions amènerait au gouvernement des juges dès lors que les membres du Conseil devraient « appréci(er) d'une manière suggestive et particulière ce que signifie ce Préambule et ce que sont les diverses dispositions auxquelles il renvoie pour une discussion de principe »[2]. Il illustrait sa crainte par une comparaison entre la situation faite aux règlements devant le Conseil d'Etat et celle qui pourrait être faite à la loi devant le Conseil constitutionnel. Selon lui, en effet, le Conseil d'Etat usait du contrôle de constitutionnalité des règlements avec « prudence » et dès lors, il s'« attristerai(t) beaucoup de voir des lois, votées par le Parlement, soumises à un contrôle de constitutionnalité beaucoup plus rigoureux »[3]. Exprimant sa pleine conscience de l'impossibilité pour les participants de savoir ce que ferait le Conseil constitutionnel[4], il émettait un doute sur la façon dont celui-ci, une fois saisi, interpréterait la constitution, en particulier son préambule. On comprend alors qu'il s'agissait de s'assurer que le Conseil constitutionnel n'aurait pas la possibilité d'interpréter les textes auxquels renvoie le préambule - donc la substance constitutionnelle - jugés trop généraux, et qu'il soit cantonné à assurer le respect du seul texte de la constitution, à l'image du Comité constitutionnel sous la IVème République. En soulevant ces questionnements, la volonté de Pierre-Henri Teitgen était d'obtenir une clarification du Gouvernement sur le statut du préambule, mais aucun des autres intervenants ne se plaçant sur ce terrain, celle-ci ne viendra que deux jours plus tard au cours d'un nouveau débat.

---

[1] Bien que le thème du gouvernement des juges soit exploité notamment par P. Coste-Floret.
[2] *Ibid.*, p. 179.
[3] *Ibid.*, p. 180 (col. gauche).
[4] *Ibid.*

B. Le second refus d'une valeur constitutionnelle

Le débat du 7 août 1958 portait sur l'amendement visant à introduire dans le futur article 34 une disposition selon laquelle « dans le respect des principes généraux et libertés individuelles définis par le préambule, sont réglées… »[1]. Cette proposition suscita la réaction du commissaire du Gouvernement Raymond Janot, qui estimait qu'une telle disposition pourrait amener certains à juger qu'il y a une obligation « de respecter les principes généraux, les droits et intérêts individuels définis par le Préambule » car l'amendement proposé donnerait « valeur constitutionnelle à toutes les dispositions de la Déclaration des droits de l'homme »[2]. C'est à cette occasion que, la question lui étant posée par René Dejean de savoir si, dans l'avant-projet du Gouvernement, le préambule avait « autorité juridique constitutionnelle », il avait répondu : « non, certainement »[3]. Il confirmera quelques années plus tard que cette réponse ne devait rien à l'improvisation et avait fait l'objet de discussions préalables avec le président du Conseil, son directeur de cabinet et le Garde des sceaux[4]. En affirmant que conférer une valeur constitutionnelle à ces textes « au moment où on crée un Conseil constitutionnel, c'est aller au-devant de difficultés considérables, et c'est s'orienter dans une très large mesure vers (le) gouvernement des juges »[5], il soulignait que l'enjeu de la valeur juridique du préambule reposait tout entier dans le rôle que l'on souhaitait voir jouer au Conseil constitutionnel. René Dejean se rallia à cette vision des choses en qualifiant le contrôle qui devait être exercé par ce dernier de « risque »[6] si une valeur juridique constitutionnelle était conférée au préambule. Constatant en effet que le rôle du Conseil constitutionnel, tel qu'envisagé dans le texte du Gouvernement, devait l'amener à statuer relativement rarement, il développa une analyse similaire à celle de Pierre-Henri Teitgen en affirmant que si le préambule avait valeur constitutionnelle, cela aurait pour conséquence qu'« aucune loi ne sera votée par le Parlement sans que les mécontents de ce vote trouvent un principe auquel ils accrocheront l'idée de contravention »[7].

Afin d'insister sur ce point, le commissaire du gouvernement Raymond Janot n'a pas hésité à utiliser un exemple très concret en faisant état « de très

---

[1] *Ibid.*, p. 254 (col. droite).

[2] *Ibid.*, p. 254 (col. droite).

[3] *Ibid.*

[44] L. Favoreu, (dir.), *Cours constitutionnelles européennes et droits fondamentaux*, Paris, Economica, 1982, p. 212.

[5] *Documents pour servir à l'histoire...*, *op. cit.*, Vol. II, 1988, p. 256 (col. droite).

[6] *Ibid.*, p. 257 (col. gauche).

[7] *Ibid.* Sur cette notion de contravention voir F. Savonitto, *Les discours sur la « violations de la Constitution » sous la Vème République*, Paris, LGDJ, 2013 ; L. Fontaine, « La violation de la Constitution : autopsie d'un crime qui n'a jamais été commis », *RDP*, 2014, p. 1617.

grands doutes sur la constitutionnalité de certaines lois, et en particulier sur la loi de l'état d'urgence »[1]. Evoquer l'inconstitutionnalité de la loi sur l'état d'urgence adoptée en 1955[2] si l'amendement présenté était adopté illustrait très efficacement les changements impliqués par l'existence d'une véritable juridiction constitutionnelle. Cette loi ayant été votée pour faire face à des événements toujours en cours et à l'origine directe du processus constituant de 1958, il s'agissait d'un moyen adéquat pour inciter les membres du Comité à rejeter l'existence d'une telle contrainte pour le législateur. Il achevait son propos en notant que l'amendement conduirait à « l'impossibilité de certaines législations » dont, selon lui, l'Etat avait « besoin » et affirmait à nouveau qu'avec un tel amendement, le Comité s'engagerait « sur la voie du gouvernement des juges »[3]. C'est ainsi en évoquant l'accroissement du contrôle du juge et la réduction de la marge de manœuvre du législateur qui s'ensuivrait qu'était justifié le refus de conférer une valeur juridique constitutionnelle au préambule. En tout état de cause, l'agitation du spectre du gouvernement des juges était très efficace dès lors qu'elle conduisait à mettre en avant les conséquences du statut normatif du préambule sur l'équilibre institutionnel. En dramatisant cette question, on visait à contraindre les autres membres à se positionner non pas sur le contenu ou la valeur juridique du préambule, mais sur le pouvoir qui devait être confié au Conseil constitutionnel. Néanmoins, les défenseurs de la signification normative du préambule ont utilisé une autre approche, s'attachant à mettre en valeur la nécessité de ne pas revenir sur certains acquis.

Paragraphe 2.
Le refus d'une régression

Soucieux de voir les textes référencés dans le préambule disposer d'une signification normative et produire de réels effets juridiques, certains intervenants ont invoqué le risque que le texte de la Constitution opère une régression au regard de la Constitution du 27 octobre 1946, en particulier au regard de l'article 81 de cette Constitution ou de certains alinéas de son préambule (A) expliquant certains atermoiements du Gouvernement au sujet de la valeur juridique exacte qui devait être celle du préambule (B) et la proposition d'une parade au sein même du texte (C).

---

[1] *Ibid.*, (col. droite).

[2] Loi n° 55-385 du 3 avril 1955 relative à l'état d'urgence, dont le principe fut finalement reconnu conforme à la Constitution bien des années plus tard : Cons. constit. 25 janvier 1985, n° 85-187 DC ; Cons. constit. 19 février 2016, n° 2016-536 QPC.

[3] *Ibid.*

A. Le risque de régression

Afin de défendre son amendement, Fernand Van Graefschepe se référa à l'article 81 de la Constitution de 1946, qui disposait, on l'a vu, que « tous les nationaux français et les ressortissants de l'Union française ont la qualité de citoyen de l'Union française qui leur assure la jouissance des droits et libertés garantis par le Préambule de la présente Constitution ». Il déclara en effet « crain[dre] une régression sur la Constitution de 1946 » en se référant à cet article, car selon lui, il « faisait obligation du respect du préambule dans le texte constitutionnel »[1]. Paul Coste-Floret défendit également l'amendement proposé en estimant que l'article 81 « donnait une valeur juridique au principe des droits définis par le Préambule »[2], et qu'un article équivalent devrait être intégré au texte en discussion. Plus loin, il explicita son propos en faisant référence à l'alinéa 15 du préambule de la Constitution de 1946 selon lequel « sous réserve de réciprocité, la France consent aux limitations de souveraineté nécessaires à l'organisation et à la défense de la paix ». Cette référence à une disposition précise, dotée d'une forte portée symbolique car liée à la reconnaissance du droit international au sortir de la seconde guerre mondiale, lui permit de souligner que le refus de toute signification normative au préambule constituerait une « régression manifeste »[3].

De même, citant l'alinéa 16 du préambule de la Constitution de 1946 selon lequel « la France forme avec les peuples d'outre-mer une Union fondée sur l'égalité des droits et des devoirs, sans distinction de race ni de religion », Léopold Sédar Senghor déclara ne pas comprendre « que des discriminations de race et de religion puissent être constitutionnelles »[4], laissant entendre que l'absence de valeur juridique constitutionnelle à un tel alinéa pourrait permettre au législateur de s'affranchir de dispositions pourtant fondamentales à ses yeux. Pour sa part, se référant à la jurisprudence du Conseil d'Etat[5], Marcel Waline estima qu'« il y aurait bien régression »[6] si aucune signification normative n'était conférée aux deux textes auxquels renvoie le préambule. Il souligna également que si le préambule n'avait pas valeur juridique constitutionnelle, il pourrait paradoxalement « être modifié dans la forme d'une loi ordinaire », ce qu'il qualifia de « contradiction »[7].

---

[1] *Documents pour servir à l'histoire..., op. cit.*, Vol. II, 1988, p. 255 (col. gauche).
[2] *Ibid.*
[3] *Ibid.*, p. 255 (col. droite).
[4] *Ibid.*, p. 256 (col. droite).
[5] Il se référait, sans le nommer, à l'arrêt *Condamine* (CE, 7 juin 1957, Condamine, *RDP*, 1958, p. 99), dans lequel le juge administratif venait d'examiner un moyen tiré de la violation de trois articles de la Déclaration de 1789
[6] *Documents pour servir à l'histoire..., op. cit.*, Vol. II, 1988, p. 256 (col. gauche).
[7] *Ibid.*, p. 257. On retrouve ici en partie le fondement du raisonnement bien connu du juge Marshall dans la décision *Marbury vs Madison*, à savoir l'argument selon lequel la rigidité constitutionnelle impose que la loi ordinaire ne puisse venir contredire le

La notion de régression appliquée à un texte peut paraître inadaptée. Une telle lecture du texte conduit en effet irrémédiablement à lui conférer des propriétés qu'il n'a pas au stade de la discussion et à envisager sa formulation comme porteuse d'effets de droit certains. Pour autant, l'intervention de Léopold Sédar Senghor a permis que, dans le texte final de la Constitution, figure une phrase déterminante selon laquelle la République « assure l'égalité devant la loi de tous les citoyens sans distinction d'origine, de race ou de religion. Elle respecte toutes les croyances ».

B. Les hésitations sur la valeur du préambule

La position de Raymond Janot sur la valeur juridique du préambule a évolué au cours du débat, ce que l'on dit rarement, afin de gagner l'approbation de ceux des membres qui refusaient de voir les textes en cause dépourvus de toute signification normative. Pour les convaincre que refuser l'amendement proposé n'avait pas pour conséquence de priver le préambule de toute normativité, il s'appuya sur la jurisprudence du Conseil d'Etat pour affirmer que « le Préambule, de toute façon, n'est pas dépourvu de valeur juridique »[1]. En effet, dans la jurisprudence du Conseil d'Etat, le préambule de la Constitution de 1946 et de la Déclaration de 1789 « ont valeur législative, dans la mesure où ils contiennent les principes généraux des droits reconnus comme tels par la jurisprudence »[2]. Il précisa à nouveau plus loin dans la discussion que « le Préambule a une valeur juridique, mais n'a pas une valeur constitutionnelle », il « a une certaine valeur législative, il lie le Gouvernement, il ne lie pas le Parlement »[3]. La logique de l'argumentation, un peu sinueuse, était de persuader les membres du Comité consultatif qu'en refusant l'amendement proposé, on évitait de soumettre le législateur aux textes visés dans le préambule sans pour autant modifier l'état du droit positif qui y soumettait, sous certaines conditions, l'administration. Autrement dit, la normativité du préambule était préservée, mais à un niveau infra-constitutionnel. Invoquer cette supposée valeur législative, qui serait celle des principes généraux du droit[4], permettait à la fois de refuser qu'une valeur juridique constitutionnelle soit reconnue aux énoncés contenus dans le préambule et d'assurer les membres du Comité que rejeter l'amendement proposé ne remettait pas en cause la soumission théorique de l'administration

---

texte de la constitution (Sur l'analyse de ce raisonnement, voir M. Troper, « Marshall, Kelsen, Barak et le sophisme constitutionnaliste », *article précité*).

1 *Ibid.*

2 *Ibid.*, p. 256 (col. gauche).

3 *Ibid.*, (col. droite).

4 Sur ce sujet voir P. Brunet, « Les principes généraux du droit et la hiérarchie des normes », in *L'architecture du droit. Mélanges en l'honneur de Michel Troper*, Paris, Economica, 2006, p. 207.

à ces énoncés. Il s'agissait essentiellement d'écarter toute idée de régression des conséquences supposées du refus de l'amendement en cause. Une autre solution fut néanmoins proposée.

C. La parade à la régression

Afin d'éviter toute régression, Paul Coste-Floret proposa finalement d'inclure dans le texte de la Constitution une disposition inspirée de celle de l'ancien article 81, selon laquelle « tous les nationaux français, les citoyens de la Fédération et les ressortissants de la Confédération ont la jouissance des droits et libertés énumérés dans le préambule de la présente Constitution »[1]. Raymond Janot était favorable à cet amendement ; il considéra comme Paul Coste-Floret qu'une telle disposition n'imposerait pas de réelle limitation au législateur, au sens où elle ne conférerait pas valeur juridique constitutionnelle au préambule. Au cours du débat, il avait en effet livré une interprétation restreinte de la portée de l'article 81 de la Constitution de 1946 en jugeant qu'il « avait effet en ce qui concerne les ressortissants de l'Union française »[2] et en estimant que cet article ne limitait pas le législateur « pratiquement »[3].

Le projet soumis au Gouvernement par le Comité consultatif comporta finalement un article 2 ter aux termes duquel « tous les nationaux français et les ressortissants de la Communauté ont la jouissance des droits et libertés garantis par le Préambule de la présente Constitution ». Il ne sera pas retenu par le Gouvernement et ne figurera pas dans le projet soumis au référendum le 28 septembre 1958. Cela n'empêchera pourtant pas le Conseil constitutionnel de conférer ultérieurement aux énoncés contenus dans le préambule de la Constitution la signification de normes constitutionnelles. En réalité, c'est toute l'ambiguïté de ce type de débat qui apparaît ici, puisque précisément, quelle que soit la formulation adoptée, l'autorité officiellement chargée d'appliquer le texte, en déterminant sa signification, pourra ne pas tenir compte des volontés qui se sont exprimées à leur occasion.

---

[1] *Documents pour servir à l'histoire..., op. cit.*, Vol. II, 1988, p. 257 (col. droite).
[2] *Ibid.*, p. 255 (col. droite).
[3] *Ibid.*, p. 256 (col. gauche).

CONCLUSION DU CHAPITRE 2

L'étude des échanges ayant eu lieu lors de l'élaboration du préambule de la Constitution de 1958 révèle que la valeur juridique qu'il convenait de reconnaître au préambule a constitué un enjeu essentiel. L'idée force des différentes interventions au sein du Comité consultatif constitutionnel était que le rôle du Conseil constitutionnel au sein des nouvelles institutions dépendait de la valeur juridique reconnue au préambule. Si celui-ci avait valeur juridique constitutionnelle et était opposable aux lois, alors le pouvoir du Conseil constitutionnel[1] s'en trouverait profondément renforcé et celui du législateur amoindri. Paradoxalement, les intervenants sensibles au risque du gouvernement des juges développaient un argument qui avait, on l'a vu, été formulé sous la plume de Hans Kelsen, qui rejetait la formulation de dispositions trop vagues, et notamment celles énonçant des principes tels ceux de liberté ou d'égalité dans la constitution.

Le type d'argument employé présuppose cependant que les organes d'application du droit auront d'autant moins de liberté d'appréciation que les dispositions qu'ils auront pour mission d'appliquer seront précises, ce qui est discutable au regard des techniques d'interprétation utilisées par certains juges pour avoir une lecture fonctionnelle des textes[2]. Comme le relève Michel Troper « la plupart des constituants ont (…) voulu organiser des systèmes en équilibre. S'ils n'y sont généralement pas parvenus et si le système d'organes qui fonctionne effectivement est différent le plus souvent du modèle imaginé, c'est ou bien que les auteurs de la constitution ont eu l'illusion qu'ils pouvaient créer des normes capables de lier les organes constituées et que ceux-ci les ont par la suite interprétées et modifiées ; ou bien que le système n'était pas réellement en équilibre et que certaines autorités disposaient d'une plus grande latitude que d'autres dans l'interprétation et qu'elles ont accru leurs compétences, entrainant ainsi une modification de l'ensemble »[3].

En définitive, c'est au Conseil constitutionnel qu'allait appartenir la décision de donner ou non la signification de normes constitutionnelles aux énoncés en question. Si les débats rapportés attestent que les intervenants dans le processus de rédaction du texte constitutionnel avaient une conception restreinte de ce que devait être le rôle du Conseil constitutionnel, ils attestent également la relative impossibilité dans laquelle se trouvent les rédacteurs d'un texte juridique de contraindre les autorités d'application de ce texte à lui

---

[1] J. Meunier, *Le pouvoir du Conseil constitutionnel. Essai d'analyse stratégique*, Paris, LGDJ, 1994.

[2] Sur les différents types d'interprétation voir V. Champeil-Desplats, *Méthodologie du droit et des sciences du droit,* Paris, Dalloz, 2014.

[3] M. Troper, « Le problème de l'interprétation et la théorie de la supralégalité constitutionnelle », *article précité*, p. 315.

donner telle signification plutôt que telle autre. Il est cependant symptomatique que le débat sur le rôle du juge constitutionnel ait eu lieu au sujet des énoncés qu'il allait pouvoir interpréter pour contrôler la loi, et non sur ses prérogatives. Cette façon de poser le débat démontre la conscience qu'avaient les participants au processus d'élaboration de la Constitution de la liberté des organes appelés à appliquer le texte constitutionnel, en particulier dans le cadre du contrôle de constitutionnalité de la loi. Il leur paraissait dès lors préférable de limiter celui-ci par avance en faisant en sorte que les énoncés qu'il aurait à interpréter soient les plus précis possibles. Comme le précisa Raymond Janot en 1982, il importait surtout en 1958, de ne pas donner prise à l'idée que la nouvelle constitution pouvait favoriser l'avènement d'un gouvernement des juges[1]. Il affirma cependant également que le texte avait laissé « la porte (…) ouverte »[2] à l'utilisation de ces textes par le Conseil constitutionnel. En ce sens, la formulation de ce « préambule de référence », particulièrement laconique, était parfaite pour servir de justification à une juridiction souhaitant conférer la signification de normes constitutionnelles aux énoncés en cause, comme cela sera finalement le cas du Conseil constitutionnel, et pour donner naissance à la notion de bloc de constitutionnalité afin de décrire la pluralité des normes constitutionnelles qui allait en résulter.

---

[1] Intervention reproduite dans L. Favoreu (dir.), *Cours constitutionnelles européennes et droits fondamentaux*, *op. cit.*, p. 212.
[2] *Ibid.*, p. 213.

CONCLUSION DU TITRE 1

L'étude des préludes au bloc de constitutionnalité permet de prendre conscience que le tournant qui sera impulsé par le Conseil constitutionnel à partir de la décision *Liberté d'association*[1], non seulement viendra contredire l'opinion, voire la volonté, de la majorité de participants à l'élaboration du préambule de la Constitution de 1958 au sujet de la valeur juridique de ce préambule, mais également renouer avec des éléments présents dans les débats juridiques bien antérieurement. Tout en rompant avec une pratique juridique bien établie en droit français, hostile au contrôle de constitutionnalité de la loi, le Conseil constitutionnel s'est également inspiré d'une tradition juridique voulant voir, notamment dans la Déclaration des droits de l'homme et du citoyen, une source de droit constitutionnel. Si les préludes au bloc de constitutionnalité prennent leurs sources dans des discours juridiques favorables au contrôle de constitutionnalité du fond de la loi, mais aussi à ce que pouvait entreprendre, avec une certaine timidité, le juge administratif sous la IVème République, ils rejoignent la volonté d'élaborer un droit constitutionnel substantiel, grand absent des lois constitutionnelles de 1875 et à peine esquissé par les préambules des constitutions de 1946 et 1958.

De fait, on doit considérer que le bloc de constitutionnalité tel qu'il allait émerger est d'abord le réceptacle de tentatives antérieures, certaines plus engagées que d'autres, de justifier l'existence d'une supralégalité constitutionnelle devant s'imposer au législateur. Les débats doctrinaux de la IIIème République comme ceux de la IVème République, ces derniers s'appuyant notamment sur la jurisprudence du Conseil d'Etat, ont donc bien contribué à la genèse du bloc de constitutionnalité tel qu'il s'est finalement imposé ; si l'on ne peut affirmer qu'ils l'ont anticipé, il est revanche probable qu'ils ont directement inspiré les membres du Conseil constitutionnel au tournant des années 1970.

---

[1] Cons. constit., 16 juillet 1971, précité.

TITRE 2.
L'ÉMERGENCE DU BLOC DE CONSTITUTIONNALITÉ

Comme l'a relevé Loïc Philip, « ce qui résulte de la lecture des "travaux préparatoires", c'est, à la fois, la manifestation d'une volonté d'instituer un organe permettant d'assurer le respect de certaines dispositions constitutionnelles (plus particulièrement celles limitant les attributions du Parlement) et, par ailleurs, la même volonté, mais cette fois-ci négative, de ne pas créer une véritable juridiction constitutionnelle »[1]. Ainsi, « l'objectif des auteurs du projet de la Constitution de 1958 n'était (...) pas d'établir un contrôle général de la constitutionnalité des actes des Pouvoirs publics. Il ne s'agissait pas davantage de garantir les droits et libertés des citoyens. Il s'agissait d'instituer un mécanisme véritablement efficace qui puisse empêcher le Parlement de sortir du cadre de ses attributions constitutionnelles »[2]. Dès lors « le rôle du Conseil était d'empêcher le Parlement de légiférer en dehors du domaine de la loi et (il) ne serait pas amené à exercer un contrôle de constitutionnalité au regard des principes fondamentaux visées par le préambule ». Il constatait que « c'était définir exactement l'inverse de la situation actuelle »[3].

Il n'y avait donc, on le sait, nulle place pour un contrôle de constitutionnalité du fond des lois au regard du préambule de la Constitution de 1958 dans l'esprit de ses rédacteurs, c'est-à-dire pour le développement d'une véritable substance constitutionnelle. C'est donc à rebours que le Conseil constitutionnel, à partir de 1971, a choisi d'opter pour une lecture extensive de la Constitution. La création de ce que Louis Favoreu a nommé le bloc de constitutionnalité peut donc être envisagée comme une astuce du juge constitutionnel afin de contourner l'interdit premier, quand bien même celui-ci n'était pas explicitement inscrit dans le texte de la Constitution comme cela avait été le cas en 1946. Il n'est pas possible de faire la moindre distinction qualitative entre l'interprétation portant sur le texte de la Constitution du 4 octobre 1958 et celle portant sur les textes contenus dans son préambule car, dans les deux cas, le Conseil utilise les dispositions textuelles pour produire et appliquer des normes constitutionnelles. La seule distinction est d'ordre quantitatif, dès lors qu'en se référant à des textes extérieurs à celui de la Constitution, le Conseil a multiplié les sources du contrôle de constitutionnalité et intensifié corrélativement le contenu du bloc de

---

[1] L. Philip, « Le Conseil constitutionnel », in *L'écriture de la Constitution de 1958*, *op cit.*, p. 467.

[2] *Ibid.*, p. 468.

[3] *Ibid.*, p. 481.

constitutionnalité. La construction de ce dernier (**CHAPITRE 1**), ne doit pas faire oublier l'importance du texte de la Constitution dans le contrôle de constitutionnalité exercé par le Conseil constitutionnel (**CHAPITRE 2**).

CHAPITRE 1.
LA CONSTRUCTION DU BLOC DE CONSTITUTIONNALITÉ

La grande bascule du contrôle de constitutionnalité des lois à partir de la décision *Liberté d'association*[1] a transfiguré le contrôle de constitutionnalité des lois en France en agrégeant progressivement au texte de la Constitution, qui comprenait quelques principes de fond mais qui demeurait relativement technique dans la majorité de ses articles, un droit constitutionnel substantiel relativement complet reprenant la Déclaration des droits de l'homme et du citoyen de 1789, comme l'avaient souhaité Maurice Hauriou et Léon Duguit, mais également le préambule de la Constitution de 1946. Si le Conseil constitutionnel, depuis son installation en 1959 avait déjà, sur le fondement du texte de la Constitution de 1958, parfois accepté un contrôle du fond de la loi, ce contrôle de conformité matérielle et non procédural va prendre le dessus dans sa jurisprudence au point que la doctrine juridique, et notamment Louis Favoreu, aura beau jeu de considérer que désormais les droits fondamentaux sont ceux qui sont garantis dans le bloc de constitutionnalité, autrement dit ceux qui ont valeur constitutionnelle.

La naissance du bloc de constitutionnalité va donc passer par le truchement de l'interprétation, d'abord implicite, puis explicite des textes mentionnés dans le préambule de la Constitution de 1958, conduisant à leur incorporation dans un ensemble plus vaste (**Section 1**) alors que la juridiction constitutionnelle va expressément décider de ce qui peut entrer dans le nouveau droit constitutionnel substantiel en construction à travers ses différents refus d'y insérer certains énoncés opposés aux arguments développés dans les saisines qui vont se multiplier à partir de la révision constitutionnelle de 1974[2], ou dans les questions prioritaires de constitutionnalité à partir de 2010 (**Section 2**).

Section 1.
La naissance du bloc de constituionnalité

Lorsqu'il s'est agi de faire référence à des énoncés contenus dans des textes référencés dans le préambule de la Constitution afin de produire des normes, le Conseil d'Etat, puis le Conseil constitutionnel sont d'abord apparus prudents (Paragraphe 1) avant que le Conseil constitutionnel n'assume progressivement – et non par la grâce d'une seule décision – de produire de

[1] Cons. Constit., 16 juillet 1971, précité.

[2] V. Marinese, « Les saisines parlementaires », *Revue des droits de l'homme*, 2022, n° 21, [https://journals.openedition.org/revdh/13798] ; M. Charasse, « Saisir le Conseil constitutionnel. La pratique du groupe socialiste de l'Assemblée nationale (1974-1979) », *Pouvoirs*, n° 13, 1991, p. 87

nombreuses normes constitutionnelles à partir du préambule, donnant vraiment naissance au bloc de constitutionnalité (Paragraphe 2).

Paragraphe 1. L'ambiguïté initiale du statut normatif du préambule de 1958

Après l'entrée en vigueur de la Constitution du 4 octobre 1958, la question du statut normatif de son préambule se posait dans des termes similaires pour les juges ordinaires que précédemment. Certes, l'instauration d'un Conseil constitutionnel, qui pouvait leur disputer l'interprétation de la Constitution, aurait pu exercer une influence sur leur propre jurisprudence, mais on sait que le Conseil ne trancha cette question que tardivement. Dans ce contexte, l'arrêt *Société Eky*[1] du Conseil d'Etat marquera une première ambiguïté (A) que ne démentira que partiellement l'interprétation implicite délivrée par le Conseil constitutionnel en 1971 (B).

A. L'ambigüité de l'arrêt *Société Eky*

L'arrêt *Société Eky* a pu être présenté par la doctrine comme un précurseur de la décision du 16 juillet 1971[2], en ce qu'il aurait consacré le statut constitutionnel du préambule de 1958. Si les arguments en ce sens ne sont pas totalement convaincants (1), il est néanmoins possible de rechercher une autre façon de présenter la solution retenue par l'arrêt (2).

1. La thèse de la consécration du statut constitutionnel du préambule

Le Conseil d'Etat devait statuer sur des dispositions réglementaires relatives à des contraventions et l'un des moyens invoqués par la société requérante pour en obtenir l'annulation était la violation des articles 8 de la Déclaration de 1789 et 34 de la Constitution. Le juge administratif avait accepté d'examiner le moyen tiré de l'absence de conformité d'un acte administratif à la Déclaration de 1789 depuis l'arrêt *Condamine*[3] ; la question était ici plus complexe, car elle visait à trancher un conflit entre une disposition de la Déclaration de 1789 et un article compris dans le texte de la Constitution. Autrement dit, le juge devait résoudre une antinomie entre ces deux dispositions. Le Conseil d'Etat jugea que « si l'article 8 de la Déclaration des Droits de l'Homme de 1789 à laquelle se réfère le Préambule de la Constitution pose le principe que "nul ne peut être puni qu'en vertu d'une loi établie et promulguée antérieurement au délit", l'article 34 de la Constitution

---

[1] CE, 12 février 1960, Société Eky, *Rec.*, p. 101.

[2] Cons. constit., 16 juillet 1971, précité.

[3] Arrêt précité du 7 juin 1957.

qui énumère les matières relevant du domaine législatif, dispose que la loi fixe "les règles concernant... la détermination des crimes et délits et les peines qui leur sont applicables" ; que ni cet article ni aucune autre disposition de la Constitution ne prévoit que la matière des contraventions appartient au domaine de la loi ; qu'ainsi il résulte de l'ensemble de la Constitution et, notamment, des termes précités de l'article 34 que les auteurs de celle-ci ont exclu dudit domaine la détermination des contraventions et des peines dont elles sont assorties et ont, par conséquent, entendu spécialement déroger sur ce point au principe général énoncé par l'article 8 de la Déclaration des Droits ». La formulation utilisée est extrêmement ambiguë, ce qui explique que l'arrêt ait pu être présenté alternativement comme ayant expressément conféré la signification de normes constitutionnelles à certaines dispositions de la Déclaration de 1789 où comme n'en rien avoir fait.

Il s'agissait, pour le Conseil d'Etat, de confronter un principe issu de la Déclaration de 1789 explicitement rattachée au préambule de la Constitution et le texte de celle-ci, en particulier son article 34 qui régit le domaine de la loi, ou l'intention présumée de ses « auteurs », en concluant que ces derniers ont entendu déroger audit principe. Les commentateurs de l'arrêt se sont intéressés à la façon dont le juge utilisait la Déclaration de 1789 et la plupart a considéré qu'il consacrait le statut constitutionnel du préambule de la Constitution. Ainsi, pour Jean L'Huillier, l'arrêt confirmait « le revirement de jurisprudence »[1] des arrêts *Condamine*[2] et *Syndicat général des ingénieurs conseils*[3] en reconnaissant « dans des termes qui ne peuvent désormais prêter à aucune discussion, que les principes formulés par la Déclaration de 1789 appartiennent actuellement au droit positif et ont la valeur de règles constitutionnelles »[4]. Il précisait que « si (...) l'on admet, avec le Conseil d'Etat, qu'en se référant à la Déclaration des droits, le préambule de la Constitution de 1958 a attribué aux principes qui y sont formulés le caractère de règles constitutionnelles, ces principes ne sauraient avoir une valeur juridique autre que celle de règles formulées dans le dispositif de cette Constitution »[5]. On retrouve une présentation semblable par Georges Vedel qui estimait qu'il « n'est pas douteux que le Préambule de la Constitution ait conféré valeur positive et force constitutionnelle à la Déclaration des Droits de l'homme de 1789 » dès lors que l'arrêt *Syndicat général des ingénieurs conseils*[6] « a réglé la question »[7]. Il ajoutait également un argument fondé sur le texte de la Constitution en utilisant une interprétation *a contrario* de celui-

[1] J. L'huillier, note sous CE 12 février 1960, *Dalloz*, 1960, p. 264.
[2] Arrêt précité du 12 février 1960.
[3] Arrêt précité du 26 juin 1959.
[4] J. L'huillier, *note précitée*, p. 265.
[5] *Ibid.*, p. 266.
[6] Arrêt précité du 26 juin 1959.
[7] G. Vedel, « Note sous CE 12 février 1960 », *JCP*, 1960, n° 11629 bis.

ci et en déduisant de l'absence de disposition interdisant au Conseil constitutionnel de statuer sur la conformité des lois au préambule que celui-ci « doit, dans l'exercice de son contrôle de constitutionnalité, priver d'effets les dispositions législatives ou les règlements des assemblées qui violeraient le Préambule »[1]. L'article 8 de la Déclaration de 1789 est ainsi « incorporé aux règles constitutionnelles par le Préambule de la Constitution de 1958 »[2].

L'arrêt fut donc présenté comme consacrant le statut constitutionnel du préambule de la Constitution et donc, en quelque sorte, comme ayant créé un bloc de constitutionnalité avant l'heure pour contrôler les actes administratifs. La solution fut justifiée soit par des arguments textuels, soit par référence à la jurisprudence antérieure dont elle ne serait qu'une confirmation. Ces arguments reposent sur le présupposé classique selon lequel les textes sont dotés d'une signification juridique et donc d'un statut normatif avant toute interprétation. Dans ce cadre, la jurisprudence antérieure, pourtant peu explicite, est réputée avoir reconnu le statut de norme constitutionnelle au préambule, comme s'il s'agissait d'une qualité statique du texte. Le Conseil d'Etat est ainsi présumé avoir confirmé le statut constitutionnel de l'article 8 de la Déclaration de 1789, parce que le préambule était réputé doté d'un tel statut depuis l'entrée en vigueur de la Constitution[3]. Le recours à la jurisprudence antérieure permet aussi de mettre à jour un second présupposé selon lequel le juge est apte à donner au texte sa signification exacte, en l'occurrence la justesse de son statut normatif, ce qui implique donc à la fois la préexistence de la signification, mais également l'importance de la jurisprudence pour en attester. *In fine*, cela permet de justifier l'usage de l'énoncé par le juge, mais également de donner de sa jurisprudence une image plus nette, plus cohérente. Si l'on s'en tient à ces seuls arguments, il paraît alors plus sage d'affirmer, au contraire, que « le Conseil d'Etat s'est bien gardé de prendre parti sur la valeur constitutionnelle de la Déclaration »[4] tout du moins explicitement. Une autre voie paraît plus efficiente pour analyser l'arrêt, celle qui prend en compte l'articulation établie par le juge entre deux normes.

2. L'identité du statut normatif reconnu aux deux énoncés

Comme il a été dit plus haut, la spécificité de l'arrêt en cause était de devoir trancher une antinomie entre un article de la Déclaration de 1789 et un article

[1] *Ibid.*

[2] *Ibid.*

[3] Un tel raisonnement aurait pu être autant valable sous l'empire de la Constitution de 14 janvier 1852 ou de celle du 27 octobre 1946.

[4] R. Bourdoncle, « L'arrêt du Conseil d'Etat du 12 février 1960, Société Eky, et la limitation du pouvoir constituant », *Sirey*, 1960, p. 66.

de la Constitution de 1958. Or, comme l'a montré Norberto Bobbio[1], les juristes disposent de trois critères principaux lorsqu'ils veulent résoudre une antinomie, selon qu'ils s'attachent à un rapport chronologique, hiérarchique ou au critère de la spécialité. En l'espèce, le juge pouvait régler l'antinomie en cause assez simplement par les maximes *Lex posterior* en considérant que le texte de 1958 avait entendu abroger toutes les dispositions précédemment adoptées qui sont incompatibles avec lui ou *Lex superior* en jugeant que le principe réputé « posé » par l'article 8 de la Déclaration de 1789 avait une valeur inférieure à la Constitution. Mais le critère chronologique n'a pas été utilisé par le Conseil d'Etat et aucun rapport de supériorité n'a été établi entre les deux normes. A l'inverse, la mise en avant de la maxime *Lex specialis* qui « ne sert (…) pas à résoudre une antinomie mais à la dissoudre »[2], indique la volonté du juge de préserver les deux normes.

Bien qu'il ne se concentrât pas sur la question du statut du préambule, le commissaire du Gouvernement Kahn semblait présenter le principe en cause comme préexistant à son rattachement au préambule en relevant que la répartition des compétences opérée par le texte de la Constitution ne permettait pas au Gouvernement de « méconnaître la supériorité inconditionnelle des principes généraux, rappelés ou non par le préambule »[3]. Le principe en cause est ainsi considéré, à l'image des principes généraux du droit, comme un principe existant dans le « droit positif » que le juge rattache à une source textuelle précise. Les auteurs de la Constitution de 1958 seraient dès lors réputés avoir dérogé à ce principe préexistant, notamment à travers les dispositions des articles 34 et 37 organisant les domaines de la loi et du règlement. Si l'on suit cette voie, alors aucun statut particulier n'est conféré au préambule, qui sert simplement au juge de référence textuelle pour justifier l'existence du principe, dans le prolongement de la jurisprudence précitée assurant la légitimité des principes généraux du droit par référence au préambule.

Cependant, comme l'a noté Norberto Bobbio, le critère de la spécialité permet de sauver deux normes en considérant simplement que dans un cas la norme spéciale prévaut sur la norme générale[4] et, bien qu'il ait identifié quelques exceptions, il a constaté que le critère hiérarchique l'emportait la plupart du temps sur le critère de spécialité[5]. Dès lors, l'usage de ce critère semble consacrer la similitude de statut normatif entre deux énoncés. On peut alors considérer que le juge administratif a bien conféré le même statut à

---

[1] N. Bobbio, « Des critères pour résoudre les antinomies », in *Essais de théorie du droit*, *op. cit.*, p. 89.

[2] P. Brunet, « Les principes généraux du droit et la hiérarchie des normes », *article précité*, p. 219.

[3] Conclusions sur CE 12 février 1960, Société Eky, *Sirey*, 1960, p. 134.

[4] N. Bobbio, « Des critères pour résoudre les antinomies », *article précité*, p. 97.

[5] *Ibid.*, p. 101-103.

l'article 8 de la Déclaration de 1789, rattaché au préambule, et à l'article 34 de la Constitution, et le conflit entre les deux énoncés se présente comme un conflit entre deux normes de même valeur juridique, dont la plus précise, en l'espèce l'article 34 de la Constitution, l'emporte sur la plus générale, à savoir l'article 8 de la Déclaration de 1789. C'est donc bien parce qu'il a choisi d'arriver à cette solution tout en préservant un statut égal au principe et à la Constitution que le Conseil d'Etat a utilisé ce critère de résolution du conflit. Autrement dit, on peut considérer que l'articulation produite dans la motivation conduit à reconnaître, implicitement, la signification de norme constitutionnelle à l'article 8 de la Déclaration de 1789. Le Conseil d'Etat a bien conféré une force normative à l'article 8 de la Déclaration des droits de l'homme et du citoyen, mais sans expliciter son statut, et c'est uniquement l'articulation opérée entre les deux normes qui permet de considérer que le juge a entendu refuser de les hiérarchiser et les a donc placées au même niveau dans la hiérarchie qu'il établit entre les normes.

Ce qui ressort surtout à nouveau de l'arrêt, c'est l'ambiguïté de la jurisprudence s'agissant de l'usage de la ressource constitutionnelle dans les rapports normatifs et la nette préférence pour l'interprétation implicite des textes. Du reste, renouant quelques mois plus tard avec sa jurisprudence de la IVème République, le Conseil d'Etat mentionnera les « principes généraux du droit garantis notamment par le préambule de la Constitution du 27 octobre 1946, auquel se réfère le préambule de la Constitution du 4 octobre 1958 »[1].

B. L'interprétation implicite de la décision du 16 juillet 1971

Commentant la décision rendue par le Conseil constitutionnel le 16 juillet 1971, Jean Rivero y voyait « la remise en cause de quelques-uns des principes fondamentaux d'une tradition constitutionnelle dont les racines se trouvent dans la Déclaration de 1789 »[2]. Aujourd'hui unanimement considérée comme ayant consacré le statut constitutionnel du préambule de la Constitution de 1958, « véritable coup d'Etat juridique »[3] ou « coup d'État de droit »[4], sa formulation n'en demeure pas moins prudente sur ce point et l'on peut affirmer que cela ne va pas de soi sur le plan théorique[5]. Certes « analysée,

[1] CE, 28 octobre 1960, Sieur de Laboulaye, n° 48293.

[2] J. Rivero, note sur CC 16 juillet 1971, *AJDA*, 1971, p. 57.

[3] R. Badinter, « Une longue marche "du Conseil constitutionnel à la Cour constitutionnelle" », *CCC*, 2009, n° 25, p. 6.

[4] O. Cayla, « Le coup d'État de droit ? », *Le Débat*, 1998, n° 100, p. 108.

[5] Sur cette décision et sa portée, voir notamment G. Boudou, « Autopsie de la décision du Conseil constitutionnel du 16 juillet 1971 sur la liberté d'association », *article précité* ; O. Cayla, « Constitution ou norme constitutionnelle ? », *Titre VII*, n° 8, avril 2022 ; P. Blachèr et M. Philip-Gay (dir.), Dossier « Les 50 ans de la décision du Conseil constitutionnel Liberté d'association », *RFDC*, 2022, n° 130, p. 269.

décortiquée, voire magnifiée par un demi-siècle de commentaires doctrinaux »[1], elle n'en conserve pas moins une part d'indétermination, voire de mystère, ce qui est rarement dit ; dès lors, il n'est pas absurde de considérer qu'« il convient de relativiser la portée révolutionnaire et matricielle d'un évènement dont la doctrine a largement contribué à construire le mythe »[2].

Comme le notaient les auteurs des *Grandes décisions du Conseil constitutionnel*, « on ne savait trop ce qu'il fallait penser de la formule selon laquelle le peuple proclame son attachement aux droits de l'homme et aux principes.... On faisait remarquer, en outre, que ces dispositions n'étaient pas incluses dans le corps même de la Constitution et que, de ce fait, on pouvait se demander si le référendum leur avait donné valeur de droit positif. Enfin le caractère imprécis de certaines dispositions du Préambule de 1946 avait déjà fait douter du caractère impératif des prescriptions qu'il contenait »[3]. Or, la décision *Liberté d'association* fut la première dans laquelle le Conseil constitutionnel se référa, dans ses motifs, à un énoncé contenu dans un texte auquel renvoie le préambule de la Constitution de 1958, à savoir un fragment du préambule de 1946 selon lequel le peuple français « réaffirme solennellement les droits et libertés de l'homme et du citoyen consacrés par la Déclaration des droits de 1789 et les principes fondamentaux reconnus par les lois de la République », afin de justifier la censure d'une disposition législative. Il y était invité par l'autorité de saisine qui évoquait expressément « la jurisprudence récente du Conseil d'Etat qui attribue valeur constitutionnelle aux principes contenus dans le préambule »[4], mentionnant l'arrêt *Société Eky*[5]. Cependant, le juge est resté silencieux sur le statut du principe en question. Certes il s'est référé dans ses visas à « la Constitution et notamment son Préambule », semblant ainsi refuser toute délimitation entre le texte de la Constitution et celui du préambule. Cependant, dans le corps de la décision, il a simplement énoncé « qu'au nombre des principes fondamentaux reconnus par les lois de la République et solennellement réaffirmés par le Préambule de la Constitution il y a lieu de ranger le principe de la liberté d'association ». Examinant la conformité de certaines dispositions de la loi en cause à ce principe, il a conclu « qu'il y a lieu de (les) déclarer non conformes à la Constitution »[6] et a terminé l'examen de la loi en mentionnant « que les

---

[1] B. Lecoq-Pujade, 1971, une révolution de palais ? », *RDFC*, 2022, n° 130, p. 283.
[2] *Ibid.*, p. 297.
[3] P. Gaia, *et al.*, *Les grandes décisions du Conseil constitutionnel*, Paris, Dalloz, 19ème éd., 2018, p. 451.
[4] Saisine du Conseil constitutionnel par le président du Sénat. On sait néanmoins depuis que Alain Poher, autorité de saisine, avait transmis à F. Luchaire, P.-G. Coste-Floret et G.-L. Dubois un mémoire en contestation de la loi : voir G. Boudou, « Autopsie de la décision du Conseil constitutionnel du 16 juillet 1971 sur la liberté d'association », *article précité*.
[5] Arrêt précité du 12 février 1960.
[6] Ce qui, en réalité, est très discutable : voir G. Boudou, *article précité*.

autres dispositions de ce texte ne sont contraires à aucune disposition de la Constitution ». C'est la référence au préambule qui est fondamentale dans l'argumentation, car c'est elle qui a permis au juge de justifier l'usage d'un principe fondamental reconnu par les lois de la République.

La lecture des délibérations ayant précédé la décision indique qu'aucun débat n'a vraiment eu lieu sur la possibilité de se référer au préambule de la Constitution, le rapporteur, François Goguel[1], s'étant contenté d'en répéter l'énoncé pour ensuite se référer aux textes en cause, puis finalement aux principes fondamentaux reconnus par les lois de la République[2]. Le président du Conseil constitutionnel, Gaston Palewski résuma la situation en affirmant que « le Préambule de 1958 épouse celui de 1946 »[3] ce qui a suffi à faire porter le débat davantage sur le principe en cause et sur sa portée que sur la référence au préambule. Comme l'a noté Benjamin Lecoq-Pujade « à aucun moment, au cours de la délibération, les membres du Conseil n'ont mis en question leur compétence pour contrôler la constitutionnalité des lois au regard des dispositions substantielles auxquelles renvoie le Préambule ; *à aucun moment ils n'ont interrogé la valeur juridique ni la normativité de ce dernier* (nous soulignons) »[4].

De la même façon, les délibérations relatives à la décision du 19 juin 1970[5], qui portait déjà mention du préambule dans ses visas – « Vu la Constitution et notamment son Préambule et ses articles 53, 54 et 62 » – attestent que l'usage de celui-ci dans les argumentations relatives à la conformité à la Constitution de l'acte en cause n'avait pas fait débat. On peut juste noter que Georges-Léon Dubois avait expressément demandé qu'une référence soit faite au préambule dans la décision « afin de montrer que le préambule est une *source de droit* (nous soulignons) »[6], et que Pierre Chatenet avait soutenu cette proposition en affirmant au sujet du Conseil constitutionnel : « nous sommes les derniers dans cette enceinte à ignorer le préambule »[7]. Reste qu'une *source du droit* n'est pas forcément une *norme constitutionnelle*, comme la jurisprudence du Conseil d'Etat sur les principes généraux du droit l'a bien montré.

La décision du 16 juillet 1971 fut immédiatement interprétée comme consacrant le statut constitutionnel du préambule. S'agissant du principe en

---

[1] Sur F. Goguel, voir G. Boudou, « François Goguel et le Conseil constitutionnel. Un réformiste aux accents stoïcien », *La doctrine et le Conseil constitutionnel*, *op. cit.*, p. 37.

[2] B. Mathieu, *et al.*, *Les grandes délibérations du Conseil constitutionnel*, Paris, Dalloz, 2009, p. 214.

[3] *Ibid.*, p. 217.

[4] B. Lecoq-Pujade, 1971, une révolution de palais ? », *article précité*.

[5] Cons. constit., 19 juin 1970, n° 70-39 DC, *Rec.*, p. 15.

[6] B. Mathieu, *et al.*, *Les grandes délibérations du Conseil constitutionnel*, *op. cit.*, p. 203.

[7] *Ibid.*

cause, il résulte d'une interprétation du juge qui lui a conféré une force normative. Un rapport hiérarchique fut bien établi entre le principe créé et la loi contrôlée, car « si le Conseil constitutionnel choisit de justifier une décision de validité au moyen d'un PFRLR, il ne peut le faire qu'en donnant à ce principe une signification de norme supérieure aux dispositions législatives qu'il s'agit de contrôler »[1]. Cela n'implique néanmoins pas forcément que le principe ait reçu la signification d'être une norme constitutionnelle, pas plus d'ailleurs que les énoncés contenus dans le préambule. Comme l'a relevé Olivier Cayla, « ce qui principalement bascule, en 1971, dans la compréhension commune de ce qui définit la constitutionnalité, ne semble guère tenir au fait, comme cela est habituellement allégué, que celui-ci aurait donné ou accordé "valeur constitutionnelle" au Préambule, par une mystérieuse opération de cabaret. Le Conseil constitutionnel n'a en effet tiré nul lapin de son chapeau, mais il a plutôt fait comprendre au législateur de 1971, par sa lecture du Préambule de 1958, que le texte de ce dernier était celui d'un commandement juridique impératif, c'est-à-dire, dans le vocabulaire kelsénien, devait s'entendre comme ayant la signification subjective d'un acte de volonté - du constituant - de prescrire un devoir-être obligatoire »[2]. On peut alors avancer que la décision du 16 juillet 1971 « est bien fondée sur une interprétation du terme constitution contenu dans l'article 61, mais cette interprétation est restée implicite et le Conseil s'est borné à indiquer qu'au nombre des principes fondamentaux reconnus par les lois de la République et solennellement réaffirmés par le Préambule de la Constitution il y a lieu de ranger le principe de la liberté d'association »[3].

La notion d'interprétation implicite[4], qui peut englober l'ensemble des normes utilisées par le juge dès lors que la décision est en dernier lieu justifiée par référence à la Constitution, paraît peu précise car elle ne permet pas de savoir ce qui acquiert la signification de norme constitutionnelle. De ce point de vue, il faut donc se contenter de noter que le principe créé était bien une norme produite à partir de l'interprétation du préambule et que les principes fondamentaux reconnus par les lois de la République apparaissaient comme une catégorie normative permettant au juge de prescrire au législateur le respect de certains énoncés qu'il se considérait habilité à qualifier de la sorte.

---

[1] V. Champeil-Desplats, *Les principes fondamentaux reconnus par les lois de la République : principes constitutionnels et justification dans les discours juridiques*, *op. cit.*, p. 154.

[2] O. Cayla, « Constitution ou norme constitutionnelle ? », *article précité*.

[3] M. Troper, « L'interprétation constitutionnelle », in F. Melin-Soucramanien (dir.), *L'interprétation constitutionnelle*, Paris, Dalloz, 2005, p. 19.

[4] Voir G. Canivet, « De l'implicite dans la motivation des décisions du Conseil constitutionnel », *L'exigence de justice. Mélanges en l'honneur de Robert Badinter*, Paris, Dalloz, 2016, p. 145.

Par ailleurs, on l'a vu, un rapport hiérarchique fut bien établi entre ces principes et la loi, une disposition de celle-ci étant déclarée non-conforme à la Constitution car elle était jugée contraire à ce principe[1]. L'antinomie entre la disposition en cause et le principe créé est donc bien résolue par application de la maxime *Lex Superior*. Une fois cette supériorité établie, demeure l'ambiguïté sur le statut reconnu au principe, que seule viendra, en réalité, lever la jurisprudence ultérieure. Autrement dit, sur le plan théorique, la décision du 16 juillet 1971 ne permet pas à elle seule de déterminer le statut des principes fondamentaux reconnus par les lois de la République et *a fortiori* d'autres énoncés compris dans le préambule de la Constitution. Elle permet simplement de constater que le juge plaçait ces principes au-dessus de la loi pour justifier la non-conformité prononcée. Elle fait donc bien naître le bloc de constitutionnalité, mais dans un sens encore large : il devenait évident que des normes issues de l'interprétation du préambule avaient intégré les fameuses *normes de références* du contrôle de constitutionnalité, mais sans que, pour autant, ces normes soient forcément *constitutionnelles*. Dit autrement, le réservoir des énoncés compris dans les deux textes auxquels renvoie le préambule pouvait, à ce moment de l'histoire de la jurisprudence constitutionnelle, apparaître comme le support de normes s'imposant à la loi, mais pas forcément en tant que règles ou principes constitutionnels comme cela sera le cas par la suite. On pouvait, à l'époque, tout à fait envisager que le Conseil s'orienterait plutôt vers la création de principes équivalent aux principes généraux du droit pour le juge administratif, c'est-à-dire des principes inspirés du préambule sans avoir pour autant pleine valeur constitutionnelle. L'essentiel pour autant, était que ce corps de normes allait être opposable au législateur : là résidait la véritable révolution, balayant presque deux siècles de pratique juridique française et imposant – enfin – au législateur le respect d'une substance supra légale.

Dans un article paru dans le journal *Le Monde* quelques jours après la décision du 16 juillet 1971, Michel Troper souligna ce qu'il qualifiait de danger. Relevant que les dispositions du préambule n'avaient « sous la IVème République qu'une portée morale et étaient dépourvues de conséquences juridiques, par la volonté expresse du constituant de 1946 » et que « la décision que vient de rendre le Conseil constitutionnel a pour résultat de leur conférer rétroactivement, vingt-cinq ans plus tard, cette force juridique qu'on leur avait refusée à l'époque » il souligna que « tout pouvoir de contrôler et de sanctionner la conformité d'un acte juridique à un acte juridique supérieur implique un pouvoir d'interprétation de celui-ci », or l'interprétation du Conseil constitutionnel « est totalement libre et n'est soumise à aucun contrôle ». Selon Michel Troper, le Conseil constitutionnel venait ainsi « de

[1] Pour des raisons, à vrai dire, bien mystérieuses en droit. G. Boudou, « Autopsie de la décision du Conseil constitutionnel du 16 juillet 1971 sur la liberté d'association », *article précité*.

se donner les moyens d'empêcher la promulgation non seulement des lois restreignant les libertés publiques, mais aussi d'éventuelles lois progressistes, s'il le juge opportun »[1]. C'est dire si la décision *Liberté d'association*[2] n'a pas été forcément reçue, comme on l'enseigne souvent aujourd'hui, comme un bienfait attestant la marque d'un rôle de protecteur des libertés du Conseil constitutionnel ou encore comme la création d'un bloc de constitutionnalité clair et cohérent. Elle a aussi été envisagée comme ce que craignaient bon nombre de participants à l'élaboration de la Constitution de 1958 : une émancipation problématique du Conseil constitutionnel – et on retrouve là le thème du gouvernement des juges et le vocabulaire d'Edouard Lambert.

Paragraphe 2.
La qualité de normes constitutionnelle explicitement conférée aux dispositions des textes de 1789 et 1946

Si l'usage veut que l'on présente systématiquement la décision *Liberté d'association* comme ayant bien reconnu la signification de normes constitutionnelles aux principes fondamentaux reconnus par les lois de la République et, au-delà, aux dispositions des textes mentionnés dans le préambule de la Constitution de 1958, c'est en réalité principalement en se fondant sur la jurisprudence ultérieure du Conseil constitutionnel, laquelle a très vite troqué l'implicite pour l'explicite. De fait, « depuis 1971, le Conseil constitutionnel a lui-même construit un ensemble de principes constitutionnels très nombreux qui forment la base juridique de son contrôle des lois du Parlement. Le Conseil constitutionnel comme nombre d'autres cours, ne peut formellement réviser la constitution, mais il peut créer des normes constitutionnelles et il le fait régulièrement »[3]. Cette création explicite (A), ne restera pas sans conséquence sur le juge ordinaire (B).

A. La création explicite de normes constitutionnelles à partir du préambule

Le Conseil constitutionnel a pour la première fois appliqué une disposition de la Déclaration des droits de l'homme et du citoyen en censurant l'article 62 de la loi de finances pour 1974 pour méconnaissance du « principe de l'égalité devant la loi contenu dans la Déclaration des Droits de l'Homme de 1789 et solennellement réaffirmé par le Préambule de la Constitution »[4]. Comme l'a

---

[1] M. Troper, « Les dangers d'un nouveau pouvoir », *Le Monde*, 02 août 1971.
[2] Cons. Constit., 16 juillet 1971, précité.
[3] D. Baranger « Un chantier qui ne prend jamais fin. Le juge, les révisions, et les autres formes de changement constitutionnel dans la France contemporaine », Jus Politicum, n°18 [https://juspoliticum.com/articles/Un-chantier-qui-ne-prend-jamais-fin-Le-juge-les-revisions-et-les-autres-formes-de-changement-constitutionnel-dans-la-France-contemporaine].
[4] Cons. constit., 27 décembre 1973, n° 73-51 DC.

relevé Denis Baranger « avant 1973, la Déclaration ne faisait pas partie des sources du droit constitutionnel positif »[1]. Dans le procès-verbal de la décision, le rapporteur, Pierre Châtenet, énonçait que « dans l'examen de la conformité des textes à la Constitution, le Conseil constitutionnel suit toujours la même méthode qui consiste à examiner d'abord la conformité par rapport à un des articles de la Constitution puis par rapport à un des principes auxquels renvoie le Préambule de la Constitution ». Il ajoutait « par rapport au Préambule de la Constitution on peut examiner la conformité du texte soumis au Conseil en faisant référence soit à l'article premier de la Déclaration des Droits de l'homme de 1789 aux termes duquel : "les hommes naissent et demeurent libres et égaux en droits" soit à l'article 6 où il est dit que la loi "doit être la même pour tous, soit qu'elle protège, soit qu'elle punisse " ». Selon lui néanmoins, « la Déclaration des Droits de l'homme est un peu dépassée en ce qui concerne les principes économiques. Par exemple, il est écrit à l'article 17 que la propriété est un droit inviolable et sacré alors que chaque jour des atteintes sont portées au droit de propriété. Toute la transformation du contexte économique et social depuis la Déclaration des Droits de l'homme fait que ses règles n'ont plus la même valeur contraignante. Il n'y a donc aucune contradiction entre cette position et les décisions prises par le Conseil constitutionnel pour le droit d'association ou les contraventions car tout ce qui touche aux libertés publiques dans la déclaration des Droits de l'homme a gardé plus de valeur que ce qui touche aux principes économiques ». De même François Goguel affirmait qu'en « ce qui concerne les aspects économiques, la Déclaration de 1789 est dépassée. Il est dangereux de s'y référer dans une décision car si, en l'état actuel des conditions de saisine du Conseil constitutionnel, le danger n'existe pas, dans l'hypothèse où, un jour, le Conseil pouvait être saisi par des particuliers, il n'en manquerait pas pour invoquer devant lui certaines dispositions dépassées de la Déclaration de 1789 et tenter ainsi de faire échec à l'évolution de la législation dans un sens plus social. Les principes de 1789 ne peuvent être mentionnés dans une décision que s'ils se combinent avec des dispositions précises de la Constitution. De plus, l'article 6 de la Déclaration des Droits de l'homme a pour seul objet d'interdire dans l'application de la loi, les discriminations *intuitu personae* en raison, par exemple, de l'existence d'ordres privilégiés »[2]. Finalement, la décision fera bien mention d'une seconde inconstitutionnalité – comme pour appuyer la première - puisqu'il y est mentionné que « l'article 62 de la loi de finances a été introduit dans ce texte sous forme d'article additionnel en méconnaissance évidente des prescriptions de l'article 42, premier alinéa, de l'ordonnance du 2 janvier 1959 portant loi organique relative aux lois de finance ». A ce stade on

[1] D. Baranger, *La constitution. Sources. Interprétations. Raisonnements*, *op. cit.*, p. 56.

[2]https://www.conseil-constitutionnel.fr/sites/default/files/as/root/bank_mm/decisions/PV/pv1973-12-27.pdf.

constate d'une part que les membres du Conseil constitutionnel observent encore une différence entre les articles de la Constitution et ceux de la Déclaration des droits de l'homme et du citoyen, d'autre part qu'une censure fondée sur un article de cette Déclaration doit s'additionner à une censure pour la méconnaissance, plus classique ainsi qu'on le verra, de l'ordonnance du 2 janvier 1959 portant loi organique relative aux lois de finance.

Dans une décision relative à la loi sur l'interruption volontaire de grossesse – très commentée pour d'autres raisons – le Conseil a jugé qu'aucune des dérogations prévues par la loi au principe du respect de tout être humain dès le commencement de la vie « n'est, en l'état, contraire à l'un des principes fondamentaux reconnus par les lois de la République ni ne méconnaît le principe énoncé dans le préambule de la Constitution du 27 octobre 1946, selon lequel la nation garantit à l'enfant la protection de la santé, non plus qu'aucune des autres dispositions ayant valeur constitutionnelle édictées par le même texte », en ajoutant qu'en conséquence, « la loi relative à l'interruption volontaire de la grossesse ne contredit pas les textes auxquels la Constitution du 4 octobre 1958 fait référence dans son Préambule non plus qu'aucun des articles de la Constitution »[1]. C'est la première consécration expresse du statut constitutionnel reconnu au moins à certains énoncés du préambule de la Constitution de 1946. On voit néanmoins à la conclusion du raisonnement que le Conseil éprouvait encore le besoin de séparer le texte de la Constitution des textes auxquels son préambule renvoie. Pour autant, ceux-ci n'étaient plus simplement rattachés au texte de la Constitution par le biais du préambule, ils devenaient, en eux-mêmes, des normes constitutionnelles explicites mobilisables par le juge pour effectuer son contrôle. Le texte de la saisine parlementaire, très court, se contentant de demander « qu'il plaise au Conseil Constitutionnel dire lesdites dispositions non conformes aux principes réaffirmés par le Préambule de la Constitution », aucune interrogation sur le statut normatif des principes en cause n'était mise en avant. Le rapporteur, François Goguel, posait la question de savoir si la loi déférée était « quant à sa substance, contraire aux normes définies par des textes constitutionnels, c'est-à-dire : à la Déclaration des Droits de l'Homme de 1789, aux principes fondamentaux reconnus par les lois de la République, aux Préambules de la Constitution du 27 octobre 1946 et de celle du 4 octobre 1958, aux dispositions de principe qui figurent dans certains articles de ce dernier texte, notamment les articles 2, 3, 4, 5 et 66 », établissant ainsi une liste de règles et principes substantiels compris dans le bloc de constitutionnalité. Ce fut le choix du Conseil constitutionnel de faire apparaître en réponse, dans la rédaction de la motivation, sa capacité à produire des normes constitutionnelles à partir des énoncés concernés.

Deux ans plus tard, le Conseil affirmera que la « liberté individuelle constitue l'un des principes fondamentaux garantis par les lois de la

[1] Décision précitée du 15 janvier 1975.

République, et proclamés par le Préambule de la Constitution de 1946, confirmé par le Préambule de la Constitution de 1958 » en ajoutant, curieusement, que « l'article 66 de la Constitution, en réaffirmant ce principe, en confie la garde à l'autorité judiciaire »[1]. La même année, il créera deux autres principes fondamentaux reconnus par les lois de la République, la liberté de l'enseignement et la liberté de conscience et entreprit de les concilier[2].

Le passage de l'implicite à l'explicite ne fut pas pour le juge un moyen de modifier l'étendue, la nature ou la portée de son contrôle. En revanche, ce passage lui a permis de se présenter comme une autorité habilitée à décider des normes constitutionnelles applicables, quel que soit l'énoncé sur lequel il se fonde et donc à décider du contenu du bloc de constitutionnalité. La référence au préambule de la Constitution de 1958 pour justifier ses décisions de validité est ainsi devenue peu utile, *a fortiori* après la décision sur les lois de nationalisation en 1982 dans laquelle le Conseil, après avoir sèchement relevé en réponse aux arguments du Gouvernement que « si l'article 34 de la Constitution place dans le domaine de la loi les nationalisations d'entreprises et les transferts d'entreprises du secteur public au secteur privé, cette disposition, tout comme celle qui confie à la loi la détermination des principes fondamentaux du régime de la propriété, ne saurait dispenser le législateur, dans l'exercice de sa compétence, du respect des principes et des règles de valeur constitutionnelle qui s'imposent à tous les organes de l'État »[3], a affirmé que « par les référendums du 13 octobre 1946 et du 28 septembre 1958, le peuple français a approuvé des textes conférant valeur constitutionnelle aux principes et aux droits proclamés en 1789 ; qu'en effet, le préambule de la Constitution de 1946 réaffirme solennellement les droits et les libertés de l'homme et du citoyen consacrés par la Déclaration des droits de 1789 et tend seulement à compléter ceux-ci par la formulation des principes politiques, économiques et sociaux particulièrement nécessaires à notre temps ; que, aux termes du préambule de la Constitution de 1958, le peuple français proclame solennellement son attachement aux droits de l'homme et aux principes de la souveraineté nationale tels qu'ils ont été définis par la déclaration de 1789, confirmée et complétée par le Préambule de la Constitution de 1946 »[4]. Le lien entre la mention dans le préambule et le statut de normes constitutionnelles des énoncés devint ainsi totalement explicite. C'est la véritable naissance du bloc de constitutionnalité, affirmé et opposé au législateur.

---

[1] Cons. constit., 12 janvier 1977, n° 76-75 DC.

[2] Cons. constit., 23 novembre 1977, n° 77-87 DC.

[3] Bientôt il affirmera que « la loi n'exprime la volonté générale que dans le respect de la Constitution » (Cons. constit., 23 aout 1985, n° 85-197 DC).

[4] Cons. constit., 16 janvier 1982, n° 81-132 DC.

Cette décision atteste également que le Conseil constitutionnel est entré dans une logique de conciliation entre les normes produites à partir de ces énoncés et les autres normes constitutionnelles, témoignant du statut similaire reconnu à ces normes, guidé en cela par le rapporteur de la décision, Georges Vedel. Selon lui en effet, « le Gouvernement ne soutient pas cette thèse selon laquelle la révolution de 1789 serait une révolution libérale alors que la Constitution de 1946 et son préambule établiraient une république socialisante. Le droit de propriété serait donc de moins en moins inviolable et sacré, ce serait un droit anémié. Il est certain que si le préambule vise les nationalisations et le droit de participation des travailleurs, il heurte ainsi le droit de propriété. Néanmoins, celui-ci garde sa valeur. En 1946, la première Constituante avait élaboré une nouvelle Déclaration des Droits de l'Homme. Le droit de propriété y gardait une valeur constitutionnelle en tant que liberté mais l'exercice de celle-ci dépendait exclusivement de la loi. Ce projet de Constitution a été rejeté par le référendum. Le droit de propriété a, d'ailleurs, été au centre de la campagne électorale. La seconde Constituante a décidé de reprendre purement et simplement la Déclaration des Droits de l'Homme et du Citoyen de 1789 en la complétant de plusieurs principes particulièrement nécessaires à notre temps. Il y aurait donc une erreur de considérer que le droit de propriété serait un droit diminué »[1].

De manière générale, Georges Vedel a pu faire remarquer, dans son activité doctrinale, que la « Constitution renvoie à deux textes concernant principalement les droits et les libertés des citoyens et des groupes : la Déclaration des droits de 1789 et le Préambule de la Constitution de 1946. Or, il est d'expérience, dans tous les pays du monde, que l'application de textes relatifs aux droits et libertés comporte des problèmes d'interprétation singulièrement plus complexes que ceux qui s'attachent à des textes concernant l'organisation et le fonctionnement des institutions. Il en est d'autant plus ainsi que ni la Déclaration de 1789 ni le Préambule de 1946 n'ont été écrits dans la perspective d'un contrôle juridictionnel de constitutionnalité et sont, à l'origine, des déclarations de principes de philosophie politique et de morale sociale. Enfin, la Déclaration et le Préambule sont entre eux distants d'un siècle et demi et leur harmonisation ne va pas sans poser des problèmes »[2]. Pour Georges Vedel, « le bloc de constituionnalité stricto sensu se compose exclusivement de textes de niveau constitutionnel, à savoir celui de la Constitution elle-même, celui de la Déclaration, celui du Préambule et des "lois de la république" en tant que ces dernières sont porteuses de

[1] Procès-verbal de la séance du 12 décembre 1981, disponible sur //efaidnbmnnnibpcajpcglclefindmkaj/https://www.conseil-constitutionnel.fr/sites/default/files/as/root/bank_mm/decisions/PV/pv1981-12-12-21_1982-01-06-07-08-09-11-15-16.pdf

[2] G. Vedel, « Le précédent judicaire en droit public français », *Société de législation comparée*, 1985, p. 284.

"principes fondamentaux". Il est aisé de voir qu'aucune hiérarchie ne peut être établie entre ces deux textes du point de vue de la validité. Leur valeur résulte pour tous du vote au référendum constituant de 1958 qui leur a conféré un statut juridique égal »[1]. Autrement dit « si, historiquement, la Déclaration de 1789 est évidement antérieure au Préambule de 1946, juridiquement leur édiction en règles faisant partie intrinsèque de la Constitution de 1958 s'est faite simultanément et son effet dans le temps ne joue pas plus au profit de l'une que de l'autre »[2]. Dès lors, « les conflits éventuels entre les dispositions de la Déclaration, entre ces dispositions et celles du Préambule de 1946 et des principes fondamentaux reconnus par les lois de la République, comme ceux entre les dispositions de la Déclaration et celles du reste de la Constitution, ne peuvent être tranchés par l'appel à une prétendue hiérarchie entre les normes formant le bloc de constitutionnalité au sens strict du mot »[3] et les « conflits en cause ne peuvent se régler par référence à une hiérarchie formelle qui impliquerait la relativité de la notion de "valeur constitutionnelle" »[4]. Il faut alors comprendre que « la pesée des diverses considérations pouvant être prises en compte dans la conciliation de l'exercice des droits et libertés de valeur constitutionnelle et du jeu des principes ou des droits également de valeur constitutionnelle avec lesquels les premiers seraient en conflit est (…) une pesée concrète, opérée cas par cas et mettant en jeu des critères de décisions très variables en nombre et en importance »[5]. A l'inverse, pour Georges Vedel, « la vraie pierre de touche du "gouvernement des juges" se trouve dans la liberté que le juge constitutionnel s'octroie non d'appliquer la Constitution ou de l'interpréter même de façon constructive, mais, sous quelque nom que ce soit, de la compléter sinon de la corriger par des règles qui sont sa propre création, fussent-elles débordantes de bonnes intentions »[6].

Cette importante décision a mis fin à un débat, alimenté tant par des acteurs politiques, dont les analyses étaient essentiellement fonction de leur couleur politique, que par des juristes, sur le point savoir s'il convenait de faire prévaloir la Déclaration de 1789 sur le préambule de la Constitution 1946 où l'inverse. Ainsi Loïc Philip avait estimé que les dispositions de la Déclaration de 1789 qui ne concernent ni les Droits de l'homme, ni les principes de la souveraineté nationale, n'avaient pas reçu la signification de norme constitutionnelle, voire que « la Déclaration de 1789, le Préambule de 1946 n'auraient pas vraiment valeur constitutionnelle mais seraient considérés comme des sources d'inspiration pour le juge constitutionnel lui permettant

---

[1] G. Vedel, « La place de la Déclaration de 1789 dans le "bloc de constitutionnalité" », *article précité*, p. 52.
[2] *Ibid.*, p. 53
[3] *Ibid.*, p. 56.
[4] *Ibid.*
[5] *Ibid.*, p. 60.
[6] *Ibid.*, p. 63.

de dégager les principes fondamentaux ayant valeur constitutionnelle »[1]. A l'inverse, Stéphane Rials avait pu estimer qu'il existait une « considérable inégalité matérielle des dispositions en cause (...) d'un côté il y a quelques principes qui sont à la base de tout le mouvement juridique, des principes que notre ordonnancement juridique, par le truchement de la déclaration de 1789, ne se permet pas de constituer, mais reconnait comme antérieurs et supérieurs, naturels et imprescriptibles. Ils bénéficient d'un exceptionnel consensus. De l'autre, il y a d'une part des principes qui correspondent à un moment donné de notre civilisation juridique – éminents certes, mais manifestement inférieurs aux précédents qu'ils se contentent souvent de préciser au regard de l'éthique du siècle - , et d'autre part des propositions programmatiques qui ne font certes par l'objet d'un sentiment unanime de l'opinion (les nationalisations par exemple), qui apparaissent étroitement marquées par les circonstances de leur élaboration, qui ont parfois le caractère de simples directives »[2].

En choisissant de ne pas choisir, le Conseil constitutionnel a, de fait, refusé toute hiérarchie fixe au sein du bloc de constitutionnalité ; la doctrine a souvent insisté sur ce point. Ainsi, comme l'a noté Ghislaine Alberton « parce qu'il s'agit d'un "bloc", c'est-à-dire d'une masse constituée de plusieurs éléments regroupés de manière compacte et homogène, il est (...) évident que l'ensemble de ses composantes bénéficient d'une même autorité juridique, celle que leur confère précisément le bloc auquel elles appartiennent. Il ne saurait y avoir aucune hiérarchie entre ces normes. Il serait même pour le moins paradoxal de vouloir rassembler sous un tel vocable des normes bénéficiant en réalité d'une "prégnance" juridique différente »[3]. Et si les composantes du bloc de constitutionnalité ne sont pas identiques, si des contradictions existent, « le Conseil parvient toujours à dépasser cette apparente contradiction en recourant à une technique jurisprudentielle spécifique (que l'on peut dès à présent tenir pour fondamentale) : celle de la recherche d'équilibre, de la mise en balance entre ces normes, bref de l'arbitrage normatif »[4]. Dans ce cadre, « la ligne de partage, au demeurant mobile et fluctuante, ne passe pas entre principes limités et principes protégés (...) mais à l'intérieur de chaque principe en fonction des données propres à chaque affaire »[5]. Pour autant, comme l'a relevé Denis Baranger, « imposer la

---

[1] L. Philip, « La valeur juridique de la Déclaration des droits de l'homme et du citoyen du 26 aout 1789, selon la jurisprudence du Conseil constitutionnel », *Mélanges Kayser*, Tome II, p. 336.

[2] S. Rials, « Les incertitudes de la notion de Constitution sous la Ve République », *article précité*, p. 603.

[3] G. Alberton, « De l'indispensable intégration du bloc de conventionnalité au bloc de constitutionnalité », article précité, p. 252.

[4] *Ibid.*

[5] *Ibid.*

solution la plus simple et la plus claire, celle de l'homogénéité (un seul bloc de constitutionnalité, dans lequel tout a valeur constitutionnelle et le même degré de valeur normative) présente de nombreux avantages, mais ne supprime nullement les difficultés »[1].

Quoi qu'il en soit, la solution retenue dans la décision *Nationalisations* trouvera un écho plusieurs années après au sujet de la Charte de l'environnement lorsque le Conseil constitutionnel affirma, s'agissant de l'article 5 « que ces dispositions, comme l'ensemble des droits et devoirs définis dans la Charte de l'environnement, ont valeur constitutionnelle ; qu'elles s'imposent aux pouvoirs publics et aux autorités administratives dans leur domaine de compétence respectif ; que, dès lors, il incombe au Conseil constitutionnel, saisi en application de l'article 61 de la Constitution, de s'assurer que le législateur n'a pas méconnu le principe de précaution et a pris des mesures propres à garantir son respect par les autres autorités publiques » [2].

B. Les suites devant les juges ordinaires

Indépendamment de ce qu'il advint avec la procédure de question prioritaire de constitutionnalité, le Conseil d'Etat (1), et à un degré moindre la Cour de cassation (2) ont, résiduellement, pris leur part à l'extension du bloc de constitutionnalité.

1. Le Conseil d'Etat

La jurisprudence du Conseil constitutionnel ne va pas rester sans effet du côté du Conseil d'Etat puisqu'en l'absence de loi faisant écran, ou en cas d'écran dit transparent[3], il accepte de contrôler que les actes administratifs respectent les normes comprises dans le bloc de constitutionnalité. Par exemple, le Conseil constitutionnel a reconnu à la fois un « principe de clarté de la loi » qu'il a fait découler de l'article 34 de la Constitution[4] et un « objectif de valeur constitutionnelle d'accessibilité et d'intelligibilité de la loi » fondé sur les articles 4, 5, 6 et 16 de la Déclaration de 1789 dont le but est de « prémunir les sujets de droit contre une interprétation contraire à la Constitution ou contre le risque d'arbitraire, sans reporter sur des autorités

---

[1] D. Baranger « Un chantier qui ne prend jamais fin. Le juge, les révisions, et les autres formes de changement constitutionnel dans la France contemporaine », Jus Politicum, n°18 [https://juspoliticum.com/articles/Un-chantier-qui-ne-prend-jamais-fin-Le-juge-les-revisions-et-les-autres-formes-de-changement-constitutionnel-dans-la-France-contemporaine]

[2] Cons. constit., 19 juin 2008, n° 2008-564 DC.

[3] CE, 17 mai 1991, Quintin, n° 100436.

[4] Cons. constit., n° 2001-455 DC, 12 janvier 2002.

administratives ou juridictionnelles le soin de fixer des règles dont la détermination n'a été confiée par la Constitution qu'à la loi »[1]. Le Conseil d'Etat a fini par accepter, en conséquence, de vérifier que les actes administratifs soient également intelligibles[2]. Surtout, il va ajouter, à deux reprises au moins, de nouvelles normes dans le bloc de constitutionnalité.

Tout d'abord, dans un arrêt *Koné* du 3 juillet 1996[3], le Conseil d'Etat a jugé que les stipulations d'un accord d'extradition devaient être interprétées « conformément au principe fondamental reconnu par les lois de la République, selon lequel l'Etat doit refuser l'extradition d'un étranger lorsqu'elle est demandée dans un but politique » et ne sauraient « dès lors limiter le pouvoir de l'Etat français de refuser l'extradition au seul cas des infractions de nature politique et des infractions qui leur sont connexes ». Comme l'a noté Véronique Champeil-Desplats en se référant à un avis du Conseil d'Etat du 9 novembre 1995[4], « si la valeur constitutionnelle du principe fondamental reconnu par les lois de la République en question n'a pas été explicitement rappelée au cours de l'arrêt Koné, elle avait été admise quelques temps auparavant sans ambages : l'arrêt reprend sans surprise la représentation de la hiérarchie des normes qui prévaut dans l'avis »[5]. Le Conseil d'Etat a ainsi produit une norme constitutionnelle lui permettant de fournir une interprétation particulièrement opportuniste d'une stipulation d'un accord de coopération : selon Véronique Champeil-Desplats, il s'agirait du résultat d'une contrainte juridique liée à la valeur supra législative mais infra constitutionnelle des traités internationaux[6]. Pourtant, dans ses conclusions sur l'arrêt, le commissaire du Gouvernement, Jean-Marie Delarue, proposait uniquement à la formation de jugement la reconnaissance « d'un principe général du droit de l'extradition, selon lequel l'Etat requis refuse l'extradition lorsqu'elle est demandée dans un but politique » en relevant que « leur usage dans un domaine où prime le droit international n'est pas une nouveauté »[7].

La réaction la plus intéressante à cet arrêt fut celle de Louis Favoreu, le promoteur de la notion de bloc de constitutionnalité. Constatant que « c'est la première fois que le Conseil d'Etat dégage un nouveau principe fondamental reconnu par les lois de la République non encore consacré par le Conseil

---

[1] Cons. constit., n° 2005-514 DC, 28 avril 2005.

[2] CE, 8 juillet 2005, Fédération des syndicats généraux de l'Éducation nationale et de la recherche publique SGEN-CFDT, n° 266900. Voir A. Jennequin, « L'intelligibilité de la norme dans les jurisprudences du Conseil constitutionnel et du Conseil d'État », *RFDA*, 2009, p. 913.

[3] CE, 3 juillet 1996, Koné, n° 169219.

[4] CE, Avis, 9 novembre 1995, n° 357 344.

[5] Sur cet arrêt, voir V. Champeil-Desplats, « L'arrêt *Koné*, produit et source de contraintes », in *Théorie des contraintes juridiques*, *op. cit.*, p. 58-59.

[6] *Ibid.*

[7] J.-M. Delarue, « Principes fondamentaux reconnus par les lois de la République, principes généraux du droit et conventions d'extradition », *RFDA*, 1996, p. 870.

constitutionnel » il estimait que cela posait « un problème majeur » dès lors que « le Conseil d'Etat s'est écarté, sans justification convaincante, de l'attitude observée jusqu'ici tant chez le juge administratif que chez le juge judiciaire et selon laquelle seul le juge constitutionnel est à même de dégager un principe fondamental reconnu par les lois de la République ». Ce monopole s'expliquerait car le Conseil constitutionnel « a seul un statut de juge constitutionnel qui le met à l'abri des réactions des pouvoirs publics et notamment du législateur ». Plus grave, l'unité de l'ordre juridique « serait à nouveau compromis(e) si la découverte d'un principe fondamental reconnu par les lois de la République par le Conseil d'Etat dans l'arrêt Koné ne devait pas rester exceptionnelle et accidentelle »[1]. Pourtant, comme l'a noté Véronique Champeil-Desplats, le Conseil d'Etat n'a « pas subtilisé une compétence générale du Conseil constitutionnel ; il se contente de se poser en concurrent et lui fait subir une altération de compétence concernant le statut d'un principe particulier »[2]. L'année précédente, Louis Favoreu avait également relevé, à propos d'une décision du Conseil d'Etat faisant usage d'un principe général du droit[3] qu'il « serait plus satisfaisant de se référer directement aux normes constitutionnelles, comme le fait déjà et de plus en plus le juge administratif. Ce qui ne changera pas fondamentalement les choses le plus souvent, du moins lorsqu'au principe général du droit correspond une norme constitutionnelle et lorsque le Conseil d'Etat l'interprète de la même manière que le Conseil constitutionnel »[4].

La vision du système juridique français de Louis Favoreu était toute entière dédiée au respect des normes constitutionnelles produites par le Conseil constitutionnel. Ainsi, critiquant la solution retenue par le Conseil d'Etat dans un arrêt *Association de défense des sociétés de courses des hippodromes de province*[5], il relevait qu'en « réalité il ne peut y avoir qu'un contrôle de constitutionnalité des ordonnances non ratifiées, le contrôle de légalité - au sens strict - étant exclu dans le domaine défini par la loi d'habilitation. Etant précisé aussi que la vérification de la conformité à la loi d'habilitation doit tenir logiquement compte des réserves d'interprétation du Conseil constitutionnel. La validité des ordonnances non ratifiées s'apprécie essentiellement au regard de la Constitution ainsi que l'exprime la formule

[1] L. Favoreu, « Principes généraux du droit et principes fondamentaux reconnus par les lois de la République. Point de vue sur l'affaire Koné », *RFDA*, 1996, p. 882.

[2] V. Champeil-Desplats, « L'arrêt Koné, produit et source de contraintes », *article précité*, p. 60.

[3] CE, 30 juin 1995, Gouvernement du Territoire de la Polynésie française, n° 162329.

[4] L. Favoreu, Les normes de référence applicables au contrôle des délibérations des assemblées territoriales des territoires d'outre-mer : principes généraux du droit ou normes constitutionnelles ?, *RFDA*, 1995, p. 1240.

[5] CE, 4 novembre 1996, Association de défense des sociétés de courses des hippodromes de province, n° 177162 et suivants.

qu'utilise le Conseil constitutionnel dans toutes ses décisions depuis 1977 et selon laquelle les dispositions de la loi d'habilitation "ne sauraient avoir pour effet de dispenser le gouvernement, dans l'exercice des pouvoirs qui lui sont conférés en application de l'article 38 de la Constitution, du respect des règles et principes de valeur constitutionnelle" (86-208 DC des 1er et 2 juillet 1986 § 27) ; (…). Le Conseil constitutionnel ne fait état que des "règles et principes de valeur constitutionnelle" ce qui n'inclut pas évidemment des principes généraux du droit non seulement pour le Conseil constitutionnel mais aussi pour le Conseil d'Etat, comme ce dernier l'a montré dans l'arrêt *Koné*) »[1].

Ces remarques n'ont pas empêché le Conseil d'Etat de récidiver dans un arrêt *Syndicat national des enseignements du second degré (SNES)*[2]. Effectuant un contrôle dit de l'abrogation implicite de la loi, technique jurisprudentielle classique qui conduit à juger de sa caducité[3], s'agissant d'une loi antérieure à la Constitution de 1958, il a en effet estimé « que l'article 7 de la loi du 1er juin 1924, mettant en vigueur la législation civile française dans les départements du Haut-Rhin, du Bas-Rhin et de la Moselle, a maintenu en application dans ces départements les articles 21 à 79 du code civil local ; qu'ainsi le maintien en vigueur de la législation locale procède de la volonté du législateur ; que si, postérieurement à la loi précitée du 1er juin 1924, les préambules des constitutions des 27 octobre 1946 et 4 octobre 1958 ont réaffirmé les principes fondamentaux reconnus par les lois de la République, au nombre desquels figure le principe de laïcité, cette réaffirmation n'a pas eu pour effet d'abroger implicitement les dispositions de ladite loi ». Cette production d'un nouveau principe fondamental reconnu par les lois de la République relatif à la laïcité est d'autant plus étonnante que l'article 1er de la Constitution prévoit déjà que la République française est laïque ; c'est d'ailleurs à cet article que se référait le commissaire du Gouvernement, Emmanuelle Mignon, dans ses conclusions sur l'arrêt. Si aucune contrainte ne semble ainsi pouvoir expliquer la reconnaissance de ce nouveau principe fondamental reconnu par les lois de la République, on peut le lire comme une volonté du Conseil d'Etat d'affirmer pleinement sa capacité à venir enrichir le bloc de constitutionnalité, ce d'autant plus qu'il a réaffirmé ce principe, dans les mêmes termes, quelques mois plus tard[4]. Il se contentera néanmoins, par la suite, d'évoquer plus simplement le « principe constitutionnel de laïcité »[5].

---

[1] L. Favoreu, « Principes généraux du droit et ordonnances non ratifiées », *RFDA*, 1996, p. 1111.

[2] CE, 6 avril 2001, Syndicat national des enseignements du second degré (SNES), n° 219379.

[3] J. Tremeau, « La caducité des lois incompatibles avec la Constitution », *AIJC*, 1992, n° 6, p. 219.

[4] CE, 30 novembre 2001, M. Pons, n° 219605.

[5] CE, 16 mars 2005, Ministre de l'Outre-mer, c/ gouvernement de la Polynésie française, n° 265560

Quelques années plus tard, le Conseil constitutionnel a consacré un principe fondamental reconnu par les lois de la République en matière de dispositions particulières applicables dans les trois départements du Bas-Rhin, du Haut-Rhin et de la Moselle[1]. Selon celui-ci « la législation républicaine antérieure à l'entrée en vigueur de la Constitution de 1946 a consacré le principe selon lequel, tant qu'elles n'ont pas été remplacées par les dispositions de droit commun ou harmonisées avec elles, des dispositions législatives et réglementaires particulières aux départements du Bas-Rhin, du Haut-Rhin et de la Moselle peuvent demeurer en vigueur ». Ainsi, à plusieurs années de distance, le Conseil constitutionnel est venu au secours de la solution retenue sur le fond par le Conseil d'Etat : « sauver » la constitutionnalité du droit spécial applicable à trois départements en matière de relations entre l'Etat et les cultes pour des raisons historiques.

2. La Cour de cassation

Comme le Conseil d'Etat, la Cour de cassation n'a pas hésité à produire des normes constitutionnelles mais de manière moins spectaculaire. La plupart du temps, la Cour de cassation s'était contentée de viser un principe constitutionnel[2] : ainsi « le principe constitutionnel de l'égalité devant les charges publiques »[3]. Pour autant, elle a pu juger que « ayant pour effet d'apporter une restriction au principe de la liberté du commerce et de l'industrie, posé par l'article 7 de la loi des 2-17 mars 1791, et à la liberté du travail garantie par la Constitution, la clause de non-concurrence insérée dans un contrat de travail n'est licite que dans la mesure où la restriction de liberté qu'elle entraîne est indispensable à la protection des intérêts légitimes de l'entreprise »[4]. La référence à la liberté du travail garantie par la Constitution paraît ici surabondante, la liberté du commerce et de l'industrie ayant suffi à justifier la décision. C'est souvent ainsi que la Cour de cassation procède, en couplant une norme constitutionnelle avec une norme légale ou conventionnelle.

Elle a également pu juger, en matière de grève, comme elle le faisait sous l'empire de la Constitution du 27 octobre 1946, « qu'il résulte du Préambule de la Constitution du 27 octobre 1946, confirmé par celui de la Constitution du 4 octobre 1958, que le droit de grève est un principe de valeur constitutionnelle ; que selon l'article L. 521-1 du Code du travail, qui

---

[1] Cons. constit., 5 août 2011, n° 2011-157 QPC.

[2] Sur cette question, voir R. (de) Gouttes, « L'application de la Constitution par la Cour de cassation : aspects généraux et perspectives de droit civil », in *L'application de la Constitution par les Cours suprêmes. Conseil constitutionnel, Conseil d'Etat, Cour de cassation*, Paris, Dalloz, 2007, p. 55.

[3] Cass. civ., 1er, 10 juin 1986, n° 84-15.740.

[4] Cass. soc., 19 novembre 1996, n° 94-19.404.

détermine les conditions d'exercice de ce droit, la grève ne rompt pas le contrat de travail, sauf faute lourde imputable au salarié et que l'exercice du droit de grève ne saurait donner lieu de la part de l'employeur à des mesures discriminatoires en matière de rémunération et d'avantages sociaux et que tout licenciement prononcé en violation de ce texte est nul de plein droit »[1]. De nouveau, on sent que la norme constitutionnelle est davantage un argument d'autorité qu'un argument nécessaire à la résolution du litige de cassation, une loi pouvant y pourvoir. Elle a pu également juger « qu'une convention collective ne peut avoir pour effet de limiter ou de réglementer pour les salariés l'exercice du droit de grève constitutionnellement reconnu, et que seule la loi peut créer un délai de préavis de grève s'imposant à eux »[2] ou encore rappeler que « le libre accès à sa propriété constitue un accessoire du droit de propriété, droit fondamental à valeur constitutionnelle »[3].

Plus intéressant, répondant expressément à un argument sur la valeur constitutionnelle d'un texte législatif, elle a pu juger que « la simple référence, dans la loi n° 61-1439 du 26 décembre 1961 relative à l'accueil et à la réinstallation des Français d'outre-mer, au principe de solidarité nationale affirmé par le préambule de la Constitution de 1946 n'a pas pour effet de conférer une valeur constitutionnelle à cette loi »[4]. C'est l'un des rares cas où la Cour de cassation, se faisant pleinement juge de ce qui peut entrer dans le bloc de constitutionnalité, en a exclu une loi. En dehors de ce cas, il faut constater que la création du bloc de constitutionnalité a finalement eu peu d'influence sur la jurisprudence de la Cour de cassation, laquelle se référait déjà au préambule de la Constitution du 27 octobre 1946 avant 1958 alors même que, sauf quelques cas, elle doit rarement rendre des jugements de validité, contrairement au Conseil d'Etat. Naturellement, l'instauration de la procédure de question prioritaire de constitutionnalité a considérablement modifié son rôle à partir des années 2010.

Section 2.
Le refus d'incorporer certains énoncés dans le bloc de constitutionnalité

Une fois apparu le bloc de constitutionnalité, la manifestation la plus claire du pouvoir dont disposait le Conseil constitutionnel dans la détermination du contenu de celui-ci – sauf le cas rare où le juge ordinaire entend lui damer le pion - est paradoxalement d'abord ressortie des décisions où il a refusé de doter un énoncé de la signification de norme constitutionnelle. En effet, l'usage de la « valeur constitutionnelle » en tant qu'élément de production de

[1] Cass. soc., 2 février 2006, n° 03-47.481.
[2] Cass. soc., 12 mars 1996, n° 93-41.670.
[3] Cass., civ., 1er, 28 novembre 2006, n° 04-19.134.
[4] Cass., civ., 2eme, 26 juin 2008, n° 07-13.245.

normes constitutionnelles apparaît nettement quand il joue comme principe d'exclusion du bloc de constitutionnalité.

Dans ce cadre, invité par les auteurs de saisines ou de questions prioritaires de constitutionnalité à reconnaître le statut de norme constitutionnelle d'un énoncé, la plupart du temps afin de pouvoir justifier la censure d'une loi, le Conseil peut soit rejeter explicitement la demande (Paragraphe 1), soit refuser de se prononcer sur la question (Paragraphe 2), soit lui reconnaître un « simple » statut législatif (Paragraphe 3).

Paragraphe 1.
Le refus du statut constitutionnel

L'illustration des refus de ce type est fournie en premier lieu par les dispositions figurant dans les règlements des assemblées. Celles-ci portent pour une large part sur la procédure législative et on comprend que les requérants soient tentés d'invoquer leur méconnaissance au cours de la discussion d'un texte pour obtenir sa censure. Le Conseil a néanmoins nettement affirmé qu'il « ne saurait être saisi de la conformité (…) de la loi aux dispositions du règlement de l'Assemblée nationale, lequel, d'ailleurs, n'a pas, en lui-même, valeur constitutionnelle »[1], avant d'affirmer de façon générale que « les dispositions des règlements des assemblées parlementaires n'ont pas valeur constitutionnelle »[2], formulation reprise ultérieurement. Il a précisé que « les règlements des assemblées parlementaires n'ayant pas en eux-mêmes valeur constitutionnelle, la seule méconnaissance des dispositions réglementaires invoquées ne saurait avoir pour effet de rendre la procédure législative contraire à la Constitution »[3]. Au-delà de l'évolution dans la formulation du refus, ce dernier atteste que le Conseil a bien le pouvoir de décider si ces dispositions peuvent, ou non, recevoir la signification de normes constitutionnelles au sens formel du terme (car, ainsi qu'on l'a vu, matériellement, les règlements des assemblées comprennent de nombreuses normes constitutionnelles en ce qu'elles prescrivent notamment la façon dont la loi doit être adoptée).

Pour autant, le Conseil constitutionnel s'est parfois autorisé à contrôler le respect de dispositions des règlements des assemblées au cours de la procédure législative à travers le contrôle de l'exigence constitutionnelle de clarté et de sincérité du débat. Ainsi, dans une décision relative à la modification du règlement du Sénat, confronté à des dispositions pouvant limiter le temps de parole pendant la procédure législative, il a estimé « qu'il appartiendra au président de séance d'appliquer ces différentes limitations du temps de parole en veillant au respect des exigences de clarté et de sincérité

---

[1] Cons. constit., 27 juillet 1978, n° 78-97 DC.
[2] Cons. constit., 22 juillet 1980, n° 80-117 DC.
[3] Cons. constit., 11 octobre 1984, n° 84-181 DC.

du débat parlementaire »[1], ce qui était une façon de s'habiliter à contrôler que tel serait bien le cas.

Dans une décision ultérieure, il a cité l'article 38 du règlement du Sénat selon lequel « lorsqu'au moins deux orateurs d'avis contraire sont intervenus dans la discussion générale d'un texte, (...), sur l'ensemble d'un article ou dans les explications de vote portant sur un amendement, un article ou l'ensemble du texte en discussion, le président, un président de groupe ou le président de la commission saisie au fond peut proposer la clôture de ladite discussion », puis il a examiné si, en l'espèce, la mise en œuvre de cet article avait pu méconnaitre « les exigences de clarté et de sincérité des débats »[2]. La même décision atteste que, toujours au nom de l'exigence de clarté et de sincérité des débats, le Conseil peut aller jusqu'à contrôler une décision de la conférence des présidents au regard d'un article du règlement de l'Assemblée nationale mettant en œuvre un droit prévu par la Constitution. L'exigence de clarté et de sincérité du débat parlementaire apparaît alors comme une norme permettant au Conseil de contrôler médiatement que certaines dispositions du règlement des assemblées ne soient pas méconnues, sans pour autant que ces dispositions aient valeur constitutionnelle. Autrement dit, c'est une jurisprudence proche de celle du renvoi par le texte de la Constitution à un texte extérieur, quoique plus subtile.

La possibilité de refuser la qualité de norme constitutionnelle est également illustrée lorsque, saisi d'une demande afin qu'il reconnaisse un principe constitutionnel, le Conseil refuse expressément une telle qualification. Cela est notamment le cas au sujet du refus de conférer la qualité de principe fondamental reconnu par les lois de la République à une disposition législative[3]. Ces principes étant effectivement issus d'énoncés formellement législatifs, les auteurs de saisines sont tentés d'obtenir la consécration sous ce qualificatif de nombreuses dispositions afin de les « rigidifier », de les faire bénéficier d'un statut constitutionnel, et de pouvoir s'en prévaloir à l'appui d'une saisine. Il est arrivé fréquemment au Conseil, notamment à partir de la détermination de critères permettant d'identifier ces derniers dans la décision du 20 juillet 1988[4], de refuser expressément cette qualification[5]. Avant cette décision, il avait estimé que « les dispositions des articles 10 et 13 de la loi des 16 et 24 août 1790 et du décret du 16 fructidor An III qui ont posé dans sa généralité le principe de séparation des autorités administratives et judiciaires

[1] Cons. constit., 11 juin 2015, n° 2015-712 DC.

[2] Cons. constit., 14 avril 2023, n° 2023-849 DC.

[3] Voir N. Merley, « La non-consécration par le Conseil constitutionnel de principes fondamentaux reconnus par les lois de la République », *RFDA*, 2005, p. 621.

[4] Cons. constit., 20 juillet 1988, n° 88-244 DC.

[5] V. Champeil-Desplats, *Les principes fondamentaux reconnus par les lois de la République : principes constitutionnels et justification dans les discours juridiques*, *op. cit.*, p. 177 et suivantes.

n'ont pas en elles-mêmes valeur constitutionnelle »[1] mais avait cependant bien voulu produire un principe fondamental qui en dégageait la substance.

Depuis, il a refusé la qualité de principe fondamental à bon nombre d'énoncés. Ainsi « le principe en vertu duquel la loi ne peut permettre aux accords collectifs de travail de déroger aux lois et règlements ou aux conventions de portée plus large que dans un sens plus favorable aux salariés ne résulte d'aucune disposition législative antérieure à la Constitution de 1946, et notamment pas de la loi du 24 juin 1936 (…) dès lors, il ne saurait être regardé comme un principe fondamental reconnu par les lois de la République au sens du Préambule de la Constitution de 1946 »[2]. De même « si la législation républicaine antérieure à 1946 et les lois postérieures ont, jusqu'à la loi déférée, regardé le mariage comme l'union d'un homme et d'une femme, cette règle qui n'intéresse ni les droits et libertés fondamentaux, ni la souveraineté nationale, ni l'organisation des pouvoirs publics, ne peut constituer un principe fondamental reconnu par les lois de la République au sens du premier alinéa du Préambule de 1946 »[3]. Plus intéressant, il a refusé de reconnaitre le « principe fondamental reconnu par les lois de la République selon lequel la naissance en France assortie le cas échéant de conditions d'âge et de résidence doit ouvrir droit de manière automatique à cette nationalité » en relevant une condition de pur fait : « cette disposition a été instituée pour des motifs tenant notamment à la conscription »[4]. On ne saisit pas à la lecture de la décision en quoi cela s'opposait à la reconnaissance dudit principe. S'il a pu consacrer l'existence d'un principe fondamental reconnu par les lois de la République protégeant « l'atténuation de la responsabilité pénale des mineurs en fonction de l'âge, comme la nécessité de rechercher le relèvement éducatif et moral des enfants délinquants par des mesures adaptées à leur âge et à leur personnalité, prononcées par une juridiction spécialisée ou selon des procédures appropriées », il a néanmoins refusé, dans la même décision, de consacrer un principe fondamental reconnu par les lois de la République écartant la responsabilité pénale des mineurs[5]. Dans le cadre d'une question prioritaire de constitutionnalité, après avoir rappelé qu'une « tradition républicaine ne saurait être utilement invoquée pour soutenir qu'un texte législatif qui la contredit serait contraire à la Constitution qu'autant qu'elle aurait donné naissance à un principe fondamental reconnu par les lois de la République au sens du premier alinéa du Préambule de la Constitution de

[1] Cons. constit., 23 janvier 1987, n° 86-224 DC.
[2] Cons. constit., 29 avril 2004, n° 2004-494 DC.
[3] Cons. constit., 17 mai 2013, n° 2013-669 DC.
[4] Cons. constit., 20 juillet 1993, n° 93-321 DC.
[5] Cons. constit., 29 août 2002, n° 2002-461 DC. La solution retenue dans cette décision a fait l'objet d'une critique virulente d'un membre du Conseil constitutionnel de l'époque : voir P. Joxe, *Cas de conscience*, Genève, Labor et fides, 2010, particulièrement p. 171-180.

1946 », il a également dénié cette qualité, en « dépit de son importance », locution curieuse au demeurant, au « principe de l'intervention du jury en matière criminelle »[1].

Plus généralement, sans se référer à cette catégorie particulière, le Conseil a régulièrement réfuté que tel ou tel énoncé ait la qualité de principe constitutionnel. Il a pu noter, à propos d'une disposition d'une loi contrôlée, qu'elle « n'a pas le caractère d'un principe de valeur constitutionnelle »[2]. De façon moins concise, dans une autre décision, il a exposé les arguments des auteurs de la saisine en notant que « pour établir qu'il existe un principe d'autonomie de gestion des entreprises publiques ayant valeur constitutionnelle, la saisine présentement examinée invoque les dispositions du Préambule de 1946, selon lesquelles "tout bien, toute entreprise, dont l'exploitation a ou acquiert les caractères d'un service public national ou d'un monopole de fait doit devenir la propriété de la collectivité", desquelles il résulterait implicitement "que les entreprises publiques sont la propriété non pas du Gouvernement, mais la propriété de la Nation et qu'en conséquence le Gouvernement qui a nommé les administrateurs au sein des conseils d'administration des entreprises publiques n'est pas en droit de les révoquer librement sans invoquer à leur encontre une quelconque faute grave" ». Il répondit de façon laconique que « l'existence d'un principe ou d'une règle de valeur constitutionnelle ne saurait procéder de telles déductions » puis a nettement affirmé plus loin qu'« il n'existe pas de principe de l'autonomie de gestion des entreprises publiques ayant valeur constitutionnelle »[3].

De façon similaire, le Conseil a pu affirmer qu'il n'existe « aucune disposition ni aucun principe de valeur constitutionnelle consacrant la protection du patrimoine génétique de l'humanité »[4], « qu'aucune norme de valeur constitutionnelle ne garantit un principe dit de "confiance légitime" »[5], « qu'aucune règle constitutionnelle ne garantit un principe dit de l'équité entre les générations, qu'il incomberait au législateur de préciser et de mettre en œuvre »[6] ou encore expressément refuser de reconnaître l'existence d'un « principe de non-régression en matière environnementale, qui se déduirait, notamment, de l'article 2 de la Charte de l'environnement »[7], résistant ainsi à l'invitation d'une partie de la doctrine[8]. Il peut donc, selon les espèces, ériger

---

[1] Cons. constit., 24 novembre 2023, n° 2023-1069/1070 QPC.
[2] Cons. constit., 17 juillet 1980, n° 80-116 DC.
[3] Cons. constit., 20 juillet 1983, n° 83-162 DC.
[4] Cons. constit., 27 juillet 1994, n° 94-343/344 DC.
[5] Cons. constit., 7 novembre 1997, n° 97-391 DC.
[6] Cons. constit., 20 mars 1997, n° 97-388 DC.
[7] Cons. constit., 10 décembre 2020, n° 2020-809 DC.
[8] Y. Aguila, W. Hebert, L. Rollini, « Pour une consécration constitutionnelle du principe de non-régression », *La Semaine Juridique, Edition Générale*, n° 47, 16 novembre 2020, n° 1275.

un énoncé au rang de principe ou de règle de valeur constitutionnelle mais également refuser une telle qualification, attestant ainsi sa maîtrise totale dans la détermination des énoncés qui peuvent intégrer le bloc de constitutionnalité.

Paragraphe 2.
Le refus de se prononcer

En faisant apparaître, dans le corps de ses décisions, non pas qu'il dénie l'appartenance d'un énoncé au bloc de constitutionnalité mais qu'il préfère ne pas se prononcer sur le sujet, le Conseil constitutionnel se met en scène en tant que décideur souverain en la matière. Car de deux choses l'une : soit le statut normatif des énoncés préexiste aux décisions et se trouve dans les textes ou dans le « droit positif » pris comme entité normative identifiable, et dans ce cas le Conseil constitutionnel ne peut que prendre acte de ce statut, soit le Conseil constitutionnel ne prend acte de rien, préférant jouer la prudence sur tel ou tel énoncé, et dans ce cas il atteste que rien ne préexiste à sa décision et que la consécration d'un énoncé en tant que principe constitutionnel relève bien de sa seule décision, certes aiguillée par divers paramètres (textes existants, formulation, contraintes argumentatives, contexte politique etc.).

Le Conseil a ainsi décidé, à propos de la liberté de choix du praticien et de la liberté de prescription de celui-ci que la loi ne leur portant pas atteinte, il « n'y a donc pas lieu d'examiner si ces libertés constituent des principes fondamentaux ayant valeur constitutionnelle »[1]. De même, il n'a pas explicitement tranché la question de savoir si l'individualisation des peines était un principe fondamental reconnu par les lois de la République. Il avait déjà évoqué cette question antérieurement sans réellement répondre à l'argumentation des auteurs de la saisine sur ce point précis[2], mais ultérieurement, il a estimé que « si la législation française a fait une place importante à l'individualisation des peines, elle ne lui a jamais conféré le caractère d'un principe unique et absolu prévalant de façon nécessaire et dans tous les cas sur les autres fondements de la répression pénale » et qu'ainsi « à supposer même que le principe de l'individualisation des peines puisse, dans ces limites, être regardé comme l'un des principes fondamentaux reconnus par les lois de la République, il ne saurait mettre obstacle à ce que le législateur, tout en laissant au juge ou aux autorités chargées de déterminer les modalités d'exécution des peines un large pouvoir d'appréciation, fixe des règles assurant une répression effective des infractions »[3]. Bien des années plus tard, il a finalement décidé que le principe d'individualisation des peines faisait partie du bloc de constitutionnalité en tant qu'il « découle de l'article 8 de la

---

[1] Cons. constit., 18 janvier 1978, n° 77-82 DC.

[2] Cons. constit., 22 novembre 1978, n° 78-98 DC.

[3] Cons. constit., 20 janvier 1981, précitée.

Déclaration de 1789 »[1], démontrant sa capacité à opérer des revirements de jurisprudence dans la façon dont il façonne le bloc de constitutionnalité à partir de l'interprétation des textes qui en forment la source.

Le Conseil constitutionnel peut donc, on l'a vu, refuser la qualité de principe fondamental reconnu par les lois de la République à une disposition, mais il peut également ne pas se prononcer réellement, restant délibérément dans le flou. C'est souvent le cas pour les principes dont les auteurs de saisine voudraient voir reconnaître le statut constitutionnel. Il a ainsi noté, à propos de la règle du double degré applicable aux décisions juridictionnelles, qu'il n'y a pas « lieu de se prononcer sur l'éventuelle valeur constitutionnelle de ce dernier principe » puis il a évoqué plus loin « le principe du double degré de juridiction, lequel aurait valeur constitutionnelle »[2], l'usage du conditionnel marquant la référence à l'argumentation des auteurs de la saisine et son refus de se prononcer sur celle-ci, mais également son pouvoir souverain d'appréciation en la matière. S'agissant des cours criminelles départementales, dans sa décision précitée, il a tout bonnement refusé de répondre, sans la moindre motivation, à l'argumentation des requérants en faveur de la reconnaissance d'un principe de valeur constitutionnelle consacrant l'intervention du jury en matière criminelle[3] alors même qu'il avait dégagé un tel principe dans une décision antérieure, sans toutefois en préciser la valeur[4].

Paragraphe 3.
L'affirmation du statut législatif

Libre de décider si un énoncé se voit reconnaître la qualité de norme constitutionnelle, le Conseil l'est également, non de réfuter celle-ci mais d'affirmer son statut législatif. Dans une décision rendue dans le cadre de la procédure de déclassement de l'article 37 alinéa 2 de la Constitution, il avait déjà mentionné un principe général du droit selon lequel « le silence gardé par l'administration vaut décision de rejet »[5] pour juger qu'en l'espèce il ne pouvait y être dérogé que par la loi. Ce faisant, il avait consacré un principe en lui déniant tout statut constitutionnel et de la même façon, dans le cadre du

---

[1] Cons. constit., 22 juillet 2005, n° 2005-520 DC.
[2] Cons. constit., 20 janvier 1981, précitée.
[3] Cons. constit., 24 novembre 2023, précitée. Sur ce point voir, P. Basseres, C. Ribeyre, « Conformité des cours criminelles départementales à la Constitution », *La Semaine juridique. Édition générale*, 12 février 2024, n° 6, p. 284 ; B. Fiorini, « Le Conseil constitutionnel refuse de faire de l'intervention du jury criminel un principe constitutionnel », Disponible sur https://blog.juspoliticum.com/2023/11/29/le-conseil-constitutionnel-refuse-de-faire-de-lintervention-du-jury-criminel-un-principe-constitutionnel-par-benjamin-fiorini/
[4] Cons. constit., du 3 septembre 1986, n° 86-213 DC.
[5] Cons. constit., 26 juin 1969, n° 69-55 L.

contrôle de constitutionnalité de l'article 61, il lui est également arrivé de consacrer le statut législatif d'un principe. Il a ainsi affirmé, à propos du non-cumul des peines en matière de crimes et délits, que « cette règle n'a que valeur législative et qu'il peut donc toujours y être dérogé par une loi »[1]. De la même façon, il n'a pas hésité à affirmer que « le principe de l'interdiction du recours à l'arbitrage par les personnes publiques », invoqué par les auteurs de la saisine, « a valeur législative et non constitutionnelle »[2]. De manière plus intéressante, il a également pu faire appel à des principes contenus dans la loi et affirmer qu'ils sont liés à un principe constitutionnel. Ce fut le cas s'agissant des lois dites « Bioéthiques » de 1994 : le Conseil a relevé qu'elles « énoncent un ensemble de principes au nombre desquels figurent la primauté de la personne humaine, le respect de l'être humain dès le commencement de sa vie, l'inviolabilité, l'intégrité et l'absence de caractère patrimonial du corps humain ainsi que l'intégrité de l'espèce humaine » et que ces principes « tendent à assurer le respect du principe constitutionnel de sauvegarde de la dignité de la personne humaine » . Ainsi, s'il ne les a pas érigés pas au rang de normes constitutionnelles, il s'est en revanche servi de ces principes afin de légitimer le dispositif prévu par la loi.

Le Conseil peut certes utiliser la notion de « valeur » pour décider des énoncés auxquels il choisit de conférer le statut de normes constitutionnelles mais, à travers cette notion, il peut également décider d'un autre statut pour un énoncé. C'est une façon de refuser de consacrer une nouvelle norme constitutionnelle qui illustre particulièrement bien la plasticité de la notion jurisprudentielle de « valeur ». On peut en conclure que bon nombre des notions juridiques utilisées par le juge ne sont, pour beaucoup, tributaires que de lui seul, tant s'agissant de leur formulation que de la détermination de leur portée exacte.

---

[1] Cons. constit., 30 juillet 1982, n° 82-143 DC.
[2] Cons. constit., 2 décembre 2004, n° 2004-506 DC.

CONCLUSION DU CHAPITRE 1

A partir de 1971, la question du statut normatif des énoncés compris dans le texte de la Constitution va de moins en moins se poser, *a fortiori* après la décision portant sur les lois de nationalisation[1] qui est venue clarifier une bonne fois pour toute la question, synthétisant la jurisprudence antérieure du Conseil constitutionnel et réfutant qu'il puisse y avoir une hiérarchie à effectuer entre les normes issues des deux textes auxquels le préambule de la Constitution renvoyait initialement. A partir de là, on sait que le Conseil constitutionnel a maîtrisé en grande partie l'ensemble de ces textes, en tant que source à partir desquelles il a produit des normes venant enrichir le bloc de constitutionnalité.

L'analyse de la jurisprudence relative au préambule de la Constitution de 1958 démontre à la fois que ce sont les juridictions qui peuvent produire des normes à partir des textes et qu'elles peuvent rester sibyllines sur leur statut ; l'attribution explicite d'un statut constitutionnel relève bien d'un choix qui s'affirme comme tel. En distinguant nettement les énoncés sur lesquels les juridictions assoient leur interprétation des normes qu'elles produisent, il devient plus difficile de connaître le statut conféré à ces normes faute de le considérer inscrites *ab initio* dans le texte. A l'inverse des analyses doctrinales classiques, qui visent à présenter la reconnaissance d'un statut constitutionnel aux textes référencés dans le préambule comme préexistante aux décisions des interprètes, elle offre cependant le sérieux avantage de fournir une analyse plus réaliste de la façon dont le bloc de constitutionnalité peut se comprendre.

[1] Cons. constit., 16 janvier 1982, précité.

CHAPITRE 2.
LE TEXTE DE LA CONSTITUTION DANS LE BLOC DE CONSTITUTIONNALITÉ

La notion de bloc de constitutionnalité a été inventée et promue pour donner acte que la Constitution de 1958, telle qu'interprétée par le Conseil constitutionnel, ne pouvait se limiter au seul texte de cette dernière mais devait – *a minima* – être étendue à la Déclaration des droits de l'homme et du citoyen de 1789 et au préambule de la Constitution de 1946. Pour autant, le texte numéroté de la Constitution fait bien partie, en tant qu'il est porteur de normes, du bloc de constitutionnalité : comme le note Michel Fromont, « à côté de la Déclaration de 1789, du Préambule de 1946 et des lois de la République consacrant des principes fondamentaux, il y a la Constitution de 1958 elle-même »[1]. Un texte certes révisé et donc modifié de nombreuses fois[2], mais qui n'en demeure pas moins l'un des principaux fondements à partir desquels les saisines du Conseil constitutionnel sont articulées, et donc le premier carburant de sa jurisprudence, en particulier en matière de contrôle *a priori* des lois, les questions de compétences étant – sauf le cas précis de l'incompétence négative et de manière minorée[3] – exclues dans le cadre du contrôle *a posteriori*. De fait, le Conseil constitutionnel n'a donné la signification de normes constitutionnelles à des énoncés tirés du préambule que tardivement eu égard à la date à laquelle il commença à exercer un contrôle de conformité à la Constitution des actes visés à l'article 61. Pour autant, dès ses premières décisions, on constate qu'il a pleinement utilisé sa liberté d'interprétation pour produire de nombreuses normes à partir du texte de la Constitution. Lorsque la norme est directement tirée du texte de la Constitution, sa signification de norme constitutionnelle ne fait pas de doute. Néanmoins, la liberté d'interprétation du juge constitutionnel demeure entière pour déterminer le sens sémantique de cette norme, c'est-à-dire la conduite prescrite.

L'exemple des questions procédurales témoigne que même ce type de problématique juridique implique un acte de volonté de la juridiction constitutionnelle, qui a le choix entre plusieurs sens. Ainsi, le contrôle de la régularité extrinsèque de la loi ne saurait, pour reprendre l'expression de Gaston Jèze, être plus évident que le contrôle de sa régularité intrinsèque, à tel point d'ailleurs, qu'on peut affirmer que la substance constitutionnelle ne saurait se limiter à la régularité intrinsèque de la loi. C'est que l'usage de la

---

[1] M. Fromont, « Débat », in *La Déclaration des droits de l'homme et du citoyen et la jurisprudence*, *op. cit.*, p.71

[2] Vingt-cinq fois depuis l'intervention de la loi constitutionnelle n° 2024-200 du 8 mars 2024 relative à la liberté de recourir à l'interruption volontaire de grossesse.

[3] Voir Cons. constit., 18 juin 2010, n° 2010-5 QPC.

procédure révèle bien souvent des choix politiques (**Section 1**). Le Conseil constitutionnel a également pu utiliser des dispositions contenues dans des textes extérieurs en exploitant un renvoi opéré par une disposition du texte constitutionnel. Il a conféré aux énoncés concernés une supériorité normative sur les actes faisant l'objet du contrôle, bien que le statut normatif précis qu'il entend reconnaître à chaque énoncé ne soit pas toujours clairement apparu (**Section 2**).

Section 1.
L'interprétation du texte de la Constitution : l'exemple de la procédure

Comme le notait les auteurs des grandes décisions du Conseil constitutionnel, « le Conseil constitutionnel n'a jamais estimé qu'il ne pouvait se livrer à un contrôle au fond (des actes déférés) ; simplement, jusqu'à une certaine époque, il n'en a pas vraiment eu l'occasion »[1]. Installé en 1959, le Conseil constitutionnel a immédiatement débuté son travail de contrôle des actes qui lui étaient obligatoirement déférés, à savoir les règlements des assemblées et les lois organiques. Il a, dans un premier temps, plus rarement officié s'agissant des lois ordinaires. Pour autant, même en l'absence de référence au préambule et aux textes auxquels il renvoie, le Conseil a pu à la fois procéder à un contrôle de régularité externe des actes déférés mais également de régularité interne : le texte de la Constitution de 1958, loin de se limiter à une simple loi procédurale comme les trois lois constitutionnelles de 1875, comprend en effet plusieurs principes de fond : que l'on songe, par exemple à son article 66 aux termes duquel « nul ne peut être arbitrairement détenu. L'autorité judiciaire, gardienne de la liberté individuelle, assure le respect de ce principe dans les conditions prévues par la loi ». Il y avait donc d'emblée matière à mettre en place un contrôle substantiel de la loi.

Plus intéressant cependant, on va voir se développer progressivement un véritable droit constitutionnel substantiel en matière procédurale, qu'il s'agisse de la procédure parlementaire *stricto sensu* ou de la procédure applicable au Conseil constitutionnel. En la matière, la jurisprudence de ce dernier atteste que la régularité extrinsèque de la loi ou du règlement d'une assemblée n'est jamais un contrôle simple : il nécessite également une interprétation de la Constitution qui donne lieu à débat, attestant que, comme pour le reste du bloc de constitutionnalité, c'est au juge constitutionnel que revient la tâche d'interpréter le texte de la Constitution pour produire des normes. En effet, « l'idée d'une disposition constitutionnelle (…) autosuffisante, qu'il n'y a pas besoin d'interpréter ou qu'il suffira de lire pour l'interpréter, est un mythe que le droit positif ne cautionne pas »[2]. L'examen

---

[1] P. Gaia, *et al.*, *Les grandes décisions du Conseil constitutionnel*, *op. cit.*, p. 453.

[2] D. Baranger, *La constitution. Sources. Interprétations. Raisonnements*, *op. cit.*,p. 353.

de la jurisprudence constitutionnelle, pré ou post 1971, atteste que, même en matière procédurale, le Conseil constitutionnel dispose d'une marge de manœuvre considérable pour interpréter et préciser le texte de la Constitution. La matière est riche et pourrait donner lieu à une étude à part : on se bornera ici à donner quelques exemples significatifs tant en matière de procédure parlementaire (Paragraphe 1) que de règle de procédure relatives au Conseil constitutionnel (Paragraphe 2). Une place à part doit enfin être faite pour le cas particulier du statut pénal du chef de l'Etat, lequel relève d'une question de procédure liée à un organe constitutionnel particulier (Paragraphe 3).

Paragraphe 1. La procédure parlementaire

On s'intéressa à la détermination du sens d'une disposition de façon générale (A) puis plus spécifiquement à certains dispositifs techniques présents dans la Constitution (B) avant d'évoquer le contrôle du bon déroulement des débats (C). Dans les trois cas, on verra que, même sur des questions de procédure, loin d'être clair, le texte de la Constitution a nécessité une interprétation du Conseil constitutionnel qui doit choisir entre plusieurs sens possibles.

A. La détermination du sens d'une disposition

Classiquement, le Conseil a fondé son contrôle sur le texte de la Constitution en se référant notamment essentiellement à des articles expressément identifiés de celui-ci dont il a opéré une lecture purement littérale. On en trouve une illustration dès la décision du 24 juin 1959 relative au règlement de l'Assemblée nationale, dans laquelle il a censuré la possibilité, offerte aux parlementaires, de proposer des résolutions tendant à orienter ou contrôler l'action gouvernementale, car une telle pratique « serait contraire aux dispositions de la Constitution qui, dans son article 20 (confie) au Gouvernement la détermination et la conduite de la politique de la Nation »[1]. Cette mise en avant des dispositions de la Constitution fut complétée un peu plus loin lorsqu'il s'est référé aux articles 34, 40 et 41 de celle-ci pour censurer une autre possibilité offerte aux parlementaires, celle de proposer des résolutions participant à leur droit d'initiative en matière législative, en notant que cette pratique « se heurterait à la lettre de la Constitution ». En procédant de la sorte, le Conseil justifiait sa censure exclusivement par référence au texte de la Constitution, à la fois en énumérant les articles auxquels les dispositions censurées sont jugées contraires, mais également en se référant de façon générale à la lettre de la Constitution. Cela correspond à une interprétation de type littérale ou sémiotique, c'est-à-dire

[1] Cons. constit., 24 juin 1959, n° 59-2 DC.

basée sur le langage formant le texte, dont l'usage est très répandu en jurisprudence. Cette façon de procéder, qui constitue la plus basique, sera reprise par la suite et continue de l'être lorsque des dispositions, qu'il estime précises, du texte de la Constitution, sont invoquées par les auteurs d'une saisine, notamment en matière procédurale. Cependant, utiliser une disposition particulière de la Constitution n'implique pas que la prescription qui en découle soit parfaitement connue : c'est l'interprétation qui confère au texte une signification juridique précise, c'est-à-dire à la fois la force normative, le statut dans la hiérarchie des normes et le sens : c'est ce qui explique que le Conseil ait parfois précisé expressément le sens qu'il entendait conférer à une disposition du texte de la Constitution, c'est-à-dire la conduite effectivement prescrite.

Afin de refuser, comme l'y invitaient les requérants, de censurer une loi pour non-respect de l'article 27 de la Constitution disposant notamment que « le droit de vote des membres du Parlement est personnel », le Conseil en a précisé le sens. Après avoir cité les termes de l'article, il a ajouté que pour leur application, « la circonstance que, dans le cadre d'un scrutin public, le nombre de suffrages favorables à l'adoption d'un texte soit supérieur au nombre de députés effectivement présents au point de donner à penser que les délégations de vote utilisées, tant par leur nombre que par les justifications apportées, excèdent les limites prévues par l'article 27 précité, ne saurait entacher de nullité la procédure d'adoption de ce texte que s'il est établi, d'une part, qu'un ou des députés ont été portés comme ayant émis un vote contraire à leur opinion et, d'autre part, que, sans la prise en compte de ce ou ces votes, la majorité requise n'aurait pu être atteinte »[1]. Une telle interprétation a pu surprendre à tel point que, selon certains auteurs, elle « constituait presque un encouragement à l'absentéisme parlementaire »[2]. Quoi qu'il en soit sur le fond, le processus est ici le même, qui vise à utiliser une disposition de la Constitution pour justifier la solution, à savoir le refus de censurer, mais au prix d'une interprétation - précision apparaissant dans les motifs. Une variété de ce type d'interprétation consiste à combiner l'interprétation de deux alinéas d'un même article pour préciser la portée qu'il convient de lui donner en l'espèce. On en trouve une illustration dans une décision où, pour censurer une disposition modifiant le règlement de l'Assemblée nationale, le Conseil s'est référé à « l'interprétation nécessaire de la combinaison des alinéas 1 et 2 » de l'article 48 de la Constitution, pour décider qu'une seule séance de questions au Gouvernement devait avoir lieu par semaine[3].

Ce travail de détermination du sens d'une disposition de la Constitution, le Conseil peut l'effectuer en réfutant expressément, en vertu de l'adage *Interpretatio cessat in claris*, que la moindre interprétation soit nécessaire. Il

---

[1] Cons. const., 23 janvier 1987, n° 86-225 DC.

[2] P. Brunet, F. Hamon, M. Troper, *Droit constitutionnel*, *op. cit.*, p. 688.

[3] Cons. const., 21 janvier 1964, n° 63-25 DC.

a ainsi affirmé, au sujet de l'article 10 de la Constitution, relatif notamment à la possibilité laissée au président de la République de demander une nouvelle délibération de la loi, « qu'il est loisible au Président de la République qui, par la promulgation, atteste que la loi a été régulièrement délibérée et votée, de demander au Parlement une nouvelle délibération en vue d'assurer la conformité de la loi à la Constitution ; qu'il en est notamment ainsi lorsque, par l'effet d'une décision du Conseil constitutionnel, il apparaît que certaines dispositions de la loi, non conformes à la Constitution, sans la rendre dans son ensemble contraire à la Constitution, peuvent, au cours de la nouvelle délibération, se voir substituer de nouvelles dispositions conformes à la Constitution ». Cette interprétation de l'article 10, que contestaient les requérants, n'en est pourtant pas une d'après le Conseil qui a affirmé dans sa décision qu'il s'agit là de « règles constitutionnelles, claires et précises, qui n'appellent aucune interprétation »[1]. Il est pourtant manifeste qu'à travers cette décision il a déterminé le sens exact d'une disposition qui était contesté et précisé ainsi un des pouvoirs reconnus au président de la République. Or, s'il a affirmé que le sens retenu ressortait clairement du texte, et qu'il préexistait donc à la décision de façon évidente, comme le relève Chaim Perelman, pour que le syllogisme judiciaire s'impose, il faut qu'aucun de ses éléments « ne fasse l'objet de controverse, ce qui est contredit par l'existence même du procès »[2], en l'espèce de la contestation émise par les parlementaires auteurs de la saisine. Bien plus, la lecture du compte-rendu des débats sur cette décision atteste que si le rapporteur, Georges Vedel, déclarait estimer « que seuls les textes obscurs doivent être interprétés. Les textes clairs n'en ont pas besoin ! »[3], il a tout de même utilisé « des arguments multiples au soutien de sa prétention. Il recherche l'intention des constituants en rappelant l'historique de l'article, avant d'invoquer la pratique de la IVème République, de rappeler la hiérarchie des normes, d'évoquer, avec "scrupule" et "à titre purement indicatif", les travaux préparatoires, et enfin, de rappeler "l'esprit" dans lequel s'inscrit "tout le mécanisme de contrôle de constitutionnalité français »[4]. Et nonobstant cette lourde démonstration, il avait en face de lui Maurice-René Simonnet qui soutenait une thèse contraire en s'appuyant sur l'école de l'exégèse[5]. C'est dire si la clarté d'un texte est avant tout une affaire subjective, voire un argument rhétorique.

---

[1] Cons. const., 23 août 1985, n° 85-197 DC.

[2] C. Perelman, *Logique juridique. Nouvelle rhétorique*, *op. cit.*, p. 162.

[3] Procès-verbal de la séance du 23 aout 1985, p. 8.

[4] V. Réveillère, « "Couvrez ces valeurs que je ne saurais voir". La discussion des valeurs au Conseil constitutionnel (1959-1985) », *RDP*, 2015, p. 473.

[5] Procès-verbal de la séance du 23 aout 1985, p. 12.

B. La précision des dispositifs techniques

La Constitution de 1958 comprend de nombreux dispositifs techniques souvent liés à la volonté de rationaliser le parlementarisme. L'interprétation des dispositions concernées par le Conseil constitutionnel a toujours illustré que leur sens précis était discuté et susceptible de lectures alternatives. On prendra ici les exemples des articles 44 alinéa 3 (1), 45 alinéa 1 (2), 48 (3) ou encore 49 alinéa 3 (4).

1. L'article 44 alinéa 3

L'article 44 alinéa 3 de la Constitution dispose : « si le Gouvernement le demande, l'assemblée saisie se prononce par un seul vote sur tout ou partie du texte en discussion en ne retenant que les amendements proposés ou acceptés par le Gouvernement » - procédure dite du « vote bloqué ». Après l'avoir cité *in extenso* dans une décision relative à la modification du règlement de l'Assemblée nationale, le Conseil constitutionnel en a précisé le sens. Selon lui, « ces dispositions ont pour objet de permettre au Gouvernement d'obtenir, par une procédure ne mettant pas en jeu sa responsabilité politique, un résultat analogue à celui qui ne pouvait être atteint sous le régime de la Constitution de 1946 et en vertu de la coutume parlementaire, que par la pratique de la question de confiance »[1]. Il a alors expliqué tout ce que l'article en question autorisait techniquement le Gouvernement à faire au cours de la procédure législative. Enfin, examinant les dispositions de la proposition de résolution à l'aune de cette interprétation, il a estimé que l'une d'entre elles n'était « pas conforme aux dispositions constitutionnelles ci-dessus analysées ». Dans ce cadre, le Conseil constitutionnel a fondé sa censure sur un article individualisé de la Constitution après en avoir précisé le sens et l'avoir interprété de façon fonctionnelle par référence à ce qui pouvait exister sous le IVème République.

2. L'article 45 alinéa 1

L'article 45 alinéa 1 de la Constitution prévoit, depuis la révision constitutionnelle du 23 juillet 2008[2], que « tout projet ou proposition de loi est examiné successivement dans les deux Assemblées du Parlement en vue de l'adoption d'un texte identique. Sans préjudice de l'application des articles 40 et 41, tout amendement est recevable en première lecture dès lors qu'il présente un lien, même indirect, avec le texte déposé ou transmis ». La prescription relative au lien entre l'amendement et le texte en discussion avait été modifiée par le constituant afin d'assouplir la jurisprudence du Conseil

---

[1] Cons. constit., 15 janvier 1960, n° 59-5 DC.

[2] Loi constitutionnelle n° 2008-724 du 23 juillet 2008 de modernisation des institutions de la Ve République.

constitutionnel sur la recevabilité de ceux-ci : en effet le Conseil avait tendance à censurer facilement des « cavaliers législatifs » n'ayant aucun rapport avec le texte initial[1]. Il avait également développé une jurisprudence, particulièrement invasive, relative aux « limites inhérentes au droit d'amendement »[2], notion qui ne figurait nulle part dans le texte de la Constitution.

Il a depuis reformulé sa jurisprudence qui reste cependant stricte. Ainsi « selon une jurisprudence constante, il s'assure (…) de l'existence d'un lien entre l'objet de l'amendement et celui de l'une au moins des dispositions du texte déposé sur le bureau de la première assemblée saisie. Il ne déclare des dispositions contraires à l'article 45 de la Constitution que si un tel lien, même indirect, ne peut être identifié. Il apprécie l'existence de ce lien après avoir décrit le texte initial puis, pour chacune des dispositions déclarées inconstitutionnelles, les raisons pour lesquelles elle doit être regardée comme dépourvue de lien même indirect avec celui-ci. Dans ce cas, le Conseil constitutionnel ne préjuge pas de la conformité du contenu de ces dispositions aux autres exigences constitutionnelles »[3]. Ce « mode d'emploi » de son contrôle du respect de l'article 45 vient préciser les contraintes qui pèsent réellement sur les parlementaires dans l'exercice de leur droit d'amendement[4].

3. L'article 48

Les dispositions de l'article 48 de la Constitution, relatives à l'ordre du jour des assemblées, sont dotées d'une pleine force normative par le Conseil constitutionnel. Ainsi, « il ne résulte ni de l'article 48 de la Constitution ni d'aucune autre exigence constitutionnelle que le législateur peut imposer au Parlement l'organisation d'un débat en séance publique ou la fixation par ce dernier de certains objectifs chiffrés en matière d'immigration. Une telle obligation pourrait faire obstacle aux prérogatives que le Gouvernement ou chacune des assemblées, selon les cas, tiennent de la Constitution pour la fixation de l'ordre du jour »[5]. De même les dispositions de l'alinéa 5 de l'article 48, qui se bornent à prévoir qu'une « séance par semaine au moins, y compris pendant les sessions extraordinaires prévues à l'article 29, est réservée par priorité aux questions des membres du Parlement et aux réponses du Gouvernement », ne paraissaient pas pouvoir donner lieu à contrôle, et donc à

---

[1] Cons. constit. 25 juillet 1989, n° 89-256 DC.

[2] Cons. constit., 29 décembre 1986, n° 86-221 DC.

[3] Cons. constit., 25 janvier 2024, n° 2023-863 DC.

[4] Cette jurisprudence entraîne des conséquences pratiques assez poussées car elle est reprise par les services de l'assemblée qui l'interprètent à leur tour restrictivement : elle conduit, au stade de la recevabilité des amendements, en commission ou en séance, à en écarter de très nombreux.

[5] Cons. constit., 25 janvier 2024, n° 2023-863 DC.

interprétation, dans le cadre de la saisine d'une loi. Le Conseil constitutionnel a pourtant tenu à préciser « qu'un projet ou une proposition de loi qui serait adopté au cours d'une semaine dont l'ordre du jour avait été établi en méconnaissance du dernier alinéa de l'article 48 de la Constitution serait adopté selon une procédure contraire à la Constitution »[1]. C'est là le signe que toutes les dispositions du texte constitutionnel peuvent trouver à être mobilisées par les auteurs des saisines dans le cadre de l'article 61 de la Constitution et que le Conseil constitutionnel peut donc être amené à en préciser le sens avec, dans certains cas, une censure à la clé.

4. L'article 49 alinéa 3

Les dispositions de l'article 49 alinéa 3 prévoient, depuis la révision constitutionnelle du 23 juillet 2008[2], que « le Premier ministre peut, après délibération du Conseil des ministres, engager la responsabilité du Gouvernement devant l'Assemblée nationale sur le vote d'un projet de loi de finances ou de financement de la sécurité sociale. Dans ce cas, ce projet est considéré comme adopté, sauf si une motion de censure, déposée dans les vingt-quatre heures qui suivent, est votée dans les conditions prévues à l'alinéa précédent. Le Premier ministre peut, en outre, recourir à cette procédure pour un autre projet ou une proposition de loi par session ». Ces dispositions sont considérées, à juste titre, comme un chef d'œuvre du parlementarisme rationalisé et l'on sait qu'elles doivent beaucoup aux ministres d'Etat, anciens présidents du Conseil de la IVème République, membres du gouvernement De Gaulle à l'été 1958. Il s'agit d'une technique spécifique d'adoption de la loi à l'Assemblée nationale, qui fusionne procédure législative et mise en jeu de la responsabilité du Gouvernement. Pourtant, le Conseil constitutionnel a dû interpréter plusieurs fois ces dispositions, leur conférant à cette occasion une large portée.

Il a ainsi précisé que « l'engagement de la responsabilité du Gouvernement sur le vote d'un projet ou proposition de loi devant l'Assemblée nationale peut intervenir à tout moment lors de l'examen du texte par l'Assemblée nationale, sans qu'il soit nécessaire que les amendements dont il fait l'objet et qui sont retenus par le Gouvernement aient été débattus en commission »[3]. Il a également précisé que « l'exercice de la prérogative ainsi conférée au Premier ministre n'est soumis à aucune autre condition que celles posées par ces dispositions. Ainsi, une seule délibération du conseil des ministres suffit pour engager, lors des lectures successives d'un même texte, la responsabilité du Gouvernement qui en a ainsi délibéré »[4]. Plus substantiellement, il a

---

[1] Cons. constit., 9 août 2012, n° 2012-654 DC.
[2] Loi constitutionnelle précitée du 23 juillet 2008.
[3] Cons. constit., 5 août 2015, n° 2015-715 DC.
[4] Cons. constit., 4 août 2016, n° 2016-736 DC.

notamment jugé que « l'engagement de la responsabilité du Gouvernement sur le vote d'un projet ou d'une proposition de loi peut intervenir à tout moment lors de l'examen du texte par l'Assemblée nationale, sans qu'il soit nécessaire que le texte sur le vote duquel est engagée sa responsabilité reprenne les articles et amendements adoptés par l'Assemblée nationale »[1]. Cette dernière interprétation est particulièrement constructive dès lors qu'elle permet au Gouvernement, sans demander une seconde délibération de la loi pour faire retirer les amendements déjà votés, de choisir d'engager sa responsabilité sur un texte sans tenir compte des modifications qui lui ont déjà été apportées[2]. A chaque fois, l'existence de saisines fortement argumentées en droit atteste l'existence de lectures alternatives de ces dispositions.

Il a encore précisé que « le Premier ministre peut recourir à la procédure prévue par le troisième alinéa de l'article 49 de la Constitution pour des lectures successives d'un même projet ou proposition de loi au cours de sessions différentes »[3], ce qui n'allait pas de soi. On voit ainsi comment une disposition constitutionnelle relative à une modalité d'adoption de la loi donne naissance à une jurisprudence conséquente sur son sens précis ; cette jurisprudence est elle-même le résultat de saisines qui attestent les lectures différentes que l'on pouvait faire de la disposition en cause.

C. L'appréciation du bon déroulement des débats

On doit d'abord relever les cas où le Conseil contrôle que la mise en œuvre de plusieurs dispositions constitutionnelles n'a pas méconnu la Constitution en entravant trop la procédure parlementaire. Ainsi « la circonstance que plusieurs procédures prévues par la Constitution et par les règlements des assemblées aient été utilisées cumulativement pour accélérer l'examen de la loi déférée, n'est pas à elle seule de nature à rendre inconstitutionnel l'ensemble de la procédure législative ayant conduit à l'adoption de cette loi

---

[1] Cons. constit., 20 décembre 2022, n° 2022-845 DC confirmée par Cons. constit., 29 décembre 2022, n° 2022-847 DC.

[2] Un précédent militait en faveur de la thèse selon laquelle, en l'espèce, la Première ministre devait, en annonçant l'engagement de la responsabilité du Gouvernement, donner la liste des amendements et sous-amendements qu'elle accepte d'incorporer au texte mais sans pouvoir revenir sur les dispositions déjà adoptées, à moins qu'elle n'attende, pour engager la responsabilité du Gouvernement, l'étape de la seconde délibération. Ainsi, lors de la séance du 28 mai 1986, le Premier ministre avait engagé la responsabilité du Gouvernement sur le vote du projet de loi de finances pour 1987 après plusieurs heures de débats au cours desquelles avaient été adoptés et amendés par les parlementaires les douze premiers articles du projet de loi. Il avait retenu dans le texte sur lequel il a engagé la responsabilité du Gouvernement, l'ensemble des modifications déjà apportées par l'Assemblée nationale. Il semblait y être contraint, faute de solliciter une seconde délibération du texte (JOAN 1986, p. 1413-1428).

[3] Cons. constit., 14 décembre 2023, n° 2023-857 DC.

(…) en l'espèce, si l'utilisation combinée des procédures mises en œuvre a revêtu un caractère inhabituel, en réponse aux conditions des débats, elle n'a pas eu pour effet de rendre la procédure législative contraire à la Constitution »[1]. Dans ce cas, des dispositifs constitutionnels issus du parlementarisme rationalisé sont enclenchés de façon valide, mais le Conseil constitutionnel doit répondre à une argumentation affirmant que leur cumul a méconnu la Constitution en empêchant le Parlement de délibérer dans de bonnes conditions. L'incise « en l'espèce » comme le relevé du caractère inhabituel de la combinaison contestée laisse entendre qu'un tel cumul pourrait être jugé différemment dans une autre configuration. C'est là une question substantielle qui dépasse le seul texte de la Constitution.

En matière de contrôle du bon déroulement des débats parlementaires, qui se rattache à la matière procédurale, le Conseil constitutionnel a créé de toutes pièces l'exigence constitutionnelle de clarté et de sincérité des débats « sans lesquelles ne seraient garanties ni la règle énoncée par l'article 6 de la Déclaration des droits de l'homme et du citoyen de 1789, aux termes duquel : "La loi est l'expression de la volonté générale... ", ni celle résultant du premier alinéa de l'article 3 de la Constitution, en vertu duquel : "La souveraineté nationale appartient au peuple qui l'exerce par ses représentants.." ». Ainsi, il a fondé son interprétation sur un article de la Constitution et un article de la Déclaration des droits de l'homme et du citoyen pour donner naissance à une obligation procédurale renforcée dans le cadre du vote de la loi. Une telle exigence n'est théoriquement pas dénuée de portée normative : « à la lumière de ce fondement, on est conduit à voir dans cette exigence une valeur démocratique fondamentale » dès lors que « la clarté et sincérité des débats garantissent la formation de la volonté générale en offrant des conditions favorables à la délibération » et « un cadre pour garantir les conditions nécessaires à la délibération ; elles doivent permettre que la volonté des représentants du peuple soit la plus loyale possible »[2]. De fait, le Conseil en use beaucoup dans le contrôle des modifications des règlements des assemblées parlementaires[3]. On a pu insister sur l'information des parlementaires impliquée par la clarté et la sincérité du débat budgétaire : « le processus de délibération, la confrontation des arguments leur permettent de préciser leur information »[4]. Pour autant, faiblement déterminée sur le plan juridique, l'exigence de sincérité et de clarté du débat parlementaire illustrerait « l'incertitude des frontières du droit par rapport au non droit » et soulignerait

---

[1] Cons. constit., 14 avril 2023, n° 2023-849 DC.

[2] B. Bertrand, « L'exigence de clarté et de sincérité du débat parlementaire. Étude sur un concept régulateur de la procédure législative sous la Ve République », *RDP*, 2011, p. 431.

[3] Par exemple : Cons. constit., 11 décembre 2004, n° 2014-705 DC.

[4] B. Manin, « Volonté générale ou délibération ? Esquisse d'une théorie générale de la délibération politique », *Le Débat*, n° 33, janvier 1985, p. 83.

« l'impossibilité de s'en tenir aux concepts et conceptions traditionnels du droit et de la norme »[1]. Dans ce cadre certains ont pu penser que « si la notion d'exigence a pu être préférée à celle de principe, c'est peut-être parce que l'exigence semble plus diffuse que le principe, et donc plus proche d'une valeur que d'une règle juridique, même formulée de façon générale »[2].

On a vu que, au nom de l'exigence de clarté et de sincérité des débats, le Conseil peut aller jusqu'à contrôler une décision de la conférence des présidents au regard d'un article du règlement de l'Assemblée nationale mettant en œuvre un droit prévu par la Constitution. Il a ainsi noté qu'en « application du premier alinéa de l'article 11 de la Constitution, certains projets de loi peuvent être soumis au référendum par le Président de la République sur proposition conjointe des deux assemblées ». Il a relevé que selon le premier alinéa de l'article 122 du règlement de l'Assemblée nationale, « lors de la discussion d'un projet de loi portant sur un objet mentionné à l'article 11, alinéa 1, de la Constitution, il ne peut être présenté qu'une seule motion tendant à proposer de soumettre ce projet au référendum » puis a noté qu'en l'espèce « plusieurs motions ayant été déposées en vue de proposer au Président de la République de soumettre au référendum le projet de loi, la conférence des présidents a arrêté, en application du premier alinéa de l'article 49 du règlement de l'Assemblée nationale qui lui confie l'organisation de la discussion des textes, les modalités de sélection de la motion devant être présentée devant l'Assemblée nationale ». Il a finalement jugé qu'« en prévoyant, comme il lui était loisible de le faire, de procéder à cette fin à un tirage au sort sans prévoir de pondération en fonction du nombre de signataires de chacune des motions, la conférence des présidents, qui a ainsi sélectionné l'une des motions déposées, n'a porté atteinte ni à la clarté et à la sincérité du débat parlementaire ni au libre exercice du mandat »[3]. L'exigence de clarté et de sincérité du débat parlementaire apparaît alors comme une norme permettant au Conseil de contrôler médiatement que certaines dispositions du règlement des assemblées ne soient pas méconnues, sans pour autant que ces dispositions aient valeur constitutionnelle. En tout état de cause, il s'agit bien d'une exigence substantielle portant sur le fond des débats et elle peut conduire à un contrôle très poussé des éléments du débat parlementaire (bien que les décisions du Conseil constitutionnel ne semblent pas faire montre d'un contrôle très strict).

---

[1] G. Timsit, « Pour une nouvelle définition de la norme », *Dalloz*, 1988, chr. p. 267.

[2] B. Bertrand, « L'exigence de clarté et de sincérité du débat parlementaire. Étude sur un concept régulateur de la procédure législative sous la Ve République », *article précité*.

[3] Cons. constit.,14 avril 2023, précité.

Paragraphe 2.
Les règles de procédure relatives au Conseil constitutionnel

L'utilisation des articles de la Constitution pour produire des normes constitutionnelles est évidente s'agissant des décisions fondant l'incompétence du Conseil (A) et a parfois donné lieu à de subtiles solutions s'agissant du contrôle de constitutionnalité *a posteriori* des lois (B).

A. L'incompétence du Conseil constitutionnel

Lorsqu'il s'agit de limiter expressément sa compétence, le Conseil constitutionnel s'est fréquemment justifié par des arguments de textes : il a interprété des énoncés issus du texte de la Constitution, voire de l'ordonnance du 7 novembre 1958 relative au Conseil constitutionnel, pour affirmer sa compétence d'attribution et déclarer irrecevable une requête. Ainsi, saisi d'une requête tendant à l'inscription d'un parti sur la liste des organisations habilitées à user des moyens officiels de propagande en vue d'un référendum, il a jugé, au visa de l'article 60 de la Constitution, que « les attributions du Conseil constitutionnel, telles qu'elles résultent de l'ordonnance portant loi organique du 7 novembre 1958, sont purement consultatives en ce qui concerne les opérations préalables au référendum (…) qu'aucun texte ne lui confère compétence pour statuer, par dérogation aux règles du droit commun, sur les protestations ou recours susceptibles d'être présentés contre les décisions prises à cet égard par le gouvernement ». Il a ajouté, dans une formulation relativement inédite que « si, à la vérité, en vertu de l'article 50, alinéa 1er, de l'ordonnance susvisée "le Conseil constitutionnel examine et tranche définitivement toutes les réclamations", ce dernier terme doit être entendu dans le sens que lui donne la législation applicable en matière électorale et vise exclusivement les protestations susceptibles d'être formulées à l'issue du scrutin contre les opérations effectuées ; que cette interprétation s'impose en raison notamment de la place assignée, dans le chapitre VII de l'ordonnance, à la disposition en question ainsi que du rapprochement nécessaire entre celle-ci et le deuxième alinéa du même article »[1]. Léo Hamon regrettait, à propos de cette décision qui « "endosse" la jurisprudence du Conseil d'Etat en matière (de contentieux électoral) »[2] que le Conseil constitutionnel « n'ait pas pris les raisons d'une solution différentes dans les termes très généraux de la mission dont il est investi par l'article 60 de la Constitution elle-même, texte qui, naturellement, domine une simple ordonnance organique et doit en guider l'interprétation »[3]. Une telle remarque

---

[1] Cons. constit., 23 décembre 1960, n° 60-2 REF.
[2] L. Hamon, *Notes et chroniques sur le Conseil constitutionnel (1959-1969)*, Paris, Dalloz, 2021, p. 139.
[3] *Ibid.*, p. 140.

atteste bien que l'article 60 aurait été susceptible d'au moins deux interprétations concurrentes, l'évolution jurisprudentielle l'a d'ailleurs montré, et la volonté du juge de se justifier, pas forcément adroitement, par le texte de l'ordonnance, illustrait son souhait d'une interprétation *a minima* de ses compétences.

On comprend alors que le Conseil ait pu utiliser plusieurs dispositions comprises dans le texte de la Constitution afin de faire système et de dégager un sens global pour limiter expressément sa compétence. Saisi par le président de l'Assemblée nationale d'une demande d'avis sur la recevabilité d'une motion de censure déposée dans le cadre de la mise en œuvre de l'article 16, il a estimé, au prix d'une combinaison entre plusieurs dispositions, qu'il ne pouvait « être saisi par le président de l'une ou de l'autre assemblée du Parlement qu'en vertu des articles 41, 54 et 61, alinéa 2, de la Constitution ; que ces dispositions ne le font juge que de la recevabilité, au regard des articles 34 et 38 de la Constitution, des propositions de lois ou des amendements déposés par les membres du Parlement, ainsi que de la conformité à la Constitution des engagements internationaux ou des lois ordinaires ; qu'en outre, l'article 61 (1er alinéa), ne lui donne mission que d'apprécier la conformité à la Constitution des lois organiques et des règlements des assemblées parlementaires après leur adoption par ces assemblées et avant leur promulgation ou leur mise en application ; qu'ainsi aucune des dispositions précitées de la Constitution, non plus d'ailleurs que l'article 16, ne donne compétence au Conseil constitutionnel pour se prononcer en l'espèce »[1]. Comme l'avait relevé Léo Hamon, qui plaidait par ailleurs pour une interprétation large de l'article 5 de la Constitution donnant compétence au président de la République pour demander des avis au Conseil constitutionnel, « pour que la demande d'avis du président de l'Assemblée nationale fût, telle quelle, recevable, il aurait fallu que le régime du contrôle de constitutionnalité fût en France… toute autre chose que ce qu'il est »[2]. En matière de contrôle de constitutionnalité, de façon proche, le Conseil constitutionnel a décliné sa compétence pour contrôler une loi constitutionnelle adoptée par le Congrès en jugeant que « l'article 61 de la Constitution donne au Conseil constitutionnel mission d'apprécier la conformité à la Constitution des lois organiques et, lorsqu'elles lui sont déférées dans les conditions fixées par cet article, des lois ordinaires ; que le Conseil constitutionnel ne tient ni de l'article 61, ni de l'article 89, ni d'aucune autre disposition de la Constitution le pouvoir de statuer sur une révision constitutionnelle »[3]. Dans ces cas précis, le repli sur les dispositions strictes de la Constitution illustre la prudence du juge qui se

---

[1] Cons. Constit., 14 septembre 1961, n° 61-1 AUTR.

[2] L. Hamon, *Notes et chroniques sur le Conseil constitutionnel (1959-1969)*, *op. cit.*, p. 152.

[3] Cons. constit., 26 mars 2003, n° 2003-469 DC.

refuse à un comportement audacieux, quand bien même il tente de faire système à travers plusieurs dispositions écrites précises.

Pour préciser la portée d'une disposition du texte de la Constitution, le Conseil peut également, combinant plusieurs méthodes d'interprétation, faire appel à l'esprit de la Constitution. C'est ce qu'il a fait dans sa fameuse décision du 6 novembre 1962, en relevant qu'« il résulte de l'esprit de la Constitution qui a fait du Conseil constitutionnel un organe régulateur de l'activité des pouvoirs publics que les lois que la Constitution a entendu viser dans son article 61 sont uniquement les lois votées par le Parlement et non point celles qui, adoptées par le Peuple à la suite d'un référendum, constituent l'expression directe de la souveraineté nationale »[1]. La référence à l'esprit de la Constitution, totalement détaché du texte de celle-ci, lui a permis d'appuyer l'interprétation qu'il souhaitait conférer à l'article 61 afin de réfuter sa compétence pour contrôler une loi référendaire. Afin d'asseoir cette interprétation, il s'est également appuyé sur les « dispositions expresses de la Constitution », en l'occurrence les articles 11 et 60, ainsi que sur deux articles de l'ordonnance du 7 novembre 1958 *portant loi organique sur le Conseil constitutionnel*. La portée de l'article 61 fut donc précisée par référence à la fois à l'esprit présumé de la Constitution et à des dispositions expresses du texte de celle-ci, c'est-à-dire en combinant une interprétation de type fonctionnel - car bien que peu argumentée, la référence à l'esprit visait à justifier une interprétation volontairement restreinte des pouvoirs conférés au Conseil - et une interprétation de type systémique, visant à éclairer le sens de l'article en cause par référence à d'autres dispositions.

On doit relever que si l'esprit de la Constitution ici évoqué n'est pas rattachable à son texte, dès lors que l'esprit d'un texte ne constitue pas une entité connaissable en dehors de ce que souhaite son interprète, il n'a nullement reçu force normative. En effet, le Conseil n'a pas cherché à contrôler la conformité d'un acte à cet esprit présumé. Il en a uniquement fait mention pour l'utiliser en tant que principe d'interprétation du texte[2]. Ce faisant, il a laissé apparaître qu'il décidait des techniques d'interprétation qu'il estime adéquates pour déterminer la signification d'une disposition constitutionnelle. Léo Hamon avait relevé que la décision en cause devait être considérée « comme l'application logique, dans des circonstances autrement délicates, d'une interprétation restrictive de la compétence du Conseil constitutionnel – interprétation restrictive dont le principe avait été affirmé par

---

[1] Cons. constit., 6 novembre 1962, n° 62-20 DC.

[2] La référence l'esprit peut se retrouver de façon plus limitée, s'agissant d'une disposition particulière, comme l'illustre notamment une décision dans laquelle il s'estime compétent pour décider si, au cours de la procédure législative, il est fait de l'article 40 de la Constitution une « application conforme à la lettre et à l'esprit de cette disposition » (Cons. constit., 23 juillet 1975, n° 75-57 DC).

les décisions antérieures »[1]. Autrement dit, il existerait une continuité dans la volonté du Conseil constitutionnel d'interpréter restrictivement les compétences que lui confie la Constitution (ce qui ne sera pas toujours le cas en tous points). Reste que le Conseil constitutionnel a repris une argumentation relativement similaire pour confirmer son refus d'exercer le contrôle de constitutionnalité d'une loi référendaire, combinant là encore interprétations systémique et fonctionnelle, mais en se référant non à l'esprit de la Constitution mais à « l'équilibre des pouvoirs » qu'elle établit, modification terminologique sans conséquence sur le constat du caractère volontaire de l'interprétation ainsi produite, qui ne saurait s'analyser comme la découverte d'un sens objectif[2].

Tous les articles du texte de la Constitution ne donnent pas prise à un même type d'interprétation. Ainsi, en matière électorale, alors que l'article 59 prévoit que « le Conseil constitutionnel statue, en cas de contestation, sur la régularité de l'élection des députés et des sénateurs », il a opéré une interprétation extensive de ses pouvoirs : il a accepté « en vue de l'accomplissement de la mission qui lui est confiée par l'article 59 de la Constitution » de statuer sur le décret de convocation des électeurs aux élections législatives[3]. Il a précisé par la suite que s'il « peut exceptionnellement statuer sur les requêtes mettant en cause la régularité d'élections à venir, ce n'est que dans la mesure où l'irrecevabilité qui serait opposée à ces requêtes (...) risquerait de compromettre gravement l'efficacité du contrôle (...) de l'élection, vicierait le déroulement de l'élection des députés ou des sénateurs et, ainsi, pourrait porter atteinte au fonctionnement normal des pouvoirs publics »[4].

En revanche, alors que l'article 12 de la Constitution enserre la dissolution de l'Assemblée nationale dans certaines formes et surtout dans une condition de délai, le Conseil constitutionnel a refusé d'en connaître[5], à la suite du Conseil d'Etat, qui y a vu un acte de gouvernement[6]. Cela ne signifie pas que cet article ne fait pas partie du bloc de constitutionnalité puisqu'une loi qui viserait à le méconnaitre pourrait être censurée. Simplement, on constate que les méthodes d'interprétation diffèrent.

De même, le Conseil constitutionnel a pu décider que les dispositions de l'article 55 de la Constitution, selon lesquelles « les traités ou accords régulièrement ratifiés ou approuvés ont, dès leur publication, une autorité supérieure à celle des lois, sous réserve, pour chaque accord ou traité, de son

---

[1] L. Hamon, *Notes et chroniques sur le Conseil constitutionnel (1959-1969)*, *op. cit.*, p. 179-180.

[2] Cons. constit., 23 septembre 1992, n° 92-313 DC.

[3] Cons. constit., 11 juin 1981, n° 81-1 ELEC.

[4] Cons. constit., 16 avril 1982, n° 82-2 ELEC.

[5] Cons. constit., 4 juin 1988 n° 88-4 ELEC ; Cons. constit., 26 juin 2024, n° 2024-42/43/44/45/46/47/48/49/50/51/52/53 ELEC.

[6] CE, 20 février 1989, Allain, n° 98538, *RFDA*, 1989, p. 868 conclusions Frydman.

application par l'autre partie (…) ne prescrivent ni n'impliquent que le respect de ce principe doive être assuré dans le cadre du contrôle de la conformité des lois à la Constitution prévu à l'article 61 de celle-ci ». Selon lui, « les décisions prises en application de l'article 61 de la Constitution revêtent un caractère absolu et définitif, ainsi qu'il résulte de l'article 62 qui fait obstacle à la promulgation et à la mise en application de toute disposition déclarée inconstitutionnelle ; qu'au contraire, la supériorité des traités sur les lois, dont le principe est posé à l'article 55 précité, présente un caractère à la fois relatif et contingent, tenant, d'une part, à ce qu'elle est limitée au champ d'application du traité et, d'autre part, à ce qu'elle est subordonnée à une condition de réciprocité dont la réalisation peut varier selon le comportement du ou des Etats signataires du traité et le moment où doit s'apprécier le respect de cette condition »[1]. Comme le relevait le rapporteur de la décision dans le procès-verbal, « le Conseil constitutionnel se trouv(ait) placé devant un problème général d'interprétation du sens de cet article 55 »[2]. Il aurait tout aussi bien pu décider que cet article contenait une norme constitutionnelle prescrivant le respect des traités par le législateur et l'habilitait, en tant qu'organe chargé de faire respecter la Constitution, à empêcher la promulgation de toute disposition législative qui serait contraire à un traité[3]. Cela révèle bien que l'article 55 n'est qu'un énoncé et qu'il appartient aux organes d'application – ici le Conseil constitutionnel – de décider de sa signification juridique précise[4].

De même, s'appuyant sur le premier alinéa de l'article 10 de la Constitution, reproduit *in extenso*, puis rappelant que « en application des trois derniers alinéas de son article 61, (le) délai [de promulgation] ne peut être suspendu que lorsque la loi est déférée au Conseil constitutionnel avant sa promulgation. Le Conseil constitutionnel doit alors statuer dans le délai d'un mois, voire dans un délai de huit jours, à la demande du Gouvernement, s'il y

---

[1] Cons. constit., 15 janvier 1975, n° 74-54 DC.

[2]https://www.conseil-constitutionnel.fr/sites/default/files/as/root/bank_mm/decisions/PV/
pv1975-01-14-15.pdf.

[3] Sur cette question, voir le dossier « La Constitution, le traité et la loi : contributions au débat sur la hiérarchie des normes », in *Les Cahiers du Conseil constitutionnel*, p. 117, avec notamment la contribution précitée d'Olivier Cayla ; O. Cayla, « Constitution ou norme constitutionnelle ? », *Titre VII*, n° 8, avril 2022 ; E. Bruce, « L'article 55 de la Constitution dans la jurisprudence du Conseil constitutionnel », *article précité.* ; L. Favoreu, « L'interprétation de l'article 55 de la Constitution », *RFDA*, 1989, p. 993.

[4] Selon certains auteurs « il aurait été tout à fait illogique d'inclure le traité dans le bloc de constitutionnalité, parce que cela permettrait de modifier le bloc et donc de lier le législateur sans utiliser les procédures de révision de la Constitution ou de modifications des lois organiques », P. Brunet, F. Hamon, M. Troper, *Droit constitutionnel*, *op. cit.*, p. 728.

a urgence », il a pu estimer qu'en « fixant de tels délais, le constituant a entendu exclure toute nouvelle suspension du délai de promulgation, laquelle résulterait nécessairement de l'examen d'une saisine postérieure à la décision du Conseil constitutionnel. En conséquence, lorsque le Conseil a rendu une décision en application du deuxième alinéa de l'article 61 de la Constitution, il ne peut être saisi sur ce fondement d'un nouveau recours contre le même texte, sans préjudice de la possibilité pour tout justiciable de le saisir d'une question prioritaire de constitutionnalité selon la procédure prévue par l'article 61-1 de la Constitution »[1]. Il a ainsi combiné interprétations systémique et génétique pour refuser de contrôler une loi à l'occasion d'une deuxième saisine, postérieure à une dissolution de l'Assemblée nationale, la première saisine ayant été déclarée irrecevable par suite de la perte du mandat de députés de ses auteurs[2]. Il n'est pas interdit d'y voir une solution sévère et pour tout dire, peu libérale.

Indépendamment de la question de sa compétence, il est arrivé que le Conseil vise l'interprétation d'un ensemble de dispositions du texte de la Constitution comprises dans un de ses titres, comme lorsqu'il a décidé « qu'il résulte de l'ensemble des dispositions du titre VII de la Constitution que le constituant a entendu garantir l'indépendance du Conseil constitutionnel »[3]. Dans ce cas particulier, le Conseil a conjugué l'interprétation systémique en mettant en avant la cohérence d'ensemble résultant des dispositions contenues dans un titre du texte de la Constitution, et l'interprétation génétique qui vise à rechercher la volonté des auteurs du texte, c'est-à-dire le constituant avec tout ce que ce terme peut avoir d'ambiguë[4]. L'exemple en question est d'autant plus intéressant que l'interprétation produite visait à affirmer une qualité qui lui est propre, son indépendance, pouvant lui permettre, le cas échéant, de justifier d'autres décisions le concernant.

B. La compétence en matière de contrôle *a posteriori*

L'interprétation du texte de la Constitution, qui a permis au Conseil d'Etat de reformuler son incompétence pour connaître de la constitutionnalité des lois (1), a donné lieu à une nouvelle interprétation de l'article 38 de la Constitution relatif aux ordonnances (2).

[1] Cons. constit., 24 juillet 2024, n° 2024-871 DC.
[2] Cons. constit., 10 juillet 2024, n° 2024-870 DC.
[3] Cons. constit., 9 juillet 2008, précité.
[4] O. Cayla, « L'obscure théorie du pouvoir constituant originaire, ou l'illusion d'une identité souveraine inaltérable », *L'architecture du droit. Mélanges en l'honneur du Professeur Michel Troper*, *op. cit.*, p. 249

1. La reformulation de la jurisprudence *Arrighi*

Le Conseil d'Etat a jugé que « l'article 61 de la Constitution du 4 octobre 1958 a confié au Conseil constitutionnel le soin d'apprécier la conformité d'une loi à la Constitution ; que ce contrôle est susceptible de s'exercer après le vote de la loi et avant sa promulgation ; qu'il ressort des débats tant du Comité consultatif constitutionnel que du Conseil d'Etat lors de l'élaboration de la Constitution que les modalités ainsi adoptées excluent un contrôle de constitutionnalité de la loi au stade de son application »[1]. Il a ainsi fourni une interprétation génétique assez classique de l'article 61, couplée à une interprétation littérale, pour estimer que sa compétence pour toute exception d'inconstitutionnalité était exclue par celle du Conseil constitutionnel. Une solution similaire – le refus d'examiner la conformité des lois à la Constitution – fut donc justifier à soixante-dix ans d'écart de deux façons différentes : car cette fois-ci la substance constitutionnelle ne manquait pas.

2. Le cas des ordonnances de l'article 38 de la Constitution

L'article 38 de la Constitution prévoit que le Gouvernement peut demander au Parlement en vue de l'exécution de son programme, l'autorisation de prendre par ordonnance pendant un délai limité, des mesures qui relèvent normalement du domaine de la loi. Cela élargit donc de façon temporaire le pouvoir réglementaire dont le Gouvernement dispose, en l'autorisant à adopter des mesures qui relèvent du domaine normalement réservé à la loi, que ce soit en vertu de l'article 34 de la Constitution ou d'autres dispositions de celle-ci. Une fois entrées en vigueur, les ordonnances deviennent des actes administratifs. Si le Parlement n'est pas saisi dans le délai prévu par la loi d'habilitation d'un projet de loi de ratification, ou si une fois saisi, il refuse cette ratification, les ordonnances deviennent caduques. En revanche, la ratification les transforme rétroactivement en texte de valeur législative. Cependant, tant qu'il n'y a pas ratification, les ordonnances demeurent des actes administratifs dont la légalité peut être contestée principalement par voie d'action, au moyen d'un recours pour excès de pouvoir formé devant le Conseil d'Etat. Celles de leurs dispositions qui relèvent du domaine de la loi ne peuvent plus, après l'expiration du délai d'habilitation, être modifiées ou abrogées que par le législateur ou sur le fondement d'une nouvelle habilitation qui serait donnée au Gouvernement.

Le Conseil constitutionnel en a déduit tardivement que les dispositions d'une ordonnance qui relèvent du domaine législatif entrent, dès l'expiration du délai d'habilitation, dans le champ d'application de l'article 61-1 de la

[1] CE, 5 janvier 2005, Deprez et Baillard, n° 257341, 257534.

Constitution et que leur conformité aux droits et libertés que la Constitution garantit ne peut ainsi être contestée que par une question prioritaire de constitutionnalité[1]. Le Conseil d'Etat a cependant ajouté que l'ordonnance demeurait un acte administratif qu'il pouvait annuler tant qu'elle n'est pas ratifiée. Les moyens de constitutionnalité liées aux droits et libertés peuvent uniquement être soulevés par la voie de la QPC après l'expiration du délai d'habilitation, tandis que le juge ordinaire peut encore connaître des autres motifs de contestation, y compris constitutionnels. L'ordonnance non ratifiée demeure donc bien un acte administratif, quand bien même le Conseil constitutionnel, pour des raisons d'opportunité, peut y voir des dispositions législatives[2]. Cette solution, à la fois savante et curieuse, paraît avant tout dictée par le souhait du Conseil constitutionnel de reprendre au Conseil d'Etat une partie de ses attributions en matière de contrôle de la validité des ordonnances.

Paragraphe 3.
Le cas particulier du statut pénal du chef de l'Etat

L'article 68 alinéa 1 de la Constitution disposait que « le Président de la République n'est responsable des actes accomplis dans l'exercice de ses fonctions qu'en cas de haute trahison. Il ne peut être mis en accusation que par les deux assemblées statuant par un vote identique au scrutin public et à la majorité absolue des membres les composant ; il est jugé par la Haute Cour de justice ». Appelé à se prononcer sur la conformité à la Constitution du traité établissant la Cour pénale internationale[3], le conseil constitutionnel avait estimé, s'agissant de l'ancien article 68 de la Constitution[4] qu'il en résultait « que le Président de la République, pour les actes accomplis dans l'exercice de ses fonctions et hors le cas de haute trahison, bénéficie d'une immunité ; qu'au surplus, pendant la durée de ses fonctions, sa responsabilité pénale ne peut être mise en cause que devant la Haute Cour de Justice, selon les modalités fixées par le même article »[5]. Autrement dit, il avait interprété ces dispositions relatives au statut pénal du chef de l'Etat comme lui conférant un privilège de juridiction pour les actes accomplis en dehors de ses fonctions.

Saisie d'un recours en cassation dans un litige pénal mettant en cause un président de la République en fonction, la Cour de cassation a opté, à l'inverse, pour une interprétation systémique de la Constitution. En effet elle a jugé que « rapproché de l'article 3 et du titre II de la Constitution, l'article 68 doit être

[1] Cons. constit., 3 juillet 2020, n° 2020-851/852 QPC.
[2] CE, 16 décembre 2020, Fédération CFDT Finances et autres, n° 440258.
[3] Traité de Rome du 18 juillet 1998 portant création de la Cour pénale internationale.
[4] Voir Loi constitutionnelle n° 2007-238 du 23 février 2007 portant modification du titre IX de la Constitution.
[5] Cons. constit., 22 janvier 1999, n° 98-408 DC.

interprété en ce sens qu'étant élu directement par le peuple pour assurer, notamment, le fonctionnement régulier des pouvoirs publics ainsi que la continuité de l'Etat, le Président de la République ne peut, pendant la durée de son mandat, être entendu comme témoin assisté, ni être mis en examen, cité ou renvoyé pour une infraction quelconque devant une juridiction pénale de droit commun ; qu'il n'est pas davantage soumis à l'obligation de comparaître en tant que témoin prévue par l'article 101 du Code de procédure pénale, dès lors que cette obligation est assortie par l'article 109 dudit Code d'une mesure de contrainte par la force publique et qu'elle est pénalement sanctionnée ». Selon la Cour, « la Haute Cour de justice n'étant compétente que pour connaître des actes de haute trahison du Président de la République commis dans l'exercice de ses fonctions, les poursuites pour tous les autres actes devant les juridictions pénales de droit commun ne peuvent être exercées pendant la durée du mandat présidentiel, la prescription de l'action publique étant alors suspendue »[1]. Autrement dit elle a interprété les dispositions de l'article 68, à la lumière d'autres dispositions relatives à la fonction présidentielle dans le texte de la Constitution du 4 octobre 1958, comme conférant une simple immunité au président, le temps de ses fonctions, pour les actes accomplis en dehors de l'exercice du mandat, immunité tempérée par la suspension des délais de prescription. Au-delà de l'aspect politique de la question, juridiquement, on pouvait difficilement imaginer interprétations plus antagonistes. C'est le signe que la Cour de cassation s'est estimée pleinement en droit d'interpréter des dispositions du texte de la Constitution à sa façon et cette dynamique interprétative, du moins on peut en faire l'hypothèse, n'aurait sans doute pas eu lieu sans la création du bloc de constitutionnalité et la façon dont il a modifié le rôle des juges ordinaires face à la Constitution et, peut-être une forme d'agacement devant le monopole dont le Conseil constitutionnel aurait pu se croire investi dans l'interprétation des dispositions ayant intégré le bloc de constitutionnalité. Cette divergence de jurisprudence a du reste conduit le constituant à intervenir en 2007 pour préciser le statut pénal du chef de l'Etat en retenant la solution admise par la Cour de cassation à l'article 67 de la Constitution et en créant, en outre, un mécanisme spécifique de destitution à l'article 68 de la Constitution.

En définitive, le bloc de constitutionnalité s'étend effectivement aux dispositions comprises dans le texte de la Constitution : en pratique, la référence à une disposition comprise dans le texte de la Constitution, très fréquente, apparaît comme le mode le plus banal pour justifier le contrôle exercé sur un acte, dès lors qu'elle semble se suffire à elle-même. Pour autant, comme on a pu le constater, la disposition n'a de sens que celui que veut bien lui donner le Conseil constitutionnel. En matière de procédure, cela lui donne l'occasion de développer une jurisprudence riche, très éloignée de ce que Gaston Jèze pouvait qualifier de contrôle de la régularité externe de la loi.

[1] Cass. Crim, du 10 octobre 2001, Breisacher, n° 01-84.922.

Section 2.
L'exploitation du renvoi par le texte constitutionnel

Dès son étude portant sur *Le principe de constitutionnalité*, Louis Favoreu avait constaté que « la conformité à la Constitution englobe la conformité à des dispositions expresses mais incluses dans des textes extérieurs à la Constitution[1], ce qui l'avait poussé à défendre, à ce moment-là, une lecture large de la notion de bloc de constitutionnalité en relevant que « de même que la légalité n'est pas seulement la conformité à la loi mais a inclus progressivement la constitution, les traités, les principes généraux du droit et les décisions du juge administratif, de même la constitutionnalité désigne aujourd'hui la conformité à un ensemble de règles qui débordent le cadre proprement constitutionnel : lois et ordonnances organiques, traités, principes fondamentaux ou principes généraux supérieurs, décisions du Conseil constitutionnel »[2]. De la même façon, Bruno Genevois estimait que « les normes de référence du contrôle de constitutionnalité ne peuvent se réduire à la seule Constitution, même si on y inclut son Préambule. Force est de distinguer au sein du "bloc de constitutionnalité" d'autres composantes qui sont fonction des exigences inhérentes à la hiérarchie des normes »[3].

La volonté de rattacher les normes produites pour le contrôle au texte de la Constitution apparaît sous une forme spécifique à travers les renvois à d'autres textes. Ainsi, lorsque le Conseil peut contrôler la conformité d'un acte visé à l'article 61 à des énoncés pourtant extérieurs au texte de la Constitution, il justifie ce contrôle par le renvoi opéré dans une disposition du texte de la Constitution (Paragraphe 1) ce qui aboutit parfois à reconnaître la qualité de normes constitutionnelles aux énoncés en cause (Paragraphe 2).

Paragraphe 1.
Le renvoi comme justification du contrôle exercé

Sur un plan technique, le Conseil constitutionnel fit porter son contrôle de la loi ou des règlements des assemblées, voire des traités internationaux, sur d'autres normes que la Constitution elle-même, y compris son préambule. Dès sa décision du 24 juin 1959 portant sur le règlement de l'Assemblée nationale, il n'a pas hésité à utiliser l'ordonnance du 24 octobre 1958[4] pour censurer un

---

[1] L. Favoreu, « Le principe de constitutionnalité, essai de définition d'après la jurisprudence du Conseil constitutionnel », *article précité*, p. 40.

[2] *Ibid.* p. 47.

[3] B. Genevois, « Normes de référence du contrôle de constitutionnalité et respect de la hiérarchie en leur sein », *L'Etat de droit : mélanges en l'honneur de Guy Braibant*, Paris, Dalloz, 1996, p. 324.

[4] Ordonnance n° 58-998 du 24 octobre 1958 *portant loi organique relative aux conditions d'éligibilité et aux incompatibilités parlementaires*.

article du règlement frappant de peines disciplinaires des infractions déjà prévues par l'article 19 de cette ordonnance, au motif que la peine prévue par ces dispositions était exclusive de peines moins graves[1]. Le Conseil s'est bien fondé sur des dispositions de l'ordonnance pour contrôler le règlement, mais il a pris soin de relever que l'article 25 alinéa 1er de la Constitution « renvoie expressément » à celle-ci, formulation que l'on retrouve à l'identique dans d'autres décisions, à commencer par celle rendue le lendemain, relative au règlement du Sénat[2]. L'utilisation de l'ordonnance est présentée comme impliquée par le texte de la Constitution et l'interprétation produite ne consiste nullement à conférer le statut de normes constitutionnelles aux dispositions concernées de l'ordonnance mais à préciser que le renvoi opéré par le texte de la Constitution à une loi organique vaut prescription pour l'Assemblée nationale, lorsqu'elle adopte son règlement, de respecter les dispositions de celle-ci, sous peine de voir le Conseil le censurer. Toutefois, un tel usage des lois organiques ne va pas sans certaines ambiguïtés : ainsi, lors d'une délibération, François Luchaire a pu affirmer sans plus d'explications que « le Conseil constitutionnel a toujours considéré que les lois organiques faisaient corps avec la Constitution dont elles sont le prolongement »[3].

Plus significative de l'usage de la technique du renvoi, parce que plus révélatrice de l'interprétation constitutionnelle qui la sous-tend, est une décision relative à une modification du règlement du Sénat où le Conseil a précisé que « la conformité à la Constitution des règlements des assemblées parlementaires doit s'apprécier tant au regard de la Constitution elle-même que des lois organiques prévues par elle ainsi que des mesures législatives nécessaires à la mise en place des institutions, prises en vertu de l'alinéa 1er de l'article 92 de la Constitution »[4]. Ce considérant de principe a prolongé la tendance de la jurisprudence précédente visant à utiliser des dispositions auxquelles le texte de la Constitution opère un renvoi exprès afin de justifier le contrôle des règlements des assemblées non seulement au regard de dispositions organiques, mais également, en s'appuyant sur le premier alinéa de l'ancien article 92 de la Constitution, de certaines dispositions législatives que cet article autorisait le Gouvernement à prendre par ordonnance. Cela ne veut pas pour autant dire qu'il a conféré valeur constitutionnelle à ces mesures nécessaires à la mise en place des institutions, lesquelles demeurent législatives. Cependant, rien dans l'alinéa en cause, qui se limitait à conférer au Gouvernement le droit de prendre ces mesures par ordonnances, ne venait préciser que les règlements des assemblées devaient être adoptés

---

[1] Cons. constit., 24 juin 1959, précité.
[2] Cons. constit., 25 juin 1959, n° 59-3 DC.
[3]https://www.conseil-constitutionnel.fr/sites/default/files/as/root/bank_mm/decisions/PV/pv1973-12-27.pdf.
[4] Cons. constit., 8 juillet 1966, n° 66-28 DC.

conformément à ces mesures. C'est donc bien le Conseil qui a déterminé, à partir de cette disposition, la supériorité des mesures en cause sur les règlements des assemblées. Cela lui a permis de justifier la censure d'un article du règlement du Sénat par référence aux dispositions de l'ordonnance du 17 novembre 1958 relative au fonctionnement des assemblées parlementaires[1], en précisant qu'il « n'est pas conforme aux dispositions relatives aux mesures nécessaires à la mise en place des institutions et doit, dès lors, être regardé comme non conforme à la Constitution ». Dans son étude précitée sur *Le principe de constitutionnalité*, Louis Favoreu pouvait en conclure que « la constitutionnalité désigne aujourd'hui la conformité à un ensemble de règles qui débordent le cadre proprement constitutionnel »[2].

Le Conseil constitutionnel a depuis reformulé la justification du recours à des dispositions législatives en affirmant « qu'en raison des exigences propres à la hiérarchie des normes juridiques dans l'ordre interne, la conformité à la Constitution des règlements des assemblées parlementaires doit s'apprécier au regard tant de la Constitution elle-même que des lois organiques prévues par celle-ci ainsi que des mesures législatives prises pour son application »[3]. En se référant aux exigences de la hiérarchie des normes comme si celles-ci étaient autre chose que le résultat de la volonté des acteurs du système juridique, le Conseil semblait fonder objectivement sa décision alors qu'il le faisait sur un paramètre qui dépend totalement de lui : il n'y a en effet aucune exigence de la hiérarchie des normes préexistante aux décisions du Conseil. Cette formule est employée comme si la hiérarchie des normes possédait une essence, alors qu'il ne s'agit que d'une « représentation mentale, un processus intellectuel au moyen duquel on rend compte de ce que font réellement les organes juridiques »[4]. Elle n'est ainsi que le résultat des articulations normatives effectuées principalement par les juridictions suprêmes, et en l'occurrence par le Conseil constitutionnel, seul compétent pour contrôler le règlement des assemblées. Si on touche ici au caractère artificiel du raisonnement opéré, il faut souligner sa force de persuasion dans le discours juridique classique qui a tendance à traiter la hiérarchie des normes comme un donné et non comme le fruit d'une construction intellectuelle avec laquelle les juges justifient leurs décisions de validité mais surtout qu'ils adaptent en fonction des contraintes qui peuvent peser sur eux, qu'elles soient propres à chaque cas ou à la volonté de suivre une politique jurisprudentielle plus large. Par ailleurs, on comprend que tant les lois organiques que les mesures

---

[1] Ordonnance n° 58-1100 du 17 novembre 1958 relative au fonctionnement des assemblées parlementaires.

[2] L. Favoreu, « Le principe de constitutionnalité. Essai de définition d'après la jurisprudence du Conseil constitutionnel », *article précité*, p. 47.

[3] Cons. constit., 25 juin 2009, n° 2009-581 ; 25 juin 2009, n° 2009-582 DC.

[4] P. Brunet, *Vouloir pour la nation. Le concept de représentation dans la théorie de l'Etat*, Paris, LGDJ, 2004, p. 185.

législatives prises pour l'application de la Constitution n'ont pas valeur constitutionnelle et n'intègrent donc pas le bloc de constitutionnalité.

Dans le cadre du contrôle des lois des finances, le Conseil a notamment utilisé la technique du renvoi pour se servir de l'ordonnance du 2 janvier 1959 *portant loi organique relative aux lois de finances*[1] afin d'opérer l'examen de ces dernières. Il l'a fait pour la première fois dans une décision du 11 août 1960 portant sur une loi de finances rectificative, où il a cité l'article 34 de la Constitution selon lequel « les lois de finances déterminent les ressources et les charges de l'État dans les conditions et sous les réserves prévues par une loi organique », puis a cité l'article 4 de l'ordonnance de 1959 en précisant qu'elle « constitue la loi organique visée par la disposition précitée de la Constitution »[2]. Il a jugé plus loin que les dispositions d'un article de la loi contrôlée « ne peuvent être regardées comme conformes aux prescriptions de l'ordonnance du 2 janvier 1959 portant loi organique relative aux lois de finances et à la suite de celles de l'article 34 de la Constitution qui renvoie expressément à ladite loi organique ». On retrouve donc la même justification de l'usage d'une disposition organique pour contrôler une loi et non le règlement d'une assemblée. Ce type de mention s'est retrouvé fréquemment ultérieurement, notamment dans une décision où il a empêché la promulgation d'une loi de finances qui « n'a pas été adoptée conformément aux dispositions de l'ordonnance du 2 janvier 1959 portant loi organique relative aux lois de finances, prévue à l'article 47 de la Constitution », se référant de nouveau à un article de la Constitution pour justifier la censure[3]. Le Conseil peut également préciser la portée d'une disposition de l'ordonnance de 1959 sans se référer au renvoi opéré par la Constitution[4]. Bruno Genevois a pu considérer que cette ordonnance avait « une valeur quasi-constitutionnelle qui permet de l'opposer aux lois organiques »[5].

De façon plus générale, à l'occasion de l'abrogation de l'ordonnance du 2 janvier 1959 par la loi organique du 1er août 2001[6], le Conseil a précisé que, par les articles 34 et 47 de la Constitution, le constituant avait « habilité » la loi organique à prévoir notamment « les modalités selon lesquelles les recettes et les charges budgétaires ainsi que les autres ressources et charges de l'Etat sont évaluées et autorisées par les lois de finances » ainsi qu'« à fixer des modalités d'examen et de vote des lois de finances qui peuvent, le cas échéant, apporter des tempéraments aux règles de droit commun de la procédure

---

[1] Ordonnance n° 59-2 du 2 janvier 1959 *portant loi organique relative aux lois de finances*.

[2] Cons. constit., 11 août 1960, n° 60-8 DC.

[3] Cons. constit., 24 décembre 1979, n° 79-110 DC.

[4] Cons. constit., 18 décembre 1964, n° 64-27 DC.

[5] B. Genevois, « Normes de référence du contrôle de constitutionnalité et respect de la hiérarchie en leur sein », *article précité*, p. 325.

[6] Loi organique n° 2001-692 du 1er août 2001 relative aux lois de finances.

législative », semblant ainsi formuler une justification générale du contrôle de la conformité des lois de finances à cette loi organique[1]. Il s'est parfois contenté de viser cette décision sans reprendre le raisonnement dans plusieurs autres décisions, afin de censurer des dispositions législatives méconnaissant cette loi organique sans se référer au texte de la Constitution dans les motifs[2]. Ultérieurement, il a de nouveau affirmé explicitement que « la constitutionnalité d'une loi de finances s'apprécie au regard des règles que la Constitution a elle-même fixées ou auxquelles elle a expressément renvoyé »[3].

Le Conseil constitutionnel avait déjà affirmé, s'agissant du contrôle de la loi en général, qu'il doit se prononcer « sur la régularité de la procédure législative au regard des règles que la Constitution a elle-même fixées ou auxquelles elle a expressément renvoyé »[4], reformulant ainsi un considérant précisant que « les règles selon lesquelles la loi est proposée, votée et promulguée sont déterminées par la Constitution et les lois organiques »[5]. Quelles que soient les formules employées, ces affirmations, qui tendent à mettre en avant l'application du texte constitutionnel par le respect d'un renvoi, relèvent bien de décisions prises par le Conseil constitutionnel et non de ce texte ou d'hypothétiques impératifs.

La technique de l'exploitation du renvoi fut également utilisée s'agissant de certains domaines du droit de l'Union européenne. Ce fut le cas en premier lieu à propos de la loi organique relative au droit de vote et d'éligibilité aux élections municipales des citoyens de l'Union européenne : une fois la Constitution révisée – c'est-à-dire une fois son texte amendé – pour permettre la ratification du Traité de Maastricht – le Conseil a affirmé que « le renvoi, pour la détermination des conditions d'application de l'article 88-3, à une loi organique postule que ce dernier texte soit lui-même conforme aux modalités d'exercice du droit de vote et d'éligibilité aux élections municipales des ressortissants communautaires autres que les nationaux français, "prévues par le traité sur l'Union européenne" » et il a ainsi jugé que « la loi organique devra respecter les prescriptions édictées à l'échelon de la Communauté européenne pour la mise en œuvre du droit reconnu par l'article 8 B, Paragraphe 1 ». C'est en utilisant cette justification que le Conseil a considéré ultérieurement « qu'en disposant que le droit de vote et d'éligibilité des citoyens de l'Union aux élections municipales est accordé "selon les modalités prévues par le Traité sur l'Union européenne", l'article 88-3 de la Constitution a expressément subordonné la constitutionnalité de la loi organique prévue pour son application à sa conformité aux normes communautaires »[6]. Il en a tiré pour

---

[1] Cons. constit., 25 juillet 2001, n° 2001-448 DC.
[2] Cons. constit., 29 décembre 2005, n° 2005-530 DC.
[3] Cons. constit., 13 juillet 2006, n° 2006-538 DC.
[4] Cons. constit., 17 juillet 2003, n° 2003-474 DC.
[5] Cons. constit., 27 juillet 1982, n° 82-142 DC.
[6] Cons. constit., 20 mai 1998, n° 98-400 DC.

conséquence qu'« il résulte de la volonté même du constituant qu'il revient au Conseil constitutionnel de s'assurer que la loi organique prévue par l'article 88-3 de la Constitution respecte tant le paragraphe premier de l'article 8 B précité du traité instituant la Communauté européenne, relatif au droit de vote et d'éligibilité des citoyens de l'Union aux élections municipales, que la directive (…) du 19 décembre 1994 prise par le conseil de l'Union européenne pour la mise en œuvre de ce droit ». Il s'agit là d'une extension particulièrement large de la technique du renvoi.

Le Conseil constitutionnel a utilisé une argumentation plus subtile lorsqu'il fut confronté au contrôle des lois de transposition de directive. Il a choisi de conférer une signification singulière à l'article 88-1 de la Constitution selon lequel « la République participe aux Communautés européennes et à l'Union européenne, constituées d'Etats qui ont choisi librement, en vertu des traités qui les ont instituées, d'exercer en commun certaines de leurs compétences », afin d'aménager le contrôle des actes transposant des directives en droit interne. En effet, selon lui, il ressort de cet article que « la transposition en droit interne d'une directive communautaire résulte d'une exigence constitutionnelle à laquelle il ne pourrait être fait obstacle qu'en raison d'une disposition expresse contraire de la Constitution »[1]. Il a précisé dans ce cadre qu'il lui appartient « saisi dans les conditions prévues par l'article 61 de la Constitution d'une loi ayant pour objet de transposer en droit interne une directive communautaire, de veiller au respect de cette exigence »[2]. Si cette solution a été très commentée[3] principalement pour savoir si elle consacrait ou non la primauté du droit de l'Union européenne sur la Constitution, il importe de relever que sa formulation, par laquelle le juge a utilisé un article de la Constitution pour fonder une prescription inédite relative à un acte de droit dérivé de l'Union européenne, relève bien d'une interprétation constitutionnelle. En effet « l'exigence constitutionnelle » de transposition est bien une interprétation très constructive d'un article de la Constitution par le Conseil qui illustre de nouveau sa capacité à produire une norme

[1] Cons. constit., 10 juin 2004, n° 2004-496 DC.

[2] Cons. constit., 27 juillet 2006, n° 2006-540 DC.

[3] Voir notamment A. Levade, « La constitutionnalité des lois de transposition entre conformité et compatibilité. Esquisse d'un bilan de la jurisprudence "européenne" récente du Conseil constitutionnel », in *Renouveau du droit constitutionnel. Mélanges en l'honneur de Louis Favoreu*, Paris, Dalloz, 2007, p. 1291 ; « Le Conseil constitutionnel aux prises avec le droit communautaire dérivé », *RDP*, 2004, p. 889 ; H. Oberdorff, « Le Conseil constitutionnel et l'ordre juridique communautaire : coopération et contrôle », *RDP*, 2004, p. 872 ; S. Pinon, « L'effectivité de la primauté du droit communautaire sur la Constitution », *RTDE*, 2008, p. 263 ; J. Massot, «Le contrôle de la transposition des directives : vide ou trop plein ? », *Dalloz*, 2006, p. 2337 ; P.-Y. Monjal, « La Constitution, toute la Constitution, rien que le droit communautaire… (Remarques à vif à propos de la décision du 10 juin 2004), *LPA*, n° 161, 2004, p. 16.

constitutionnelle lui permettant de régler les conflits de normes issues de systèmes juridiques distincts. On a pu affirmer à cette occasion que le Conseil constitutionnel avait redonné « toute sa place à la Constitution et fix(é) lui-même l'étendue du bloc de constitutionnalité » ou encore qu'il demeurait « maître du bloc de constitutionnalité en ayant une interprétation très large de l'article 88-1 »[1].

C'est en s'appuyant sur une norme constitutionnelle que le juge gère les conflits possibles entre la loi et la directive qu'elle doit transposer et a aménagé son contrôle pour ne pas heurter la jurisprudence de la Cour de justice de l'Union relative au principe de primauté du droit de l'Union. Par la suite, le Conseil a décidé qu'il lui revenait de contrôler le respect par le législateur de l'exigence de transposition ainsi édictée[2]. Il s'agit donc d'apprécier la conformité de la loi à la directive transposée, en justifiant ce contrôle par une disposition de la Constitution, technique dont on a vu que le Conseil usait régulièrement[3]. Cependant en l'occurrence, il ne s'agit pas d'exploiter un renvoi opéré par une disposition de la Constitution, mais bien d'un contrôle créé de toute pièce par le juge à travers l'interprétation de l'article 88-1, qui ne mentionne aucunement les directives. Certains auteurs, tels Dominique Rousseau, ont estimé qu'à la suite des décisions relatives au contrôle des lois de transposition, le droit de l'Union européenne faisait partie du bloc de constitutionnalité, entendu au sens large, le Conseil constitutionnel l'utilisant dans les « normes de référence applicables au contrôle du contenu des lois »[4]. D'autres auteurs ont jugé à l'inverse que ce n'était pas le cas, faute pour les normes en cause de se voir reconnaître un statut constitutionnel par le juge – sous-entendu explicitement. Ces divergences attestent la difficulté de la doctrine à rationaliser le maniement, par le Conseil constitutionnel, d'énoncés issus de textes distincts et qui ne reçoivent pas la signification expresse de normes constitutionnelles. Elles attestent également la plasticité de la notion de bloc de constitutionnalité et son manque de référent conceptuel clair. Pour autant, l'analyse de la jurisprudence du Conseil montre que le renvoi peut également lui permettre de produire explicitement des normes constitutionnelles.

---

[1] H. Oberdorff, « Le Conseil constitutionnel et l'ordre juridique communautaire : coopération et contrôle », *article précité.*, p. 873.

[2] Cons. constit., 30 novembre 2006, précité.

[3] Sur ce sujet, voir la thèse précitée d'Agnès Roblot-Troizier.

[4] D. Rousseau, *Droit du contentieux constitutionnel*, Paris, Montchrestien, 8e éd., 2008, p. 119.

Paragraphe 2.
Le renvoi et la possibilité de conférer la qualité de norme constitutionnelle

La possibilité de voir des énoncés formellement extérieurs au texte de la Constitution recevoir la signification de normes constitutionnelles est bien évidemment illustrée par les dispositions des textes mentionnés dans le préambule. La jurisprudence atteste que le Conseil a parfois fait de même pour d'autres énoncés : cela ressort ainsi clairement de la jurisprudence relative à l'accord de Nouméa. La révision constitutionnelle du 20 juillet 1998[1] a inséré dans la Constitution un titre XIII, comportant les articles 76 et 77, portant sur les dispositions transitoires relatives à la Nouvelle-Calédonie prévoyant notamment la mise en œuvre, principalement par une loi organique, de l'Accord signé à Nouméa le 5 mai 1998 entre le Gouvernement de la République française et les représentants des principales formations politiques de Nouvelle-Calédonie.

Dans un arrêt *Sarran*[2], le Conseil d'Etat avait déjà estimé que l'article 76 de la Constitution relatif au corps électoral restreint en Nouvelle-Calédonie avait « entendu déroger aux autres normes de valeur constitutionnelle relatives au droit de suffrage », suivant en cela Christine Maugüé qui notait dans ses conclusions qu'« une disposition constitutionnelle spéciale peut régulièrement déroger aux règles constitutionnelles générales »[3]. La Cour de cassation a fait de même dans un arrêt *Fraisse*[4], dans lequel, appelée à juger de la compatibilité d'une disposition de la loi organique du 15 mars 1999 avec plusieurs normes internationales, elle a décidé que l'accord de Nouméa a « lui-même valeur constitutionnelle en vertu de l'article 77 de la Constitution ».

De la même façon, dans la décision relative à la loi organique en cause, le Conseil constitutionnel a intégralement cité le contenu du titre XIII, puis il a affirmé « qu'il résulte (…) des dispositions du premier alinéa de l'article 77 de la Constitution que le contrôle du Conseil constitutionnel sur la loi organique doit s'exercer non seulement au regard de la Constitution, mais également au regard des orientations définies par l'accord de Nouméa, lequel déroge à un certain nombre de règles ou principes de valeur constitutionnelle », et « le principe de mesures favorisant les personnes durablement établies en Nouvelle-Calédonie, pour l'accès à un emploi salarié ou à une profession indépendante, ou pour l'exercice d'un emploi dans la fonction publique de la Nouvelle-Calédonie ou dans la fonction publique communale, trouve son

---

[1] Loi constitutionnelle n° 98-610 du 20 juillet 1998 *relative à la Nouvelle-Calédonie*.
[2] CE, 30 octobre 1998, Sarran, *Rec.*, p. 369, *RFDA*, 1998, p. 1081, conclusions Maugüé.
[3] Conclusions précitées p. 1086.
[4] Cass., ass. plén., 2 juin 2000, Fraisse, *Bull. ass. plén.*, n° 4, p. 7 ; *RDP*, 2000, p. 1037, note Prétot.

fondement constitutionnel dans l'accord de Nouméa »[1]. C'est une application classique de la maxime *Lex spécialis* qui vaut, comme l'a montré Norberto Bobbio, entre normes de même valeur[2]. Les dispositions de l'Accord relatives aux orientations sont donc bien mentionnées par le Conseil qui leur confère non seulement une force normative afin de les utiliser pour contrôler la loi organique, mais surtout un statut constitutionnel. Il a expressément confirmé ce statut dans une décision mentionnant les « orientations de l'accord signé à Nouméa le 5 mai 1998, auxquelles le titre XIII de la Constitution confère valeur constitutionnelle »[3]. Il s'est ainsi appuyé sur la référence aux orientations de l'Accord dans les articles 76 et 77 de la Constitution pour produire des normes constitutionnelles, allant même jusqu'à se référer à la volonté du pouvoir constituant pour valider la définition du corps électoral restreint prévu par la loi organique en application de l'Accord. Il faut donc en conclure que les orientations de l'accord de Nouméa font partie du bloc de constitutionnalité au sens étroit où il est entendu dans le cadre de cet ouvrage.

La volonté d'une partie de la doctrine de décrire la jurisprudence constitutionnelle par référence au texte de la Constitution et à son préambule, explique que l'on puisse lire que le Conseil constitutionnel « pouvait s'abstenir de reconnaître un rang constitutionnel aux orientations de l'accord de Nouméa tout en retenant l'obligation pour le législateur de s'y conformer en vertu de la Constitution »[4], ou que la Cour de cassation « aurait pu, (…), parvenir au même résultat en, usant de la théorie de la "Constitution-écran" »[5]. Ce type de discours est lié à la volonté d'ordonner la jurisprudence constitutionnelle ; de façon plus profonde, cela révèle la considération selon laquelle l'application du droit, et donc la jurisprudence, devrait être une opération dont il est possible de rendre compte selon des règles logiques[6]. Le droit est toutefois autant indépendant de la logique qu'il l'est de la morale, du moins sur un plan strictement formel, et il faut bien reconnaître, à l'inverse, qu'en agissant de la sorte, le Conseil a illustré sa capacité à déterminer, pour chaque espèce, la signification juridique des énoncés dont il fait application, sans que le souci de cohésion ne le guide systématiquement.

---

[1] Cons. constit., 15 mars 1999, n° 99-410.

[2] N. Bobbio, « Des critères pour résoudre les antinomies », *article précité*.

[3] Cons. constit., 29 juillet 2004, n° 2004-500.

[4] A. Roblot-Troizier, *Contrôle de constitutionnalité et normes visées par la Constitution française. Recherches sur la constitutionnalité par renvoi*, *op. cit.*, p. 134.

[5] X. Prétot, *note précité*, p. 1043.

[6] Sur la question de l'application de la logique au droit, voir notamment H. Kelsen, *Théorie générale des normes*, *op. cit.* ; P. Brunet, « Irrationalisme et anti-formalisme : sur quelques critiques du syllogisme normatif », *Droits,* n° 39, 2004, p. 197 ; V. Champeil-Desplats, « Alf Ross : droit et logique », *Droit et société*, n° 50, 2002, p. 29.

CONCLUSION DU CHAPITRE 2

Un examen de la jurisprudence du Conseil constitutionnel permet de saisir comment les textes qu'il utilise, et notamment celui de la Constitution, lui permettent de justifier le contrôle exercé sur les actes qui lui sont déférés de plusieurs façons. Il est amené à conférer une signification juridique à des dispositions contenues dans des textes divers, et il peut préciser ou non le statut constitutionnel des normes en cause. Cette précision ne répond du reste pas toujours à une logique juridique qui pourrait être reconstruite *a posteriori*, ce qui peut dérouter le discours doctrinal qui aura alors tendance à minimiser, voire à regretter[1] la qualification opérée par le juge. D'un certain point de vue, en recherchant les énoncés qui, parmi ceux utilisés par le juge, ont bien reçu la signification de normes constitutionnelles, on se limite à une querelle de mot du point de vue du résultat, puisque *in fine*, tous les énoncés recevant force normative pour contrôler l'acte déféré peuvent justifier sa censure ou une certaine interprétation de ses dispositions ; cette justification constitue la visée principale du juge lorsqu'il rédige la décision.

L'exemple de la procédure d'adoption de la loi ou de celle plus généralement appliquée au Conseil constitutionnel par ses propres soins s'agissant de sa compétence atteste que les questions dites procédurales n'ont rien d'évident : elles imposent, autant que des questions de fond, une interprétation des énoncés présents dans le texte de la Constitution voire davantage, comme l'atteste l'exemple de la clarté et de la sincérité du débat, illustration d'une exigence substantielle en matière procédurale. De sorte que, du point de vue de la substance constitutionnelle, il existe beaucoup moins d'écart entre la régularité extrinsèque de la loi et sa régularité intrinsèque : dans les deux cas, l'interprétation du juge peut recouvrir le texte de normes qu'il n'était pas censé ou réputé porter. L'exemple des questions de compétence atteste également que l'interprétation de la Constitution par la juridiction constitutionnelle – et quelques fois par les juridictions ordinaires – peut donner lieu à des décisions surprenantes, toutes choses qui n'avaient pas été anticipées, à la fois par les partisans de la supralégalité constitutionnelle et par ses opposants. Comme l'a relevé Bruno Daugeron, « « il ne serait guère difficile de montrer que même dépourvu de ce puits sans fond de normativité qu'est le préambule de la Constitution, le juge parviendrait encore, avec les seuls articles de la Constitution, à faire produire des normes dont on

---

[1] Voir O. Gohin, « L'évolution institutionnelle de la Nouvelle-Calédonie », *AJDA*, 1999, p. 500 ; « La Constitution française contre les droits de l'homme : le précédent de la restriction de suffrage en Nouvelle-Calédonie », in *Mélanges en l'honneur de Pierre Pactet*, *op. cit.*, p. 187, dans lequel l'auteur évoque « l'effondrement de la notion de Constitution au sens formel » ou encore un « système constitutionnel qui implose ».

comprendrait qu'un esprit rationnel interroge le rapport avec l'énoncé duquel on prétend les tirer »[1]. La substance constitutionnelle a ainsi trait autant à la forme qu'au fond.

Le bloc de constitutionnalité au sens large ou les normes de références du contrôle de constitutionnalité sont les seules notions qui rendent compte de l'ensemble des normes utilisées par le juge pour contrôler les actes qui lui sont déférés. Mais ces deux expressions ne permettent pas de connaître celles de ces normes qui se voient reconnaître la qualité d'être des normes constitutionnelles. Seul le bloc de constitutionnalité au sens étroit le permet et c'était bien l'objectif que Louis Favoreu lui assignait, sans pour autant prendre en compte l'Accord de Nouméa, lorsqu'il en décrivait les composantes, lequel n'est pas davantage cité sur le site du Conseil constitutionnel sous l'onglet « bloc de constitutionnalité ». On constate ainsi que les notions juridiques, surtout les notions doctrinales, demeurent perméables à des préférences ou à des représentations qui conduisent à mettre en lumière certains éléments et à jeter le voile sur d'autres, à rebours de toute logique scientifique *stricto sensu*.

---

[1] B. Daugeron, « Le gouvernement des juges : valeur d'un argument, usage d'une rhétorique », in C. Boutin, B. Daugeron, F. Rouvillois (dir.), *Contre le gouvernement des juges ?*, *op. cit.*, p. 44.

CONCLUSION DU TITRE 2

Afin de justifier la signification de normes constitutionnelles reconnue aux énoncés compris dans le préambule de la Constitution par le Conseil constitutionnel, il a été affirmé que celle-ci pouvait s'expliquer par la nature du renvoi opéré par le préambule. Il s'agirait en effet « d'un renvoi horizontal, c'est-à-dire d'un renvoi à une disposition de même niveau hiérarchique ; sous cet angle, le renvoi à la Déclaration des droits de l'Homme et du citoyen de 1789, au Préambule de la Constitution de 1946, ainsi qu'à la Charte de l'environnement est comparable aux renvois d'un article de la Constitution à un autre ». Ce type de renvoi devant être distingué « d'un renvoi vertical, c'est-à-dire d'un renvoi à une norme de rang hiérarchique différent. Entrent dans cette catégorie, tous les autres renvois »[1].

Cette démonstration pose davantage de problèmes qu'elle n'en résout car, à travers la notion de renvoi horizontal, elle met l'accent sur la similitude du statut normatif de la Constitution et des textes référencés dans son préambule, en se fondant sur la jurisprudence antérieure à l'entrée en vigueur de la Constitution, particulièrement celle du Conseil d'Etat dans le cadre du contentieux de l'excès de pouvoir depuis 1946. En effet, le raisonnement s'appuie sur les décisions juridictionnelles faisant usage de ces textes avant 1958 pour en inférer que leurs énoncés avaient reçu la signification d'être des normes constitutionnelles et qu'en procédant par renvoi à ces textes, le préambule de la Constitution de 1958 ferait référence à deux textes ayant déjà, intrinsèquement, un statut juridique constitutionnel. D'une part cette argumentation ne permet pas de saisir réellement en quoi la jurisprudence antérieure à 1958 expliquerait le statut normatif de certaines dispositions après cette date, sauf à comprendre que cette jurisprudence aurait, en quelque sorte, imprimé intrinsèquement à ces dispositions la propriété d'être des normes constitutionnelles. D'autre part elle donne à voir une image simplifiée de cette jurisprudence antérieure, beaucoup plus ambigüe ainsi qu'on l'a vu. Enfin, en niant toute distinction entre les textes et les normes, elle fait reposer un statut normatif sur des arguments textuels.

En définitive, il est nécessaire d'opérer deux distinctions importantes pour pouvoir décrire la valeur juridique des normes tirées des textes auxquels renvoie le préambule par le juge. Il faut en premier lieu distinguer le préambule en tant que tel et les énoncés qu'il contient car le juge peut utiliser un de ces énoncés et lui conférer un statut sans pour autant faire de même pour l'ensemble du préambule et il peut utiliser la référence au préambule de façon générale pour produire un principe. C'est, par exemple, la démarche observée

---

[1] A. Roblot-Troizier, *Contrôle de constitutionnalité et normes visées par la Constitution française. Recherches sur la constitutionnalité par renvoi*, *op. cit.*, p. 231.

par le Conseil d'Etat lorsqu'il a décidé « qu'il résulte des principes généraux du droit et, notamment du Préambule de la Constitution du 27 octobre 1946 auquel se réfère la Constitution du 4 octobre 1958, que les étrangers résidant régulièrement en France ont, comme les nationaux, le droit de mener une vie familiale normale »[1]. La référence au préambule ne visait pas à consacrer une norme constitutionnelle mais bien un principe général du droit opposable à l'administration. Elle permit cependant à ce principe d'avoir un ancrage textuel et d'éviter au juge d'être accusé de faire usage de son pouvoir créateur – qu'il a pourtant utilisé. Il faut alors insister, en second lieu, sur la distinction entre le fait de conférer à un énoncé une force normative, qui consiste à lui faire produire des effets de droit, et le fait de conférer un statut à cette norme, c'est-à-dire de la doter d'un rang hiérarchique dans les rapports normatifs. La jurisprudence du Conseil d'Etat a longtemps attesté que le juge peut très bien faire produire des effets juridiques à des énoncés compris dans le texte du préambule sans pour autant leur reconnaître un statut constitutionnel. La force normative des énoncés contenus dans les textes mentionnés dans le préambule, tout comme leur statut, fut ainsi tributaire, non pas d'une signification objective du texte, pas davantage que d'une volonté présumée de mystérieux constituants dont il serait bien difficile de déterminer avec précision ce que recouvre le terme[2], mais bien de la volonté des juges confrontés à des litiges – plus ou moins concrets – qu'il fallait résoudre.

---

[1] CE, 8 décembre 1978, GISTI, *Rec.*, p. 493.

[2] Sur ce point voir E.-W. Böckenförde, « Le pouvoir constituant du peuple, notion-limite du droit constitutionnel », in *Le droit, l'Etat et la constitution démocratique*, *op. cit.*, p. 205.

CONCLUSION DE LA PARTIE 1

La question du statut normatif des textes mentionnés dans le préambule de la Constitution de 1958 rejoint les débats de la doctrine juridique sous la IIIème République sur le statut de la Déclaration de 1789 et s'est posée dans des conditions relativement similaires pour le préambule de la Constitution de 1946. La similarité dont il est question est celle des arguments échangés et des enjeux des débats soulevés. On retrouve en effet toujours mise en avant la formulation des textes davantage que le pouvoir des interprètes qui les font vivre et les débats visent, *in fine*, à soumettre le pouvoir, réglementaire dans un cas, législatif dans l'autre, à un ensemble de dispositions souvent très générales dans leur contenu que l'on croit être, presque spontanément, des normes alors qu'elles sont bien plus surement des sources textuelles à partir desquelles des normes pourront être produites. La discussion vise toujours à l'encadrement d'un pouvoir normatif par des prescriptions réputées contenues dans les textes et, à cette fin, concerne directement la nécessité pour les uns ou la proscription pour les autres d'un droit constitutionnel substantiel opposable à l'autorité publique. C'est précisément à la naissance de ce droit constitutionnel substantiel que correspond l'émergence du bloc de constitutionnalité, tant dans les décisions rendues par le Conseil constitutionnel que dans les discours juridiques, en particulier ceux de la doctrine.

L'analyse de la jurisprudence démontre à la fois que ce sont les juges qui peuvent produire des normes à partir de ces textes et qu'ils peuvent rester sibyllins sur leur statut ; l'attribution explicite d'un statut constitutionnel relève bien d'un choix qui s'affirme comme tel. Envisager cette question sous l'angle du pouvoir du juge présente ainsi un inconvénient, dès lors qu'en distinguant nettement les énoncés sur lesquels les juges assoient leur interprétation et les normes effectivement produites et appliquées, il devient plus difficile de connaître le statut conféré à ces normes faute de le considérer inscrit dans le texte. A l'inverse des analyses doctrinales classiques, qui visent à présenter la reconnaissance d'un statut constitutionnel aux textes référencés dans le préambule comme préexistante aux décisions des interprètes, elle offre cependant le sérieux avantage de fournir une analyse plus réaliste de la fonction juridictionnelle et permet de comprendre les enjeux sous-jacents à la notion de bloc de constitutionnalité. De ce point de vue et ainsi qu'on va le voir, comme l'a relevé Charlotte Denizeau, « le mot bloc a conservé son attractivité en raison de sa faculté symbolique d'agréger le multiple »[1].

[1] C. Denizeau, « La genèse du bloc de constitutionnalité », *article précité.*

PARTIE 2.
L'EVOLUTION DU BLOC DE CONSTITUTIONNALITE : LA CONSOLIDATION ERRATIQUE DE LA SUBSTANCE CONSTITUTIONNELLE

Dans le cadre du système juridique français, la juridictionnalisation de la Constitution conduit à s'intéresser à la façon dont le Conseil constitutionnel a modifié, pour partie, l'approche de la Constitution à tel point qu'on lui a substitué la notion de bloc de constitutionnalité dans le langage courant des juristes. En effet, si l'instauration du contrôle de la loi par un organe spécifique constitue une rupture politique dans l'histoire constitutionnelle française, elle allait également se traduire par un changement dans la représentation juridique de la Constitution. Dans ce cadre, « le bloc de constitutionnalité n'est en aucun cas une réalité objective. C'est le résultat d'une construction intellectuelle »[1] plus ou moins heureuse. Celle-ci tend alors à correspondre au développement, pas toujours contrôlée, de la substance constitutionnelle tant recherchée par les uns et crainte par les autres sous les républiques antérieures.

Dans ce cadre, on l'a dit, le bloc de constitutionnalité est tantôt présenté comme un ensemble de sources permettant au Conseil constitutionnel de produire des normes, tantôt présenté comme le contenant des normes produites par le Conseil. C'est en ayant cette distinction à l'esprit que l'on peut comprendre en quoi le bloc de constitutionnalité reflète une conception extensive de la Constitution : loin de s'arrêter au texte, le Conseil constitutionnel a produit de nombreuses normes à travers l'usage de catégorie juridiques explicites qu'il a créées lui-même, à tel point que réserver la notion de bloc de constitutionnalité aux énoncés sur lesquels porte son interprétation, c'est passé assez largement à côté du caractère erratique du bloc de constitutionnalité tel qu'il est couramment employé par les juristes.

Après avoir montré qu'à travers une longue consolidation, qui ne fut pas sans heurts, le bloc de constitutionnalité a pu s'épanouir (**TITRE 1**), il conviendra de s'interroger sur sa signification profonde (**TITRE 2**).

---

[1] D. Baranger, *La constitution. Sources. Interprétations. Raisonnements, op. cit.*,p. 450.

TITRE 1.
L'EPANOUISSEMENT DU BLOC DE CONSTITUTIONNALITE

L'avènement du contrôle de constitutionnalité du fond des lois en France, qui a suivi la décision *Liberté d'association*[1], est directement lié à l'interprétation fournie à cette occasion par le Conseil constitutionnel du préambule de la Constitution du 4 octobre 1958 consistant à l'intégrer pleinement dans la Constitution, c'est-à-dire l'étalon de valeur auquel les actes déférés – où les actes transmis dans le cadre d'une question prioritaire de constitutionnalité, bien que, comme on le sait, tout le bloc de constitutionnalité n'est pas concerné dans ce cas - doivent être conformes. A partir de cette décision, le développement de la justice constitutionnelle ira progressivement de pair avec la substitution de la notion de bloc de constitutionnalité à celle de constitution, tant dans le vocabulaire doctrinal, dans celui plus général des juristes, que dans celui des acteurs politiques, qu'ils souhaitent saisir le Conseil constitutionnel où se référer à sa jurisprudence pour argumenter un propos constitutionnel.

L'acceptation politique de l'extension constitutionnelle ainsi opérée est directement liée à la réforme constitutionnelle de 1974[2], permettant, dans les faits, aux élus d'opposition de saisir le Conseil constitutionnel des textes votées par les élus de la majorité[3]. D'abord qualifié de « réformette » par l'opposition de l'époque, elle a finalement permis que l'on assiste à une « normalisation » des rapports entre le Conseil constitutionnel et les parlementaires qui « passe par la gestion du nouvel outil que constitue la possibilité de saisir le Conseil »[4]. Très vite, les oppositions, de quelque ordre qu'elles soient, ont souhaité exploiter, dans leurs saisines, toutes les potentialités offertes par le bloc de constitutionnalité. Cette acceptation n'allait cependant pas sans certaines critiques ici où là, notamment de la part d'acteurs politiques peu convaincus de la légitimité du contrôle exercé par le Conseil constitutionnel, que cela soit de manière générale ou, plus sporadiquement, à l'occasion d'une décision emblématique (on pourrait multiplier les exemples de marques de défiance sporadiques venant des plus hautes autorités politiques). De façon générale, si le bloc de constitutionnalité

---

[1] Cons. constit.,16 juillet 1971, précité.

[2] Loi constitutionnelle n° 74-904 du 29 octobre 1974 *portant révision de l'article 61 de la Constitution.*

[3] G. Vedel pensait que la révision de 1974 avait effectivement eu une portée importante dès lors que « en la circonstance, le constituant a adopté une révision qui, implicitement, c'est très clair dans les travaux préparatoires, confirme l'admission du Préambule dans la Constitution », « Débat », in *La Déclaration des droits de l'homme et du citoyen et la jurisprudence*, *op. cit.*, p. 67.

[4] A. Delcamp, « Le Conseil constitutionnel et le Parlement », *RFDC*, 2004, n° 57, p. 74.

a pu connaître une véritable contestation par la majorité politique de l'époque au moment de la réforme constitutionnelle de 1993[1] (**CHAPITRE 1**), ce fut la dernière fois qu'une attaque d'une telle ampleur put avoir lieu, les années 2000 attestant l'acceptation du bloc de constitutionnalité par l'essentiel de la classe politique, illustrée par son extension voulue par les majorités politiques d'alors (**CHAPITRE 2**).

[1] Loi constitutionnelle n° 93-1256 du 25 novembre 1993 *relative aux accords internationaux en matière de droit d'asile*.

CHAPITRE 1. LA CONTESTATION DU BLOC DE CONSTITUTIONNALITE

Si certains épisodes de tension entre le pouvoir politique et le Conseil constitutionnel sont bien identifiés[1], notamment après l'alternance en 1981 et la première censure de la loi de nationalisation[2], le point d'acmé fut sans nul doute atteint lors de l'examen de la révision constitutionnelle relative au droit d'asile en 1993. Avec celle-ci, « le Conseil connaît, à droite, la crise qu'il avait connue dix ans plus tôt à gauche. La polémique prend cependant un tour plus institutionnel puisque c'est le Premier ministre lui-même qui porte l'attaque, suscitant la réponse inhabituelle du président du Conseil constitutionnel en personne »[3]. Néanmoins, là où, au début des années 1980, c'est plutôt sur sa composition que s'étaient concentrées les critiques du Conseil constitutionnel, et alors que celles-ci « se sont heurtées au statut constitutionnel de l'institution »[4], en l'espèce, les critiques furent formulées à l'occasion d'une révision constitutionnelle et elles visaient directement l'existence du bloc de constitutionnalité. Comme le notait Dimitri-Georges Lavroff, la séquence fut celle de la « cristallisation de ceux qui considèrent que le Conseil constitutionnel a le droit de créer, sans le reconnaître, des règles de valeur constitutionnelle dès lors qu'elles sont créatrices de nouveaux espaces de liberté »[5]. Le rappel du langage sans tabou d'une partie des parlementaires, mais aussi de l'exécutif, permet de comprendre qu'à ce moment de l'histoire de la Vème République, le tournant pris dans les années 1970 ne faisait pas encore l'unanimité, même parmi les formations politiques dites « de gouvernement » : la rhétorique du gouvernement des juges chère à Edouard Lambert planait encore sur les débats, sinon dans les esprits.

La loi constitutionnelle examinée par les parlementaires visant à introduire dans la Constitution un article 53-1 faisant obstacle à ce que venait de juger le

---

[1] Voir, pour la première alternance de 1981 et les tensions afférentes, L. Favoreu, « Le Conseil constitutionnel et l'alternance », *Revue française de science politique*, 1984, p. 1002. De manière plus générale sur les conflits entre politiques et Conseil constitutionnel voir P. Blacher, « Trente ans d'offensives socialistes (1962-1992) », in C. Boutin, B. Daugeron, F. Rouvillois (dir.), *Contre le gouvernement des juges ?*, *op. cit.*, p. 209 ; A.-M. Le Pourhiet, « L'approche gaulliste du contrôle de constitutionnalité », in C. Boutin, B. Daugeron, F. Rouvillois (dir.), *Contre le gouvernement des juges ?*, *op. cit.*, p. 227.

[2] Cons. constit., 16 janvier 1982, n° 81-132 DC.

[3] A. Delcamp, « Le Conseil constitutionnel et le Parlement », *article précité*, p. 57.

[4] L. Favoreu, « Le Conseil constitutionnel et l'alternance », *article précité*, p. 1009-1010.

[5] D.-G. Lavroff, « Le Conseil constitutionnel et la norme constitutionnelle », *Mélanges en l'honneur du professeur Gustave Peiser*, Grenoble, Presses universitaires de Grenoble, 1995, p. 358.

Conseil constitutionnel dans une décision du 13 août 1993[1], il paraît nécessaire de rappeler le contexte politique et juridique dans lequel est venu s'insérer cette révision constitutionnelle. A la demande de la France, une « réserve de souveraineté » avait été instituée par l'article 29 § 4 des accords de Schengen, autorisant chaque Etat partie à assurer lui-même le traitement d'une demande d'asile, par dérogation au principe de responsabilité de l'Etat de premier accueil qui constituait la pièce maîtresse de ces accords en matière de droit d'asile. Le Conseil constitutionnel avait considéré que, nonobstant les nouvelles règles d'examen des demandes d'asile par un seul Etat de l'Espace Schengen, la France conservait aux termes de cet article 29 § 4 la possibilité de traiter elle-même « une » - et non pas toute - demande d'asile dont la responsabilité ne lui incombait pas[2]. Ainsi, l'existence de cette faculté suffisait par elle-même à rendre les accords de Schengen conformes à la Constitution, et plus précisément, au quatrième alinéa du préambule de la Constitution de 1946, selon lequel « tout homme persécuté en raison de son action en faveur de la liberté a droit d'asile sur les territoires de la République ».

A l'occasion du contrôle de la loi *relative à la maîtrise de l'immigration et aux conditions d'entrée, d'accueil et de séjour des étrangers en France*, votée par la nouvelle majorité parlementaire[3] à l'été 1993 et qui mettait notamment en œuvre cette réserve de souveraineté, le Conseil constitutionnel a néanmoins rappelé, dans la décision précitée du 13 aout 1993, que « les étrangers peuvent se prévaloir d'un droit qui est propre à certains d'entre eux, reconnu par le quatrième alinéa du Préambule de la Constitution de 1946 auquel le peuple français a proclamé solennellement son attachement » et a émis une réserve d'interprétation en jugeant que « le quatrième alinéa du préambule de la Constitution de 1946 fait obligation aux autorités administratives et judiciaires françaises, de procéder à l'examen de la situation des demandeurs d'asile qui relèvent de cet alinéa c'est-à-dire de ceux qui seraient persécutés pour leur action en faveur de la liberté ; que le respect de cette exigence suppose que les intéressés fassent l'objet d'une admission provisoire de séjour jusqu'à ce qu'il ait été statué sur leur cas ; que le droit souverain de l'Etat à l'égard d'autres parties contractantes à des conventions doit être entendu comme ayant été réservé par le législateur pour assurer le respect intégral de cette obligation ». Ce faisant, selon la nouvelle majorité parlementaire, en obligeant les autorités françaises à procéder à l'examen de la situation de tous les demandeurs d'asile

---

[1] Cons. constit., 13 août 1993, n° 93-325 DC.

[2] Cons. constit., n° 91-294 DC du 25 juillet 1991.

[3] Les élections législatives, qui venaient de se dérouler les 21 et 28 mars 1993 afin d'élire la Xème législature de la Ve République, avaient vu la victoire triomphante de la coalition de droite, dite Union pour la France, qui avait remporté 484 sièges sur les 577 que comporte l'Assemblée nationale, donnant naissance à la deuxième cohabitation, F. Mitterrand nommant E. Balladur Premier ministre afin qu'il constitue un gouvernement ayant la confiance de la nouvelle majorité parlementaire.

se fondant sur le quatrième alinéa du préambule de la Constitution de 1946, le Conseil constitutionnel avait transformé en obligation de portée générale ce que la France avait elle-même fait inscrire comme une simple faculté dans une convention internationale.

Décidé à réagir, le Gouvernement avait immédiatement saisi le Conseil d'Etat de la question de savoir si « les règles fixées par la décision du Conseil constitutionnel du 13 août 1993 autorisent le Gouvernement à faire adopter par le Parlement une disposition législative permettant à la France de ne pas être contrainte d'examiner, ainsi que la convention de Schengen l'en dispense, une demande d'asile formulée par une personne - se disant persécutée pour son action en faveur de la liberté - dont le cas relève, en vertu de ladite convention, d'un autre Etat et, par voie de conséquence, de ne pas être obligée de l'accueillir, fût-ce à titre provisoire, sur le territoire national ? ». Dans son avis au Gouvernement, le Conseil d'Etat avait conclu que « cette obligation découlant, selon la décision du Conseil constitutionnel, du principe proclamé par le quatrième alinéa du Préambule de la Constitution de 1946, seule une loi constitutionnelle pourrait en dispenser la France »[1]. C'est dans ce cadre que le Gouvernement a saisi l'Assemblée nationale d'un projet de loi constitutionnelle aux termes duquel « Il est ajouté, dans le titre VI de la Constitution : Des traités et accords internationaux, un article 53-1 ainsi rédigé : "La République peut conclure avec les Etats européens qui sont liés par des engagements identiques aux siens en matière d'asile et de protection des Droits de l'homme et des libertés fondamentales, des accords déterminant leurs compétences respectives pour l'examen des demandes d'asile qui leur sont présentées. Toutefois, même si la demande n'entre pas dans leur compétence en vertu de ces accords, les autorités de la République ont toujours le droit de donner asile à tout étranger persécuté en raison de son action en faveur de la liberté ou qui sollicite la protection de la France pour un autre motif" ». Cette formulation ambiguë reprenait la réserve de souveraineté déjà stipulée dans les accords de Schengen ; elle s'expliquait notamment par le contexte de cohabitation qui avait favorisé une négociation sur la teneur du texte entre les deux têtes de l'exécutif. De fait, comme a pu le relever le rapporteur du texte à la commission des lois du Sénat, Paul Masson, « le second alinéa du projet de loi constitutionnelle est également très clair. Il préserve la souveraineté nationale pour le présent et pour le futur. La France peut toujours donner asile à toute personne persécutée en raison de son action en faveur de la liberté – c'est la référence au Préambule de la Constitution de 1946 – mais elle peut aussi accorder l'asile à toute personne qui sollicite sa protection pour un autre motif »[2].

C'est précisément cette révision constitutionnelle, envisagée et mise en œuvre dans l'urgence, qui allait être l'occasion de débats riches et nourris tout

[1] CE, Section de l'intérieur, Avis du 23 septembre 1993, n° 355 113.
[2] JORF, Débats parlementaires, Sénat, p. 4259.

au long de son examen ; comme le releva Jean-Jacques Hyest devant l'Assemblée nationale : « c'est à un curieux débat constitutionnel auquel nous sommes conviés, où sont jetés pêle-mêle la souveraineté nationale, le droit d'asile, quand ce ne sont pas les pouvoirs du Conseil constitutionnel »[1]. Le terreau dans lequel la révision envisagée prenait sa source, à savoir surmonter une interprétation du préambule de la Constitution de 1946 délivrée par le Conseil constitutionnel (**Section 1**) explique que les circonstances étaient favorables à l'expression d'une charge contre le bloc de constitutionnalité (**Section 2**), sans déboucher pour autant sur une remise en cause globale du contrôle de constitutionnalité des lois (**Section 3**).

Section 1.
Le terreau de la colère : une révision générée par le Conseil constitutionnel

Pour la première fois, une révision constitutionnelle fut explicitement provoquée en réaction immédiate à une décision du Conseil constitutionnel, comme cela ressort de la majorité des interventions durant le processus d'examen de la loi constitutionnelle, tant devant les deux assemblées (Paragraphe 1) que devant le Congrès du Parlement, y compris celle du Premier ministre (Paragraphe 2).

Paragraphe 1.
Un constat partagé devant les assemblées

L'attitude du Conseil constitutionnel, révélée par la décision précitée du 13 août 1993, pouvait difficilement ne pas provoquer l'irritation de la nouvelle majorité parlementaire qui eût sans doute le sentiment de se heurter à un « véritable donneur de leçon »[2] s'agissant de ce qui semblait une brusque évolution de sa jurisprudence, depuis la décision relative à l'approbation de la convention d'application de l'accord de Schengen[3], esquissée à propos d'une loi mettant en œuvre un programme politique pour lequel cette majorité venait d'être élue triomphalement et s'estimait donc pleinement légitime à voter un tel texte.

Au début de la discussion générale en séance à l'Assemblée nationale, le rapporteur du projet de loi constitutionnelle, Jean-Pierre Philibert, posa le problème en ces termes : « l'exposé des motifs du projet de loi (…) a l'exquise pudeur de ne faire aucune allusion à la décision du Conseil constitutionnel du 13 août 1993, mais ne nous cachons pas derrière notre petit doigt : si nous sommes ici aujourd'hui, c'est bien pour tenir une sorte de lit de justice et

---

[1] JOAN, 2e séance du mercredi 27 octobre 1993, p. 5002.

[2] A. Delcamp, « Le Conseil constitutionnel et le Parlement », *article précité*, p. 46.

[3] Décision précitée du 25 juillet 1991.

remettre en cause cette décision qui a créé un obstacle inattendu à la réalisation d'une politique européenne d'accueil des demandeurs d'asile et, au-delà, je tiens à le souligner car cet objectif est souvent perdu de vue, à la mise en œuvre de la libre circulation des personnes dans l'espace communautaire ». En effet selon lui « si l'on veut revenir à cette interprétation qui est la seule raisonnable, il faut bien modifier la Constitution, il faut bien neutraliser les effets de la position prise par le Conseil constitutionnel. Qu'on ne nous dise pas qu'il s'agit de toucher à un principe constitutionnel depuis longtemps établi ! La Constitution que le projet de loi entend modifier, ce n'est pas la Constitution de 1958, mais la Constitution réinterprétée par le Conseil constitutionnel le 13 août 1993 »[1].

Il est remarquable que l'expression de lit de justice, institution bien connue d'Ancien régime qui marquait la primauté du monarque sur ses parlements[2], soit ici employée par un parlementaire à l'occasion d'une révision en lien avec la mise en œuvre de stipulations des accords de Schengen. C'est, en effet, à propos de la décision rendue par le Conseil constitutionnel sur la loi autorisant l'approbation de ces accords que Georges Vedel avait employé cette expression pour justifier la légitimité du contrôle de constitutionnalité des lois. Rappelant « qu'en droit, il n'existe pas de définition matérielle de la Constitution. Est constitutionnelle, quel qu'en soit l'objet, toute disposition émanant du pouvoir constituant », il avait estimé que « si les juges ne gouvernent pas, c'est parce que, à tout moment, le souverain, à la condition de paraître en majesté comme Constituant peut, dans une sorte de lit de justice, briser leurs arrêts »[3]. C'est bien un « lit de justice constituant » en ce sens que les parlementaires étaient invités à tenir pour renverser la lecture faite par le Conseil constitutionnel des implications d'une disposition du préambule de la Constitution de 1946, ce que Jean-Pierre Philibert avait parfaitement résumé en évoquant la Constitution interprétée par le Conseil constitutionnel. De fait, la responsabilité du Conseil constitutionnel dans la révision fut pointée tout au long des débats.

Le garde des sceaux, Pierre Méhaignerie, affirma ainsi en séance à l'Assemblée nationale que l'un des faits à l'origine du projet de loi « est la révélation, par la décision du Conseil constitutionnel du 13 août 1993, d'une contrainte constitutionnelle à laquelle, il faut bien le reconnaître, nous n'étions pas préparés. Cette décision a, pour la première fois, donné un effet direct à la formule du Préambule de la Constitution de 1946, repris en 1958, selon laquelle "tout homme persécuté en raison de son action en faveur de la liberté

---

[1] JOAN, 1re séance du mercredi 27 octobre 1993, p. 4954.

[2] S. Hanley, *Les lits de justice des rois de France*, Paris, Aubier, 1991.

[3] G. Vedel, « Schengen et Maastricht. (A propos de la décision n° 91-294 DC du Conseil constitutionnel du 25 juillet 1991) », *RFDA*, 1992 p. 173.

a droit d'asile sur les territoires de la République" »[1]. Le ministre de l'intérieur, Charles Pasqua, affirma dans le même sens que le problème auquel était confronté le pouvoir en place se trouvait dans le fait que « le Conseil constitutionnel, (…) revenant sur sa jurisprudence ancienne (…) a décidé que non seulement toute personne se réclamant du quatrième alinéa du Préambule de la Constitution devait voir son dossier examiné au fond même quand il avait déjà été examiné et rejeté par un pays signataire de la convention de Schengen, mais que cela entraînait son entrée et son séjour sur le territoire »[2].

De nombreux députés – rappelons que la majorité soutenant le Gouvernement de cohabitation du début de la Xème législature était écrasante – se mirent au diapason pour relever l'origine de la révision constitutionnelle : ainsi selon José Rossi, la réforme constitutionnelle « a pour origine une interprétation très libre de la Constitution par le Conseil constitutionnel. Cette interprétation, nous le savons aujourd'hui, traduit la tentation trop fréquente (…) du juge constitutionnel de se substituer au pouvoir législatif que nous représentons et au pouvoir constituant. Cela génère un risque de déséquilibre des institutions de la Vème République »[3]. Dans ce cadre, interpellant l'opposition, Alain Marsaud alla jusqu'à remettre en cause la saisine ayant conduit à la décision du Conseil constitutionnel en affirmant que « si nous nous retrouvons dans cette enceinte pour délibérer sur un projet de loi constitutionnelle, c'est-à-dire pour modifier notre loi fondamentale, c'est parce que vous-mêmes, parlementaires socialistes, avez saisi le Conseil constitutionnel »[4]. Il ajouta plus loin, à l'adresse de ses collègues, que « notre pouvoir constituant est complet et ne doit trouver d'autre limite que les intérêts de la nation tout entière. Notre légitimité nous donne toute liberté pour modifier la loi fondamentale. (…) Notre liberté est totale et seul le peuple souverain saurait nous sanctionner en cas de manquement à nos devoirs »[5]. Ces saillies provoquèrent la réaction d'un député de l'opposition : Jean-Pierre Michel releva qu'« en 1981, quand le Conseil constitutionnel a dit que l'indemnisation des sociétés nationalisées n'était pas conforme aux grands principes de 1789, les socialistes n'ont pas modifié la Constitution, mais la loi qui faisait entrer dans le secteur public un certain nombre d'entreprises privées »[6]. Une telle remarque tendait plutôt à prendre acte du rapport de force favorable à la nouvelle majorité pour modifier la Constitution, ce qui n'avait

---

1 JOAN, 1re séance du mercredi 27 octobre 1993, p. 4958-4959. Il a repris les mêmes arguments devant le Sénat en séance, JORF, Débats parlementaires, Sénat, p. 4254.
2 JOAN, 3e séance du mercredi 27 octobre 1993, p. 5030.
3 JOAN, 2e séance du mercredi 27 octobre 1993, p. 5014.
4 JOAN, 1re séance du mercredi 27 octobre 1993, p. 4966.
5 JOAN, 1re séance du mercredi 27 octobre 1993, p. 4967.
6 JOAN, 2e séance du mercredi 27 octobre 1993, p. 5017.

pas été envisageable politiquement après la décision de non-conformité de 1982[1], l'opposition à la majorité présidentielle étant majoritaire au Sénat.

Dans son rapport à la commission des lois du Sénat, Paul Masson affirma que « s'il n'appartient pas à votre commission des lois d'émettre une critique de fond sur la décision du Conseil constitutionnel du 13 août 1993, force lui est toutefois de constater que, dans les faits, cette décision aboutirait malencontreusement à un blocage de la coopération européenne en matière d'asile, dont elle paralyserait la pièce maîtresse »[2]. En séance, il releva que « la décision du Conseil constitutionnel vient au mauvais moment. Mais elle existe. La loi Pasqua est censurée. Comment réparer la brèche ? »[3]. Il ajouta plus loin que « cette réforme nous est imposée par la décision du Conseil constitutionnel. Ni le Gouvernement ni le Parlement n'avaient rien demandé à cet égard, sauf l'application stricte des accords internationaux signés et ratifiés par la France en matière d'asile. Nous étions, les uns et les autres, légitimement persuadés que la convention de Schengen était transposable dans notre droit, puisque le Conseil constitutionnel avait constaté, en 1991, sa constitutionnalité »[4]. Jacques-Richard Delong nota, dans le même sens, qu'« à la suite de la décision du Conseil constitutionnel du 13 aout 1993, qui a censuré certaines dispositions de la loi relative à l'immigration et aux conditions d'entrée, d'accueil et de séjour des étrangers en France, il nous fallait réagir vite »[5].

Ainsi, les parlementaires de la majorité étaient tout à la fois conscients d'examiner en séance un texte élaboré *en réaction* à une décision du Conseil constitutionnel et d'être appelés à user de leur pouvoir constituant pour *surmonter* le sens de cette décision. Or, on l'a dit, c'était la première fois qu'une révision constitutionnelle suivait immédiatement une décision du Conseil constitutionnel dont elle avait pour objet de neutraliser certains effets en matière législative[6]. Le climat politique était donc, *de facto*, parfaitement favorable à une critique de l'institution qu'il convenait de remettre, en quelque sorte, à sa juste place, ce que confirma plus solennellement le Congrès du Parlement.

---

[1] Cons. constit., 16 janvier 1982, précitée.

[2] Rapport fait au nom de la commission des Lois constitutionnelles, de législation, du suffrage universel, du Règlement et d'administration générale sur le projet de loi constitutionnelle relatif aux accords internationaux en matière de droit d'asile, Annexe au procès-verbal de la séance du 3 novembre 1993, p. 8.

[3] JORF, Débats parlementaires, Sénat, p. 4259.

[4] JORF, Débats parlementaires, Sénat, p. 4260.

[5] JORF, Débats parlementaires, Sénat, p. 4262.

[6] Il en allait différemment en matière de contrôle des conventions internationales au titre de l'article 54 de la Constitution.

Paragraphe 2.
Un constat affiché au Congrès du Parlement

Si la position des parlementaires et de certains membres du Gouvernement en séance indiquait sans équivoque que l'objet de la révision constitutionnelle était de revenir sur la chose jugée par le Conseil constitutionnel, la déclaration du Premier ministre, Edouard Balladur, s'exprimant devant le Congrès du Parlement, frappa davantage les esprits, la clarté du propos du chef du Gouvernement ne laissant aucun doute sur la volonté politique de l'exécutif de renverser l'interprétation délivrée par le Conseil constitutionnel.

Rappelant tout d'abord que « la loi relative à la maîtrise de l'immigration et aux conditions d'entrée et de séjour des étrangers en France tirait toutes les conséquences en droit interne (du mécanisme prévu par les accords de Schengen) » et qu'elle a « été votée par le Parlement dans le respect de notre tradition libérale d'accueil et de protection des libertés individuelles », il ajouta que « ses dispositions relatives à l'asile ont été censurées le 13 août dernier par le Conseil constitutionnel, qui, à cette occasion, a interprété le quatrième alinéa du Préambule de la Constitution comme imposant une double obligation à la France. Tout d'abord, l'obligation d'examiner la demande de toute personne se disant persécutée pour son action en faveur de la liberté, alors même que son cas relèverait d'un autre Etat partie en vertu de la convention de Schengen. Ensuite, l'obligation d'admettre ces personnes à séjourner provisoirement sur notre territoire, jusqu'à ce que les autorités compétentes se soient prononcées sur leur cas. Les règles ainsi fixées par la décision du Conseil constitutionnel emportent des conséquences considérables. Elles font de notre pays l'instance d'appel unique de toutes les demandes d'asile rejetées par les autres Etats parties à la convention de Schengen ». C'est donc bien contre une interprétation conférée par le Conseil constitutionnel a un énoncé contenu dans le préambule de la Constitution de 1946 que le Premier ministre envisagea expressément la visée de la réforme proposée au pouvoir constituant. Dans ce cadre, selon lui, « il est indispensable, l'interprétation de notre loi fondamentale par le Conseil constitutionnel étant ce qu'elle est, de procéder à une révision constitutionnelle afin que notre pays applique la convention de Schengen dans les mêmes conditions que les autres Etats parties et en recueille tous les bénéfices attendus ». Ajoutant que « c'est au pouvoir constituant, c'est-à-dire à vous, mesdames, messieurs, de dire clairement quel est le contenu de la loi fondamentale afin de permettre au législateur d'accomplir sa mission en toute sécurité », il souligna que la situation était inédite dès lors que « pour la première fois dans notre histoire, le pouvoir constituant se réunit pour permettre le vote et la promulgation d'une disposition législative censurée par le Conseil constitutionnel »[1].

Il fut suivi par plusieurs parlementaires de la majorité. Ainsi, Jean-Jacques Hyest releva que cette révision ne devait pas être regrettée pour deux motifs : « l'un tient au caractère indispensable de cette révision pour appliquer les accords de Schengen dont le Parlement a autorisé la ratification (…) tandis que l'autre tient à l'équilibre des pouvoirs, notamment entre le Conseil constitutionnel et le législateur ». C'est donc bien, là aussi, sous le signe d'un affrontement politique entre deux pouvoirs, la nouvelle majorité parlementaire de l'époque statuant en tant que pouvoir constituant d'une part et le Conseil constitutionnel d'autre part, qu'était inscrite la révision constitutionnelle entreprise. Il ajouta : « nous n'y pouvons rien si le Conseil constitutionnel a modifié sa jurisprudence et si, entre sa décision du 25 juillet 1991 et celle du 13 août 1993, il a transformé en obligation ce qui était une simple faculté. Vouloir nier le revirement de jurisprudence du Conseil constitutionnel relève de l'acte de foi et, pour certains, de la mauvaise foi ». Il affirma enfin qu'« il appartient au pouvoir constituant de modifier ou de compléter les dispositions de valeur constitutionnelle dans les formes qu'il estime appropriées »[2].

Paul Masson releva, pour sa part, que la révision – ou plus exactement le « remue-ménage » – avait lieu « parce que le Conseil constitutionnel a totalement modifié, par son interprétation, l'architecture subtile du dispositif européen que nous avons, en matière d'asile, échafaudé avec sept partenaires ». Il ajouta que « nous allons plus loin en répondant aujourd'hui à la demande du Gouvernement. Nous affirmons, face au Conseil constitutionnel, la primauté du pouvoir constituant »[3]. Selon lui, « à partir du moment où le Conseil constitutionnel a cru devoir, en 1993, dire autrement ce qu'il pensait avoir dit clairement en 1991 – mais qui, en définitive, n'était clair que pour lui – nous sommes amenés à remettre les pendules à l'heure »[4]. Bernard Pons releva encore que « c'est sans hésitation que nous adhérons résolument à cette démarche, d'abord parce qu'elle nous est imposée par une décision du Conseil constitutionnel (…) Voilà que, désormais, les dispositions du Préambule de 1946 sont devenues directement applicables au bénéfice de tous ceux qui décideraient de s'en prévaloir. Ce revirement de jurisprudence était imprévisible, inattendu »[5]. Maurice Blin abonda en ce sens en relevant

---

[1] JORF, Débats parlementaires, Congrès du Parlement, Séance du vendredi 19 novembre 1993, p. 4.

[2] JORF, Débats parlementaires, Congrès du Parlement, Séance du vendredi 19 novembre 1993, p. 6.

[3] JORF, Débats parlementaires, Congrès du Parlement, Séance du vendredi 19 novembre 1993, p. 6.

[4] JORF, Débats parlementaires, Sénat, p. 4288.

[5] JORF, Débats parlementaires, Congrès du Parlement, Séance du vendredi 19 novembre 1993, p. 10.

que « la décision prise par le Conseil constitutionnel le 13 août dernier nous vaut de nous retrouver en Congrès pour la troisième fois en quelques mois. C'est beaucoup, c'est sans doute trop, mais l'affaire du droit d'asile liée au problème plus vaste, des droits de l'homme, en valait la peine »[1].

Dans le même sens, Marcel Lucotte estima que « nous sommes contraints par le Conseil constitutionnel de modifier notre loi suprême pour répondre à une double nécessité : celle relative à l'évolution de la construction européenne ; celle concernant le droit d'asile. Faisant fi de tout cela, en août, le Conseil constitutionnel a estimé que ces mesures étaient en opposition avec le Préambule de la Constitution ». Il ajouta que la loi faisant l'objet d'une réserve d'interprétation neutralisante « traduisait un programme politique massivement approuvé par les Français. Elle était donc l'expression souveraine du peuple. La Déclaration des droits de l'homme et du citoyen dispose d'ailleurs que la loi est l'expression de la volonté générale. Dès lors, qui peut s'octroyer le pouvoir de limiter l'expression de cette volonté générale ? »[2]. Encore plus offensif, ce qui est normal au regard de sa conception de ce que devait être le contrôle de constitutionnalité effectué par le Conseil constitutionnel, ainsi qu'on le verra, Étienne Dailly affirma que « nous sommes ici parce qu'une décision, aussi imprévisible qu'inattendue, rendue le 13 août 1993 par le Conseil constitutionnel, nous oblige à réviser la Constitution de la République. Et pour quoi faire, s'il vous plaît ? Tout simplement pour pouvoir mettre en œuvre une disposition législative que nous avons votée et qui se bornait à traduire en droit interne un mécanisme prévu par une convention internationale, la convention de Schengen, qui avait pourtant été reconnue conforme à la Constitution, le 25 juillet 1991, par le même Conseil constitutionnel et avait été, de ce fait, ratifiée ensuite par la France. "Situation inédite", a dit M. le Premier ministre. C'est même, je me permets de le dire, une "situation burlesque" dans une démocratie comme la nôtre »[3].

Si l'opposition demeurait spectatrice de la révision en cours, qu'elle n'avait pas les moyens politiques ou juridiques d'arrêter, elle s'inquiéta du procédé. Ainsi, la situation conduisit Martin Malvy à s'interroger : « l'exercice deviendra-t-il coutumier ? Modifiera-t-on la Constitution chaque fois qu'une loi sera déclarée inconstitutionnelle, chaque fois qu'un article de loi sera déclaré non conforme à la Constitution ? »[4]. C'était remettre en cause le

---

[1] JORF, Débats parlementaires, Congrès du Parlement, Séance du vendredi 19 novembre 1993, p. 10.

[2] JORF, Débats parlementaires, Congrès du Parlement, Séance du vendredi 19 novembre 1993, p. 9.

[3] JORF, Débats parlementaires, Congrès du Parlement, Séance du vendredi 19 novembre 1993, p. 12.

[4] JORF, Débats parlementaires, Congrès du Parlement, Séance du vendredi 19 novembre 1993, p. 13.

principe même du « lit de justice constituant » et prendre acte des risques que faisait courir un rapport de force très favorable à la nouvelle majorité parlementaire.

Il n'est pas fondamental de multiplier les exemples – nombreux - pour montrer que tant pour les parlementaires – qu'ils le souhaitent ou qu'ils le déplorent – que pour le Gouvernement, il s'agissait bien de s'opposer à l'interprétation que le Conseil constitutionnel venait de donner d'un alinéa du préambule de la Constitution de 1946 dans sa jurisprudence ; au-delà de l'aspect technique de la révision s'agissant du mécanisme de traitement des demandes d'asile, politiquement, la réforme correspondait bien à une réaffirmation de la prépondérance du pouvoir constituant sur le pouvoir constitué incarné par le Conseil constitutionnel. La boîte de Pandore étant ouverte, une telle réaffirmation donnait l'occasion, compte-tenu de la teneur de la décision précitée du 13 août 1993, que ce soit de façon plus générale l'interprétation de la Constitution par le Conseil constitutionnel qui soit questionnée au cours de la discussion. Il n'est alors pas très étonnant de constater qu'à travers la notion de bloc de constitutionnalité notamment, cette interprétation a subi des critiques sérieuses, confinant à la remise en cause d'une jurisprudence que l'on pensait acquise, sinon consensuelle.

Section 2.
La charge contre le contrôle de la conformité des lois au bloc de constitutionnalité

S'en prendre au bloc de constitutionnalité au cours d'une révision constitutionnelle peut revenir, pour un parlementaire, soit à profiter du moment pour critiquer le tournant opéré par le Conseil constitutionnel à partir de la décision *Liberté d'association*[1] et le statut conféré au préambule de la Constitution de 1958 et aux textes auxquels il renvoie, soit à se saisir de l'outil de la révision constitutionnelle et souhaiter aller jusqu'à remettre en cause ce tournant en modifiant le texte de la Constitution. La critique est revenue comme une antienne insidieuse tout au long des débats dans les propos tant des parlementaires que de l'exécutif (Paragraphe 1), alors que la remise en cause du bloc de constitutionnalité devait concomitamment faire l'objet d'une charge virulente d'un sénateur en particulier, qui en avait fait son unique cheval de bataille, à la fois avant et pendant l'examen du projet de révision constitutionnelle (Paragraphe 2).

[1] Cons. constit.,16 juillet 1971, précitée.

Paragraphe 1.
Une antienne : la critique du bloc de constituionnalité

La critique des parlementaires – et du Gouvernement – contre la décision précitée du Conseil constitutionnel du 13 aout 1993 et ses conséquences (déplorables selon eux) ne devait pas s'arrêter à cette seule décision. Rapidement – et tout aux longs des débats – on constate que c'est l'extension des normes constitutionnelles mobilisés par le Conseil constitutionnel dans ses décisions de contrôle de la conformité de la loi à la Constitution, ce que traduit en doctrine la notion de bloc de constitutionnalité, qui fut mise en débat. Le garde des sceaux, Pierre Méhaignerie, n'hésita ainsi pas à affirmer que « c'est tout le but de cette révision que d'inscrire dans le corps même de la Constitution ce droit souverain, afin qu'il soit bien clair une fois pour toutes qu'aucune obligation ne saurait naître pour la France du Préambule de la Constitution »[1]. Si cette formulation, remise dans son contexte, semblait viser exclusivement la question du droit d'asile, bien des parlementaires ne s'y sont pas limités. Certains arguments utilisés au cours de l'examen du texte tendirent expressément à questionner l'existence même du bloc de constitutionnalité.

C'est notamment le cas de Pierre Mazeaud, qui présidait alors la commission des lois de l'Assemblée nationale : il indiqua en séance considérer « depuis fort longtemps que le Conseil constitutionnel en tant qu'institution a élargi sa compétence *ratione materiae* ». Affirmant que « dans l'esprit des Constituants de 1958, il n 'était pas question du Préambule, encore moins des droits de l'homme, etc. »[2], il considérait que les parlementaires, qu'ils soient dans la majorité ou dans la minorité avaient « une très lourde responsabilité, (…), pour avoir permis au Conseil constitutionnel de tels débordements ». Et il répéta trouver « absurde le fait qu'il aggrave sa compétence *rationae materiae* : Préambule, droits de l'homme, lois fondamentales ! ». Fin juriste, il estima que la révision constitutionnelle examinée allait avoir pour effet d'étendre en réalité les compétences du Conseil constitutionnel (à travers l'alinéa 2 de l'article unique du projet de loi constitutionnelle) et n'hésita pas à apostropher le ministre de la justice en lui demandant, sans obtenir de réponse, « Quelle est la signification du bloc de constitutionnalité, monsieur le garde des sceaux ? »[3]. Déclarant penser comme Pierre Mazeaud, André Fanton releva que « compte tenu du comportement du Conseil constitutionnel, la révision qu'il fallait faire, c'était la révision du fonctionnement du Conseil constitutionnel, à laquelle, je l'espère, on finira par arriver ». Ce type de propos vise expressément l'extension des normes incluses dans le bloc de constitutionnalité et plus généralement l'extension des

---

[1] JOAN, 3e séance du mercredi 27 octobre 1993, p. 5044.
[2] JOAN, 3e séance du mercredi 27 octobre 1993, p. 4998.
[3] JOAN, 2e séance du mercredi 27 octobre 1993, p. 5002.

normes de référence du contrôle de constitutionnalité exercé par le Conseil constitutionnel (il n'est pas certain que tous les parlementaires étaient en mesure de faire la différence entre les deux)[1].

Nicole Catala considéra que « conçu comme un gardien de la Constitution, le Conseil s'est reconnu peu à peu la faculté de forger des "principes de valeur constitutionnelle", bien au-delà de la lettre même de la Constitution, au-delà de son Préambule (…) au-delà de la Déclaration des droits de l'homme, bref, quasiment sans limites, peut-on dire ». Elle fit un parallèle curieux entre le juge civil qui « voit son œuvre interprétative limitée par l'interdiction qui lui est faite par le code civil de prononcer des arrêts de règlement (…) », le juge répressif qui « doit obéir à la règle de l'interprétation stricte de la loi pénale » et le juge constitutionnel qui, « lui, semble pouvoir s'attribuer un pouvoir propre de création du droit »[2]. Elle conclut en affirmant que le Conseil constitutionnel n'avait pas été créé pour cela. On voit ici poindre l'inquiétude de ne pas voir borner le pouvoir du Conseil constitutionnel de créer des normes constitutionnelles à travers sa jurisprudence, inquiétude qui était déjà prégnante, on l'a vu, durant les travaux préparant la Constitution de la Vème République. Dans le même sens, Philippe Bonnecarrère mit en cause « une première amorce de gouvernement des juges » car l'évolution que le Conseil constitutionnel donne aux institutions « du fait de la modification de ses analyses constitue un élément autonome qui nous rapproche du gouvernement des juges ». S'inquiétant, lui aussi, de l'interprétation que pourrait donner le Conseil constitutionnel de la réforme constitutionnelle en discussion, il craignît « une extension considérable du bloc de constitutionnalité (qui) autoriserait le Conseil constitutionnel à apprécier la possibilité pour la France de signer tel ou tet accord, non seulement en fonction de notre propre loi fondamentale, mais aussi en fonction de l'interprétation qu'il ferait de la législation interne du pays considéré »[3].

Si Alain Marsaud releva de façon générale que « le Conseil constitutionnel a modifié sa jurisprudence au fil des années avec des contradictions évidentes »[4], Raymond-Max Aubert fut plus incisif en rappelant que « l'extension, au fil des décisions du Conseil constitutionnel, de ce que l'on appelle le "bloc de constituionnalité" a pu susciter des réserves sur une tendance du juge constitutionnel à se substituer au législateur, et même au constituant, et à limiter de manière excessive les pouvoirs du Parlement, et donc de la souveraineté nationale, au profit d'une "République des juges" »[5]. De même, selon Laurent Dominati « le problème est politique et (…) tient au

[1] Voir sur ce point A. Roblot-Troizier, *Contrôle de constitutionnalité et normes visées par la Constitution française. Recherches sur la constitutionnalité par renvoi*, *op. cit.*

[2] JOAN, 3e séance du mercredi 27 octobre 1993, p. 5027.

[3] JOAN, 3e séance du mercredi 27 octobre 1993, p. 5023.

[4] JOAN, 1re séance du mercredi 27 octobre 1993, p. 4968.

[5] JOAN, 2e séance du mercredi 27 octobre 1993, p. 5008.

rôle et à la place du Conseil constitutionnel dans nos institutions. Ce sera la première fois qu'une révision constitutionnelle sera faite à la suite d'une décision du Conseil. C'est un précédent. Il peut être utile, mais il peut être dangereux ». Il ajouta plus loin que « si l'on voulait répondre sur le fond au Conseil constitutionnel, de façon politique, il ne faudrait pas répondre sur l'objet de la décision du 13 août, mais sur le rôle du Conseil et sur la dérive de sa jurisprudence, comme certains l'ont observé à cette tribune. Il s'agirait de faire en sorte que le contrôle de la constitutionnalité s'exerce conformément aux articles de la Constitution et non à la Constitution en y comprenant le Préambule. C'est une réponse de fond qui évite la dérive jurisprudentielle du "bloc de constitutionnalité". Cette réforme serait d'ailleurs, comme l'indiquait le président Mazeaud, un retour à l'esprit des constituants de 1958 »[1]. On voit là que, de la critique à la remise en cause, il n'y avait qu'un pas ; le contexte d'une révision constitutionnelle autorisait à le franchir, au moins dans les mots.

Au Sénat, Paul Masson s'interrogea sur « l'amorce d'une autre dérive, peut-être plus pernicieuse » en se demandant « n'y a-t-il pas le commencement de la confusion lorsque le Conseil constitutionnel se prend à fixer des règles et des objectifs à valeur constitutionnelle en s'appuyant sur les normes de référence de notre loi fondamentale, sans passer au préalable par le filtre des lois d'application ? »[2]. De son côté Jacques Larché alla jusqu'à affirmer que « le Conseil est non pas un juge, mais simplement un organe d'Etat auquel la Constitution impose, contrairement à ce que l'on affirme trop souvent, le principe fondamental sur lequel repose notre droit, à savoir celui de la souveraineté de la loi. A la loi est attachée une présomption de constitutionnalité ». Il ajouta qu'il était « temps de noter une évolution peut-être préoccupante de la conception que le Conseil constitutionnel a de son rôle » en relevant que cette évolution tenait notamment « au domaine de référence sur lequel le Conseil constitutionnel fonde ses décisions » domaine « vaste » qui comprenait « outre le texte de la Constitution elle-même, la Déclaration des droits de l'homme et du citoyen, le Préambule de la constitution de 1946 et les principes fondamentaux reconnus par les lois de la République »[3].

En rupture avec son groupe pendant les débats[4], Michel Charasse, pourtant sénateur d'opposition, releva que « si on avait appliqué directement le Préambule (...) nos 3 200000 chômeurs exigeraient l'application du

[1] JOAN, 3e séance du mercredi 27 octobre 1993, p. 5025-5026.

[2] JORF, Débats parlementaires, Congrès du Parlement, Séance du vendredi 19 novembre 1993, p. 8.

[3] JORF, Débats parlementaires, Sénat, p. 4261.

[4] Qui supervisait les saisines du Conseil constitutionnel du groupe socialiste à l'Assemblée nationale à partir de 1974, à l'époque où ce groupe était dans l'opposition.

cinquième alinéa : "Chacun a le devoir de travailler et le droit d'obtenir un emploi" »[1]. Il affirma plus loin que « comme bien d'autres institutions indépendantes, le Conseil constitutionnel est chargé de dire le droit et de rappeler à l'ordre qui s'en écarte. Mais qu'elles que soient les immenses vertus de son action depuis 1959 (…) il n'a jamais reçu du peuple la mission de faire le droit. En matière constitutionnelle comme en matière législative, elle relève de la souveraineté nationale. C'est un principe fondamental de la République et de la démocratie. Chacun doit s'y soumettre »[2]. Défendant une vision également restrictive des missions de l'institution, Yves Guéna affirma que « toute cour suprême doit trouver une limite à son pouvoir, sinon l'on tombe dans le gouvernement des juges, c'est-à-dire dans la violation de la souveraineté populaire ». Ainsi, « selon l'esprit de la Constitution » le Conseil constitutionnel « devait exclusivement veiller à ce que les compétences respectives de l'exécutif et du législatif demeurent ce que fixe notre loi fondamentale ». Selon cette conception, s'il appartient au juge de veiller au respect des normes constitutionnelles « de les interpréter, et parfois de combler leurs lacunes, voire de suppléer à leur absence, il ne saurait le faire qu'avec discernement, modestie et pondération, surtout lorsqu'il applique des déclarations des droits dont les principes sont par nature très généraux. L'exercice, par les assemblées élues, de la souveraineté nationale, la séparation des pouvoirs, impliquent qu'un large pouvoir d'interprétation de ces principes soit reconnu au législateur. Face aux représentants de la nation, le juge, quel qu'il soit, judiciaire, administratif ou constitutionnel, ne saurait, en effet, s'ériger ni en législateur, ni en constituant »[3]

Les mots les plus lourds devaient cependant venir du Gouvernement et de son chef : dans son discours devant le Congrès, le Premier ministre fît valoir que la situation inédite en cours méritait « à coup sûr, quelque réflexion » et qu'il fallait convenir « que le lieu et la circonstance s'y prêtent ». Il s'autorisa ainsi à digresser expressément sur la jurisprudence du Conseil constitutionnel en relevant que depuis que celui-ci « a décidé d'étendre son contrôle au respect du Préambule de la Constitution, cette institution est conduite à contrôler la conformité de la loi au regard de principes généraux parfois plus philosophiques et politiques que juridiques, quelquefois contradictoires, et de surcroît conçus à des époques bien différentes de la nôtre. Certains pensent même qu'il lui est arrivé de les créer lui-même. Plutôt que de laisser au législateur un large pouvoir d'interprétation de ces principes, le Conseil Constitutionnel a préféré en définir lui-même et très précisément le contenu et indiquer au Gouvernement et aux juges, administratifs ou judiciaires, comment la loi votée par le Parlement doit être appliquée, allant parfois loin dans le détail ». Une fois cette digression terminée, il ajouta que « quoi qu'il

---

[1] JORF, Débats parlementaires, Sénat, p. 4271.
[2] JORF, Débats parlementaires, Sénat, p. 4272.
[3] JORF, Débats parlementaires, Sénat, p. 4296.

en soit, j'insiste sur ce point de la même manière qu'il est légitime pour le pouvoir législatif de préciser à l'intention des juges administratifs ou judiciaires le sens d'une loi, il est légitime pour le pouvoir constituant, dont vous êtes les dépositaires, de dire lui-même quel est le contenu exact d'une disposition constitutionnelle. Nul n'est aussi qualifié que lui, c'est-à-dire que vous, pour le faire »[1]. Le chef du Gouvernement se permit ainsi de critiquer ouvertement à la fois les principes constitutionnels dégagés dans la jurisprudence du Conseil constitutionnel, jugés trop généraux et philosophiques, mais également la façon de les concrétiser dans le cadre du contrôle de la loi. On pouvait difficilement imaginer critique plus radicale de la jurisprudence du Conseil constitutionnel. Il s'agissait d'une marque de défiance allant bien au-delà de la seule décision du 13 août 1993. Pour autant, la prudence devait conduire le chef du Gouvernement à se contenter d'une telle critique, en forme d'*obiter dictum*, sans proposer la moindre remise en cause générale de l'office du Conseil constitutionnel, là où un sénateur appartenant à sa majorité allait clairement endosser ce cheval de bataille, âprement défendu tout au long de la séquence.

Paragraphe 2.
Un projet isolé : la remise en cause radicale du bloc de constitutionnalité

Lors de l'examen de la révision constitutionnelle relative au droit d'asile, si un climat général de critique du contrôle de constitutionnalité se fit bien jour, le vice-président du Sénat, Étienne Dailly, se singularisa à la fois par la violence de sa charge contre l'extension du contrôle de la conformité des lois au bloc de constitutionnalité et par sa détermination à obtenir un changement de l'état du droit positif. Sa proposition d'amender la Constitution (A) relevait d'une volonté de marquer une approche politique du contrôle de constitutionnalité (B).

A. Une proposition d'amender la Constitution

Dès l'examen en commission des lois du Sénat, Etienne Dailly releva notamment que « la véritable difficulté résultait d'une dérive constante de la jurisprudence du Conseil constitutionnel depuis 1971, date à laquelle il s'était, pour la première fois, référé non plus seulement à la Constitution elle-même, mais à une norme incluse dans ce qui deviendrait, au fil de ses décisions successives, le "bloc de constitutionnalité" »[2]. Il a tenu les mêmes propos et développé les mêmes arguments en séance au Sénat puis au Congrès du Parlement.

---

[1] JORF, Débats parlementaires, Congrès du Parlement, Séance du vendredi 19 novembre 1993, p. 5.
[2] *Rapport précité*, p. 39-40.

En séance au Sénat, Etienne Dailly considéra que la révision constitutionnelle examinée n'était « qu'une réponse circonstancielle à un problème lui-même circonstanciel ». Et il n'hésita pas à affirmer que « si la Constitution formait initialement un corpus intangible et incontestable de quatre-vingt-douze articles, dont le Parlement connaissait la teneur et dont il s'est efforcé loyalement, dans l'immense majorité des cas, de respecter à la fois l'esprit et la lettre, la situation a radicalement changé depuis la décision du 16 juillet 1971, lorsque le Conseil constitutionnel, (...) a cru, pour la première fois, pouvoir inclure dans les règles "du droit constitutionnel positif" le Préambule de notre Constitution, lequel renvoie lui-même au Préambule de la Constitution de 1946, puis, par renvois successifs, à des principes de plus en plus abstraits fixés par ces fameuses "lois de la République", dont personne n'a jamais réussi à établir une énumération précise (...). S'est, dès lors, progressivement construite une notion nouvelle et plus vaste que la Constitution elle-même, celle de ce "bloc de constitutionnalité" (...) dont, faute de limites précises, il n'est pas excessif de soutenir que son étendue est en quelque sorte "à géométrie variable" ».

Il ajouta que personne ne pouvait « nier que le Conseil constitutionnel soit, ce jour-là, sorti du cadre strict et limitatif de la Constitution de 1958, c'est-à-dire des articles proprement dits de la Constitution, et qu'il se soit, d'ailleurs et du même coup, engagé dans une voie nouvelle fort étrangère à la tradition républicaine française ». Et de citer les nombreuses « normes nouvelles » qui on fait « irruption dans le bloc de constitutionnalité ». Or, selon lui, « ces règles entretiennent un rapport de plus en plus lointain, de plus en plus ténu avec la Constitution proprement dite, qui, à la limite, semble être devenue une source presque accessoire du contrôle de constitutionnalité, alors qu'elle dispose pourtant clairement que c'est elle-même qui doit être l'unique référence ». Rappelant la position des participants à la rédaction du projet de Constitution de 1958, qu'il qualifia hâtivement de « constituants »[1] ou encore le fait que la Constitution de 1946 avait exclu le préambule du simili contrôle que pouvait effectuer le comité constitutionnel, il lut en séance une lettre en date du 27 septembre 1993 signé de François Goguel, ancien membre du Conseil constitutionnel, dont il convient de restituer les termes : « Mon expérience de membre du Conseil constitutionnel m'a conduit à considérer comme vous que des expressions comme "les principes fondamentaux reconnus par les lois de la République" ou "les principes politiques, économiques et sociaux particulièrement nécessaires à notre temps" sont de nature si imprécises qu'elles peuvent conduire le Conseil constitutionnel à s'opposer de manière abusive à la volonté du législateur. Mais je n'ai pas le droit de vous dire dans quel cas ». Une telle missive n'était pas innocente : non seulement François Goguel était membre du Conseil constitutionnel en

[1] En se référant notamment aux célèbres déclarations du commissaire du Gouvernement Raymond Janot devant le comité consultatif constitutionnel.

1971, mais c'est lui qui rapporta sur la fameuse décision *Liberté d'association*[1] vouée aux gémonies par Etienne Dailly.

Ce dernier affirma que parce que son groupe politique était « profondément attaché au contrôle de constitutionnalité parce qu'il contribue, de façon globalement positive, à concilier les exigences, parfois antagonistes, de la politique et du droit, on ne peut que souhaiter mettre un terme à cette redoutable dérive. Cette dernière ne peut en effet qu'alimenter les craintes de ceux que préoccupe, à juste titre, le risque de voir s'instaurer une sorte de "gouvernement des juges". Si on la laisse se perpétuer, elle ne manquera pas de s'amplifier et, tôt ou tard, aboutira à la remise en cause du contrôle de constitutionnalité ». Révélant une contradiction politique ou une astuce rhétorique, il laissa ainsi entendre qu'il souhaitait en réalité protéger le Conseil constitutionnel de lui-même. Il proposa d'amender l'article 61 de la Constitution afin que le Conseil constitutionnel ne contrôle plus la conformité de la loi à la Constitution mais uniquement « aux articles de la Constitution et à ceux de la Déclaration des droits de l'homme et du citoyen de 1789 ». Selon lui, « cette révision rendrait inopérante toute référence ultérieure au Préambule de 1958 et à celui de 1946, qui, comme tous les préambules, n'ont aucune valeur normative, ainsi qu'à toutes les règles non réellement constitutionnelles qui en procèdent et qui permettent au Conseil constitutionnel de s'opposer de manière abusive à la volonté du législateur »[2]. Il ne s'agissait « nullement de supprimer le Préambule de la Constitution de 1958, ni celui de la Constitution de 1946 » mais « simplement de faire revenir le Conseil constitutionnel dans sa mission et, puisque les dispositions de l'article 61 de la Constitution ne sont pas suffisamment précises, de les préciser. Il convient de faire en sorte que lui, qui n'a aucun pouvoir constituant (...) ne soit plus en droit de continuer à faire des principes qui figurent dans ce Préambule des obligations constitutionnelles qui s'imposent à tous »[3].

Défavorable au vote de l'amendement ainsi proposé, Michel Dreyfus-Schmidt interpella Etienne Dailly afin de savoir pourquoi il souhaitait « faire un sort au Préambule de la constitution de 1946, qui énonce les droits nécessaires à notre temps » sans demander « que la Déclaration des droits de l'homme soit elle aussi rayée d'un trait de plume » étant entendu que « la nature de ces textes est la même ; l'un est prolongée par l'autre »[4]. Il répondit qu'« aujourd'hui, au travers du Préambule de la Constitution de 1958, le Conseil constitutionnel puise dans le Préambule de 1946 des obligations constitutionnelles alors que les constituants de 1946 ne voulaient pas que leur propre Comité constitutionnel puisse juger en fonction de ce Préambule ! ». Et d'ajouter : « ce que nous voulons, ce que veut mon groupe, c'est faire

---

[1] Cons. constit, 16 juillet 1971, *précitée*.
[2] JORF, Débats parlementaires, Sénat, p. 4273-4276.
[3] JORF, Débats parlementaires, Sénat, p. 4276.
[4] JORF, Débats parlementaires, Sénat, p. 4294.

rentrer le Conseil constitutionnel dans la mission qui lui a été confiée et lui retirer les moyens d'en faire plus ; telle est sa mission, toute sa mission, rien que sa mission ! ». S'il a finalement retiré son amendement « sciemment, pour des problèmes de majorité politique », il le fit « l'amertume au cœur »[1]. Son opposition à l'existence du bloc de constitutionnalité n'en était pas moins constante.

B. Une volonté de marquer une approche politique du contrôle de constitutionnalité

Une fois son amendement retiré, Etienne Dailly fut néanmoins particulièrement acerbe devant le Congrès du Parlement, réitérant son souhait de modifier l'article 61 de la Constitution afin de retirer du bloc de constitutionnalité certains énoncés du préambule de la Constitution de 1958. Il répéta que « si on en est arrivé là, c'est parce que, le 16 juillet 1971, le Conseil constitutionnel, dont la mission dans ce domaine, (...), n'est, conformément à l'article 61 de la Constitution, que de se prononcer sur la conformité à la Constitution des textes qui lui sont soumis, avait, et pour la première fois, fait entrer dans le droit positif constitutionnel le Préambule de la Constitution de 1958, celui de la Constitution de 1946, auquel il renvoie, puis tous ces principes, de plus en plus abstraits, fixés par ces fameuses lois de la République (...) ». Plus significatif, il réaffirma « depuis ce 16 juillet 1971, s'est progressivement élaboré un ensemble plus vaste que la Constitution elle-même, à savoir cette notion nouvelle, alors inventée par le Conseil constitutionnel lui-même[2], de "bloc de constitutionnalité", bloc de constitutionnalité dont il n'est pas excessif de souligner que, faute de limites précises, il est à "géométrie variable". On a alors vu surgir les "principes fondamentaux reconnus par les lois de la République" puis, au fil des décisions ultérieures, des notions nouvelles, comme les "principes particulièrement nécessaires à notre temps", les "principes à valeur constitutionnelle", les "fins d'intérêt général ayant valeur constitutionnelle", les "objectifs à valeur constitutionnelle" ou les "concepts juridiques à valeur constitutionnelle" »[3]. Selon sa conception, « en aucun cas, les membres du Conseil constitutionnel, n'ont eu et ne doivent avoir de pouvoir législatif. En aucun cas, ils n'ont eu et ne doivent avoir de pouvoir constituant. C'est pourquoi il n'est pas acceptable qu'ils se permettent d'ériger en "obligations constitutionnelles" des dispositions qui ne figurent pas dans la Constitution et ne sont évoquées qu'à titre de principes et dans des préambules qui n'ont aucun pouvoir normatif ». Dès lors, « si l'on veut faire de certains d'entre eux

---

[1] JORF, Débats parlementaires, Sénat, p. 4295.

[2] Ce qui n'est pas exact, la notion étant doctrinale comme on l'a vu.

[3] JORF, Débats parlementaires, Congrès du Parlement, Séance du vendredi 19 novembre 1993, p. 12.

des obligations constitutionnelles, il faudra en faire des articles de la Constitution et cela, (…), ce seront les parlementaires, et eux seuls, qui auront le pouvoir de le faire »[1].

Il faut préciser que, le 15 septembre 1993, il avait déposé au Sénat une proposition de loi constitutionnelle tendant à compléter les dispositions du premier alinéa de l'article 61 de la Constitution afin de préciser que le contrôle de constitutionnalité devait s'opérer par seule référence aux articles de la Constitution et à ceux de la Déclaration des Droits de l'Homme et du Citoyen de 1789[2]. L'exposé des motifs pointait « la difficulté juridique de fond que pose depuis une vingtaine d'années la jurisprudence du Conseil Constitutionnel, dès lors que celui-ci se réfère non plus à la Constitution proprement dite ou aux Lois Organiques prises pour son application mais soit à des Préambules, - ceux des Constitutions de 1958 et de 1946 -, soit même à des principes généraux auxquels il a cru de son devoir de conférer une valeur constitutionnelle » et constituait en réalité l'esquisse de toute l'argumentation défendue au cours de l'examen de la révision constitutionnelle de 1993 pendant lequel il tint des propos similaires tout du long, signe manifeste d'une conviction profondément ancrée et d'une stratégie politique mûrement réfléchie. L'ensemble du raisonnement fut parallèlement repris *in extenso* dans une tribune publiée dans la presse[3], attestant la volonté de l'auteur de faire vivre le sujet qui le préoccupait au sein du débat public en ne le cantonnant pas au débat entre initiés.

C'est là un élément intéressant de la charge d'Etienne Dailly contre le bloc de constitutionnalité : en la matérialisant quadruplement (par le dépôt d'une proposition de loi constitutionnelle, par ses interventions en séance, par le dépôt d'un amendement et par la publication d'une tribune dans la presse) il alla au-delà du code implicite qui voulait que la révision constitutionnelle de 1993 fut certes l'occasion de rappeler que le Conseil constitutionnel était allé un peu loin selon la nouvelle majorité et qu'il convenait de le contredire sur le droit d'asile mais nullement d'ouvrir une crise institutionnelle en tentant de le brider de façon générale et en anéantissant plus de vingt ans de contrôle du fond des lois au regard des textes mentionnés dans le préambule de la Constitution de 1958. Pour autant, il est bien évident que c'est précisément parce que le Gouvernement, du fait de sa réforme constitutionnelle, permit

---

[1] JORF, Débats parlementaires, Congrès du Parlement, Séance du vendredi 19 novembre 1993, p. 12.

[2] Proposition de loi constitutionnelle tendant à compléter les dispositions du premier alinéa de l'article 61 de la Constitution afin de bien préciser que le contrôle de constitutionnalité s'opère par référence aux seuls articles de la Constitution, Texte n° 450 (1992-1993) de M. E. Dailly, déposé au Sénat le 15 septembre 1993 Disponible sur https://www.senat.fr/leg/1992-1993/i1992_1993_0450.pdf

[3] E. Dailly, « Droit d'asile. La révision de la Constitution n'apporte qu'une réponse de circonstance », *Le Monde*, 22 octobre 1993.

officiellement qu'un « lit de justice constituant » soit tenu, dans des délais extrêmement brefs, qu'un parlementaire sensible sur cette question s'est cru autorisé à remettre expressément en cause le contrôle de constitutionnalité de la loi tel qu'il fonctionnait depuis les années 1970. Enfin il n'est évidemment pas innocent de relever que ses foudres avaient beau frapper le bloc de constitutionnalité, c'est en réalité le texte du préambule de la Constitution de 1946, c'est-à-dire un texte énumérant des droits sociaux, sur lequel se concentrait son ire. Bien que violente, celle-ci ne devait pour autant pas entamer la stabilité du contrôle de constitutionnalité des lois.

Section 3.
Le refus d'une remise en cause globale du contrôle de constitutionnalité

La séquence de la révision constitutionnelle du 25 novembre 1993 ne se limita pas à une remise en cause du contrôle de constitutionnalité. L'expression, au cours des débats, d'une défense de l'office du Conseil constitutionnel (Paragraphe 1) et d'un attachement aux dispositions du préambule de la Constitution de 1946 (Paragraphe 2) attestent que, pour réelle qu'elle fut, la fronde menée par certains parlementaires n'avait pas le soutien de la majorité d'entre eux, quelles que soient les réserves émises, pour aller jusqu'à remettre en cause le bloc de constitutionnalité, pas davantage que du Gouvernement, focalisé sur sa réforme du droit d'asile et alors en pleine cohabitation.

Paragraphe 1.
L'expression d'une défense de l'office du Conseil constitutionnel

Si les débats en séance laissèrent apparaître que, classiquement, la majorité soutint la réforme là où l'opposition s'y opposa frontalement – affrontement à peine atténuée par le caractère de compromis de l'article unique du projet de loi constitutionnelle entre le Gouvernement et le président de la République, dans un contexte de cohabitation[1] - en revanche, il n'en va pas exactement de même s'agissant des réactions visant le contrôle de constitutionnalité des lois tel qu'il s'était développé depuis les années 1970. On constate en effet que, même chez les parlementaires de la majorité, la volonté de ne pas aller trop loin dans la critique fut exprimée.

[1] Comme cela sera souligné en séance au Sénat par F. Seligmann « C'est, en effet, à la demande du chef de l'Etat qu'a été introduit dans le texte proposé pour l'article 53-1 de la Constitution un second alinéa permettant tout de même à la France, le cas échéant, de satisfaire toute demande d'asile, même si cette demande relève normalement, en vertu des accords de Schengen, d'un autre Etat signataire de cette convention », JORF, Débats parlementaires, Sénat, p. 4269.

Si les parlementaires de l'opposition restèrent plutôt focalisés sur le fond de la réforme en discussion, Julien Dray n'hésita pas à interpeller ses collègues à l'Assemblée nationale en rappelant, de façon lyrique, l'importance, à ses yeux, du Conseil constitutionnel : « chacun d'entre nous a-t-il bien en tête que le filet de sécurité du Conseil constitutionnel - composé de ces juges qui rendent notre tâche possible parce qu'il nous autorise à être des hommes, c'est-à-dire à être faillibles, a subitement sauté. Aujourd'hui, vous ne faites pas une loi susceptible d'être passée au tamis des normes du Conseil constitutionnel. Vous vous apprêtez à commettre un acte bien plus grave »[1]. De même, au Sénat, Françoise Seligmann n'hésita pas à affirmer en séance que la main des parlementaires devait trembler « quand la révision constitutionnelle concerne le domaine des libertés publiques et que la circonstance qui motive le choix d'y recourir est l'intervention de notre Cour suprême qui déplait au pouvoir en place »[2].

On trouve également de telles défenses dans la majorité. On peut déjà épouser le constat selon lequel le Premier ministre lui-même « conteste moins l'existence du Conseil que ses méthodes de jugement »[3]. Dit autrement, c'est la façon de juger la loi et non le principe même d'un tel jugement qui est questionnée. Questionnée plutôt que contestée car les mots du Premier ministre, pour inhabituels qu'ils soient de la part d'une telle autorité à l'endroit du Conseil constitutionnel, n'en demeurèrent pas moins prudents, prenant, on l'a vu, la forme d'une digression sans menace de suite juridique. Il en alla de même chez certains parlementaires. Ainsi, affirmant qu'en « constitutionnalisant la réserve de souveraineté prévue à l'article 29, paragraphe 4, de la convention d'application de Schengen, nous respectons parfaitement la lettre et l'esprit du Préambule de 1946, tel que le Conseil constitutionnel l'a interprété en 1991 », Jean-Jacques Hyest ajouta que « contrairement à certains » il n'estimait « pas souhaitable de limiter les pouvoirs du Conseil constitutionnel » en relevant que « dans le passé, il a sauvegardé effectivement certaines libertés publiques fondamentales que menaçaient des tentations purement idéologiques ». Dès lors, il proposait de « réfléchir au long terme et au risque, non pas d'un gouvernement des juges, mais d'emballement d'un pouvoir qui se croirait porté par l'histoire ». De son côté, Jacques Larché affirma en séance au Sénat à la fois que la révision constitutionnelle envisagée devait permettre « de clarifier la conception que nous avons du contrôle de constitutionnalité des lois » et qu'il ne pensait pas « que ce débat doive être l'occasion pour nous de remettre en cause le Conseil constitutionnel, ni dans sa structure ni dans sa compétence de droit. La démocratie a besoin de stabilité institutionnelle »[4].

---

[1] JOAN, 1re séance du mercredi 27 octobre 1993, p. 4969.

[2] JORF, Débats parlementaires, Sénat, p. 4270.

[3] A. Delcamp, « Le Conseil constitutionnel et le Parlement », *article précité*, p. 57.

[4] JORF, Débats parlementaires, Sénat, p. 4260

De même, Paul Masson déclara au Congrès du Parlement que « personne, ici, ne met en doute le contrôle de la constitutionnalité des lois, qui subordonne la décision du Parlement à la règle supérieure édictée par la Constitution. L'existence du Conseil constitutionnel, l'autorité qui doit être la sienne se justifient pleinement par le souci évident d'éviter les risques de dérapage parlementaire ». Il développa davantage sa pensée en précisant : « s'il était dit que des personnalités, si éminentes fussent-elles, puissent avoir un jour la tentation de s'ériger en législateurs, voire en constituants, s'il était vrai qu'il puisse y avoir, comme le disait voilà peu de temps M. le Premier ministre, la volonté de substituer une appréciation de circonstance à une appréciation du droit, alors, mes chers collègues, il serait du devoir le plus élémentaire du pouvoir constituant de rappeler au Conseil constitutionnel les limites infranchissables au-delà desquelles l'incertitude commencerait. Une grande part du crédit du Conseil constitutionnel repose sur la conviction que nous avons de son objectivité. Nous ne pouvons avoir le moindre doute sur l'impartialité de ses décisions sans compromettre l'équilibre de nos institutions »[1]. De même quand Bernard Pons précisa que le Conseil constitutionnel ne pouvait créer le droit mais que les parlementaires constataient « qu'il a de plus en plus souvent tendance à le faire », c'est uniquement après avoir affirmé que « nous n'avons jamais contesté les décisions des sages du Palais-Royal. Aujourd'hui comme hier, nous ne céderons pas à une tentation facile » et relevé que « le Conseil constitutionnel est le gardien de notre loi fondamentale. Il veille à ce qu'elle soit scrupuleusement respectée. Il dit le droit »[2].

Ainsi, le crédit de l'institution n'était pas totalement entamé et en surmontant une décision portant sur le droit d'asile, il ne s'agissait nullement de nier l'importance qu'avait pris le Conseil constitutionnel en tant qu'institution chargée de contrôler la conformité des lois dont il est saisi à la Constitution. Les parlementaires cheminèrent ainsi pour la plupart sur un chemin de crête entre rappel à l'ordre du Conseil constitutionnel au regard de ses missions et volonté de ne surtout pas remettre en cause lesdites missions. L'enracinement du contrôle exercé par le Conseil constitutionnel dans l'esprit de certains passa également par l'affirmation d'un attachement réel aux droits et libertés consacrés dans les textes auxquels renvoie le préambule de la Constitution de 1958, en particulier le préambule de la Constitution de 1946.

---

[1] JORF, Débats parlementaires, Congrès du Parlement, Séance du vendredi 19 novembre 1993, p. 8.

[2] JORF, Débats parlementaires, Congrès du Parlement, Séance du vendredi 19 novembre 1993, p.10.

Paragraphe 2.
L'affirmation d'un attachement au préambule de la Constitution de 1946

Au-delà d'afficher un certain respect pour l'institution qu'est le Conseil constitutionnel, certains parlementaires marquèrent leur attachement au préambule de la Constitution de 1958 et aux textes auxquels il renvoie, ce qui était une façon de rendre hommage au travail jurisprudentiel du Conseil constitutionnel, donc au bloc de constitutionnalité.

Les parlementaires communistes étaient notoirement hostiles au contrôle exercé par le Conseil constitutionnel : Charles Lederman déclara en séance que les sénateurs communistes n'avaient pas « une confiance aveugle à l'égard des décisions du Conseil constitutionnel » et demandaient « la suppression de cet "organe d'Etat" (…) pour mettre en place une commission de contrôle de constitutionnalité émanant du Parlement »[1]. Il rejoignait ainsi une vieille tendance considérant que le contrôle de constitutionnalité devait être l'affaire des élus et non d'une juridiction. Pour autant, Robert Pagès, qui avait également rappelé, devant la commission des lois du Sénat, « l'opposition de principe du groupe communiste (…) au contrôle de constitutionnalité instauré par la Constitution de la Vème République »[2], rappela en séance que le préambule de 1946 « est la transcription constitutionnelle des grandes orientations du Conseil national de la Résistance. Il est l'écho direct du grand souffle progressiste de la libération de notre pays »[3]. Ainsi, selon lui, l'amendement proposé par Etienne Dailly était « totalement inacceptable (…) il vise, en effet, purement et simplement à retirer au Préambule de la Constitution de 1946 son caractère constitutionnel, repris dans le Préambule de la Constitution de 1958 »[4].

De même, en séance à l'assemblée, Jean-Pierre Brard, avait relevé que « certains membres de la majorité dirigent leurs foudres vers les dispositions protectrices des droits de l'homme et des droits sociaux figurant dans le Préambule de la Constitution de 1946. Le droit d'asile, le droit au travail, le droit de grève et de se syndiquer, le droit à l'enseignement reconnus par ce texte, inspiré du programme du Conseil national de la Résistance, perdraient ainsi toute valeur juridique, alors que leur réalisation reste aujourd'hui encore un but pour toutes les forces qui ne se satisfont pas de l'état actuel injuste de notre société. Cette offensive ne s'arrête pas là et va jusqu'à remettre en cause la valeur des principes fondamentaux reconnus par les lois de la République. On voit bien, ainsi, que le droit d'asile n'est pas seul menacé. Il est à la fois un révélateur et un alibi. Le révélateur d'une remise en cause fondamentale

[1] JORF, Débats parlementaires, Sénat, p. 4265.
[2] JORF, Débats parlementaires, Congrès du Parlement, Séance du vendredi 19 novembre 1993, p. 40.
[3] JORF, Débats parlementaires, Sénat, p. 4277.
[4] JORF, Débats parlementaires, Sénat, p. 4297.

qui s'inscrit dans la désintégration généralisée des principes démocratiques, sociaux et humanistes constitutifs de notre République, dont l'article 2 de la Constitution de 1958 précise explicitement qu'elle est démocratique et sociale »[1]. De même, au Congrès du Parlement, Hélène Luc déclara que « reprenant l'idéal de progrès des révolutionnaires de 1793, le Préambule de 1946, empreint du souffle de la Résistance, a donné valeur constitutionnelle au droit d'asile en faisant obligation aux autorités françaises d'examiner toute demande d'asile qui leur est présentée »[2]. Ces prises de position témoignèrent de l'attachement à des droits qui n'avaient pu se voir reconnaître une véritable valeur juridique que par l'intermédiaire du bloc de constitutionnalité, c'est-à-dire de l'interprétation extensive de la Constitution délivrée par le Conseil constitutionnel.

S'agissant des socialistes, Jacques Floch entendit relever en séance à l'Assemblée nationale que « ce n'est pas pour rien qu'en 1958 les constituants ont réintroduit le Préambule de 1946. Ils poursuivaient un but : le sol de notre République est le refuge de tous les persécutés, lorsqu'ils apportent la preuve de leur combat pour la liberté »[3]. De même, Julien Dray nota-t-il avec emphase que « les constituants de 1958, dans une période pourtant troublée, marquée par ce que, à l'époque, on n'osait pas encore appeler une guerre, jugèrent essentiel de préserver le Préambule de la Constitution de 1946. Ils voulaient ainsi montrer que, par-delà les évolutions institutionnelles qu'ils souhaitaient pour la France, on ne pouvait toucher à ces principes. Ils tenaient à rester fidèles à une certaine idée de la France. Malgré l'extrême tension et les pressions de l'époque, ils ne jugèrent donc pas opportun de porter atteinte à cet héritage. Au contraire, ils l'assumèrent et le firent totalement leur. Droits de l'homme et principe de la souveraineté nationale, c'est sur ces deux piliers du Préambule de la Constitution du 27 octobre 1946 que la Constitution de la Vème République a, avec bonheur, entendu se bâtir »[4]. Il ne craignit pas d'invoquer l'existence d'une supra-constitutionnalité en relevant que « si la Constitution de la Vème République a gagné en affirmant solennellement qu'elle se construisait sur ces piliers, à l'inverse, ces principes eux-mêmes étaient sacralisés par le simple effet de cette réitération solennelle, à un tel point que l'on peut affirmer aujourd'hui, sans crainte d'être contredit, qu'ils ont même valeur supraconstitutionnelle »[5]. Quant à Michel Dreyfus-Schmidt, il entendit « rendre justice au Conseil constitutionnel et à sa jurisprudence constante depuis vingt-cinq ans » rappelant qu'« il y a plus de vingt ans que, souvent à la demande de l'actuelle majorité, le Conseil constitutionnel a

[1] JOAN, 2e séance du mercredi 27 octobre 1993, p. 5005.
[2] JORF, Débats parlementaires, Congrès du Parlement, Séance du vendredi 19 novembre 1993, p. 9.
[3] JOAN, 2e séance du mercredi 27 octobre 1993, p. 5007.
[4] JOAN, 1re séance du mercredi 27 octobre 1993, p. 4972.
[5] JOAN, 1re séance du mercredi 27 octobre 1993, p. 4973.

reconnu valeur juridique au bloc de constitutionnalité, aux principes à valeur constitutionnelle, aux principes fondamentaux reconnus par les lois de la République et aux principes particulièrement nécessaire à notre temps »[1]. Devant le Congrès du Parlement, il exprima une idée proche en rappelant que le préambule de la Constitution de 1946 « a été intégré en 1971 par le Conseil constitutionnel dans le bloc de constitutionnalité, à la demande du président du Sénat, sans que les membres de l'actuelle majorité protestent le moins du monde »[2]. Ces réactions, très favorables aux droits fondamentaux consacrés par la jurisprudence du Conseil constitutionnel en se fondant sur le préambule de la Constitution de 1946, ne furent pas l'apanage de l'opposition.

Devant la commission des lois du Sénat, la sénateur Jacques Larché objecta de façon atténuée « que la dérive du contrôle de constitutionnalité tenait plus au nombre excessif des saisines du Conseil constitutionnel qu'à l'exercice, par celui-ci, des compétences que lui reconnaît la Constitution ». Selon lui, « l'exclusion du Préambule de 1946 du "bloc de constitutionnalité" aboutirait, par exemple, à supprimer les garanties constitutionnelles attachées au droit syndical, au droit de grève ou à la liberté de l'enseignement »[3]. De même, durant l'examen de l'amendement défendu par Etienne Dailly, Paul Masson releva que la modification proposée « conduit à une réforme d'une très grande ampleur. Une telle modification s'accommode-t-elle d'un débat un peu à la sauvette, à l'occasion d'un amendement concernant un dispositif qui a déjà été voté ? Je ne le crois pas (…) l'on ne peut pas, au détour d'un amendement discuté en fin de soirée, rayer d'un trait de plume les dispositions contenues dans le Préambule de 1946 ». Il ajouta que « le Préambule de la Constitution de 1946 comporte de nombreux droits dont il convient (…) de maintenir la nature et la protection constitutionnelle. Certes ce maintien pourrait éventuellement se faire d'une façon différente ; mais une réflexion de fond impliquant un autre débat que celui-là serait alors nécessaire »[4]. Pour ces raisons il émit un avis défavorable à l'amendement proposé. Plus bref, le garde des sceaux, Pierre Méhaignerie, sollicita le retrait de l'amendement en relevant qu'il soulevait « toute une série de questions complexes, délicates et passionnantes » mais que cette « thèse peut difficilement être traitée dans le cadre du débat sur l'actuel projet de loi constitutionnelle »[5]. C'était, finement formulé, opposer une fin de non-recevoir aux velléités réformatrices d'Etienne Dailly.

Il est évident qu'une part essentielle de positionnement politique face à l'écrasante nouvelle majorité parlementaire explique les défenses de

---

[1] JORF, Débats parlementaires, Sénat, p. 4281.

[2] JORF, Débats parlementaires, Congrès du Parlement, Séance du vendredi 19 novembre 1993, p. 11.

[3] Rapport précité, p. 40.

[4] JORF, Débats parlementaires, Sénat, p. 4293.

[5] JORF, Débats parlementaires, Sénat, p. 4294.

l’opposition. Pour autant, on a vu que, même des parlementaires appartenant à la majorité prirent la parole pour refuser toute remise en cause du bloc de constitutionnalité, et l’on peut faire l’hypothèse que l’initiative d’Etienne Dailly a plutôt fait prendre conscience aux parlementaires de la majorité, favorable à la réforme constitutionnelle, que celle-ci ne devait pas être interprétée autrement que comme une réaction à une décision particulière du Conseil constitutionnel qui l’empêchait de mettre en œuvre son programme sur un point jugé sensible politiquement. La contestation fut donc contenue.

CONCLUSION DU CHAPITRE 1

L'étude des débats ayant eu lieu lors de l'examen puis de l'adoption de la loi constitutionnelle du 25 novembre 1993 témoigne d'une extrême tension entre le pouvoir politique et le Conseil constitutionnel. C'est une décision rendue par ce dernier – décision dont l'histoire précise reste à écrire – qui mit le feu aux poudres. La logique guidant les comportements des acteurs de la révision constitutionnelle portait principalement sur le texte de celle-ci et ses enjeux directs pour la politique de la France en matière de droit d'asile ; pour une part cependant, elle dépassa l'examen du texte pour laisser se développer un véritable débat sur le contrôle de conformité des lois au bloc de constitutionnalité effectué par le Conseil constitutionnel. La séquence étudiée permet de vérifier que le Parlement et le Conseil constitutionnel « sont à la fois les principaux créateurs de droit du "système de la Constitution" et deux des acteurs les plus antagonistes puisqu'ils doivent se partager un domaine, "le" domaine de la production de normes, et que chacune de leurs actions est susceptible de constituer une occasion de vérification de leur légitimité à les produire »[1]. Elle permet également de constater que la notion de bloc de constitutionnalité n'est pas une simple notion doctrinale réservée aux juristes : elle a bel et bien percé dans le discours des parlementaires qui savaient parfaitement à quoi s'en tenir quant à ses conséquences sur leurs pouvoirs.

Dans ce contexte de défiance, la mise en cause du Conseil constitutionnel lors de la réunion du Parlement en Congrès conduisit le président de l'institution d'alors, Robert Badinter, à sortir de sa réserve et à publier une tribune dans la presse afin de « rappeler quelques données qui (lui) paraissent avoir été perdues de vue ». Après avoir précisé que « dans tout Etat démocratique, rien ne peut empêcher que le juge soit source de droit », il considéra notamment que le Parlement s'est « rallié » à l'interprétation délivrée dans la décision *Liberté d'association* en étendant en 1974 la saisine du Conseil constitutionnel. Selon lui, « le Parlement de l'époque savait en effet que, saisi par soixante députés ou soixante sénateurs de l'opposition, le Conseil constitutionnel se prononcerait sur la constitutionnalité des lois votées au regard des principes qui forment " le bloc de constitutionnalité " et qui découlent pour une grande part du Préambule de la Constitution »[2]. Refusant toute régression consistant à remettre en cause le contrôle de conformité des lois au regard de ce préambule et récusant toute dérive vers un gouvernement des juges, il affirma que l'institution qu'il présidait « s'inscrit dans une

---

[1] A. Delcamp, « Le Conseil constitutionnel et le Parlement », *article précité*, p. 37.

[2] On notera que l'expression « pour une grande part » est révélatrice de ce que le bloc de constitutionnalité dépasse en réalité les normes produites à partir du seul préambule.

conception de la démocratie fondée sur un équilibre complexe de pouvoirs et de contre-pouvoirs, qui innove au regard de la tradition politique française »[1]. De fait, cette séquence sera la dernière où des parlementaires remettront en nombre et aussi crûment en cause le contrôle de constitutionnalité des lois exercé par le Conseil constitutionnel.

Sur un plan plus théorique, les parlementaires sensibles au risque du « gouvernement des juges » en 1993 ont à la fois repris l'expression chère à Edouard Lambert et développé un argument qui n'était pas inconnu puisqu'il avait été formulé, on l'a vu, sous la plume de Hans Kelsen, celui de la grande généralité des énoncés interprétés par le Conseil constitutionnel pour contrôler la conformité de la loi à la Constitution. A l'inverse, aucune intervention, pas même celle d'Etienne Dailly, qui s'en défendit expressément, ne visait à remettre en cause globalement le contrôle de constitutionnalité des lois rendu possible par l'article 61 de la Constitution et donc l'existence même du Conseil constitutionnel. La séquence ne mobilisât donc nullement une défiance totale envers le contrôle de constitutionnalité des lois comme celle que pouvait exprimer Carl Schmitt, pour qui une cour constitutionnelle « décidant de tous les conflits d'interprétation des lois constitutionnelles, serait en réalité une instance de haute politique, puisqu'elle aurait à trancher aussi – et surtout – ces doutes et divergences d'opinions qui résultent des particularités du compromis dilatoire de façade ». Il ajoutait que « distinguer ici les problèmes juridiques et les problèmes politiques, supposer qu'une affaire de droit public pourrait être dépolitisée – c'est-à-dire en fait "désétatisée" – est une fiction douteuse »[2]. Loin de ces considérations, les titulaires du pouvoir constituant en 1993 reconnaissaient la légitimité de l'office du Conseil constitutionnel, même si c'était sur un mode minimaliste pour certains.

Par un ultime pied-de-nez, peut-être symptomatique des étranges particularités de la justice constitutionnelle française[3], quatre des parlementaires les plus virulents à l'endroit du Conseil constitutionnel lors de la séquence étudiée allaient en devenir membre quelques années plus tard. Etienne Dailly, le plus vigoureux défenseur des droits du Parlement et redoutable procureur des largesses interprétatives du Conseil constitutionnel, en fut nommé membre le 22 février 1995 par le président du Sénat. Il n'eut guère l'occasion de s'y illustrer, décédant le 25 décembre 1996. C'est Yves Guéna, un partisan de la grande prudence du juge constitutionnel dans l'interprétation de la Constitution, qui fut nommé pour le remplacer le 3 janvier 1997 par le Président du Sénat avant de présider l'institution à partir

---

[1] R. Badinter, « Le pouvoir et le contre-pouvoir », *Le Monde*, 23 novembre 1993.

[2] C. Schmitt, *Théorie de la constitution*, *op. cit.*, p. 257. Voir également du même auteur : *Le Tribunal du Reich comme gardien de la Constitution*, Paris, Dalloz, 2017.

[3] L. Fontaine, *La constitution maltraitée : Essai sur l'injustice constitutionnelle*, Paris, Broché, 2023.

de 2000 et d'être remplacé à ce poste par Pierre Mazeaud en 2004, lui qui avait été nommé membre du Conseil le 21 février 1998 par le Président de la République malgré ses réserves, clairement exprimées, contre l'extension de la compétence *ratione materiae* de l'institution. Pour sa part, Michel Charasse, dont on a vu qu'il s'était singularisé à gauche pendant les débats étudiés, fut nommé membre du Conseil le 25 février 2010 par le Président de la République. Tous les quatre furent nommés par des autorités politiques qui avaient appartenu, de près ou de loin, à la majorité parlementaire de 1993. Quant à Edouard Balladur, comme on va le voir, il allait jouer un rôle essentiel dans la réforme de la question prioritaire de constitutionnalité qui allait accroitre sensiblement les pouvoirs du Conseil constitutionnel quant au développement des potentialités du bloc de constitutionnalité.

CHAPITRE 2.
LA CONSÉCRATION DU BLOC DE CONSTITUTIONNALITÉ

Après la révision de 1993, les relations entre le Conseil constitutionnel et la classe politique en général s'apaisèrent[1]. Il faut dire que l'institution fît face à une pénible crise dû à la mise en cause de son président d'alors, Roland Dumas, dans une affaire pénale en 1999-2000[2]. Il faudra attendre les années 2000 pour constater que l'essentiel de la classe politique sembla non seulement accepter l'existence du bloc de constitutionnalité et ne plus en faire un sujet d'affrontement, mais participer à sa promotion par le biais de révisions constitutionnelles. C'est que, comme l'a noté Denis Baranger, « le recours à la constitution est rendu nécessaire par la croyance presque spontanée qu'elle est une loi d'un genre supérieur et que l'inscription dans le texte suprême de certains arrangements politiques contribue à les protéger pendant les périodes de troubles »[3]. Cette frénésie de révisions constitutionnelles aurait pourtant pour conséquence, selon certains, une dégradation de la qualité de la norme constitutionnelle[4] voire la désacralisation de la Constitution[5].

C'est la majorité politique de l'époque, de la même couleur politique que celle de 1993, qui va expressément réviser la Constitution en 2005 pour étendre le bloc de constitutionnalité en y intégrant la Charte de l'environnement (**Section 1**) avant que la reconnaissance définitive ne soit actée à la fin des années 2000 (**Section 2**).

---

[1] Ce qui n'exclut pas quelques cas particuliers d'attaques sur la probité de l'institution, comme celle du député A. Montebourg en 2000 dans son ouvrage *La machine à trahir* (Paris, Broché, 2000) qui s'attira, en réponse, les foudres de G. Vedel dans une tribune parue dans le journal Le Monde du 21 novembre 2000, intitulée « Le sale plaisir de salir le Conseil constitutionnel ».

[2] Le contraignant à se mettre d'abord « en retrait » puis finalement à démissionner.

[3] D. Baranger, « Un chantier qui ne prend jamais fin. Le juge, les révisions, et les autres formes de changements constitutionnels dans la France contemporaine », Jus politicum n° 18 [https://juspoliticum.com/articles/Un-chantier-qui-ne-prend-jamais-fin-Le-juge-les-revisions-et-les-autres-formes-de-changement-constitutionnel-dans-la-France-contemporaine].

[4] P. (de) Montalivet, « La dégradation de la qualité de la norme constitutionnelle sous la Vème République », *RDP*, 2012, p. 925.

[5] P. Pactet, « La désacralisation progressive de la Constitution de 1958 », in *Mélanges Pierre Avril. La République*, Paris, Montchrestien, 2001, p. 389.

Section 1.
L'extension du bloc de constitutionnalité : la Charte de l'environnement

Lorsqu'il a été décidé d'intégrer à la Constitution un certain nombre de principes relatifs à l'environnement[1], plusieurs options ont été présentées par les techniciens du droit[2]. Parmi celles-ci, on a finalement choisi de faire mention de la Charte de l'environnement[3] dans le préambule de la Constitution de 1958. Autrement dit, on a opéré en prévoyant un troisième renvoi dans le préambule de la Constitution. Le président de la République avait déclaré, lors d'un déplacement à Orléans le 3 mai 2001, que « le droit à un environnement protégé et préservé doit être considéré à l'égal des libertés publiques (…) Je souhaite que cet engagement public soit inscrit par le Parlement dans une Charte de l'environnement adossée à la Constitution et qui consacrerait les principes fondamentaux, comme ce fut le cas pour le Préambule de la Constitution ou la Déclaration des droits de l'homme ». Finalement, le texte de cette Charte, « rédigé à partir des travaux de la commission Coppens, est composé d'un préambule formé par sept considérants empreints de sa philosophie et témoins de ses objectifs ainsi que de dix articles »[4].

Juridiquement, on a procédé à une extension du droit constitutionnel formel en révisant le texte de la Constitution par la voie de l'article 89. Il s'agit de la loi constitutionnelle du 1er mars 2005[5] dont l'article 1er dispose : « le premier alinéa du Préambule de la Constitution est complété par les mots : "ainsi qu'aux droits et devoirs définis dans la Charte de l'environnement de 2004" ». Celle-ci était reproduite à l'article 2 alors que l'article 3 ajoutait « la préservation de l'environnement » dans le domaine de la loi au quinzième alinéa de l'article 34 de la Constitution.

L'intervention du pouvoir constituant avait donc directement pour objet de faire du texte de la Charte un nouveau texte constitutionnel, étant entendu que

---

[1] M.-A. Cohendet (dir.), *Droit constitutionnel de l'environnement*, Paris, Mare et Martin, 2021.

[2] L. Favoreu en a lui-même proposé cinq, « Intervention », in *La Charte de l'environnement : enjeux scientifiques et juridiques*, Actes du colloque de Paris du 13 mars 2003, [https://www.afas.fr/wp-content/uploads/2017/04/2003_Charte.pdf.].

[3] Sur la Charte de l'environnement, voir notamment : (Collectif), *Les Cahiers du Conseil constitutionnel*, n° 15, « La constitution et l'environnement », 2003 ; G. Drago, « Principes directeurs d'une Charte constitutionnelle de l'environnement », *AJDA*, 2004, p. 133 ; Y. Jégouzo, « Charte de l'environnement : ni l'enfer vert, ni le paradis », *AJDA*, 2004, p. 1105 ; M. Verpeaux, « La charte de l'environnement ou le triomphe de l'obstination », *JCP*, 2005, p. 657.

[4] M. Deffairi, « La portée constitutionnelle des dispositions de la Charte de l'environnement », *Titre VII*, n° 8, avril 2022.

[5] Loi constitutionnelle n° 2005-205 du 1er mars 2005 relative à la Charte de l'environnement.

le préambule de la Constitution de 1958 faisait l'objet d'une interprétation constante du Conseil constitutionnel visant à conférer la signification de normes constitutionnelles aux énoncés compris dans les textes qu'il contient ainsi qu'à justifier la production de normes constitutionnelles par référence à ces énoncés. La décision d'intégrer un nouveau texte au préambule de la Constitution de 1958 attestait ainsi l'acceptation du bloc de constitutionnalité par la majorité politique de l'époque et la volonté de l'étendre. Du reste, les débats en témoignent, qui se cristallisèrent sur le contenu de la Charte et principalement son article 5 relatif au principe de précaution. A la constitutionnalisation de la charte de l'environnement (Paragraphe 1) répondit sa consécration jurisprudentielle (Paragraphe 2).

Paragraphe 1.
La constitutionnalisation de la Charte de l'environnement

Les parlementaires furent globalement conscients et satisfaits d'étendre le bloc de constitutionnalité (A) même si une critique devait se faire entendre sur la valeur juridique exacte de la Charte sans remettre en cause l'existence du bloc de constitutionnalité (B).

A. Une extension assumée

En séance à l'Assemblée nationale, le garde des sceaux, Dominique Perben, expliqua que « comme l'a souhaité le Président de la République, la charte de l'environnement est adossée à la Constitution. Ce texte comprend deux articles. Le premier complète le premier alinéa du Préambule de la Constitution et opère un renvoi aux droits et aux devoirs définis dans la Charte de l'environnement. Le second article ajoute au bloc de constitutionnalité une Charte de l'environnement composée de sept considérants et de dix articles. La charte aura pleine valeur constitutionnelle dans toutes ses dispositions parce qu'elles sont toutes intégrées au bloc de constitutionnalité. Elles constituent un socle de garanties en dessous duquel le législateur ne peut descendre »[1]. Dès le début de l'examen, les choses étaient donc entendues : la Charte avait vocation à enrichir le bloc de constitutionnalité et à se voir ainsi reconnaître pleine valeur constitutionnelle. Pour le Gouvernement, enrichir le préambule revenait ainsi automatiquement à étendre le bloc de constitutionnalité.

Rapporteure du texte à l'Assemblée nationale, Nathalie Kosciusko-Morizet expliqua en séance que « la charte contribue à notre histoire constitutionnelle en ouvrant un chantier considérable, celui du troisième pilier de notre bloc de constitutionnalité ». Elle affirma plus loin que « l'architecture de ce texte emporte également des choix sur le fond. En effet, le bloc de

[1] JOAN, 2e séance du mardi 25 mai 2004, p. 4039.

constitutionnalité au sein duquel ces dispositions vont venir s'insérer comprend, avant même l'addition de ce troisième pilier, des éléments avec certains desquels une conciliation devra s'opérer. La portée même des dispositions de la Charte a fait l'objet, pour tenir compte de la jurisprudence du Conseil constitutionnel, d'une évaluation au trébuchet entre principe de valeur constitutionnelle, directement applicable et invocable par les citoyens devant le juge, et objectif de valeur constitutionnelle, qui, bien que s'imposant au législateur, réclame son intervention et n'est pas directement invocable »[1]. Cette intervention est bien évidemment erronée en droit dès lors qu'aucun objectif de valeur constitutionnelle n'est intégré dans le texte de la Charte : il n'appartient qu'au Conseil constitutionnel de déterminer ces objectifs, catégorie purement jurisprudentielle non reprise dans le texte. Le propos de la rapporteure visait en réalité à tenter d'anticiper sur la jurisprudence à venir du Conseil constitutionnel pour rassurer certains parlementaires sur la mise en œuvre de certains articles (quoique l'article 5 ne soit pas concerné). Plus profondément il trahissait un présupposé, déjà rencontré lors des travaux sur le projet de Constitution en 1958, selon lequel la formulation des énoncés compris dans le texte de la Charte pouvait influer de manière certaine sur la façon dont ils seraient interprétés par le Conseil constitutionnel, présupposé certes classique mais régulièrement démenti.

Dans l'ensemble, les parlementaires saluèrent la constitutionnalisation du texte. Martial Saddier releva devant l'Assemblée nationale que « la Charte de l'environnement introduit une innovation majeure dans notre droit, en affirmant, dans notre bloc constitutionnel, un droit à l'environnement qui repose sur des droits et des devoirs ». Il ajoutera plus loin qu'il s'agit d'« un texte ambitieux, historique même, car il n'est pas commun de consacrer de nouveaux droits dans notre bloc constitutionnel »[2]. René André releva que « la Charte de l'environnement constitue en effet un tournant dans notre histoire constitutionnelle, puisque nous nous apprêtons à consacrer au plus haut niveau de la hiérarchie de nos normes un droit de l'homme à l'environnement qui complétera nos droits fondamentaux aux côtés des droits civils et politiques ainsi que des droits économiques et sociaux » et « ces nouveaux droits, ces nouvelles exigences inscrits désormais dans notre bloc de constitutionnalité s'imposeront à toutes les juridictions et aux autorités publiques, qui devront ainsi garantir l'impératif écologique »[3]. De même, selon Jérôme Bignon, « l'inscription d'une séquence supplémentaire dans le droit contemporain – "nouvelle génération des droits de l'homme", comme l'écrit très justement notre rapporteur –, sciemment adjointe au bloc de constitutionnalité, permettra-t-elle au Conseil constitutionnel d'élaborer, en se fondant sur les articles de la Charte mais aussi sur nos travaux préparatoires, une

[1] JOAN, 2e séance du mardi 25 mai 2004, p. 4043.
[2] JOAN, 2e séance du mardi 25 mai 2004, p. 4046.
[3] JOAN, 3e séance du mardi 25 mai 2004, p. 4101.

jurisprudence solide garantissant à tous une sécurité juridique véritable »[1]. François Sauvadet fit cependant remarquer que c'était la première fois que la notion de devoir « apparaît explicitement dans le bloc de constitutionnalité qui ne consacrait jusqu'à présent que des droits »[2]. Toutes ces interventions témoignent que l'existence du bloc de constitutionnalité d'une part – on s'apprête à l'étendre formellement –, le travail jurisprudentiel du Conseil constitutionnel d'autre part, étaient parfaitement acceptés par la majorité parlementaire, pourtant de la même couleur politique que celle de 1993.

Au Congrès du Parlement, le Premier ministre, Jean-Pierre Raffarin déclara avoir « l'honneur de proposer (...) une évolution essentielle de notre Constitution, pour (...) y adosser la Charte de l'environnement ». Selon lui, « l'adoption de la Charte est une étape décisive pour l'histoire des droits dans notre pays. Grâce à la volonté indéfectible du Président de la République, la Charte élève le développement durable au plus haut niveau de notre édifice juridique, aux côtés de la Déclaration des droits de l'homme et du citoyen de 1789 et du Préambule de la Constitution de 1946. Ce texte fondateur n'a rien de partisan. La France devient ainsi le premier pays à consacrer au droit à l'environnement une déclaration constitutionnelle complète »[3]. On est loin de la déclaration d'Edouard Balladur en novembre 1993 devant ce même Congrès critiquant l'interprétation que le Conseil constitutionnel avait opérée du préambule de la Constitution de 1946.

Pour expliquer le choix retenu formellement, Patrice Gélard fit valoir au Congrès que « compte tenu de la structure de notre bloc de constitutionnalité, il était nécessaire d'adopter un texte qui fût différent du texte de la Constitution proprement dit : il s'agit donc d'un texte annexe auquel renvoie le Préambule, comme c'est déjà le cas pour le texte de 1789 et celui de 1946. Il importait en effet de se doter d'une nouvelle déclaration de droits dans le respect de notre tradition constitutionnelle ». Selon lui « le texte a l'avantage de définir, sous la forme d'objectifs constitutionnels, des droits et des devoirs qui méritaient d'être constitutionnellement garantis et être juridiquement clarifiés : ainsi en est-il du droit de vivre dans un environnement équilibré et respectueux de la santé, du droit d'accès aux informations sur l'environnement ou du droit de participer à l'élaboration des décisions publiques qui lui sont relatives. En contrepartie de ces droits, de nouveaux devoirs sont définis, comme celui de participer à la préservation de l'environnement, celui de prévenir les atteintes qui pourraient lui être portées ou d'en limiter les conséquences, et celui de répondre des dommages causés »[4].

On voit à ce type de discours que c'est le contenu de la Charte qui fait débat – notamment à travers la notion stratégique d'objectif de valeur

---

[1] JOAN, 1ere séance du mercredi 26 mai 2004, p. 4122

[2] JOAN, 2e séance du mardi 25 mai 2004, p. 4069.

[3] JORF, Congrès du Parlement, 28 février 2005, p. 14

[4] JORF, Congrès du Parlement, 28 février 2005, p. 19

constitutionnelle, qui visait à minimiser la portée de certains articles – nullement la valeur constitutionnelle que l'on était en train de lui conférer puisqu'était salué le fait qu'elle rejoigne le bloc de constitutionnalité, dont l'existence ne semblait plus poser problème.

B. La curieuse critique de l'adossement

La seule critique structurée vint de l'opposition, mais il ne s'agissait nullement de remettre en cause ni la constitutionnalisation de la Charte, ni la jurisprudence du Conseil constitutionnel ; il s'agissait plutôt de s'interroger sur la valeur juridique d'un simple adossement à la Constitution à partir d'une sorte d'incompréhension de ce qu'était le bloc de constitutionnalité. Patrick Braouzec fît ainsi remarquer que « l'enjeu de l'environnement aurait nécessité que soit précisée, dès son adossement à la Constitution, la question de la justiciabilité. Sans cette précision, la Charte, notamment dans ses articles 2, 3 et 4, risque de n'être, comme la commission Coppens l'a fait remarquer, qu'une démarche politique dont la portée, selon moi, restera éminemment symbolique »[1]. Cette critique portait donc, semble-t-il sur la possibilité d'invoquer certains énoncés de la Charte devant le Conseil constitutionnel voire devant le juge ordinaire. Plus profondément, Christophe Caresche interrogea la valeur constitutionnelle de la Charte, à partir d'une mauvaise compréhension de la notion d'adossement. Il évoqua « la démarche, singulière, révolutionnaire même selon certains – en termes juridiques, je crois que tel est le cas –, choisie par le Président de la République : une Charte adossée au Préambule de la Constitution. Dans les faits, cette démarche donne au juge constitutionnel mais aussi ordinaire un grand pouvoir d'interprétation. C'est lui qui définira sur bien des points les règles de droit qui s'appliqueront ». Selon lui en effet, « si la formule de l'adossement est validée, ce sera une première en droit constitutionnel français. La Déclaration des droits de l'homme et du citoyen de 1789 ainsi que le Préambule de 1946 ne sont pas adossés à la Constitution de 1958 mais font partie intégrante du bloc de constitutionnalité depuis les décisions du Conseil constitutionnel de 1971 et 1973. Ces textes n'étaient pas, à l'origine, adossés à la Constitution. C'est le Conseil constitutionnel qui a décidé de les intégrer au bloc de constitutionnalité ». Ainsi « formellement, l'adossement ne signifie nullement l'intégration dans le bloc de constitutionnalité » et dès lors « cet adossement est bien, par certains égards, un objet constitutionnel non identifié. Il appartiendra de fait au juge constitutionnel de dire si la charte fait partie intégrante du bloc de constitutionnalité ». Il ajouta que « le Conseil constitutionnel pourrait en théorie accorder valeur constitutionnelle à certains articles et pas à d'autres. Le concept de "bloc de constitutionnalité" est en fait trompeur. Il donne le sentiment d'une homogénéité qui n'existe pas en

---

[1] JOAN, 2e séance du mardi 25 mai 2004, p. 4053.

réalité ». Ainsi, « le juge constitutionnel a une liberté d'appréciation que la formule choisie d'adossement renforce. C'est lui et lui seul qui, en définitive, fixera la valeur constitutionnelle de la charte. L'intégration directe du droit à l'environnement dans la Constitution aurait certes bouleversé le bel agencement entre la Déclaration des droits de l'homme, le Préambule de 1946 et la Charte elle-même mais elle aurait eu le mérite de réduire l'incertitude qui subsiste »[1]. Pour répondre à cette critique, Guy Geoffroy renvoya Christophe Caresche « tout simplement à la lecture des deux articles de ce projet de loi constitutionnelle. Ils montrent bien que nous nous situons, de la première à la dernière ligne, dans un texte constitutionnel qui a donc, en tant que tel, valeur de loi fondamentale dans tous ses paragraphes et dans tous ses articles »[2].

La critique fut néanmoins reprise par Jean-Pierre Blazy. Selon lui « la portée de la Charte dépendra (...) très fortement de la doctrine que construira le juge constitutionnel. Comme l'ont souligné les constitutionnalistes auditionnés par la commission des lois, le Conseil constitutionnel devra définir la portée normative de chaque alinéa à la place du constituant, en devant parfois concilier certains principes environnementaux avec des libertés constitutionnellement reconnues, notamment la liberté d'entreprendre. L'ensemble des dispositions de la Charte risque donc de ne pas se retrouver sur un pied d'égalité juridique, en fonction du caractère plus ou moins contraignant de leur contenu ». Puis il nota que « certains juristes redoutent un risque sérieux de délégations en chaîne du contrôle de constitutionnalité, passant du pouvoir constituant au Conseil constitutionnel et de celui-ci aux experts. Ce n'est pas au juge constitutionnel, en effet, qu'il appartient de décider de ce qui est écologiquement bon ou mauvais, car il n'en a ni la compétence ni la vocation. Dès lors se pose la question du recours aux experts et du statut de l'expertise. La marge de manœuvre laissée par le pouvoir constituant au juge constitutionnel, en raison du choix qui a été fait d'adosser la Charte au Préambule de la Constitution, est importante et représente, de ce fait, un facteur d'insécurité et d'instabilité juridiques, qui risque de cantonner ce texte à une simple proclamation »[3]. Il ajouta plus loin que « si la méthode participative choisie au départ pouvait être la bonne, le projet de Charte qui nous est soumis, adossé au préambule de la Constitution, ne peut retenir notre approbation en l'état, car nous ne voulons pas laisser au Conseil constitutionnel le soin d'évaluer la valeur constitutionnelle des différents articles de la Charte »[4].

De même pour Philippe Tourtelier, « si l'objectif d'introduire dans la Constitution le droit de l'homme à vivre dans un environnement sain et équilibré est louable, la méthode utilisée ne nous permet pas de connaître la

---

[1] JOAN, 2e séance du mardi 25 mai 2004, p. 4059-4060.
[2] JOAN, 2e séance du mardi 25 mai 2004, p. 4064.
[3] JOAN, 3e séance du mardi 25 mai 2004, p. 4091.
[4] JOAN, 3e séance du mardi 25 mai 2004, p. 4093.

portée normative de cette Charte adossée à la Constitution. Nous aurions préféré une autre démarche, plus rigoureuse : inscrire le droit de l'environnement dans l'article 1er de la Constitution et recourir à des lois organiques pour le préciser et l'organiser. La méthode que vous avez retenue comporte deux risques : en rester à un simple affichage sans réelle portée, ce qui explique la déception des uns, ou dériver vers le gouvernement des juges, ce qui explique les réticences des autres »[1]. Ce fut la seule mention du risque du gouvernement des juges au cours des débats ; elle résulte d'une bien étrange compréhension de la notion de bloc de constitutionnalité. Christophe Caresche récidiva devant le Congrès du Parlement en soulignant à nouveau ce qu'il qualifia de « méthode inédite et singulière : celle de l'adossement d'un texte, d'une Charte, à la Constitution ». Selon lui « cette méthode donnera une grande latitude au juge constitutionnel. C'est lui qui, en définitive, validera les principes contenus dans la Charte et les interprétera suivant une compétence scientifique qui, à mon sens, reste à démontrer ». De la même manière, s'agissant du principe de précaution, il affirma que « c'est donc la jurisprudence qui devra répondre aux questions que nous avons posées durant le débat, et que nous continuons de poser, sur l'application d'un tel principe, notamment quant à son champ d'application »[2].

Ces critiques paraissent très mal argumentées : elles reconnaissent que c'est la jurisprudence du Conseil constitutionnel qui avait imprimé la signification d'être des normes constitutionnelles aux énoncés compris dans les textes auxquels le préambule renvoie, mais elles font comme si le Conseil pouvait ne pas être tenu de faire de même avec un nouveau renvoi opéré dans le préambule alors qu'il serait lié par une intégration dans le texte de la Constitution. D'une part, si c'est bien le Conseil constitutionnel qui, par son action jurisprudentielle, a reconnu la valeur constitutionnelle du préambule de la Constitution de 1958, il est impropre de dire qu'il a décidé que la Déclaration de 1789 et le préambule de la Constitution de 1946 faisaient partie intégrante du bloc de constitutionnalité : c'est en réaction à sa jurisprudence ayant une lecture extensive de la Constitution que la notion de bloc de constitutionnalité fut employée. D'autre part, soit la contestation de l'adossement consiste à dire que le Conseil avait la possibilité de ne pas tenir compte de la façon dont le préambule est rédigé, mais c'est en contradiction totale avec sa jurisprudence depuis les années 1970 ; soit on considère que le Conseil est libre de ne pas conférer la signification de normes constitutionnelles à des énoncés pourtant formellement intégrés dans la Constitution, mais dans ce cas, ce n'est pas l'adossement qui est visé mais un pouvoir trop fort du Conseil constitutionnel. Or c'est bien ce qui est pointé du doigt, notamment à travers la critique du Conseil constitutionnel pour juger « de ce qui est écologiquement bon ou mauvais ». Il y avait donc une certaine

---

[1] JOAN, 3e séance du mardi 25 mai 2004, p. 4083.
[2] JORF, Congrès du Parlement, 28 février 2005, p. 16.

ambiguïté dans ces critiques quant au rôle du juge. Au fond, ces remarques ne visaient qu'à souligner le rôle du Conseil constitutionnel dans la délimitation du bloc de constitutionnalité pour le déplorer du bout des lèvres mais sans que l'on comprenne pourquoi dès lors que les orateurs étaient favorables au principe même de la constitutionnalisation d'énoncés relatifs à l'environnement, par exemple dans le corps même de la Constitution, ce qui, au fond, n'aurait rien changé ni au bloc de constitutionnalité, ni au pouvoir du Conseil constitutionnel. Ces critiques donnent l'impression de rester figées à la situation juridique de 1958, quand le préambule était synonyme de moindre portée normative.

En dehors de cette curieuse critique sur la forme que prenait la loi constitutionnelle, la seule mention d'une crainte fut le fait du garde des sceaux, Dominique Perben, lorsqu'il évoqua en séance au Sénat « la crainte (parfois exprimée) qu'en renforçant le bloc de constitutionnalité, la Charte ne réduise le pouvoir du législateur ». Selon lui néanmoins « il appartiendra, certes, au Conseil constitutionnel d'exercer son contrôle sur les lois au regard de ces objectifs qui, intégrés au bloc de constitutionnalité, auront pleine valeur constitutionnelle. Ces objectifs, j'insiste sur ce point, seront conciliés avec d'autres règles constitutionnelles et ne pourront revêtir un caractère absolu ». C'est dire si, en à peine dix ans, les parlementaires et gouvernants étaient devenus particulièrement conscients et enthousiastes des possibilités qu'offrait au Conseil constitutionnel l'existence d'une pluralité de sources constitutionnelles. La constitutionnalisation de la Charte de l'environnement se fit finalement sans heurts. Comme devait le relever quelques années plus tard, en synthèse, le rapport Veil « le constituant de 2005 a (...) employé la technique de son prédécesseur de 1958 : la Charte est adossée au Préambule qui renvoie au contenu de ce texte. Mais il l'a fait, cette fois, en parfaite connaissance de cause quant aux implications juridiques de ce choix : il savait que, compte tenu de la décision du Conseil constitutionnel du 16 juillet 1971, la Charte entrerait de la sorte dans le bloc de constitutionnalité. Il a, par là même, confirmé, si besoin était encore, la légitimité de cette décision »[1]. L'extension du bloc de constitutionnalité fut donc sciemment adoptée par le pouvoir constituant (ici les deux assemblées et le Congrès à la majorité qualifiée), consacrant ainsi la jurisprudence du Conseil constitutionnel. Et les juges constitutionnel et administratif ne tardèrent pas à en prendre acte.

---

[1] *Redécouvrir le Préambule de la Constitution* - Rapport du comité présidé par Simone Veil remis le 17 décembre 2008 au président de la République, p. 13. Sur ce rapport voir S. Hennette-Vauchez, « Redécouvrir le préambule de la Constitution, ou l'éthique minimale appliquée à l'expertise constitutionnelle », *article précité*.

Paragraphe 2.
La consécration jurisprudentielle de l'extension du bloc de constitutionnalité

Pour illustrer le décalage entre un texte adopté par un organe du système juridique et l'attribution de la signification d'être des normes constitutionnelles aux énoncés qu'il contient au moment de leur utilisation par les juridictions, l'exemple de la Charte de l'environnement est adéquat. Il démontre, à l'évidence, la capacité dont disposent les juridictions de déterminer la signification juridique d'un texte. L'évolution de l'usage fait par le Conseil constitutionnel et le Conseil d'Etat[1] de la Charte est particulièrement éclairante : ne consacrant pas le statut normatif des énoncés dans un premier temps (A) avant de le faire explicitement (B), puis d'enclencher une dynamique interprétative, certes parfois timide, (C), cet usage illustre non seulement le pouvoir des juges de déterminer la signification juridique des énoncés contenus dans un texte, mais également l'enjeu de ce pouvoir interprétatif au sein des discours juridiques.

---

[1] S'agissant de la Cour de cassation, avant 2010, la Charte de l'environnement est apparue succinctement dans certains arrêts, mais sans réelle portée sur la solution retenue. La chambre criminelle a en effet du décider si le principe de précaution inscrit à l'article 5 de la charte de l'environnement pouvait être invoqué afin d'établir un état de nécessité justifiant la destruction volontaire de plantation de végétaux génétiquement modifiés, exonérant ainsi de leur responsabilité pénale les auteurs de ces infractions. Dans un arrêt du 27 mars 2008 (Cass., crim., 27 mars 2008, n° 07-83009) elle vise le moyen unique de cassation affirmant que l'arrêt d'appel violait notamment « ensemble la charte de l'environnement telle qu'incorporée à la Constitution de 1958 par la loi constitutionnelle du 1er mars 2005, le principe de précaution ». La Cour d'appel de Versailles dans son arrêt rendu le 22 mars 2007 (CA Versailles, 9e Chambre, 22 mars 2007, n° 06/01902) avait jugé que « le principe de précaution implique précisément que le danger n'est ni actuel ni imminent, et par voie de conséquence, il ne saurait justifier la commission d'une infraction ; la notion de précaution doit être intégrée dans une analyse globale d'opportunité qui relève de la seule autorité du pouvoir exécutif et ne saurait interférer avec la notion juridique d'état de nécessité sauf à introduire dans le droit pénal des variations au gré des intérêts divers et contradictoires et donc une insécurité juridique ». Reproduisant l'argumentation ainsi présentée, la Cour de cassation a simplement jugé qu'en statuant ainsi, les juges ont justifié leur décision. Si le moyen visé évoque bien l'incorporation de la Charte à la constitution, on voit que le juge judiciaire n'a pas eu besoin d'expliciter le statut normatif de celle-ci. A noter que depuis l'entrée en vigueur de la question prioritaire de constitutionnalité, la Cour de cassation a déjà eu l'occasion de renvoyer au Conseil constitutionnel, dans un arrêt du 16 juillet 2010 (Cass., crim., 16 juillet 2010, n° 12195), la question de savoir si plusieurs articles du Code des douanes portent « atteinte aux droits et garanties définis par la Constitution et la charte de l'environnement qui y est adossée ».

A. Le doute sur le statut normatif des dispositions comprises dans la Charte

A la suite de la révision constitutionnelle de 2005, le Conseil constitutionnel a eu très rapidement l'occasion de se référer à celle-ci dans sa jurisprudence, dès une décision *Hauchemaille*[1]. Il s'agissait là d'un usage remarquable de la Charte, car on ne se trouvait nullement sur le terrain du contrôle de constitutionnalité des lois mais sur celui du contentieux des décrets relatifs à l'organisation d'un référendum : les requérants demandaient au conseil l'annulation du décret n° 2005-218 du 9 mars 2005 *décidant de soumettre au référendum un projet de loi de ratification du Traité établissant une Constitution pour l'Europe*. Dans les moyens présentés aux fins d'annulation, ils arguaient notamment de la contrariété du Traité à l'article 5 de la Charte de l'environnement relatif au principe de précaution. Pour toute réponse, le Conseil s'est contenté d'affirmer « qu'en tout état de cause, le traité établissant une Constitution pour l'Europe n'est pas contraire à la Charte de l'environnement de 2004 ». Ce faisant, il a laissé entendre, à travers cette formule lapidaire, qu'il avait procédé à l'examen du moyen et qu'il conférait ainsi à la Charte, prise globalement, une force normative. La formulation extrêmement ambiguë laissait pourtant planer un doute sur le statut normatif exact qui lui était reconnu ainsi que sur le point de savoir si c'est l'ensemble des dispositions de la Charte qui était concerné.

Dans le cadre du contrôle de constitutionnalité des lois *a priori*, il a également très vite fait usage de la Charte. Les auteurs d'une saisine invoquèrent l'article 6 de la Charte aux termes duquel « les politiques publiques doivent promouvoir un développement durable. À cet effet, elles concilient la protection et la mise en valeur de l'environnement, le développement économique et le progrès social ». Le Conseil constitutionnel jugea à propos de cet article « qu'il appartient au législateur de déterminer, dans le respect du principe de conciliation posé par ces dispositions, les modalités de sa mise en œuvre », et décida que, par la disposition contestée, « le législateur a ainsi pris des mesures de nature à promouvoir la sécurité maritime et la protection de l'environnement » et « n'a pas, dès lors, méconnu les exigences de l'article 6 de la Charte de l'environnement »[2]. De façon similaire, il a jugé qu'en soumettant les seuls producteurs d'électricité provenant d'une source d'énergie renouvelable à une taxe à l'exportation, le législateur n'avait méconnu « aucun des intérêts mentionnés à l'article 6 de la Charte de l'environnement »[3]. Dans les deux cas, l'article invoqué a bien reçu une force normative, lui conférant un statut supérieur à celui de la loi, mais d'une part le Conseil restait relativement vague au sujet des implications sur le contrôle qu'il exerçait sur le législateur, d'autre part, il n'explicitait pas le

[1] Cons. constit., 24 mars 2005, n° 2005-31 REF, *Rec.*, p. 56.
[2] Cons. constit., 28 avril 2005, n° 2005-514 DC.
[3] Cons. constit., 7 juillet 2005, n° 2005-516 DC.

statut constitutionnel de la norme ainsi produite ; aucun élément de conciliation avec d'autres normes constitutionnelles ne permettait d'en avoir connaissance.

Pour sa part, le Conseil d'Etat a fait application de la Charte une première fois dans un arrêt *Ligue de protection des oiseaux et autres*[1], où il a visé « la Constitution du 4 octobre 1958, ainsi que la Charte de l'environnement de 2004 à laquelle se réfère son Préambule » avant de juger que l'acte attaqué « ne méconnaît pas le principe de précaution formulé dans la Charte de l'environnement ainsi qu'à l'article L. 110-1 du code de l'environnement ». Cette formulation, que l'on retrouve dans d'autres arrêts, fait bien apparaître le principe de précaution comme une norme, mais cette force normative est également rattachée à une disposition législative consacrant le même principe, quoique dans une formulation légèrement différente, de sorte que le juge restait muet sur le statut du principe. Cela s'explique car, si dans ses conclusions Yann Aguila refusait de proposer que « dès lors qu'une législation est intervenue pour mettre en œuvre le principe de précaution, celui-ci ne pourrait plus utilement être invoqué », il notait toutefois en l'espèce que « le principe de protection (...), par son contenu, est encore plus protecteur que le principe de précaution »[2]. Pour autant, dans un arrêt *Association « Eau et rivières de Bretagne »*[3], le Conseil d'Etat a précisé que « lorsque des dispositions législatives ont été prises pour assurer la mise en œuvre des principes énoncés aux articles 1, 2 et 6 de la Charte de l'environnement de 2004, à laquelle le Préambule de la Constitution fait référence en vertu de la loi constitutionnelle n° 2005-205 du 1er mars 2005, la légalité des décisions administratives s'apprécie par rapport à ces dispositions, sous réserve, s'agissant de dispositions législatives antérieures à l'entrée en vigueur de la Charte de l'environnement, quelles ne soient pas incompatibles avec les exigences qui découlent de cette Charte », formule réutilisée dans de nombreux arrêts ultérieurs.

Comme le relevait dans ses conclusions Mattias Guyomar, cette jurisprudence était propre à ces trois articles « l'invocabilité des autres dispositions étant aujourd'hui réservées ». Il justifiait la solution retenue en rappelant que « s'agissant des dispositions du Préambule de la Constitution, certaines sont suffisamment précises pour être immédiatement applicables alors que d'autres, pourtant pourvues de la même valeur juridique, ne sont pas invocables à l'appui d'un recours tant qu'une loi n'en a pas précisé les modalités d'application ». Or s'agissant des trois articles en cause, « leur énoncé est en effet trop peu précis et trop peu impératif pour que ces

---

[1] CE, 6 avril 2006, Ligue pour la protection des oiseaux, n° 283103.

[2] Conclusions sur CE, 6 avril 2006, Ligue pour la protection des oiseaux, précité.

[3] CE, 19 juin 2006, Association « Eaux et rivières de Bretagne », n° 282456 ; *AJDA*, 2006, p. 1584 ; *Bulletin juridique des collectivités locales*, 2006, p. 475, conclusions Guyomar.

dispositions soient d'application directe »[1]. Il ajoutait que « l'intention du constituant venait « au renfort des considérations qui précèdent. Le rapport présenté par Nathalie Kosciusko-Morizet devant l'Assemblée nationale est sans équivoque. Après avoir rangé le droit proclamé à l'article 1er au sein des "droits créances", elle affirme qu'il constitue un "objectif de valeur constitutionnelle s'imposant au législateur et l'appelant à l'initiative" ». Une telle argumentation est particulièrement lourde car elle agrège des arguments de textes à des arguments tirés de l'intention supposée du constituant (ou plus exactement d'une participante à l'élaboration de la loi constitutionnelle en cause) et à des arguments tirés du droit positif, lesquels sont pourtant relativement malvenus dès lors qu'ils font une application de la notion d'objectif de valeur constitutionnelle à une réalité normative à laquelle celle-ci n'est nullement attachée par le Conseil constitutionnel ou par une autre juridiction. La solution retenue ne fut pas sans conséquence.

Sauf incompatibilité avec la Charte, le juge devait privilégier les dispositions législatives antérieures qui la mettaient en œuvre. Or, la grande majorité des dispositions du code de l'environnement, qui lui sont antérieures, peuvent être considérées comme mettant en œuvre la Charte, notamment l'article préliminaire de ce code qui énonce des principes dont beaucoup se retrouvent dans la Charte. Cela réduisait d'autant l'utilité de celle-ci pour le contrôle exercé par le juge administratif. Par ailleurs, dans le cas du contrôle de compatibilité des dispositions législatives antérieures à la loi constitutionnelle ayant intégré la Charte dans le préambule de la Constitution, il s'agit théoriquement d'un contrôle de l'abrogation d'une disposition par une autre[2]. Le juge administratif accepte de discuter de ce moyen depuis longtemps[3] et il n'hésite pas à déclarer abrogées les dispositions législatives antérieures qui se heurtent à des dispositions constitutionnelles postérieures, comme l'atteste l'arrêt *Société Eky* dans lequel, on l'a vu, le Conseil d'Etat a jugé une disposition du Code pénal incompatible avec les articles 34 et 37 de la Constitution[4]. Comme l'illustrent des conclusions prononcées par Jacques-Henri Stahl, il s'agit de faire prévaloir la norme postérieure dès lors qu'elle

[1] Conclusions précitées.

[2] Sur l'existence de ce contrôle par le juge, voir J. Trémeaux, « La caducité des lois incompatibles avec la constitution », *AIJC*, 1990, p. 219 ; C.-E. Senac, « Le constat juridictionnel de l'abrogation implicite d'une loi par la Constitution », *RDP*, 2008, p. 1081 ; S. Ferrari, « De l'art du trompe-l'œil : l'abrogation implicite de la loi par la Constitution au service d'un continuum constitutionnel », *RFDC*, 2010, p. 497 ; G. Eveillard, « Abrogation implicite ou inconstitutionnalité de la loi ? Les vicissitudes de l'abrogation implicite de la loi par une disposition constitutionnelle postérieure, entre postérité et supériorité », *RDFA*, 2011, p. 353.

[3] CE, 22 avril 1955, Association Franco-Russe dite Rousky-Dom, *Rec*., p. 202.

[4] Arrêt précité du 12 février 1960.

est égale ou supérieure à celle qu'elle contredit[1]. Autrement dit, c'est la maxime *Lex posterior* et le critère chronologique qui fonde cette jurisprudence, et non la maxime *Lex superior* et le critère hiérarchique. Dès lors, elle n'établit aucun rapport hiérarchique entre les normes et ne permet pas de connaître avec précision leurs statuts respectifs.

B. La consécration explicite du statut constitutionnel des dispositions de la Charte

Invité par les auteurs d'une saisine portant sur une loi relative aux organismes génétiquement modifiés à se prononcer sur la conformité de certains articles de la loi au principe de précaution inscrit à l'article 5 de la Charte ainsi qu'à son article 7 selon lequel « toute personne a le droit, dans les conditions et les limites définies par la loi, d'accéder aux informations relatives à l'environnement détenues par les autorités publiques et de participer à l'élaboration des décisions publiques ayant une incidence sur l'environnement », le Conseil constitutionnel en a profité pour clarifier le statut des énoncés contenus dans la Charte. Il a affirmé, s'agissant de l'article 5, « que ces dispositions, comme l'ensemble des droits et devoirs définis dans la Charte de l'environnement, ont valeur constitutionnelle ; qu'elles s'imposent aux pouvoirs publics et aux autorités administratives dans leur domaine de compétence respectif ; que, dès lors, il incombe au Conseil constitutionnel, saisi en application de l'article 61 de la Constitution, de s'assurer que le législateur n'a pas méconnu le principe de précaution et a pris des mesures propres à garantir son respect par les autres autorités publiques »[2]. Il a ainsi explicitement conféré la signification de normes constitutionnelle aux énoncés contenus dans la Charte en usant d'une formulation particulièrement nette, visant à réfuter toute interrogation sur la normativité de certaines dispositions de la Charte. Il n'avait jamais été aussi clair auparavant ce qui conduit à penser que l'énoncé « limpide et solennel » de ce statut constitutionnel est bien davantage qu'un simple « rappel »[3]. Ce faisant, il s'est offert une réserve considérable de nouvelles normes revêtues de l'autorité constitutionnelle opposables au législateur. Comme l'a relevé Véronique Champeil-Desplats, le mérite essentiel de cette décision est « d'écarter, par sa généralité, toute

---

[1] CE, 16 décembre 2005, Syndicat national des huissiers de justice, *Rec.*, p. 570, conclusions Stahl.

[2] Cons. constit., 19 juin 2008, n° 2008-564 DC.

[3] E. Brosset, « Loi relative aux OGM (à propos de la décision du Conseil constitutionnel n° 2008-564 DC du 19 juin 2008). Le législateur, la Charte de l'environnement et le droit communautaire devant le Conseil constitutionnel », *RDP*, 2009, p. 1185.

appréciation au cas par cas de la valeur constitutionnelle des dispositions de la Charte »[1].

Le Conseil d'Etat a suivi une voie proche de celle du Conseil constitutionnel. Si les premiers arrêts dans lesquels il faisait mention de la Charte laissaient planer un doute sur le statut normatif accordé à ses dispositions, il a précisé sa portée en deux temps. Tout d'abord, il a évoqué dans un arrêt les « moyens tirés de la violation des exigences et obligations de la charte de l'environnement à valeur constitutionnelle »[2]. Cette formulation générale semblait nette, mais c'est dans un arrêt *Commune d'Annecy*[3] qu'il a clarifié sans équivoque la portée des dispositions de la Charte, à l'invitation de son commissaire du Gouvernement, de façon si manifeste que l'on a pu évoquer un « point d'orgue dans le mouvement de prise en compte de la Constitution par le juge administratif »[4]. Il s'est en effet appuyé sur l'article 34 de la Constitution dans sa rédaction issue de la loi constitutionnelle du 1er mars 2005 et sur l'article 7 de la Charte de l'environnement « à laquelle le Préambule de la Constitution fait référence en vertu de la même loi constitutionnelle » pour préciser « que ces dernières dispositions, comme l'ensemble des droits et devoirs définis dans la Charte de l'environnement, et à l'instar de toutes celles qui procèdent du Préambule de la Constitution, ont valeur constitutionnelle ; qu'elles s'imposent aux pouvoirs publics et aux autorités administratives dans leurs domaines de compétence respectifs ». Il en a conclu que ces dispositions réservent au législateur « le soin de préciser les conditions et les limites dans lesquelles doit s'exercer le droit de toute personne à accéder aux informations relatives à l'environnement détenues par les autorités publiques et à participer à l'élaboration des décisions publiques ayant une incidence sur l'environnement », limitant la compétence du pouvoir réglementaire aux mesures d'application de la loi. Le juge a ainsi raisonné classiquement, prenant appui sur le préambule de la Constitution de 1958, afin de conférer la signification de normes constitutionnelles à l'ensemble des dispositions de la Charte. Il a également rappelé au passage, à travers ce qui a pu être qualifié d'« obiter dictum »[5], que c'est également le cas des autres dispositions « procédant » du Préambule.

Ces deux décisions procèdent en réalité d'une logique volontariste visant à consacrer une fois pour toutes le statut de normes constitutionnelles des

---

[1] V. Champeil-Desplats, « La Charte de l'environnement prend son envol aux deux ailes du Palais-Royal », *Revue juridique de l'environnement*, 2009, p. 234.

[2] CE, 21 décembre 2007, Ministre de l'économie, des finances et de l'industrie c/ Communauté de communes du Villeneuvois, n° 300041, 300056.

[3] CE, 3 octobre 2008, Commune d'Annecy, n° 297931.

[4] E. Carpentier, « Le juge administratif et la Charte de l'environnement », *RDP*, 2009, p. 450.

[5] V. Champeil-Desplats, « La Charte de l'environnement prend son envol aux deux ailes du Palais-Royal », *article précité*, p. 240.

dispositions contenues dans la Charte alors même qu'un mouvement doctrinal[1] remettait en cause la signification juridique exacte de ces dispositions[2] et que, comme on l'a vu, le Conseil d'Etat était resté particulièrement timide dans les premiers cas d'application de la Charte. Des arguments de texte avaient été utilisés en doctrine pour mettre en avant le flou des dispositions en cause et s'interroger sur leur statut exact. Bertrand Mathieu a ainsi pu « s'interroger sur la portée juridique des dispositions contenues dans ce texte », voyant dans certains articles « des formules qui relèvent de la catégorie des déclarations de principe » et sans « véritable portée normative », ou considérant que certains autres ne donnaient naissance qu'à des objectifs de valeur constitutionnelle[3]. Cette dernière qualification n'est pas neutre dès lors qu'ainsi que l'a relevé Anne Levade, « l'effectivité [des objectifs de valeur constitutionnelle] se trouve doublement limitée, par leur opposabilité relative au législateur et leur non-invocabilité par les particuliers devant le juge ordinaire »[4].

Dans ses conclusions sur l'arrêt *Commune d'Annecy*, Yann Aguila affirmait en réaction que l'affaire en instance était l'occasion d'« apporter une contribution à la réflexion sur la valeur des textes constitutionnels et sur leur place dans le procès administratif »[5], révélant une volonté de clarifier le statut normatif des énoncés constitutionnels. Dans cette perspective, il notait en préalable qu'il était « prévisible », que ce soit au juge qu'il revienne « de préciser la valeur et la portée de la Charte de l'environnement »[6]. On peut difficilement affirmer plus nettement le rôle des juridictions dans la détermination du statut normatif des énoncés, quel que soit le texte juridique qui les contient. En l'occurrence, l'objectif était plus précisément « d'affirmer

---

[1] Voir M.-A. Cohendet, « La doctrine de la Charte de l'environnement : nos choix et leurs conséquences », *Revue juridique de l'environnement*, 2016, HS, n° 16, p. 296.

[2] Sur la portée de la Charte, voir notamment A. Capitani, « La Charte de l'environnement, un leurre constitutionnel ? », *RFDC*, 2005, p. 493 ; N. Chahid-Nouraï, « La portée de la Charte pour le juge ordinaire, *AJDA*, 2005, p. 1175 ; M.-A. Cohendet, N. Huten, « La Charte de l'environnement deux ans après : chronique d'une anesthésie au Palais-Royal », *Revue juridique de l'environnement*, 2007, p. 288 ; B. Mathieu, « Observations sur la portée normative de la Charte de l'environnement », *Les Cahiers du Conseil constitutionnel*, n° 15, 2003, p. 145 ; O. Carton, « De l'inutilité d'une constitutionnalisation du droit de l'environnement ? », *LPA,* n° 175, 2005, p. 3 ; C. Landais, F. Lenica, « Premières précisions sur la portée juridique de la Charte de l'environnement, *AJDA*, 2006, p. 1584.

[3] B. Mathieu, « Observations sur la portée normative de la Charte de l'environnement », *article précité*, p. 145.

[4] A. Levade, « L'objectif de valeur constitutionnelle, vingt ans après : Réflexions sur une catégorie juridique introuvable », in *Mélanges en l'honneur de Pierre Pactet. L'esprit des institutions, l'équilibre des pouvoirs*, Paris, Dalloz, 2003, p. 698.

[5] Conclusions précitées, p. 1147.

[6] *Ibid.*, p. 1149.

solennellement que tout justiciable peut se prévaloir de la Charte de l'environnement devant le juge administratif et, plus largement, de marquer le rôle du juge administratif comme acteur majeur du droit de l'environnement »[1]. Le premier objectif était donc de reconnaître une force normative aux dispositions de la Charte, mais également d'expliciter leur statut constitutionnel. Il relevait en effet que « la circonstance que les principes figurent non pas dans le corps de la Constitution, mais dans un texte annexe n'a bien évidemment aucune incidence » car la jurisprudence du Conseil d'Etat « a de longue date reconnu la valeur juridique du Préambule et des textes auxquels il renvoie », et qu'ainsi, « il faut donc raisonner très exactement comme si les dix articles de la Charte figuraient dans le corps même de la Constitution »[2]. On est bien loin de la jurisprudence timide de la IVème République relative au préambule de la Constitution de 1946 ainsi que des débats du Comité consultatif constitutionnel sur le statut du préambule de la Constitution de 1958. On comprend également que le débat relatif à l'adossement de la Charte durant les travaux parlementaires était particulièrement mal pensé. On mesure ainsi l'évolution dans la conception à la fois du rôle d'un préambule et surtout de la normativité de la Constitution. Car la Constitution telle que Yann Aguila l'entend est un ensemble composite, rassemblant des énoncés auxquels le juge reconnaît la qualité de normes constitutionnelles ; on pense immanquablement à la constitution sociale de Maurice Hauriou, à la doctrine de Léon Duguit ou à d'autres constructions visant à faire de la constitution, non un texte, mais un ensemble normatif dont le juge maîtrise le contenu.

Il convient de noter qu'afin de faire totalement triompher la normativité de l'ensemble des dispositions de la Charte, Yann Aguila a dû écarter deux objections classiques du discours juridique : la première qui apparaissait notamment dans les débats portant sur le statut du préambule de la Constitution de 1958, relative à l'imprécision des énoncés concernés ; la seconde insistant sur le renvoi au législateur pour mettre en œuvre certaines dispositions de la Charte. A rebours de ces objections, qui figuraient dans certains commentaires doctrinaux relatifs à la Charte[3], il a nettement affirmé que « ni le caractère imprécis d'une disposition constitutionnelle, ni le fait

---

[1] *Ibid.*, p. 1148.

[2] *Ibid.*, p. 1152.

[3] V. Champeil-Desplats relève qu'il est probable que les doutes doctrinaux aient été partagés par une partie des membres du Conseil d'Etat, et que les conclusions de Y. Aguila visaient ainsi notamment à « damer le pion » à ceux-ci, « La Charte de l'environnement prend son envol aux deux ailes du Palais-Royal », « La Charte de l'environnement prend son envol aux deux ailes du Palais-Royal », *article précité*, p. 225. De façon plus générale, sur la « gestion normative » des principes relatifs au droit de l'environnement par le juge, voir M. Gros, « Quel degré de normativité pour les principes environnementaux ? », *RDP*, 2009, p. 425.

qu'elle renvoie à la loi ne constituent un obstacle à son invocation contre un acte administratif »[1]. C'est dans cette lignée que se situe la formulation retenue par le Conseil d'Etat dans l'arrêt, qui ne laissait plus le moindre doute sur le statut normatif des énoncés compris dans la Charte ou plus généralement dans les textes mentionnés dans le préambule[2]. Par la suite, il a par exemple fait application du principe de précaution en citant à la fois l'article 5 de la Charte et l'article L.110-1 du code de l'environnement mais sans rappeler explicitement sa valeur constitutionnelle (car celle-ci se déduit de la citation de la Charte)[3].

C. La dynamique interprétative

Une fois acquise la reconnaissance de la pleine portée juridique constitutionnelle des énoncés compris dans la Charte, le Conseil d'Etat a franchi un nouveau pas en estimant que « le droit de chacun de vivre dans un environnement équilibré et respectueux de la santé, tel que proclamé par l'article premier de la Charte de l'environnement, présente le caractère d'une liberté fondamentale au sens de l'article L. 521-2 du CJA »[4]. Cette reconnaissance s'est faite pour esquiver celle, plus générale, d'un droit à l'environnement invocable dans le cadre du référé-liberté. Comme le notait le rapporteur public, Philippe Ranquet, « il nous semble ainsi que vous pourriez retenir que le droit de chacun de vivre dans un environnement équilibré et respectueux de la santé présente le caractère d'une liberté fondamentale au sens de l'article L. 521-2 du code de justice administrative, mais en précisant qu'il ne peut être invoqué qu'en considération de la situation personnelle du requérant, notamment si ses conditions ou cadre de vie sont directement affectés. Il lui appartiendrait dès lors de faire état de circonstances particulières caractérisant la nécessité pour lui de bénéficier, dans le très bref délai prévu par ces dispositions, d'une mesure de la nature de celles qui

[1] Conclusions précitées, p. 1152.

[2] Le Conseil d'Etat réutilisa son considérant de principe affirmant le statut constitutionnel des dispositions de l'article 7 de la Charte dans un arrêt dans lequel il exerce un contrôle de la compatibilité de dispositions législatives datant de 1992 qui donnaient compétence au pouvoir réglementaire pour « définir les modalités de l'information du public sur les effets de la dissémination volontaire » (CE, 24 juillet 2009, Comité de Recherche et d'Information Indépendante sur le Génie Génétique, n° 305314 et 305315). Il en a écarté l'application en jugeant que l'entrée en vigueur de la loi constitutionnelle intégrant la Charte au préambule avait « implicitement mais nécessairement eu pour effet de les abroger ». Dans ce cas cependant, on l'a vu, la réaffirmation explicite du statut constitutionnel de la Charte n'a aucun impact sur la solution retenue, car seul le critère chronologique fonde celle-ci.

[3] CE, 12 avril 2013, Association coordination interrégionale stop THT et autres, n° 42409 et suivants.

[4] CE, 20 septembre 2022, M. et Mme Panchaud, n° 451129.

peuvent être ordonnées sur ce fondement »[1]. On constate ici la prudence du juge administratif pour assurer une protection concrète et effective d'un droit qui est pourtant fondamental dans l'économie de la Charte.

Le Conseil constitutionnel semblait hésiter entre interprétation constructive et tentative de freiner les avances que la Charte pourrait receler. Ainsi, s'agissant des principes de prévention et pollueur-payeur (articles 3 et 4 de la Charte de l'environnement), ceux-ci trouvent à s'appliquer au législateur : il lui incombe de déterminer les modalités de la mise en œuvre de ces dispositions[2]. En revanche, on relèvera que le Conseil constitutionnel a refusé d'en déduire des obligations positives[3] pesant sur le législateur. Il avait été saisi d'une loi de finances qui comportait initialement une hausse des redevances pollutions diffuses / eau afin, selon le Gouvernement « d'adapter, à compter du 1er janvier 2025, la fiscalité aux enjeux environnementaux relatifs à la pollution et à la raréfaction de la ressource en eau. Il vise ainsi à renforcer les principes de pollueur-payeur et préleveur-payeur, tout en rééquilibrant la charge fiscale sur l'eau pesant sur les différentes catégories de redevables ». Cette hausse avait été supprimée au cours de la discussion de la loi au Parlement. Pourtant, le Conseil constitutionnel a refusé d'entrer dans l'argumentation des auteurs de la saisine selon lesquels la hausse des redevances initialement envisagée par le Gouvernement était prévue en application de l'article 4 de la Charte de l'environnement, comme semblait en convenir le Gouvernement dans sa présentation du projet de loi initial. Autrement dit, les auteurs de la saisine estimaient que pesait sur le législateur des obligations positives de lutter contre la pollution ou la consommation excessive d'eau potable au titre de l'article 4 de la Charte et qu'en faisant machine arrière, il les avait méconnues. Le Conseil s'est contenté de relever que « s'il incombe au législateur d'exercer pleinement la compétence que lui confie la Constitution et, en particulier, son article 34, le grief tiré de l'incompétence négative du législateur ne peut être utilement présenté devant le Conseil constitutionnel qu'à l'encontre de dispositions figurant dans la loi qui lui est soumise et à la condition de contester les insuffisances du dispositif qu'elles instaurent »[4].

Pour autant, en s'appuyant sur le préambule de la Charte, le Conseil constitutionnel a créé une norme constitutionnelle indépendante sous la forme d'un objectif de valeur constitutionnelle. Ainsi, « aux termes du préambule de

---

[1] Conclusions sur CE, 20 septembre 2022, M. et Mme Panchaud, n° 451129.

[2] Cons. constit., 8 avril 2011, n° 2011-116 QPC ; Cons. constit., 5 février 2021, n° 2020-881 QPC du 5 février 2021.

[3] Voir P. Baumann, « À propos des obligations positives dans la jurisprudence du Conseil constitutionnel », *RFDC*, 2020, p. 883.

[4] Cons. constit., 28 décembre 2023, n° 2023-862 DC. Voir sur ce point : J.-S. Boda, « Le Conseil constitutionnel et l'article 4 de la Charte de l'environnement : sur une occasion manquée », *JCP A*, n° 15, 15 avril 2024, act. 197.

la Charte de l'environnement : "l'avenir et l'existence même de l'humanité sont indissociables de son milieu naturel … l'environnement est le patrimoine commun des êtres humains… la préservation de l'environnement doit être recherchée au même titre que les autres intérêts fondamentaux de la Nation … afin d'assurer un développement durable, les choix destinés à répondre aux besoins du présent ne doivent pas compromettre la capacité des générations futures et des autres peuples à satisfaire leurs propres besoins". Il en découle que la protection de l'environnement, patrimoine commun des êtres humains, constitue un objectif de valeur constitutionnelle »[1]. De même il a pu juger qu'« il résulte (...) du préambule de la Charte de l'environnement que la préservation de l'environnement doit être recherchée au même titre que les autres intérêts fondamentaux de la Nation et que les choix destinés à répondre aux besoins du présent ne doivent pas compromettre la capacité des générations futures à satisfaire leurs propres besoins » et en tirer pour conséquence que les dispositions assurant le maintien en exploitation d'un terminal méthanier flottant ainsi que l'installation d'un tel terminal sur le site portuaire du Havre « ne sauraient s'appliquer que dans le cas d'une menace grave sur la sécurité d'approvisionnement en gaz (…) sauf à méconnaître l'article 1er de la Charte de l'environnement »[2].

Dans cette même décision, il a mis en avant pour la première fois « les exigences constitutionnelles inhérentes à la sauvegarde des intérêts fondamentaux de la Nation, au nombre desquels figurent l'indépendance de la Nation ainsi que les éléments essentiels de son potentiel économique ». Autrement dit, il a interprété le préambule de la Charte pour produire des exigences constitutionnelles susceptibles d'entrer directement en opposition avec l'objectif de valeur constitutionnelle de protection de l'environnement là où, précédemment, il n'avait dégagé qu'un objectif de valeur constitutionnelle de sauvegarde des intérêts fondamentaux de la Nation en matière de protection du secret de la défense nationale[3]. Comme l'a noté Philippe Coleman, « c'est d'autant plus remarquable que le Conseil constitutionnel consacre pour la première fois dans cette décision la préservation, de la capacité des générations futures à satisfaire leurs propres besoins, pour l'écarter immédiatement afin de faire prévaloir la sauvegarde des intérêts fondamentaux de la Nation en cas de menace grave »[4].

Dans une décision ultérieure, relative à la relance d'un programme de nucléaire civil, il a jugé qu'« en adoptant des mesures propres à accélérer la réalisation de nouveaux réacteurs électronucléaires, le législateur a entendu créer les conditions qui permettraient d'augmenter les capacités de production

---

[1] Cons. constit., 31 janvier 2020, n° 2019-823 QPC.

[2] Cons. constit., 12 août 2022, n° 2022-843 DC.

[3] Cons. constit, 10 novembre 2011, n° 2011-192 DC.

[4] P. Coleman, « La sauvegarde des intérêts fondamentaux de la Nation en matière économique », *Droit administratif*, 2023, n° 10, p. 29.

d'énergie nucléaire afin notamment de contribuer à la réduction des émissions de gaz à effet de serre. Il a ainsi mis en œuvre les exigences constitutionnelles inhérentes à la sauvegarde des intérêts fondamentaux de la Nation, au nombre desquels figurent l'indépendance de la Nation ainsi que les éléments essentiels de son potentiel économique, et poursuivi l'objectif de valeur constitutionnelle de protection de l'environnement ». Puis, de façon plus précise, il a estimé qu'en adoptant des dispositions prévoyant que la réalisation d'un réacteur électronucléaire satisfaisant à certaines conditions était constitutive d'une raison impérative d'intérêt public majeur de nature à justifier la délivrance d'une dérogation aux interdictions de porter atteinte à des espèces protégées ainsi qu'à leurs habitats, le législateur avait « mis en œuvre les exigences constitutionnelles inhérentes à la sauvegarde des intérêts fondamentaux de la Nation, au nombre desquels figurent l'indépendance de la Nation ainsi que les éléments essentiels de son potentiel économique, et poursuivi l'objectif de valeur constitutionnelle de protection de l'environnement ». On constate que le Conseil a semblé chercher à utiliser ensemble deux normes qui peuvent pourtant paraître antinomiques. Dans les deux cas, son objectif n'est autre que de justifier le contenu de la loi, non de la contrôler de façon approfondie[1].

Le Conseil constitutionnel opère de façon générale une distinction entre le contrôle *a priori* et le contrôle *a posteriori* de la loi, certaines dispositions de la Charte n'étant invocables que dans le cadre du premier de ces deux types de contrôle[2]. Ainsi, il a pu juger qu'aucun des alinéas du préambule de la Charte « n'institue un droit ou une liberté que la Constitution garantit »[3]. Dans le cadre du contrôle *a priori*, les énoncés compris dans la Charte sont pleinement conciliés avec les autres normes constitutionnelles par le juge. Il a ainsi estimé que « l'article 1er de la Charte de l'environnement dispose que "chacun a le droit de vivre dans un environnement équilibré et respectueux de la santé". Les limitations apportées par le législateur à l'exercice de ce droit doivent être liées à des exigences constitutionnelles ou justifiées par un motif d'intérêt général et proportionnées à l'objectif poursuivi »[4].

La révision relative à la Charte de l'environnement, en même temps qu'elle visait à étendre le bloc de constitutionnalité en fournissant au Conseil

[1] Ce sentiment semble confirmé par une décision où le Conseil constitutionnel a jugé que, par une loi incriminant la participation à une entreprise de démoralisation de l'armée en vue de nuire à la défense nationale, le législateur avait « entendu mettre en œuvre » les exigences constitutionnelles inhérentes à la sauvegarde des intérêts fondamentaux de la Nation (Cons. constit, 17 janvier 2025, n° 2024-1117/1118 QPC).

[2] Sur les difficultés qui demeurent dans l'application de la Charte voir M. Deffairi, « La portée constitutionnelle des dispositions de la Charte de l'environnement », *article précité*.

[3] Cons. constit., 7 mai 2014, n° 2014-394 QPC.

[4] Cons. constit., 9 mars 2023, n° 2023-848 DC.

constitutionnel un nouveau texte juridique à partir duquel il allait pouvoir produire des normes relatives à la protection de l'environnement, ce que le texte de la Constitution ou les deux textes référencés dans le préambule rendait plus difficile[1], a considérablement étendu la substance constitutionnelle à un domaine qui, jusque-là, lui était inconnu. Indépendamment de la qualification souvent utilisée de droits de troisième génération, on ne peut que constater la plasticité de la Constitution, capable d'accueillir des règles et principes de fond dans un domaine totalement étranger au libéralisme de la fin du XVIIIème siècle ou à la préoccupation sociale de l'après-guerre.

Section 2. La reconnaissance du bloc de constitutionnalité

Cette reconnaissance fut triple : elle est passée à la fois par l'instauration de la réforme de la question prioritaire de constitutionnalité qui a créé la catégorie des « droits et libertés que la Constitution garantit » (Paragraphe 1), par la remise du rapport Veil qui, saluant le travail du Conseil constitutionnel en matière de droits fondamentaux à travers l'érection du bloc de constitutionnalité, se refusa à proposer des modifications importantes du préambule de la Constitution (Paragraphe 2) mais également par l'adjonction, dans le texte de la Constitution, de nouveaux principes de fond (Paragraphe 3).

Paragraphe 1.
L'instauration de la question prioritaire de constitutionnalité

Créé par décret du 18 juillet 2007, le comité de réflexion et de proposition sur la modernisation et le rééquilibrage des institutions de la Vème République, présidé par l'ancien Premier ministre Edouard Balladur, - dont on se souvient des propos peu amènes envers le bloc de constitutionnalité en 1993 -, avait un large champ de réflexion qui portait autant sur les aspects institutionnels que normatifs de la Constitution, et son rapport devait aboutir à la copieuse révision constitutionnelle du 23 juillet 2008[2] instaurant notamment la question prioritaire de constitutionnalité.

---

[1] Mais pas impossible dans la mesure où la Cour européenne des droits de l'homme a pu développer une protection des exigences environnementales à partir d'un texte qui n'y faisait pas référence : elle s'est pour cela appuyée, de façon fort constructive, sur le droit à la vie privée et familiale de l'article 8 de la Convention européenne des droits de l'homme (voir par exemple CEDH, 9 avril 2024, Verein KlimaSeniorinnen Schweiz et autres c. Suisse, n° 53600/20).

[2] Loi constitutionnelle n° 2008-724 du 23 juillet 2008 *de modernisation des institutions de la Vème République*.

Dans son rapport[1] le comité avait rappelé que « le Préambule de la Constitution a vocation, par nature, à conférer (aux) droits, dont chacun porte la marque de l'époque à laquelle ils ont été consacrés une place éminente. Mais les termes du préambule ne peuvent, en dépit de la solennité qui s'attache à leur formulation, être regardés comme intangibles ; le pouvoir constituant a le devoir de veiller à leur adaptation »[2]. Il n'avait toutefois pas souhaité recommander de modification de ce dernier. En revanche, il « recommandait aux pouvoirs publics que l'article 61 de la Constitution soit modifié de telle sorte qu'il prévoit : "Le Conseil constitutionnel peut, à l'occasion d'une instance en cours devant une juridiction, être saisi par voie d'exception aux fins d'apprécier la conformité d'une loi aux libertés et droits fondamentaux reconnus par la Constitution (…)" »[3]. Une telle proposition ne pouvait que consacrer à nouveau l'existence du bloc de constitutionnalité puisque c'est à partir de la décision de 1971 que de nombreuses normes constitutionnelles ont permis de protéger des droits et libertés variés. De fait, la proposition fut reprise par le Gouvernement – avec quelques aménagements techniques – dans son projet de loi constitutionnelle déposé devant l'Assemblée nationale : c'est la procédure de la question prioritaire de constitutionnalité.

La mise en place de cette procédure suscita peu de réactions au cours de l'examen du texte. Dans son rapport à la commission des lois de l'Assemblée nationale, son président, Jean-Luc Warsmann, nota qu'il « s'agit, d'abord, de répondre à un besoin de défense des droits fondamentaux et des libertés individuelles. Il apparaît, en effet, que la possibilité de faire référence, pour tout justiciable, à cette norme juridique fondamentale qu'est la Constitution doit être considérée comme une avancée dans la protection juridique dont tout citoyen profiterait, ce d'autant plus que le bloc de constitutionnalité s'enrichit constamment grâce à la jurisprudence du Conseil constitutionnel. "C'est la conception moderne selon laquelle le droit et la loi sont toujours vivants, qui s'oppose à la conception statique, retardataire, scolastique, d'un contrôle purement *a priori* des lois". Une telle réforme répondrait ainsi profondément à une vision "vivante" du droit ». Il ajouta que, dans le texte proposé à l'Assemblée et qui sera finalement voté conforme sur ce point, « la question ne pourra être posée que sur le fondement d'une atteinte aux "droits et libertés garanties par la Constitution" ; d'une part, il n'est pas question de juger d'une loi dans son aspect procédural ou au regard de la compétence de son auteur ; mais, d'autre part, cette précision permettra néanmoins de confronter la disposition à l'ensemble du contenu du "bloc de constitutionnalité",

---

[1] *Une Ve République plus démocratique*, rapport du comité de réflexion et de proposition sur la modernisation et le rééquilibrage des institutions de la Ve République, [https://medias.vie-publique.fr/data_storage_s3/rapport/pdf/074000697.pdf].

[2] *Ibid.*, p. 85.

[3] *Ibid.*, p. 90.

comprenant à la fois les droits et libertés garantis par la Déclaration de 1789, l'ensemble des principes particulièrement nécessaires à notre temps énoncés par le préambule de la Constitution 1946 et les principes fondamentaux reconnus par les lois de la République ». Il fit ainsi une confusion – regrettable – en laissant à penser que les normes issues du texte de la Constitution ne faisaient pas partie du bloc de constitutionnalité.

Dans son rapport à la commission des lois du Sénat, Jean-Jacques Hyest relevait plus exactement que « les "droits et libertés" garantis par la Constitution sont ceux qui figurent dans la Constitution et les textes cités dans son Préambule (Déclaration des droits de l'Homme et du citoyen de 1789, Préambule de la Constitution de 1946 - qui renvoie aussi aux principes fondamentaux reconnus par les lois de la République - et la Charte de l'environnement de 2003 [*sic.*]) ». A travers ces deux rapports, on voit que l'existence du bloc de constitutionnalité, reconnue, est mise en avant comme nécessaire à la réforme puisque c'est dans le bloc – et non dans le seul texte de la Constitution – que se trouvent les énoncés reconnaissant des droits et libertés mobilisables dans le cadre de la procédure mise en place.

La réforme de la question prioritaire de constitutionnalité ne fit quasiment l'objet d'aucun débat en séance – contrairement aux autres innovations constitutionnelles contenues dans la révision constitutionnelle. Personne ne fit remarquer qu'elle fragilisait d'autant plus la loi qu'elle pourrait désormais faire l'objet d'un contrôle à deux moments de son existence juridique – il est vrai qu'entre temps les progrès du contrôle de conventionnalité avaient sans doute rendu obsolètes les contestations de ce type. Il n'y a eu pas davantage de remarque sur le fait qu'une nouvelle catégorie de normes constitutionnelles était en quelque sorte créée au sein du bloc de constitutionnalité : les droits et libertés que la Constitution garantit. Il faut insister alors sur le fait que le législateur avait parfaitement reconnu la légitimité de l'extension de la Constitution opérée par le Conseil constitutionnel : le bloc de constitutionnalité n'était, à cette époque, plus un gros mot dans les débats politiques.

Paragraphe 2.
Le rapport Veil, reconnaissance du travail jurisprudentiel du Conseil constitutionnel

Consacré avec la révision constitutionnelle de 2005, le bloc de constitutionnalité devait se voir pleinement confirmé avec la mise en place du comité de réflexion sur le préambule de la Constitution, présidé par Simone Veil, par décret du 9 avril 2008. Il avait reçu « pour mission de réfléchir à la création de droits constitutionnels ambitieux parce que destinés à faciliter la résolution de problèmes d'une complexité redoutable »[1]. Sa seule préconisation fut d'ajouter à l'article 1er de la Constitution une référence à l'égale dignité de chacun. Dès son introduction, le rapport nota que longtemps « la Constitution n'a été envisagée en France que comme l'ensemble des normes juridiques régissant l'organisation des pouvoirs publics et c'est seulement lorsque le Conseil constitutionnel a conféré valeur constitutionnelle aux dispositions de la Déclaration de 1789 et à celles du Préambule de 1946 que les droits et libertés énoncés dans ces textes (d'aucuns figurent dans le corps même de la Constitution) et réduits jusqu'alors à l'état de demi-sommeil juridique ont fait partie intégrante de la vie de nos concitoyens »[2]. Pour le comité « cette véritable révolution dans le droit constitutionnel français a produit une rupture d'autant plus forte qu'elle a eu pour effet de faire entrer dans le "bloc de constitutionnalité" des principes proclamés en 1789 et en 1946, plus généraux ou moins précis que ceux qui figurent dans le texte de la Constitution de 1958 proprement dite et autorisant donc au juge de la rue Montpensier ou plutôt exigeant de lui davantage de créativité dans l'interprétation des normes de référence. Le juge constitutionnel a été ainsi amené, à travers le contrôle de constitutionnalité des lois, à formuler les principes constitutionnels qui fondent celles-ci, tout en n'hésitant pas à découvrir lui-même de nouveaux principes, en symbiose avec l'évolution de la société, exprimant ainsi une certaine "idée de droit", selon le mot célèbre de Georges Burdeau ». Le rapport prenait ainsi pleinement acte de l'existence du bloc de constitutionnalité, semblant même considérer qu'il préexistait à la décision de 1971.

Le rapport prit également acte que la décision de 1971 « qui a marqué le véritable acte de naissance de l'institution (...) n'a jamais été remise en cause par le constituant » et affirma qu'« en vertu de cette décision fondatrice, toutes les règles énoncées dans le Préambule ont donc une égale valeur constitutionnelle et sont réputées, par là même, ne pouvoir être hiérarchisées entre elles, de sorte qu'elles doivent faire l'objet d'une conciliation permanente puisque les éventuels conflits de normes ne peuvent être résolus en faisant prévaloir telle ou telle au prétexte, par exemple, de son caractère plus récent »[3]. En résumé, selon le comité, « la superposition des normes d'inspirations diverses aujourd'hui additionnées dans le Préambule est l'une

[1] Cette commission succédait, de ce point de vue, à deux commissions qui avaient pu réfléchir à la question sans débouché sur le plan politique : en 1975 la commission spéciale présidée par E. Faure, qui avait préparé une nouvelle déclaration de droits qui aurait eu pour vocation de s'ajouter aux autres textes constitutionnels sans être formellement intégrée au Préambule ; en 1992 le Comité consultatif pour la révision de la Constitution présidé par G. Vedel qui avait envisagé la consécration constitutionnelle de certains droits nouveaux.

[2] *Redécouvrir le Préambule de la Constitution*, *Rapport précité*, p. 7

[3] *Ibid.*, p. 10.

des richesses les plus précieuses de la démocratie française et (il) serait dangereux de lui porter atteinte »[1]. Et il nota que « l'hésitation n'est plus permise aujourd'hui : les textes figurant dans le Préambule de la Constitution ont, quelle que soit la densité ou la précision de leur contenu, une vocation absolue à produire des effets normatifs pleins et entiers. Il est aujourd'hui posé en principe dans la République française que ce sont bien (et seulement) des droits positifs que garantissent la Constitution et son Préambule : des droits à part entière, potentiellement opposables et invocables en justice ».

Rendant un véritable hommage au travail jurisprudentiel du Conseil constitutionnel depuis 1971, c'est-à-dire à la création du bloc de constitutionnalité et la jurisprudence du Conseil constitutionnel l'enrichissant et en précisant les implications, le comité n'a pas recommandé que le préambule soit modifié, mettant en avant que « le vice principal de l'arsenal constitutionnel des droits fondamentaux n'est pas d'être insuffisant, mais d'être méconnu »[2]. Il releva notamment que c'est « en considérant l'ampleur de notre corpus constitutionnel, ensemble de textes remarquables et de jurisprudences parfois très élaborées, que le comité n'a jugé ni souhaitable ni utile de proposer d'importants enrichissements du Préambule »[3]. Qualifiant de minimalistes les préconisations du rapport, Stephanie Hennette-Vauchez releva néanmoins qu'il « semble qu'on puisse encore lire dans la "doctrine" du comité, par-delà une réhabilitation de la norme constitutionnelle dans sa spécificité (ou une posture souhaitant tempérer la banalisation de la révision constitutionnelle), une représentation éminemment moderne de l'office du juge - et singulièrement, du juge constitutionnel. On entend par là une représentation qui prend pleinement acte de la complexité des fonctions normatives au sein de l'ordre juridique, et en particulier du rôle de coconstituant exercé par le juge constitutionnel à l'occasion du contrôle de constitutionnalité via la consécration de principes contraignant le législateur »[4]. C'est affirmer en quelques mots la prise en compte de la réalité du pouvoir normatif du juge tel qu'il s'exprime à travers les normes qui composent le bloc de constitutionnalité.

Paragraphe 3.
La constitutionnalisation de principes de fond dans le texte de la Constitution

Si le préambule de la Constitution de 1958 constitue une part essentielle du droit constitutionnel substantiel opposable aux lois, il n'en demeure pas moins d'une part que des principes de fond figurent dans le texte de la

[1] *Ibid.*, p. 25.
[2] *Ibid.*, p. 98.
[3] *Ibid.*, p. 99.
[4] S. Hennette-Vauchez, « Redécouvrir le préambule de la Constitution, ou l'éthique minimale appliquée à l'expertise constitutionnelle », *article précité,* p. 399.

Constitution, d'autre part que, faute de pouvoir réellement modifier les textes référencés dans le préambule, les majorités souhaitant ajouter de nouvelles règles ou principes constitutionnels de fond pour des raisons politiques ou symboliques ont tendance à privilégier l'ajout de dispositions au texte même de la Constitution[1]. Cette tendance s'est vérifiée, de façon topique, tant avec la constitutionnalisation de l'interdiction de la peine de mort (A) qu'avec celle de la liberté d'avorter (B).

A. La constitutionnalisation de l'interdiction de la peine de mort

La loi constitutionnelle n° 2007-239 du 23 février 2007 *relative à l'interdiction de la peine de mort* est venue introduire dans le texte de la Constitution, au titre VIII relatif à l'autorité judiciaire, un article 66-1 en vertu duquel « nul ne peut être condamné à la peine de mort ». C'est donc une règle de fond, relative aux peines pouvant être prononcées par le juge pénal, en même temps qu'un droit, celui de ne pas être condamné à mort, qui ont été consacrés dans le texte de la Constitution. De toute évidence, il ne s'agissait pas ici de consacrer un nouveau droit, puisque la peine de mort avait été abolie en France par la loi n° 81-908 du 9 octobre 1981 *portant abolition de la peine de mort*. Il s'agissait davantage de placer cette interdiction à un niveau plus rigide pour empêcher une majorité de circonstance de pouvoir revenir dessus ; également, et peut-être plus profondément, ce choix fût-il le fruit d'une volonté de placer au niveau constitutionnel une règle de fond jugée essentielle en démocratie, pour la doter d'une nouvelle force *symbolique*.

Pour Robert Badinter, rapporteur du projet de loi pour la commission des lois du Sénat, il s'agissait surtout de rendre possible la ratification du deuxième protocole facultatif au Pacte international relatif aux droits civils et politiques, visant à abolir la peine de mort, adopté à New York le 15 décembre 1989 : c'était « la motivation la plus immédiate du présent projet de loi constitutionnelle »[2]. En revanche, dans son rapport établi au nom de la commission des lois de l'Assemblée nationale, Philipe Houillon notait que « la loi n'a pas seulement une fonction technique et répressive mais aussi une fonction expressive, en ce sens qu'elle exprime ce que la conscience collective juge convenable. Cette fonction est assurée *a fortiori* par la norme constitutionnelle ». Et il relevait que le nouvel article « fera ainsi suite à la protection de la liberté individuelle garantie par l'article 66 »[3], c'est-à-dire

---

[1] S. Sydoryk, « Peut-on réviser les textes mentionnés par le Préambule de la Constitution ? », AJDA, 2025, p. 179.

[2] Rapport n° 195 (2006-2007) de M. R. Badinter, fait au nom de la commission des lois, déposé le 31 janvier 2007.

[3] Rapport fait au nom de la commission des lois constitutionnelles, de la législation et de l'administration générale de la république sur le projet de loi constitutionnelle (n° 3596), relatif à l'interdiction de la peine de mort, par M. P. Houillon.

l'un des grands principes de fond figurant dans le texte de la Constitution de 1958.

De fait, comme le notait Bertrand de Lamy, « des raisons de trois ordres ont motivé l'élaboration de ce texte. La première est morale et tient à l'hommage que l'abolition rend à la vie. La deuxième est politique en ce qu'elle rapproche la France des pays abolitionnistes ayant déjà inscrit l'interdiction dans leur Constitution. La troisième, d'ordre juridique, tient aux instruments internationaux qui interdisent la peine de mort de manière plus absolue qu'auparavant et dont certains réclamaient une révision constitutionnelle pour être ratifiés »[1]. ».

On doit préciser que cette réforme constitutionnelle a été adoptée par le Congrès concomitamment à une autre qui réformait le statut pénal du chef de l'Etat[2], cette dernière ayant sans doute représenté davantage d'importance pour les parlementaires. Pour symbolique qu'il paraisse, le nouvel article 66-1 n'est pas totalement resté lettre morte. Ainsi, prenant appui dessus, le Conseil constitutionnel a pu juger que « le législateur serait (...) fondé à instituer une procédure judiciaire, ouverte aux ayants droit d'une personne condamnée à la peine de mort dont la peine a été exécutée, tendant au rétablissement de son honneur à raison des gages d'amendement qu'elle a pu fournir »[3].

B. La constitutionnalisation de la liberté de la femme d'avorter

La loi constitutionnelle n° 2024-200 du 8 mars 2024 *relative à la liberté de recourir à l'interruption volontaire de grossesse* est venue introduire dans le texte de la Constitution, à l'article 34 relatif au domaine de la loi, un alinéa selon lequel « la loi détermine les conditions dans lesquelles s'exerce la liberté garantie à la femme d'avoir recours à une interruption volontaire de grossesse ». Cette première révision de la Constitution depuis seize ans s'explique en grande partie par l'état du droit américain à partir de 2022[4].

---

[1] B. de Lamy « Peine de mort : de l'abolition à l'interdiction », *RSC*, 2008, p. 126.

[2] Loi constitutionnelle n° 2007-238 du 23 février 2007 *portant modification du titre IX de la Constitution.* Celle-ci était issue à la fois d'une promesse de campagne du président Jacques Chirac et des travaux de la Commission chargée de mener une réflexion sur le statut pénal du Président de la République constituée par le décret le n° 2002-961 du 4 juillet 2002 et présidée par Pierre Avril.

[3] Cons. constit., 28 février 2020, n° 2019-827 QPC.

[4] Par un arrêt du 24 juin 2022 Dobbs vs Jackson Women's Health Organization, la Cour suprême des Etats unis d'Amérique a mis fin à sa jurisprudence Roe vs Wade, datant de 1973, qui garantissait au niveau fédéral le droit à l'avortement comme une composante du droit à la vie privée. Cet arrêt a eu un retentissement mondial et a été globalement interprété comme un recul du droit des femmes décidé par une majorité de juges conservateur à la Cour. Juridiquement, il constitue surtout une victoire, au sein de la Cour, des originalistes (favorables à une interprétation littérale de la

Initialement, plusieurs députés d'un groupe minoritaire avaient déposé, le 7 octobre 2022, une proposition de loi constitutionnelle *visant à garantir le droit fondamental à l'interruption volontaire de grossesse et à la contraception.* Son dispositif visait à créer, au sein du Titre VIII de la Constitution consacré à l'autorité judiciaire, un article 66-2 aux termes duquel « nul ne peut porter atteinte au droit à l'interruption volontaire de grossesse et à la contraception. La loi garantit à toute personne qui en fait la demande l'accès libre et effectif à ces droits »[1]. L'Assemblée nationale avait finalement adopté la formulation suivante : « la loi garantit l'effectivité et l'égal accès au droit à l'interruption volontaire de grossesse ». Le Sénat a modifié, en première lecture, la proposition de loi constitutionnelle adoptée par l'Assemblée nationale en prévoyant un dix-septième alinéa à l'article 34 de la Constitution qui disposait : « la loi détermine les conditions dans lesquelles s'exerce la liberté de la femme de mettre fin à sa grossesse ». A la suite de ce vote, le président de la République s'étant publiquement engagé à ce que la liberté d'avorter soit garantie par la Constitution, un nouveau projet de loi constitutionnelle fut transmis au Conseil d'Etat qui reprenait, en la modifiant légèrement, la rédaction issue du Sénat : la liberté était désormais assurée à la femme puisqu'avait été ajouté le morceau de phrase « qui lui est garantie ». La formulation n'était pas très heureuse sur le plan légistique et a finalement était remplacée par celle citée plus haut. Le président de la République ayant convoqué le Congrès à la suite du vote conforme – mais émaillé de nombreuses polémiques – des deux assemblées, la loi constitutionnelle a été approuvée le 4 mars 2024.

Cette liberté était déjà garantie par la loi n° 75-17 du 17 janvier 1975 *relative à l'interruption volontaire de la grossesse*, plusieurs fois modifiée, laquelle avait été jugée conforme à la Constitution par le Conseil constitutionnel De plus, le Conseil constitutionnel avait jugé, dans une décision du 27 juin 2001, « qu'en portant de dix à douze semaines le délai pendant lequel peut être pratiquée une interruption volontaire de grossesse lorsque la femme enceinte se trouve, du fait de son état, dans une situation de détresse, la loi n'a pas, en l'état des connaissances et des techniques, rompu l'équilibre que le respect de la Constitution impose entre, d'une part, la sauvegarde de la dignité de la personne humaine contre toute forme de

---

Constitution telle qu'elle a été conçue en 1787) sur les libéraux, partisans d'une conception plus vivante de l'interprétation constitutionnelle visant à adapter ce texte aux nécessités du moment (le francophile S. Breyer est l'un des meilleurs exemples de cette approche).

[1] Proposition de loi constitutionnelle de Mme M. Panot et plusieurs de ses collègues visant à protéger et à garantir le droit fondamental à l'interruption volontaire de grossesse et à la contraception, n°293, déposée le vendredi 7 octobre 2022, adoptée par l'Assemblée nationale le 24 novembre 2022 (avec une modification du titre) et par le Sénat le 1er février 2023.

dégradation et, d'autre part, la liberté de la femme qui découle de l'article 2 de la Déclaration des droits de l'homme et du citoyen »[1] donnant ainsi une assise constitutionnelle à cette fragile liberté de la femme. On retrouve ainsi, comme pour la peine de mort, une part de symbole dans cette constitutionnalisation. Dans son avis sur ce projet, le Conseil d'Etat relevait que « le caractère réversible et limité de la protection conférée par la loi ordinaire justifie, pour le Gouvernement, que soit garantie par la Constitution la liberté de la femme de recourir à l'interruption volontaire de grossesse »[2]. C'est donc avant tout pour empêcher une majorité parlementaire simple de revenir sur la liberté d'avorter que le projet a explicitement été présenté, débattu et adopté, quand bien même, on l'a vu, cette liberté semblait déjà consacrée, certes de façon lapidaire, par le Conseil constitutionnel.

Les débats, qu'ils soient politiques ou doctrinaux, se sont focalisés sur la formulation choisie par le gouvernement à la suite du Sénat, et plus particulièrement sur le choix du mot liberté plutôt que celui de droit. Comme a pu le noter Olivier Beaud, « radicaliser une opposition entre droits et libertés est (…) spécieux, d'autant plus que la tradition juridique française ne favorise guère le recours à une logique subjective pour déployer les protections qu'elle a construites ». En outre, « lorsqu'une disposition constitutionnelle confie à une loi le soin de l'appliquer ou de la préciser, il est clair que le législateur a l'obligation de respecter, donc de ne pas dénaturer, cette disposition. Par exemple, le Préambule de la Constitution de 1946 prévoit que "le droit de grève s'exerce dans le cadre des lois qui le réglementent", ce qui implique, la jurisprudence l'a établi, une reconnaissance pleine et entière du droit de grève, tout en permettant au législateur d'intervenir pour encadrer l'exercice de ce droit, pourvu qu'il n'en remette pas en cause le principe »[3]. Pour sa part, dans son avis précité, le Conseil d'Etat avait relevé qu'« au vu de la jurisprudence du Conseil constitutionnel qui ne retient pas, en la matière, une acception différente des termes de droit et de liberté, le Conseil d'Etat considère que la consécration d'un droit à recourir à l'interruption volontaire de grossesse n'aurait pas une portée différente de la proclamation d'une liberté ».

En séance publique à l'Assemblée nationale, Jean-Felix Acquaviva rappela que « contrairement à d'autres Constitutions, comme celle de la République fédérale d'Allemagne, la Constitution du 4 octobre 1958 ne contient pas de liste de droits et libertés garantis. Ceux-ci sont renvoyés à ce qu'on appelle le

---

[1] Cons. constit, 27 juin 2001, n° 2001-446 DC.

[2] Avis sur un projet de loi constitutionnelle relatif à la liberté de recourir à l'interruption volontaire de grossesse du 12 décembre 2023

[3] O. Beaud, « Pour une interprétation raisonnable de la disposition votée par le Sénat sur la constitutionnalisation du droit à l'IVG », [https://blog.juspoliticum.com/2023/02/18/pour-une-interpretation-raisonnable-de-la-disposition-votee-par-le-senat-sur-la-constitutionnalisation-du-droit-a-livg-par-olivier-beaud/].

bloc de constitutionnalité »[1]. Précisément, Philippe Gosselin estima que le droit à l'avortement « fait désormais partie du bloc de constitutionnalité, dans la continuité de la décision fondatrice de 1971 » tout en relevant que « ni dans la Constitution ni dans le bloc de constitutionnalité (…), il n'est précisé que les libertés sont générales, absolues et sans limite »[2]. Le rapporteur du projet de loi constitutionnelle, Guillaume Gouffier Valente, insista sur le fait que « la protection de la vie à naître (...) ne figure pas dans notre bloc de constitutionnalité »[3]. Et en réponse à Pascale Bordes qui affirma que « cette nouvelle liberté risque par ailleurs – et c'est fondamental – d'entrer en conflit avec d'autres libertés garanties par le bloc de constitutionnalité. Je pense par exemple à la liberté de conscience garantie par l'article 10 de la Déclaration des droits de l'homme et du citoyen de 1789 »[4], il a affirmé que « cette révision constitutionnelle n'entraîne aucune rupture d'équilibre entre les différentes libertés du bloc de constitutionnalité ni aucune demande de révision de notre législation »[5].

Il affirmait encore que « s'agissant du droit à l'avortement, on s'appuie, d'une part, sur la liberté de la femme, fondée sur une lecture extensive de l'article 2 de la Déclaration des droits de l'homme et du citoyen, d'autre part, sur la sauvegarde de la dignité de la personne humaine contre toute forme de dégradation. Telles sont, pour la question qui nous occupe, les deux libertés reconnues dans le bloc de constitutionnalité »[6]. Selon lui, « quant à la liberté de conscience, (…), elle est, à la différence de la liberté de recourir à l'IVG, déjà reconnue dans notre bloc de constitutionnalité. C'est à ce titre qu'est protégée, de manière générale, la clause de conscience de nos personnels soignants. Ainsi, le juge constitutionnel aura à veiller au respect d'un bon équilibre entre ces deux libertés que sont la liberté de conscience et celle de recourir à l'IVG – que nous allons introduire dans notre Constitution – et à leur bon exercice »[7]. Cela fit réagir Xavier Breton qui relevait : « vous avez dit tout à l'heure que la protection de la vie à naître ne faisait pas partie du bloc de constitutionnalité. Cela signifie bien que la liberté de la femme l'emportera sur celui du respect de la vie à naître. Par conséquent, ce qui nous attend, c'est une suppression des délais et des clauses de conscience »[8].

---

[1]https://www.assemblee-nationale.fr/dyn/16/comptes-rendus/seance/session-ordinaire-de-2023-2024/premiere-seance-du-mercredi-24-janvier-2024.

[2]https://www.assemblee-nationale.fr/dyn/16/comptes-rendus/seance/session-ordinaire-de-2023-2024/deuxieme-seance-du-mercredi-24-janvier-2024.

[3]https://www.assemblee-nationale.fr/dyn/16/comptes-rendus/seance/session-ordinaire-de-2023-2024/premiere-seance-du-mercredi-24-janvier-2024.

[4] *Ibid.*

[5] *Ibid.*

[6] *Ibid.*

[7] *Ibid.*

[8]https://www.assemblee-nationale.fr/dyn/16/comptes-rendus/seance/session-ordinaire-de-2023-2024/deuxieme-seance-du-mercredi-24-janvier-2024.

Dans son rapport pour la commission des lois du Sénat, Agnès Canayer rappela que « le bloc de constitutionnalité va beaucoup plus loin que le texte de la Constitution proprement dite : il englobe la Déclaration des droits de l'homme et du citoyen ainsi que les principes fondamentaux reconnus par les lois de la République et les principes "particulièrement nécessaires à notre temps" du préambule de 1946. Au sein de ce bloc, l'IVG est considérée comme une liberté de second rang ; nous considérons qu'il n'est pas possible d'en rester là »[1]. En séance publique au Sénat Christopher Szczurek nota que « l'argument selon lequel la Constitution n'a pas vocation à sanctuariser individuellement des droits et des libertés publiques et que la loi suffit est entendable », mais il rappelait « que la Constitution est ce que le peuple et ses représentants veulent en faire. Sinon, on pourrait adresser le même reproche à l'intégration de *normes complémentaires* dans le bloc de constitutionnalité depuis des décennies, jusqu'à remettre en cause celle de la Charte de l'environnement, ce qui ne viendrait à l'esprit de personne (nous soulignons) »[2]. De son côté Muriel Jourda évoqua une « incertitude juridique » liée à la révision constitutionnelle, relevant que « l'article 2 de la Déclaration des droits de l'homme et du citoyen qui figure dans le bloc de constitutionnalité permet de puiser la force constitutionnelle de cette liberté. C'est en tout cas comme cela que le Conseil constitutionnel l'a écrit »[3].

Ces débats furent davantage politiques que juridiques, s'agissant d'une question, l'avortement, qui demeurait sensible sur certains bancs. Ils illustrent pourtant la pleine reconnaissance dont bénéficiait le bloc de constitutionnalité parmi les parlementaires, par-delà la couleur politique de la majorité[4].

---

[1] Rapport n° 334 fait au nom de la commission des lois constitutionnelles, de législation, du suffrage universel, du Règlement et d'administration générale (1) sur le projet de loi constitutionnelle, adopté par l'Assemblée nationale, relatif à la liberté de recourir à l'interruption volontaire de grossesse, par Mme Agnès Canayer.

[2] https://www.senat.fr/seances/s202402/s20240228/st20240228000.html.

[3] *Ibid.*

[4] Celle-ci n'était, sous la XVIème législature, que relative. Le projet de loi fut toutefois finalement adopté de façon consensuelle au Congrès du Parlement.

CONCLUSION DU CHAPITRE 2

Après la séquence de 1993 et la violente contestation dont le bloc de constitutionnalité fut l'objet de la part des parlementaires de la majorité, ce sont des majorités souvent de la même couleur politique qui en ont consacré l'existence à travers une double tendance : d'une part l'extension du bloc de constitutionnalité à la Charte de l'environnement, d'autre part la constitutionnalisation de principes de fond dans le corps même de la Constitution. L'étude des débats ayant amené ces évolutions atteste une relative confiance dans l'office du juge constitutionnel, appelé à interpréter les nouveaux énoncés constitutionnels. Elle atteste également, de façon plus sensible, l'abandon quasi-total de la thématique du gouvernement des juges. Si l'on ajoute à cela les conclusions du rapport du comité présidé par Simone Veil, très laudatives pour la jurisprudence du Conseil constitutionnel, en particulier la façon dont il a conçu et fait vivre le bloc de constitutionnalité, il apparaît clairement que le vent avait tourné parmi la classe politique, tout du moins parmi les partis dits de gouvernement : désormais, l'existence du bloc de constitutionnalité fait l'objet d'un relatif consensus politique parmi ces partis qui ne songent plus sérieusement à le remettre en cause[1].

La constitutionnalisation de la Charte de l'environnement marqua une rupture claire puisqu'elle sacralisa la jurisprudence du Conseil constitutionnel depuis 1971 en confirmant la valeur juridique du préambule de la Constitution de 1958 et en mettant en place une extension des sources du contrôle de constitutionnalité, donc du droit constitutionnel substantiel. On retrouve toujours mise en avant la formulation des textes davantage que le pouvoir des interprètes et les débats visent, *in fine*, à soumettre le pouvoir, réglementaire dans un cas, législatif dans l'autre, à un ensemble de dispositions souvent très générales dans leur contenu. La discussion visait ainsi toujours à l'encadrement d'un pouvoir normatif par des prescriptions réputées contenues

---

[1] Ce qui n'empêche pas certains groupes politiques de vouloir réviser la Constitution pour s'affranchir de certaines règles constitutionnelles ou internationales : voir par exemple la Proposition de loi constitutionnelle *relative à la souveraineté de la France, à la nationalité, à l'immigration et à l'asile*, n° 1322, déposée le lundi 5 juin 2023 et renvoyée à la Commission des lois constitutionnelles, de la législation et de l'administration générale de la République. Examinée le 7 décembre 2023 par l'Assemblée nationale dans le cadre de la journée réservée au groupe Les Républicains, elle a été discutée avant d'être retirée de l'ordre du jour par ses promoteurs. Sur cet épisode voir S. Turi, « En marge du projet de loi "Asile et immigration" : retour sur l'échec de deux propositions du groupe Les Républicains », [https://blog.juspoliticum.com/2023/12/23/en-marge-du-projet-de-loi-asile-et-immigration-retour-sur-lechec-de-deux-propositions-du-groupe-les-republicains-par-samuel-turi/].

dans les textes. Après un léger tâtonnement, la question du statut normatif des énoncés compris dans la Charte de l'environnement a vite été réglée. Les juridictions constitutionnelle et administrative voyaient difficilement comment opérer une césure au sein du bloc de constitutionnalité qui aurait remis en cause leur jurisprudence respective. On doit convenir qu'elles devaient également prendre en compte l'évolution de la société sur ces questions, devenues très importantes dans le débat public (bien davantage qu'au moment de la constitutionnalisation de la Charte).

CONCLUSION DU TITRE 1

Si le Conseil constitutionnel et son contrôle de la conformité des lois au bloc de constitutionnalité paraissaient bien implanté depuis 1971, un inconstatable déraillement eut lieu dans une confrontation directe avec la majorité parlementaire écrasante qui venait d'être élue en 1993 et qui s'estimait donc pleinement légitime à traduire son programme sur le plan législatif. De ce point de vue, si Pierre Bourdieu peut évoquer « l'efficacité symbolique » des décision judiciaires, comme celle « qu'exerce toute action lorsque, méconnue dans son arbitraire, elle est reconnue comme légitime »[1], tout le débat portant sur l'examen du projet de loi constitutionnelle démontre que les décisions du Conseil constitutionnel ne bénéficiaient pas de cette efficacité symbolique : non seulement une de ses décisions est remise en cause et va même être surmontée par les détenteurs du pouvoir constituant, mais c'est rétrospectivement le tournant extensif pris par sa jurisprudence durant les années 1970 qui va être discuté non par des juristes, mais par des parlementaires et des gouvernants, soucieux de ne pas se laisser déposséder d'un pouvoir qu'ils estimèrent être le leur : celui de faire la loi. Pour autant, et de façon complémentaire, le refus de revenir sur cette jurisprudence démontre que le pouvoir du Conseil constitutionnel[2] était finalement suffisamment accepté par l'essentiel des acteurs du système politique. D'ailleurs, ce sont davantage les parlementaires qui ont été critiques du contrôle exercé par le conseil constitutionnel : l'exécutif, tout en lançant des piques loin d'être anecdotiques sur les plans symbolique et politique, se contenta bien volontiers de faire voter sa révision constitutionnelle sans donner quitus au projet de réforme radical porté par Etienne Dailly.

A partir des années 2000 au contraire, l'extension continue du droit constitutionnel substantiel, d'abord par le constituant, puis, ensuite, par le juge, atteste d'une mutation de la perception du rôle du Conseil constitutionnel que viendra parachever la réforme de la question prioritaire de constitutionnalité. Ce que l'on a nommé épanouissement du bloc de constitutionnalité est alors parfaitement vérifiable au tournant des années 2010 et tend à offrir au Conseil constitutionnel non seulement un réservoir de sources conséquent pour produire des normes constitutionnelles, mais également une légitimité à le faire, expressément consentie par le constituant. Reste alors à cerner de plus près ce bloc de constitutionnalité à travers lequel

[1] P. Bourdieu, « La force du droit. Eléments pour une sociologie du champ juridique », *Actes de la Recherche en Sciences Sociales*, 1986, n° 64, p. 8.

[2] J. Meunier, *Le pouvoir du Conseil constitutionnel. Essai d'analyse stratégique*, Paris, LGDJ, 1994.

le Conseil constitutionnel a su s'imposer dans le système juridique français au point qu'il est parfois qualifié de « gardien des droits et libertés »[1].

[1] S. Bezina (Dir.), *Le Conseil constitutionnel est-il le gardien des libertés ?*, Poitiers, Presses universitaires juridiques de Poitiers, 2021 ; J. Rivero, *Le Conseil constitutionnel et les libertés*, Paris, Economica, 1986 ; J. Robert, *Le juge constitutionnel, juge des libertés*, Paris, Montchrestien, 1999.

TITRE 2.
LA SIGNIFICATION DU BLOC DE CONSTITUTIONNALITÉ

Dans la tradition du positivisme normativiste, l'instauration d'un contrôle de constitutionnalité au sein d'un système juridique est appréhendée sous un angle formel, essentiellement comme un moyen de technique juridique destiné à garantir que la loi soit valide, c'est-à-dire adoptée conformément à la constitution, essentiellement sous un angle procédural. Toutefois, lorsqu'on adopte une lecture matérielle de la constitution, le problème de la normativité constitutionnelle se trouve déplacé dès lors que l'interprétation juridictionnelle de la constitution conduit à dépasser le simple aspect formel du droit pour amener à une réflexion d'ensemble sur sa nature et sensiblement sur les valeurs qu'il véhicule. Dit autrement, la lecture matérielle de la constitution est l'apanage de ce que l'on nomme parfois néo constitutionnalisme qui consiste à aborder « les droits et libertés à la fois comme des valeurs et comme des normes supérieures des ordres juridiques »[1]. C'est alors dans son sens fort que l'on peut employer l'expression substance constitutionnelle ou droit constitutionnel substantiel : il ne s'agit pas seulement d'avoir des normes de fond opposables à la loi, il s'agit d'ériger au plus haut sommet du système juridique des valeurs fondamentales (des droits fondamentaux notamment mais pas uniquement).

Une telle lecture n'est pas sans conséquence : comme le notait justement Ernst-Wolfgang Böckenförde, « avec une juridiction constitutionnelle munie de larges compétences, l'interprétation constitutionnelle acquiert un point de référence nouveau et fondamentalement différent. Si elle était, jusque-là, gouvernée par la prise en compte et la réalisation de la Constitution dans le processus politique de la législation et dans l'activité des organes de l'administration, elle est désormais orientée sur la décision judiciaire définitive relative au contenu de la constitution »[2]. Cette réorientation de l'interprétation constitutionnelle signifie également renouvellement de la notion même de constitution et changement de paradigme dans le discours juridique car désormais « la vie constitutionnelle est (...) fondée toute entière sur la conception juridique et idéaliste (de la constitution)[3].

Avatar du constitutionnalisme libéral, la notion de bloc de constitutionnalité, lorsqu'elle est employée, vise à décrire la Constitution

---

[1] V. Champeil-Desplats, *Théorie générale des droits et libertés. Perspective analytique*, *op. cit.*, p. 273.

[2] E.-W. Böckenförde, « Les méthodes d'interprétation de la Constitution : un bilan critique », in *Le droit, l'Etat et la constitution démocratique*, *op. cit.*, p. 225.

[3] M. Troper, « La Constitution et ses représentations sous la Vème République », *Pouvoirs*, 1978, n° 4, p. 22.

française comme comprenant, à l'image de l'essentiel des pays occidentaux[1], des normes garantissant les droits et libertés mais aussi véhiculant des valeurs plus générales ; ce faisant, la signification du bloc de constitutionnalité est moins à rechercher dans le droit que dans l'idéologie qu'il véhicule. Là où la notion de bloc de constitutionnalité apparait comme une tentative, certes inachevée, d'ordonner de façon plus ou moins cohérente la jurisprudence constitutionnelle (**CHAPITRE 1**), le bloc de constitutionnalité agit en réalité comme un facteur d'éclatement de la Constitution (**CHAPITRE 2**).

---

[1] C. Schmitt affirmait dans *Le nomos de la terre* que « L'idée d'une économie mondiale libre n'impliquait pas seulement le dépassement des frontières politiques des Etats. Elle comportait aussi comme présupposé essentiel un *standard de la constitution* interne de chacun des membres de cet ordre juridique international ; elle présupposait que chaque membre introduisit chez lui un minimum d'ordre constitutionnel. Ce minimum consistait en la liberté, c'est-à-dire en la séparation d'une sphère publique relevant de l'Etat et du domaine du privé, et se ramenait dont avant tout au caractère non étatique de la propriété, du commerce et de l'industrie », in *Le nomos de la terre*, Paris, PUF, 2001, p. 233. Si on retrouve l'idée du libéralisme en tant que frein à la composante politique de la constitution, C. Schmitt faisait ici explicitement le lien entre la standardisation des constitutions libérales et le développement d'un système juridique international.

CHAPITRE 1.
LA NOTION DE BLOC DE CONSTITUTIONNALITÉ, TENTATIVE INACHEVÉE D'ORDONNER LA JURISPRUDENCE CONSTITUTIONNELLE

Le développement et l'intensification du contrôle de constitutionnalité des lois exercé par le Conseil constitutionnel à partir des années 1970 ont conduit la doctrine, soucieuse de rendre compte du nouvel état du droit constitutionnel, à tenter d'expliquer et d'ordonner les normes produites et utilisées par le Conseil. La situation particulière créée par l'interprétation des textes visés par le préambule de la Constitution de 1958 nécessitait un effort de définition et d'explication de la jurisprudence constitutionnelle[1]. Si l'on peut, de ce point de vue, évoquer « l'action de la doctrine comme facteur de développement du constitutionnalisme »[2], ce n'est pas parce que lui échut la tâche de systématiser la jurisprudence constitutionnelle, mais bien parce que c'est celle que, de façon significative, de nombreux auteurs s'assignèrent[3]. Précisément, le bloc de constitutionnalité a modifié la représentation de la Constitution grâce à un travail doctrinal, certes pas toujours homogène, mais sur lequel le juge a su prendre appui.

Il est « de l'essence même de la doctrine du bloc de constitutionnalité que de le présenter comme un ensemble de règles clairement délimités et présidant à un contrôle au fondement rigoureux »[4]. Car si l'ensemble des auteurs se référant au bloc de constitutionnalité ne peut être traité de façon unanime, tant la notion paraît être utilisée la plupart du temps sans référent conceptuel précis, il n'en demeure pas moins que, à partir des années 1970, la référence à cette notion s'est inscrite dans un souci de légitimer le contrôle de constitutionnalité en chassant la part d'arbitraire que pourrait laisser transparaître la pluralité des sources formelles utilisées par le juge et davantage encore le foisonnement des normes qui en a résulté. Sans rompre avec l'esprit du bloc de constitutionnalité, d'autres auteurs, pour qui la notion est parfois jugée « anachronique » face « au foisonnement des sources dans

---

[1] Ceci en raison, comme le relèvent Y. Poirmeur et D. Rosenberg, de « la formation d'un corpus de jurisprudence qui appelle la multiplication des commentaires doctrinaux et rend possible la découverte d'un "vrai droit constitutionnel", normalisé, avec ses textes de références, sa juridiction, sa jurisprudence et son corps de commentateurs professionnels patentés », « La doctrine constitutionnelle et le constitutionnalisme français », *article précité*, p. 233.

[2] *Ibid.*, p. 231.

[3] Sur ce point voir B. François, « La constitution du droit ? La doctrine constitutionnelle à la recherche d'une légitimité juridique et d'un horizon politique », *article précité*.

[4] D. Baranger, « La faiblesse des liens forts et la force des liens faibles : comprendre le "Bloc de constitutionnalité " », *article précité*, p. 27.

l'ordre constitutionnel »[1], ont mis en avant la notion de système ou d'ordre constitutionnel[2].

Dans la façon pour la doctrine française de rendre compte du rapport du Conseil constitutionnel aux normes constitutionnelles prospèrent, schématiquement, trois modèles différents, lesquels sont juxtaposés plus qu'opposés, entre un Conseil soumis à un bloc de constitutionnalité préexistant (**Section 1**), un Conseil intervenant activement au sein d'un ordre constitutionnel en construction (**Section 2**) et, plus récemment, un Conseil chargé d'ordonner des rapports de systèmes dans une perspective plus globale (**Section 3**).

Section 1.
Le modèle du Conseil constitutionnel soumis au bloc de constitutionnalité

Face à la situation singulière résultant, pour le Conseil constitutionnel, du choix de faire porter son interprétation sur des textes extérieurs à celui de la Constitution, une grande partie de la doctrine a spontanément été amenée à mettre en avant le fait que, dans ses décisions, il ne faisait qu'appliquer les textes en cause, sans disposer du pouvoir de créer des normes – indépendamment de la norme individuelle que constitue le dispositif de la décision selon le positivisme normativiste. Dans ce cadre, l'usage de la notion de bloc de constitutionnalité peut être relié à une tendance plus générale, qui cherche à se rapprocher, sur des fondements à vrai dire différents, du positivisme normativiste, visant à présenter le contrôle de constitutionnalité comme ayant pour office d'appliquer des textes formellement constitutionnels. Une telle tendance est, par exemple, évidente dans

---

[1] A. Roblot-Troizier, « Le Conseil constitutionnel et les sources du droit constitutionnel », *article précité*, p. 159

[2] La notion peut être utilisée dans des sens différents. Elle peut avoir une vocation plus vaste, comme lorsque A. Le Divellec y voit « le produit relativement stable de l'interaction entre ce qui doit (ou ce qui peut) être, c'est-à-dire les agencements contraignants de la constitution normative, et ce qui est réellement, la Constitution réelle ou effective » (Article précité, p. 158). Le même auteur relève également « qu'une constitution formelle n'est, en toute hypothèse, qu'un cadre, un point de départ vers un ordre constitutionnel pleinement normatif grâce notamment à la législation "secondaire" de concrétisation » (« La "supériorité" des normes "infra-constitutionnelles". Ou : la concrétisation normative textuelle des constitutions formelles », in *Mélanges en l'honneur de Michel Verpeaux*, Paris, Dalloz, 2020, p. 375). Une telle conception de l'ordre constitutionnel est directement inspirée de la thèse de J. Rosseto, *Recherche sur la notion de constitution et l'évolution des régimes constitutionnels*, Paris, LGDJ, 2019). Elle peut avoir une vocation plus restreinte voir N. Molfessis, « L'ordre constitutionnel en question », *RTDC*, 1997, p. 787.

l'ensemble de l'œuvre de Louis Favoreu[1] dédié au Conseil constitutionnel bien que, paradoxalement, il évoque le bloc de constitutionnalité comme composé des normes de valeur constitutionnelle dont certaines proviennent directement de la jurisprudence du Conseil constitutionnel, mais également dans celle de Georges Vedel[2], lequel fût par ailleurs un membre influent de l'institution dans les années 1980.

Dans cette perspective, le discours doctrinal vise à restreindre la portée du pouvoir du Conseil constitutionnel et à faire correspondre ce dernier à ce que Véronique Champeil-Desplats, reprenant une expression de Georges Vedel, a pu qualifier de « modèle du juge "non maître des sources du droit constitutionnel" »[3]. Pour cela, il faut trouver un juste équilibre afin de pouvoir insister sur l'absence de pouvoir créateur du juge (Paragraphe 1), sans pour autant lui dénier une certaine marge d'appréciation dans l'interprétation de la Constitution (Paragraphe 2).

Paragraphe 1.
L'absence de pouvoir normatif du Conseil constitutionnel

Affirmer l'absence de pouvoir normatif du Conseil constitutionnel dans le cadre du contrôle des lois, c'est lui refuser le rôle de co-constituant ou de co-législateur afin d'asseoir sa légitimité[4]. Dans cette perspective, la doctrine a insisté sur la préexistence des normes appliquées par le juge (A), et à cette fin, dans le contexte du droit public français, elle a tiré grand profit d'une opposition supposée entre la situation du droit administratif et celle du droit constitutionnel (B).

---

[1] Voir B. Léo-Combrade, « Louis Favoreu et le Conseil constitutionnel. Une influence fugace », in *La doctrine et le Conseil constitutionnel*, *op. cit.*, p. 111.

[2] Voir C.-E. Sénac, « Georges Vedel et le Conseil constitutionnel. Un défenseur inébranlable », in *La doctrine et le Conseil constitutionnel*, *op. cit.*, p. 61. Voir également P. Castéra, « Quelques observations sur les professeurs de droit au Conseil constitutionnel 1960-1989, *Droits*, 2016, n° 63, p. 237.

[3] V. Champeil-Desplats, *Les principes fondamentaux reconnus par les lois de la République*, *op. cit.*, p. 252.

[4] Voir notamment G. Drago, Bastien François, N. Molfessis (dir.), *La légitimité de la jurisprudence du Conseil constitutionnel,* Paris, Economica, 1999 ; L. Favoreu, « Actualité et légitimité du contrôle juridictionnel des lois en Europe occidentale », *RDP*, 1984, p. 1178 ; « La légitimité du juge constitutionnel », *RIDC*, 1994, p. 557 ; L. Garlicki, « La légitimité du contrôle de constitutionnalité : problèmes anciens contre développements récents », *RFDC*, 2009, p. 227.

A. La préexistence des normes constitutionnelles

Dans le souci de refuser tout pouvoir créateur au juge, il est nécessaire de faire apparaître les normes générales utilisées pour motiver la décision juridictionnelle comme étant préexistantes à celle-ci. Dans cette perspective, d'après Georges Vedel, le Conseil constitutionnel « a su affirmer que la Déclaration des droits de l'homme et du citoyen et le Préambule avaient force constitutionnelle ce qui était peut-être étranger à des attentes de la classe politique mais qui s'imposait sans besoin d'interprétation des textes » ; cela revient à dire que le statut constitutionnel des dispositions de ces textes préexistait à la décision du juge. Ce statut est alors réputé affirmé dans le texte même de 1958 ou dans la volonté de ceux qui l'adoptèrent, sans que les décisions du Conseil constitutionnel en faisant application n'interfèrent autrement que pour prendre acte d'un donné. Si de nombreux juristes ont partagé ce type d'analyse, il n'est pas innocent que des anciens membres du Conseil constitutionnel aient été les plus explicites sur le sujet. François Luchaire[1] a parfaitement résumé la préoccupation dont il est question lorsque, reprenant l'image d'un mur utilisée par Louis Favoreu pour évoquer la jurisprudence constitutionnelle, il affirmait que ce mur « ne résulte pas de pierres que le Conseil constitutionnel apporte mois par mois mais le mur préexiste aux décisions du Conseil constitutionnel : on le découvre mais ce n'est pas le Conseil constitutionnel qui le crée »[2]. Et ce souci que le juge apparaisse comme appliquant des normes préexistantes l'a poussé à préconiser pour le Conseil constitutionnel « une méthode juridique rigoureuse », « un respect des textes plus accentuée que dans les autres disciplines »[3] (exigence curieuse quand on pense à l'interprétation stricte de la loi pénale) et à proposer une grille très précise de directives d'interprétation du texte constitutionnel.

De la même façon, Jacques Robert, évoquant l'érection du bloc de constitutionnalité qui « regroupe aujourd'hui les principes et droits qu'une démocratie comme la nôtre considère comme fondamentaux », a noté qu'à cette fin, le Conseil « a minutieusement fouillé dans nos grandes lois républicaines pour en découvrir toutes les étonnantes virtualités, rattachant ainsi les principes qu'il découvrait, tapis dans la broussaille des textes, à l'esprit général de la législation du moment et les consacrant, en les adaptant aux cas qui lui étaient soumis »[4]. Le commentaire pourrait parfaitement

---

[1] Voir J. Arlettaz, « Francois Luchaire et le Conseil constitutionnel. L'éternel conseiller », in *La doctrine et le Conseil constitutionnel*, *op. cit.*, p. 91.

[2] F. Luchaire, intervention reproduite à la suite de L. Favoreu, « Les normes de références », in *Le Conseil constitutionnel et les partis politiques*, Paris, Economica, 1988, p. 86.

[3] F. Luchaire, « De la méthode en droit constitutionnel », *RDP*, 1981, p. 276.

[4] J. Robert, « Le Conseil constitutionnel a-t-il démérité ? », in *Mélanges en l'honneur de Pierre Pactet*, *op. cit.*, p. 869.

désigner non pas des normes appliquées par le Conseil constitutionnel mais bien les principes généraux du droit administratif[1], tant la volonté de présenter les principes comme recueillis à partir des textes s'accompagne du souci de souligner le caractère diligent du travail fourni par le juge afin d'extraire ces principes des sources formelles du droit. Et s'il concédait toutefois que le Conseil constitutionnel avait pu créer certains principes, c'est « avec modération » et « quand il le fallait », afin de « faire face aux problèmes soulevés par le développement des technologies modernes et l'évolution de la société contemporaine »[2], argument imparable pour justifier une entorse à la règle selon laquelle le Conseil constitutionnel ne crée pas le droit : il ne le fait que lorsque la situation factuelle le lui impose, ou si l'on préfère, quand il y est contraint pour résoudre un litige – implicitement sous peine de déni de justice.

Soucieux de présenter le Conseil comme respectueux des textes, à tel point que certaines interprétations qualifiées pudiquement de « constructives » sont présentées comme ayant « le mérite de rester très près des textes et d'en dégager la véritable signification »[3], Pierre Pactet a cependant dû reconnaître que des principes énoncés ne peuvent parfois être dégagés des textes. Pour autant, il affirmait alors qu'il « y a bien une interprétation, mais des règles générales qui sous-tendent le droit public français » et il n'y a donc « pas création d'une règle nouvelle »[4]. Ce ne sont pas les faits qui sont appelés ici au secours du Conseil constitutionnel, mais simplement l'idée de règles préexistantes qu'il lui appartiendrait de dégager dans certains cas ; là encore, c'est un discours très proche de celui de la doctrine relative aux principes généraux du droit, pour qui « les principes sont censés être extraits ou encore déduits du droit positif ». Et si l'on peut légitimement se demander ce « que peut désigner cette dernière expression »[5], il en est de même ici pour ces mystérieuses règles sous-tendant le droit public.

Si fonder les normes utilisées pour contrôler le législateur sur des textes permet de renforcer la légitimité du contrôle en le fondant sur du droit écrit[6],

---

[1] B. Jeanneau, *Les principes généraux du droit dans la jurisprudence administrative*, *op. cit.*

[2] J. Robert, « Le Conseil constitutionnel a-t-il démérité ? », *article précité*, p. 870.

[3] P. Pactet, « A propos de la marge de liberté du Conseil constitutionnel », *article précité*, p. 282.

[4] *Ibid.*, p. 289-290.

[5] P. Brunet, « A quoi sert la "théorie" des principes généraux du droit ? », in *Les principes en droit*, *op. cit.*, p. 179.

[6] G. Vedel affirme ainsi qu'il a « tiré un grand profit, en tant que juge, des commentaires critiquant par exemple les contradictions de la jurisprudence constitutionnelle dans l'application du principe d'égalité, la tendance (aujourd'hui à peu près vaincue) à faire appel à des principes sans texte ou encore à se priver dans ses motivations de données constitutionnelles, telles que le caractère social attribué à

le principal présupposé de ces discours est très clairement exprimé : il consiste à considérer que ce sont les textes qui constituent des normes. Dès lors, il faut qu'un lien existe entre les énoncés auxquels le Conseil constitutionnel confère la signification d'être des normes constitutionnelles et les sources textuelles. Il peut ainsi être présenté comme le « détenteur d'un large pouvoir d'interprétation des normes de valeur constitutionnelle », mais également comme ne disposant d'« aucune compétence initiale pour créer une norme »[1]. C'est très précisément dans cette perspective qu'une délégation représentant le Conseil constitutionnel a exposé la jurisprudence de ce dernier, en affirmant, dans un rapport présenté par la délégation française à la VIIIème Conférence des Cours constitutionnelles européennes, qu'il « ne peut [...] opposer au législateur que des principes ou règles de valeur constitutionnelle qui préexistent à son examen ». Dès lors, il « n'est donc pas appelé à créer des droits fondamentaux nouveaux » ; en affirmant timidement que « dans le cadre de son pouvoir d'interprétation des normes, il peut tirer toutes les implications des règles ou principes de valeur constitutionnelle »[2], les signataires du rapport laissaient pourtant entendre que le Conseil disposait bien d'une marge d'appréciation dans la détermination des normes opposables au législateur. C'est précisément l'un des soucis du discours doctrinal mettant l'accent sur les textes que de concilier le refus d'un pouvoir créateur avec l'affirmation d'une marge d'appréciation, ce qui revient à construire « une sorte d'oxymore juridique »[3].

B. L'opposition droit administratif / droit constitutionnel

La capacité à distinguer la légalité qui serait « fractionnée dans la conception du droit public classique », et la constitutionnalité qui, à l'inverse, « ne peut évidemment être fractionnée »[4] semble une pétition de principe, aucun argument n'étant avancé pour étayer cette affirmation, qui repose en dernier lieu sur la volonté de voir dans toute constitution un ensemble intrinsèquement unitaire[5]. Elle peut cependant avoir un prolongement

---

la République par l'article 2 de la Constitution », G. Vedel, « Doctrine et jurisprudence constitutionnelle », *RDP*, 1989, p. 14.

[1] G. Vedel, « Excès de pouvoir législatif et excès de pouvoir administratif », *Cahiers du Conseil constitutionnel*, n° 1, décembre 1996.

[2] (Collectif), Rapport présenté par la délégation française à la VIIIème Conférence des Cours constitutionnelles européennes (Ankara, 7-10 mai 1990), « Normes de valeur constitutionnelle et degré de protection des droits fondamentaux », *RDFA*, 1990, p. 322.

[3] D. Baranger, « La faiblesse des liens forts et la force des liens faibles : comprendre le "Bloc de constitutionnalité " », *article précité*, p. 25.

[4] L. Favoreu, « Légalité et constitutionnalité », *article précité.*, p. 110.

[5] Ce que les multiples révisions-adjonctions du texte de la Constitution rend, à l'évidence, impossible, à supposer même que le texte originaire ait une cohérence

particulier s'agissant de la description de l'activité du Conseil constitutionnel : en opérant une distinction entre la situation de ce dernier dans le cadre du contrôle de la loi et celle du juge administratif dans le cadre du contentieux administratif, il s'agit d'opposer les sources écrites du droit constitutionnel aux sources non écrites du droit administratif, ce qui correspond à deux approches différentes du rôle du juge. Georges Vedel a fourni une excellente illustration de la façon dont cette opposition peut être exploitée en mettant en avant la spécificité de la position du juge constitutionnel par rapport à celle du juge administratif[1]. Selon lui, « le bloc de normes dont le Conseil constitutionnel est gardien ne comporte que des sources dont le rang et le contenu relèvent dans leur principe du seul droit écrit, sans doute soumis à des interprétations plus ou moins constructives mais ne pouvant s'analyser comme résultant d'une compétence normative extérieure à la Constitution » alors que « le bloc de légalité [...] comporte des règles qui ont leur source dans la jurisprudence même »[2]. Ainsi, « le droit administratif est, dans son essence, un droit jurisprudentiel. Le droit constitutionnel *a* une jurisprudence ; il n'*est* pas une jurisprudence »[3]. Dans ce cadre, « le plus sûre garantie de la stabilité, sinon de la pérennité de la jurisprudence constitutionnelle se trouve dans le fait que le Conseil constitutionnel, largement mis en garde contre le danger du "gouvernement des juges", ne s'estime pas maitre des sources du droit constitutionnel. On ne peut guère citer de motif d'une de ses décisions qui ne se référerait pas avec précision à un texte de valeur constitutionnelle. Ni le droit naturel, ni les "principes inscrits dans la conscience des juges", ni l'appel à un "ordre politico-social" de tel ou tel type qui aurait une sorte de valeur supra-constitutionnelle n'ont trouvé place dans son œuvre d'interprétation et d'application de la Constitution »[4]. A l'évidence, Georges Vedel forçait le trait jusqu'à dénaturer la jurisprudence du Conseil constitutionnel, laquelle est beaucoup plus libre dans la production des normes constitutionnelles.

De même selon Bruno Genevois « le juge constitutionnel n'entend pas s'engager dans la voie de la proclamation de principes généraux du droit de valeur constitutionnelle comparables aux principes généraux dégagés dans sa sphère de compétence par le juge administratif. Dès lors que le Conseil constitutionnel n'oppose au législateur que des normes ayant un fondement dans la Constitution et les textes auxquels se réfère son Préambule, s'éloignera

---

interne que l'on puisse décorréler de sa pratique (Voir P. Avril, *Les conventions de la Constitution*, Paris, PUF, 1997).

[1] G. Vedel, « Le précédent judiciaire en droit public français », *RIDC, Journées de la Société de législation comparée*, 1984, vol. 6, p. 289.

[2] G. Vedel, « Excès de pouvoir législatif et excès de pouvoir administratif », *Les Cahiers du Conseil constitutionnel*, n° 2, 1996.

[3] G. Vedel, « Le précédent judicaire en droit public français », *article précité*, p. 271.

[4] *Ibid.*, p. 287

d'autant la perspective d'un "gouvernement des juges" »[1]. Louis Favoreu insistait pour sa part sur la confusion, à ses yeux regrettables, entre les principes invoqués par le Conseil constitutionnel et les principes généraux du droit car « ces derniers sont de véritables normes d'origine jurisprudentielle constituant une source du droit spécifique : les premiers ne sont qu'un terme de vocabulaire désignant des normes dont la source est toujours un texte constitutionnel. Il n'existe donc pas au sens "administrativiste" du terme de "principes généraux du droit" en droit constitutionnel ». Ainsi, « au total le bloc de constitutionnalité *stricto sensu* se compose exclusivement des textes de niveau constitutionnel, à savoir celui de la Constitution elle-même, celui de la Déclaration, celui du Préambule et des "lois de la République" en tant que ces dernières sont porteuses de "principes fondamentaux". On ne saurait mieux dire qu'il n'existe pas de principes généraux du droit à valeur constitutionnelle »[2].

La distinction esquissée laisse percevoir le gain considérable pour le juriste soucieux de faire triompher l'image d'un juge encadré par du droit écrit. Selon cette présentation, là où le juge administratif dispose bien d'une marge de création déliée des textes face à l'administration, le juge constitutionnel ne peut opposer au législateur que des règles directement tirées des textes. Dès lors, si « le droit administratif est pour une large part, la plus importante peut-être, un droit jurisprudentiel, une *common law* », le « droit constitutionnel, quelle que soit la prise qu'il offre à l'interprétation par le juge est, au moins en ce qui regarde les matières relevant de la compétence de celui-ci, un droit écrit »[3]. Franck Moderne est allé dans le même sens lorsqu'il affirmait que « la constitution ne saurait comporter de véritables lacunes appelant comme en droit administratif une création prétorienne de principes généraux du droit substitués ainsi aux textes défaillants »[4]. Cette distinction n'est jamais qu'un moyen de présenter la situation du Conseil constitutionnel sous un angle que ces juristes estimaient favorable : ils considéraient que, pour des raisons politiques évidentes, la reconnaissance du pouvoir prétorien du juge administratif face à l'administration posait moins de problèmes de légitimité que celle du juge constitutionnel face au législateur.

On peut s'interroger sur la pertinence de l'argument à plusieurs titres. D'une part, rien ne permet d'affirmer que le juge administratif soit réellement

---

[1] B. Genevois, « Normes de référence du contrôle de constitutionnalité et respect de la hiérarchie en leur sein », *article précité*, p. 336.

[2] L. Favoreu, « Principes généraux du droit et ordonnances non ratifiées », *RFDA*, 1996, p. 111.

[3] G. Vedel, « Réflexions sur quelques apports de la jurisprudence du Conseil d'Etat à la jurisprudence du Conseil d'Etat à la jurisprudence du Conseil constitutionnel », in *Mélanges René Chapus. Droits administratif*, Paris, Dalloz, 1992, p. 667.

[4] F. Moderne, « Y a-t-il des sources complémentaires de la Constitution dans la jurisprudence constitutionnelle française ? », *LPA*, n° 121, 1992, p. 10.

plus libre que le juge constitutionnel. Lorsqu'il a recours à des principes dans ses décisions, et bien qu'il puisse parfois affirmer qu'ils sont applicables « même en l'absence de texte »[1], il n'en demeure pas moins que les rapporteurs publics, quand ce n'est pas la doctrine, présentent toujours le principe comme extrait de la législation ou tout du moins du droit positif[2]. Bien évidemment cela ne doit pas inviter à penser que le juge administratif serait, *in fine*, soumis à une contrainte textuelle, mais bien, à l'inverse, que dans son cas, comme dans celui du Conseil constitutionnel, les textes ne sont que des éléments – certes importants – du processus de production des normes par l'activité juridictionnelle. D'autre part, affirmer que la Constitution « ne saurait » comporter de lacunes, c'est déjà sortir de la description du droit pour en prescrire une certaine représentation[3] et, de ce point de vue, rien ne vient indiquer pourquoi l'administration pourrait se voir opposer des normes créées par le juge alors que le législateur ne le pourrait pas, sauf, comme on l'a dit plus haut, à réfléchir en termes de légitimité politique. Quelle que soit la façon dont on appréhende l'opposition du Conseil constitutionnel et du juge administratif, on en est réduit à considérer qu'elle n'a pas d'autre valeur que celle que ceux qui l'utilisent veulent bien lui donner ; en tout état de cause, elle ne constitue pas une description du droit positif mais bien un discours à vocation prescriptive sur ce droit, peut-être travaillé par un « inconscient administrativiste »[4].

Paragraphe 2.
L'existence d'une marge d'appréciation

En voulant minorer – sinon nier – le rôle du Conseil constitutionnel dans la création des normes constitutionnelles, les juristes attachés au modèle décrit se trouvent dans une situation paradoxale car ils ne cessent, à l'image de Louis Favoreu, d'évoquer l'accroissement de ces normes[5] à mesure que le Conseil constitutionnel rend des décisions. Il faut alors représenter le juge dans un rôle

[1] CE, 26 octobre 1945, Aramu, *Rec.*, p. 213.

[2] Sur ce point voir B. Jeanneau, *Les principes généraux du droit dans la jurisprudence administrative*, *op. cit.* ; P. Brunet, « A quoi sert la "théorie" des principes généraux du droit ? », in *Les principes en droit*, *op. cit.*, p. 175.

[3] Sur ce point voir J. Jeanneney, *Les lacunes constitutionnelles*, Paris, Dalloz, 2016 ; M. Troper, « Sur le dogme de la complétude et la théorie de la norme générale exclusive », *Droits*, n° 47, 2008, p. 249.

[4] A. Vidal-Naquet, « L'inconscient administrativiste dans la doctrine constitutionnaliste », in *La doctrine et le Conseil constitutionnel*, *op. cit.*, p. 263.

[5] Il évoque ainsi « l'irruption d'une masse de normes constitutionnelles dans un niveau de la hiérarchie des normes jusque-là assez vide et assez négligé », L. Favoreu, « Dualité ou unité d'ordre juridique. Conseil constitutionnel et Conseil d'Etat participent ils de deux ordres différents », in *Conseil constitutionnel et Conseil d'Etat*, Paris, Montchrestien, 1988, p. 158.

semi-actif, son action consistant essentiellement à agir sur des normes préexistantes ; cela passe par ce que Pierre Pactet a nommé « le nécessaire rattachement de toute intervention à un texte »[1] aussi appelé Doctrine Vedel. Cela va contraindre les juristes concernés à considérer que le juge ne créé rien dès lors que l'on peut trouver dans les textes le fondement des normes utilisées pour motiver chaque décision, voire que « le rattachement à un texte devient le critère essentiel du caractère démocratique de la justice constitutionnelle »[2]. Dans une version plus sophistiquée, il s'agira d'affirmer que le juge n'œuvre pas arbitrairement car il prend soin de faire le lien en permanence entre sa jurisprudence et les textes. C'est ce qu'a fait Bruno Genevois en énonçant qu'« on ne saurait nier la volonté du Conseil constitutionnel de rattacher les éléments constitutifs du bloc de constitutionnalité à un texte de valeur constitutionnelle »[3]. Cette citation a l'immense avantage de mettre en avant la différence entre le bloc de constitutionnalité en tant qu'ensemble de normes et les textes constitutionnels servant de fondement à la production de ces normes.

Louis Favoreu a mis en avant un double phénomène de multiplication et d'accumulation des normes constitutionnelles[4], en se référant à ce qu'il a qualifié de « sorte de stock ou de réservoir par le développement de la jurisprudence constitutionnelle » ; il n'a cependant pas laissé planer d'ambiguïté sur la provenance de ces normes en affirmant qu'« ont été mis en exploration les gisements de règles susceptibles d'être appliquées aux individus ou invoquées par eux »[5]. Le message est clair, le Conseil constitutionnel ne crée pas les normes en cause, mais comme le suggère l'emploi des termes « exploration » ou « gisement », il les tire littéralement de textes eux-mêmes normatifs. Affirmer qu'« il y a création constante de normes de valeur constitutionnelle du fait que le Conseil constitutionnel donne vie à certaines dispositions oubliées ou dégage des principes fondamentaux ou généraux à partir des textes et sans texte »[6], c'est employer le terme « création » dans un sens très faible puisqu'elle est liée à des sources réputées préexistantes. Néanmoins, reconnaître un pouvoir au Conseil constitutionnel à travers le phénomène de « densification », qui consiste pour lui à « enrichi[r] progressivement la signification et la portée d'une disposition

---

[1] P. Pactet, « A propos de la marge de liberté du Conseil constitutionnel », in *Mélanges Jacques Robert. Libertés*, 1998, Paris, LGDJ, 1998, p. 282.

[2] Y. Aguila, « Cinq questions sur l'interprétation constitutionnelle », *RFDC*, n° 21, 1995, p. 9.

[3] B. Genevois, « La jurisprudence du Conseil constitutionnel est-elle imprévisible ? », *Pouvoirs*, n° 59, 1991, p. 129.

[4] L. Favoreu, « Les normes de références », *article précité*, p. 75-77.

[5] L. Favoreu, « La constitutionnalisation du droit », in *L'unité du droit. Mélanges en l'honneur de Roland Drago*, Paris, Economica, 1996, p. 28.

[6] L. Favoreu, « L'apport du Conseil constitutionnel au droit public », *Pouvoirs*, n° 13, 1980, p. 21.

constitutionnelle par une interprétation constructive »[1], c'est utiliser toutes les ressources du langage ordinaire pour masquer l'évidence d'un pouvoir créateur. De façon similaire, lorsque Georges Vedel a pu affirmer que le Conseil constitutionnel « garde un rôle jurisprudentiel actif qui ne saurait, de loin, être réduit à une application mécanique des textes », il semblait bien rester dans un entre-deux peu convaincant. D'autant que l'activité du Conseil constitutionnel n'est pas réputée sans effet par ces juristes, loin de là, puisqu'en résulterait le phénomène de constitutionnalisation du droit[2] qui mènerait à l'unification et à la simplification du système juridique[3].

Le présupposé classique de ce type de discours consiste à affirmer que le contrôle est légitime dès lors qu'il se fonde sur un texte ; leur grande faiblesse est de construire le lien de rattachement davantage qu'il n'est constaté, l'objectif étant, *in fine*, de fournir un cadre rationnel et légitime au contrôle exercé. A travers les formulations et le vocabulaire employés, on voit se dessiner une croyance en la normativité du texte de la Constitution de 1958 et de ceux mentionnés dans son préambule – donc en la préexistence de la normativité du bloc de constitutionalité aux décisions du Conseil constitutionnel. C'est ce qui explique que le juge ne puisse être décrit par ces juristes que comme un « interprète constructif » dont tout le travail repose sur les textes. Sous cet angle, le Conseil constitutionnel ne crée donc jamais véritablement les normes, il les « active » ou les « déduit ». L'analyse de ce type de discours met également en lumière la quête d'unité parcourant une partie de la doctrine juridique[4], soucieuse de ne pas faire paraître la

---

[1] L. Favoreu, « Les normes de références », *article précité*, p. 74.

[2] Sur cette notion voir notamment B. Mathieu, M. Verpeaux (dir.), *La constitutionnalisation des branches du droit*, Paris, Economica, 1999 ; S. Mouton, *La constitutionnalisation du droit en France. Rationalisation du pouvoir et production normative*, Thèse, Toulouse 1, 1998 ; Pour une approche critique, voir (Collectif), *Jus Politicum, La jurisprudence du Conseil Constitutionnel et les différentes branches du droit*, Volume X, Paris, Dalloz, 2019.

[3] L. Favoreu, « La constitutionnalisation du droit », *article précité*, p. 35-37

[4] La notion d'unité de la constitution telle qu'elle est utilisée et véhiculée dans le langage juridique mériterait bien des analyses. On se contentera ici de souligner le lien existant entre la présentation d'une constitution unitaire et la volonté de mettre l'accent sur la préexistence de la réalité décrite en faisant l'analogie avec la façon dont Raoul Girardet a analysé le mythe de l'unité appliqué à la France dans les écrits des historiens du XIXème siècle : « Mais la France ne saurait être prise "pièce par pièce". Il faut l'embrasser dans son ensemble. Chacune des parties qui la composent ne peut être comprise que par rapport au tout dans lequel elle s'insère, en tant qu'élément constitutif d'une harmonie globale qui lui donne et à laquelle elle apporte toute sa signification. Les provinces françaises doivent être vues dans une situation de totale complémentarité les unes par rapport aux autres. Ce que l'une conserve encore de singularité ne prend toute sa valeur et tout son sens que dans la mesure où elle vient ainsi compléter, corriger et équilibrer les caractères spécifiques présentés par les autres. […]. Harmonie admirable dont Michelet n'ignore pas qu'elle est due d'abord

Constitution sous la forme d'un agrégat incohérent de textes ou de normes. Cette quête permettait de tempérer le rôle interprétatif du Conseil constitutionnel : les textes en cause étant réputés former la Constitution, identifiable préalablement à ses décisions, cela renforçait son image de juge soumis à du droit écrit. Sans remettre en cause ce postulat, certains juristes ont cependant reconnu un rôle plus important au Conseil constitutionnel en évoquant le système - ou l'ordre - dans lequel sa pratique interprétative s'insère.

Section 2.
L'alternative à la notion de bloc de constitutionnalité : le modèle du juge intervenant dans un ordre constitutionnel cohérent

Décrire la Constitution comme revêtant les caractéristiques d'un système permet de dépasser la question de la signification des textes constitutionnels et celle de l'étendue du bloc de constitutionnalité en l'englobant dans un ensemble plus vaste, au sein duquel le Conseil constitutionnel voit sa légitimité réaffirmée en tant que son office est d'assurer la cohérence et non l'unité d'un ensemble normatif. Sans pour autant renoncer systématiquement à la notion de bloc de constitutionnalité, il s'agit donc d'assumer le rôle actif du Conseil constitutionnel (Paragraphe 1) au service des valeurs fondamentales réputées comprises dans la Constitution (Paragraphe 2).

Paragraphe 1.
Le rôle actif du Conseil constitutionnel

On a pu parler de formalisme et de textualisme « très marqués » de la doctrine française[1]. Pourtant ces traits tendent à s'éroder chez de nombreux juristes ; que ce soit en raison de la progression de l'interprétation de la Constitution par le Conseil constitutionnel, notamment à l'occasion de l'instauration de la procédure de la question prioritaire de constitutionnalité[2],

---

à l'action des hommes, à l'œuvre du temps, au travail de l'Histoire. Restent pourtant à l'arrière-plan, toujours assez confuses, mais presque toujours présentes, la notion d'une sorte de prédestination géographique de la nation française, l'idée d'une France préexistante à la France, l'image d'une patrie virtuelle antérieure à la patrie réelle. En d'autres termes, c'est en tant que reconstructeurs plus encore qu'en tant que bâtisseurs, en tant que rassembleurs plus qu'en tant qu'assembleurs que tendent à apparaître les grands artisans de la nation française », R. Girardet, *Mythes et mythologies politiques*, Paris, Seuil, 1990, p. 156-157.

[1] D. Baranger, « La faiblesse des liens forts et la force des liens faibles : comprendre le "bloc de constitutionnalité " », *article précité*, p. 31.

[2] Ainsi, selon G. Canivet le pouvoir créateur du Conseil constitutionnel « s'est intensifié à la faveur de la procédure de contrôle a posteriori instaurée par la réforme constitutionnelle du 23 juillet 2008 qui a multiplié le nombre des saisines et, partant,

ou en raison de l'extension du bloc de constitutionnalité due à la volonté du pouvoir constituant d'opérer des renvois à de nouveaux énoncés, plusieurs juristes ont souhaité se défaire de l'image trop simple offerte par la notion de bloc de constitutionnalité pour qualifier les normes appliquées par le Conseil constitutionnel ; ils ont dressé un constat d'insuffisance de la notion de bloc de constitutionnalité, sans pour autant l'abandonner. Ainsi, Denis Baranger a pu relever que la philosophie sous-jacente au triomphe de la notion de bloc de constitutionnalité « peut se résumer de manière suivante : le juge constitutionnel a élaboré un ensemble de normes de référence à géométrie variable en vue de contrôler la loi (ordinaire ou organique), les règlements des assemblées, et accessoirement, via l'article 54, les traités qui lui sont soumis »[1] et dans ce cadre, le Conseil constitutionnel peut être envisagé comme « le garant des exigences de la hiérarchie des normes dans les limites des compétences que lui attribue la Constitution »[2].

Critiquant la notion de bloc de constitutionnalité, Michel Verpeaux notait qu'elle n'était « pas satisfaisante pour au moins deux raisons. La première est qu'elle semble reconnaître l'existence d'un ensemble homogène ou d'un monolithe dans lequel il n'y aurait pas de place pour des éléments composites, ce qui n'est pas vraiment le cas. La notion de "bloc" ne permet donc pas de rendre compte de l'hétérogénéité des éléments qui le composent : le "bloc" regroupe ainsi des textes dont les origines s'étendent sur plus de deux siècles, de 1789 à nos jours, au contenu très épars qui vont des droits et libertés classiques aux principes et objectifs, en passant par des droits sociaux et des droits-créances. En outre, si le terme de "constitutionnalité" renvoie logiquement à ce qui doit être conforme à la Constitution, comme le mot "légalité" renvoie à la conformité à la loi dans l'expression de "principe de légalité", le "bloc" se compose en réalité de règles et de principes qui ont valeur constitutionnelle ou, si l'on préfère, qui font partie de la Constitution »[3]. De même, Pierre Mouzet a pu estimer que la Constitution « même étendue au "bloc de constitutionnalité" dans sa version usuelle, n'est pas toujours la constitutionnalité, laquelle – en tant qu'objet et non en tant que rapport – est nécessairement un système », qui comprend des normes qui sont

des décisions rendues en application de l'article 61-1 de la Constitution dans les conditions de procédures fixées par la loi organique du 10 décembre 2009. La réforme constitutionnelle reconnait et amplifie le pouvoir normatif du Conseil constitutionnel désormais littéralement consacré » (G. Canivet, « les limites de la mission du juge constitutionnel », *Cités*, 2017/1, n° 69, p. 46).

[1] D. Baranger, « La faiblesse des liens forts et la force des liens faibles : comprendre le "Bloc de constitutionnalité " », *article précité*, p. 22.

[2] *Ibid.*, p. 23

[3] M. Verpeaux, Répertoire de contentieux administratif, *Contentieux constitutionnel : normes de référence*, *op. cit.*, n° 65.

« matériellement mais non formellement constitutionnelles »[1]. Le système constitutionnel est alors défini comme « l'ensemble des règles écrites matériellement constitutionnelles formé aussi de normes hiérarchiquement infra-constitutionnelles »[2]. Là encore, l'idée de système vise à réfuter la possibilité qu'il y ait des lacunes dans la Constitution[3] et à ordonner une jurisprudence constitutionnelle foisonnante. Le Conseil constitutionnel se trouve doté d'une fonction singulière au sein du système, puisqu'il en est pour ainsi dire le pivot. Cette approche doctrinale est directement liée à l'essor d'une jurisprudence constitutionnelle ne pouvant plus être décrite à partir de la seule notion formelle de constitution.

De façon particulièrement argumentée, Jean-Michel Blanquer est parti d'une critique de la notion de bloc de constitutionnalité, dont il relevait l'ambiguïté, pour lui préférer une théorie de l'ordre constitutionnel. Selon lui, la notion de bloc de constituionnalité serait une « notion étiquette qui regroupe sous un même terme des acceptions très diverses et qui compense l'indétermination du sens par la banalité de l'évidence »[4]. A ce titre, il a remis en cause sa pertinence pour décrire la situation des normes appliquées par le Conseil constitutionnel dès lors que l'analyse de la jurisprudence constitutionnelle montrerait « que la Constitution est une référence dont les caractéristiques sont celles d'un système et non pas d'une norme figée »[5]. Selon lui, « le Conseil constitutionnel a une conception plus large de la Constitution que la simple addition des textes qui constituent ce qu'on appelle habituellement le bloc de constitutionnalité et (…) cet ensemble de références du Conseil constitutionnel, on peut l'appeler d'une certaine façon "l'Ordre constitutionnel", c'est-à-dire l'ensemble de ce qui doit être respecté en vertu de la Constitution »[6]. L'idée principale de sa démonstration était que, pour appliquer pleinement la Constitution, le Conseil constitutionnel devait nécessairement utiliser des normes qui n'en font pas partie mais sans lesquelles il n'est pas possible d'assurer sa pleine effectivité à la Constitution comprise formellement. Il en distinguait deux types, à savoir des normes déduites de la Constitution et des normes induites. Les premières se présentent « comme des modes d'exécution de la Constitution » et « s'imposent, en dehors de tout souci de hiérarchie des normes ou des organes, aux autres

---

[1] P. Mouzet, « Le rapport de constitutionnalité. Les enseignements de la Ve République », *RDP*, 2007, p. 996.

[2] P. Mouzet, « L'anticonstitutionnalité », *Mélanges en l'honneur du professeur Jean Rosseto*, Paris, LGDJ, 2016, p. 101.

[3] Voir J. Jeanneney, *Les lacunes constitutionnelles*, *op. cit.*

[4] J.-M. Blanquer, « Bloc de constitutionalité ou ordre constitutionnel ? », in *Mélanges Jacques Robert. Libertés*, *op. cit.*, 1998, p. 228.

[5] J.-M. Blanquer, « L'ordre constitutionnel d'un régime mixte. Le sens donné à la constitution par le Conseil constitutionnel », *RDP*, 1998, p. 1535.

[6] J.-M. Blanquer, « La distance parcourue : de l'ordre institutionnel à l'ordre constitutionnel », in *Le Conseil constitutionnel a 40 ans*, Paris, LGDJ, 1999, p. 30.

normes »[1]. Cette catégorie peut recouvrir les lois organiques opposées aux règlements des assemblées ou aux lois, mais également les traités internationaux visés par la Constitution, à l'instar, à l'époque, du Traité de Maastricht qui « appartient à ce qu'on peut appeler l'ordre constitutionnel, c'est-à-dire que certains de ses éléments peuvent être utilisés pour faire respecter la Constitution »[2]. En revanche, les secondes correspondent aux principes dégagés par le juge et qui « en quelque sorte, sont révélés par la Constitution » et « lui sont peut-être supérieurs »[3]. Ainsi, « la notion de principe à valeur constitutionnelle fait partie de ces principes qui permettent à l'ordre constitutionnel de faire système, c'est-à-dire d'être complet, et notamment la notion de principe à valeur constitutionnelle permet d'identifier des principes tout à fait implicites dans l'ensemble que constituent les textes constitutionnels français »[4]. Jean-Michel Blanquer a de même estimé qu'à travers le travail interprétatif, le Conseil constitutionnel « recompose l'histoire constitutionnelle française en faisant dialoguer des textes dont les portées diffèrent »[5] et « introduit l'histoire constitutionnelle dans le présent juridique »[6], formule assez ambigüe. La Constitution en tant que système étant à la fois « un objet politique et un système juridique vivant qui irradie »[7], on comprend que loin de se borner à la description, cette présentation relève d'une démarche visant à la fois à sacraliser certains principes et surtout à prendre très au sérieux le travail du juge constitutionnel.

On retrouve là un usage classique de la notion de principe en tant qu'ils sont réputés contenus implicitement dans le droit positif et lui offrir un fondement structurel et axiologique qui rappelle les théories de la supralégalité constitutionnelle. Dans ce cadre, le Conseil constitutionnel est réputé jouir d'une liberté plus importante, mais il n'en demeure pas moins le gardien d'une réalité normative qui lui préexiste et qui justifie pleinement son office : « les règles que fait respecter le juge constitutionnel ne forment pas un bloc au sens où elles seraient indifférenciées mais un système au sens où elles obéissent à deux critères cumulatifs : premièrement, il existe des relations dynamiques entre ces règles par opposition à l'idée de juxtaposition ; deuxièmement il existe une unité du système qui se traduit par une différenciation avec l'extérieur et par une identité commune entre les

---

[1] J.-M. Blanquer, « Bloc de constitutionalité ou ordre constitutionnel ? », *article précité*, p. 229.

[2] J.-M. Blanquer, « La distance parcourue : de l'ordre institutionnel à l'ordre constitutionnel », *article précité*, p. 30.

[3] *Ibid.*, p. 31.

[4] *Ibid.*, p. 32.

[5] J.-M. Blanquer, « L'ordre constitutionnel d'un régime mixte », *article précité*, p. 1531.

[6] *Ibid.*, p. 1532.

[7] J.-M. Blanquer, « Bloc de constitutionalité ou ordre constitutionnel ? », *article précité*, p. 238.

éléments »[1]. Cette conception des normes utilisées dans le contentieux constitutionnel en tant que système est fondée sur une vision particulière de l'office du Conseil constitutionnel dont « l'essence même [...] est de construire un système constitutionnel cohérent »[2]. On peut convenir que, dans ce cadre, « pour connaître et reconnaître une norme constitutionnelle, il faut bien plus qu'une simple observation du texte constitutionnel. Il faut notamment une bonne connaissance des principes constitutionnels fondamentaux, des décisions jurisprudentielles, des pratiques politiques, des lois sous-constitutionnelles et enfin, du contexte, afin de pouvoir distinguer ce qui relève de la Constitution et ce qui n'en relève pas »[3]. Cette conception vise à offrir un rôle structurant aux principes de valeur constitutionnelle et conduit à présenter ouvertement la démarche du juge sous un angle essentialiste : il « développe une conception matérielle des principes qu'il a pour mission de défendre : il s'intéresse à leur contenu et élabore un raisonnement à partir de ce contenu »[4]. D'autres juristes ont d'ailleurs pu s'interroger sur le point de savoir si les droits fondamentaux constituaient « une catégorie à part entière, autonome et effective, porteuse de changement dans l'ordre constitutionnel »[5].

Paragraphe 2.
L'importance des valeurs dans l'interprétation de la Constitution

Il n'est guère étonnant qu'on ait pu affirmer que l'accession des droits et libertés au rang de normes constitutionnelles relevait « d'un processus assez net d'interaction entre la doctrine et le juge constitutionnel »[6]. En effet, si la doctrine choisit, à travers sa description des normes constitutionnelles, de privilégier l'étude de leur contenu en conférant à la question des droits une importance essentielle, c'est dans la continuité de l'interprétation produite par le juge et de la représentation qu'il offre de la Constitution. Tout cela conduit à la mise en avant du travail discursif d'énonciation de ces normes par le juge. Toutes ces considérations sont intimement liées à la thématique de l'Etat de droit, dès lors que l'on considère que ce dernier est « indissolublement lié à un ensemble de valeurs, de représentations qui, traduites dans le droit positif, donnent au principe de la hiérarchie des normes sa véritable portée » et sans lesquelles il ne serait « qu'une coquille vide, un cadre purement formel, une structure intemporelle »[7]. Ainsi, soulignant « l'hétérogénéité actuelle de la

[1] J.-M. Blanquer, « Bloc de constitutionalité ou ordre constitutionnel ? », *article précité*, p. 238.
[2] *Ibid.*
[3] Y. Roznai, « La classification des normes constitutionnelles, », *article précité*.
[4] *Ibid.*, p. 233.
[5] J. Favre, B. Tardivel, « Recherches sur la catégorie jurisprudentielle de libertés et droits fondamentaux de valeur constitutionnelle », *RDP*, 2000, p. 1412.
[6] *Ibid.*, p. 1414.
[7] J. Chevallier, « L'Etat de droit », *article précité*, p. 364.

Constitution française qu'a tenté de dissimuler la notion de "bloc de constitutionnalité" (qui) s'efforce de rassembler des textes d'origine disparate en une même absence de hiérarchie formelle, depuis la Révolution de 1789 jusqu'au texte actuel », Stephane Piérré-Caps envisageait la Constitution comme un ordre de valeurs ; dans ce cadre, c'est au Conseil constitutionnel que revient « la tâche de donner cohérence à la Constitution matérielle, tout entière confondue avec le système des droits et libertés »[1].

La notion de constitution change alors de référent : partant de l'idée que le Conseil constitutionnel se trouve « au principe d'une nouvelle idée de Constitution »[2], Dominique Rousseau a estimé que celle-ci devait désormais se définir comme « un acte vivant dont les énoncés, loin d'être sacralisés ou figés dans le temps de leur fondation, sont discutés et interprétés de manière continue »[3], et qui est « en perpétuelle transformation par le travail du juge »[4]. Il y a là une rupture nette non seulement avec une approche purement formelle du droit, mais également avec la nécessité permanente de se reporter au texte de la Constitution pour expliquer ou légitimer le travail du juge constitutionnel. Sous l'effet de la jurisprudence du Conseil constitutionnel, la notion de constitution ne se réfère donc plus à un document écrit mais bien à une « charte des libertés fondamentales (qui) s'enrichit chaque année par le travail d'interprétation juridictionnelle, de nouveaux droits constitutionnels »[5]. En posant que « la résurrection contemporaine indiscutable de la notion de Constitution comme acte jurisprudentiel, devait sans doute passer par l'effacement de la notion de Constitution comme acte écrit »[6], Dominique Rousseau a explicitement pris ses distances avec le texte de la Constitution pour s'intéresser au travail du Conseil constitutionnel, et la résurrection évoquée constitue davantage un renversement de perspective. D'après lui, la Constitution possède essentiellement deux caractères, à savoir qu'elle est « l'acte qui énonce les droits des hommes dans chacune des sphères de leurs activités sociales, et elle est un acte de langage »[7]. S'il n'est pas possible de construire « une représentation pyramidale et hiérarchisée du bloc constitutionnel », il a tout de même isolé le pluralisme et la dignité qui « ne sont pas des droits fondamentaux mais des principes d'intelligibilité des droits fondamentaux » en ce qu'ils lient ces droits « dans une cohérence et une

[1] S. Pierré-Caps, « La Constitution comme ordre de valeurs », in *La Constitution et les valeurs. Mélanges Dmitri-Georges Lavroff*, Paris, Dalloz, 2005, p. 283.

[2] D. Rousseau, « Une résurrection : la notion de constitution », *RDP*, 1990, p. 6.

[3] D. Rousseau, *Sur le Conseil constitutionnel : la doctrine Badinter et la démocratie*, Paris, Broché, 1997, p. 9.

[4] *Ibid.*, p 160.

[5] D. Rousseau, « Les transformations du droit constitutionnel sous la Ve république », *RDP*, 1998, p. 1782.

[6] D. Rousseau, « Une résurrection : la notion de constitution », *article précité*, p. 16.

[7] D. Rousseau, « Les transformations du droit constitutionnel sous la Ve république », *article précité*, p. 1781.

harmonie constitutionnelles »[1]. De même, Jean-Michel Blanquer a présenté la garantie des droits et la séparation des pouvoirs comme « les deux "méta-principes" qui commandent ce système »[2], les « deux piliers » au fondement de l'ordre constitutionnel[3]. Cette référence à l'énoncé de l'article 16 de la Déclaration de 1789 est relativement classique dans le discours du constitutionnalisme, et même du néo constitutionnalisme, mais l'invocation de « méta-principes » vise clairement à établir une hiérarchie axiologique au sein des normes appliquées dans le cadre du contrôle de constitutionnalité des lois. Cette conception conduit à présenter ouvertement la démarche du juge sous un angle essentialiste : il « développe une conception matérielle des principes qu'il a pour mission de défendre »[4]. Ce faisant, on constate que la matérialisation de l'interprétation constitutionnelle suscite dans le discours juridique un appel à la hiérarchisation axiologique.

C'est ainsi que Bertrand Mathieu a considéré qu'il appartenait au droit constitutionnel « de couvrir par des principes peu nombreux mais clairs et porteurs d'applications variées l'ensemble de la protection des droits fondamentaux »[5] et a souhaité qualifier de « matriciels » certains principes appliqués par le Conseil constitutionnel « en ce qu'ils engendrent d'autres droits de portée et de valeur différentes »[6]. Il proposait notamment la reconnaissance du principe de sécurité juridique qui pourrait être « rattaché » à la Déclaration de 1789, et dont pourraient ensuite être « déduits » plusieurs droits. De même, selon lui, la nature spécifique du droit de la bioéthique « rend peut-être plus nécessaire encore l'existence et la reconnaissance de principes de valeur constitutionnelle, c'est-à-dire de principes qui déterminent le système de valeurs qui ordonne, dans un lieu donné et à une époque considérée, une société »[7]. Le présupposé de ce type de proposition est double : d'une part il est important que les normes constitutionnelles consacrent des droits jugés fondamentaux, d'autre part il est nécessaire que la jurisprudence en la matière possède une cohérence permettant à la fois de l'expliquer, mais également de spéculer sur les droits potentiellement concernés, comme le fait l'auteur à propos du principe de sécurité juridique.

On doit relever, de ce point de vue, que dans son entreprise de rationalisation de l'interprétation juridictionnelle de la Constitution, la

---

[1] D. Rousseau, *Droit du contentieux constitutionnel*, *op. cit.*, p. 135.

[2] J.-M Blanquer, « L'ordre constitutionnel d'un régime mixte. Le sens donné à la constitution par le Conseil constitutionnel », *article précité*, p. 1540.

[3] J.-M. Blanquer, « Bloc de constitutionalité ou ordre constitutionnel ? », *article précité.*, p. 231.

[4] *Ibid.*, p. 233.

[5] *Ibid.*, p. 212.

[6] B. Mathieu, « Pour une reconnaissance des principes matriciels en matière de protection constitutionnelle des droits de l'homme », *Dalloz*, 1995, p. 211.

[7] B. Mathieu, « La France », in N. Lenoir, B. Mathieu, D. Maus, *Constitution et Ethique Biomédicale*, Paris, La documentation française, 1998, p. 37.

doctrine a souvent mis en avant la nécessité pour le Conseil constitutionnel de donner plus de substance à la motivation de ses décisions. En effet, à l'image des théories de Peter Häberle[1] défendant un archétype d'interprétation ouvert et pluraliste de la constitution au nom du primat du principe démocratique, le Conseil constitutionnel est présenté comme inséré dans une chaîne argumentative afin tout à la fois de relativiser et de légitimer son pouvoir créateur. Ainsi, selon Dominique Rousseau, il y a des conditions à la production juridictionnelle des principes constitutionnels, à savoir « l'exposition publique de l'argumentation ayant conduit à l'invention du principe, car les partenaires du Conseil doivent pouvoir apprécier la validité du raisonnement » et « l'existence d'un accord général, résultant d'un dialogue contradictoire plus ou moins long entre les agents intéressés, sur le contenu du principe »[2]. Le débat se déplace alors sur la question de la légitimité et selon Dominique Rousseau, celle du Conseil constitutionnel « dépend, au-delà de son fondement constitutionnel, de la reconnaissance de sa jurisprudence par la communauté des juristes »[3]. Cet appel à la communauté des juristes[4] pour juger du bien-fondé d'une construction juridique opérée dans les motivations des décisions juridictionnelles rejoint la façon dont le juge israélien Aharon Barak[5] a pu estimer que la responsabilité du juge constitutionnel « s'exprime [...] devant la communauté des juristes, par la nécessité de motiver chaque décision »[6].

On se trouve face à une sacralisation du raisonnement juridictionnel exprimé dans les motivations, à travers une argumentation qui se voudrait, dans l'idéal, une véritable réflexion d'ensemble sur ce que doit être le droit à l'occasion de chaque cas à résoudre. Dans cette perspective, la motivation de chaque décision doit être suffisamment développée pour permettre de saisir le raisonnement et si la doctrine œuvre en ce sens par son travail d'explication, elle peut également juger celle-ci insuffisante[7]. Ainsi, Pascal Mbongo a estimé

---

[1] P. Häberle, *L'Etat constitutionnel*, Paris, Economica, 2004. Comme le relevait avec acidité Olivier Jouanjan, les thèses de Peter Häberle aboutissent à « dissoudre la normativité de la constitution » celle-ci devenant, « au mieux l'auberge espagnole, au pire, le tonneau des Danaïdes », « Présentation », in *Le droit, l'Etat et la constitution démocratique*, *op. cit.*, p. 16.

[2] D. Rousseau, *Sur le Conseil constitutionnel : la doctrine Badinter et la démocratie*, *op. cit.*, p. 129-130.

[3] D. Rousseau, « Une résurrection : la notion de constitution », *article précité*, p. 17.

[4] Entité dont on peut souligner l'extrême difficulté de l'identifier.

[5] Voir notamment A. Barak, *Purposive Interpretation in Law*, Princeton University Press, 2005 ; *The Judge in a democraty*, USA, Princeton University Press, 2006 ; « Le rôle de la Cour suprême dans une démocratie », *RFDC*, 2006, p. 233 ; « Les juges comme gardiens de la Constitution sur l'acte de juger », *Cités*, 2017/1, n° 69, p. 19.

[6] A. Barak, « Le rôle de la Cour suprême dans une démocratie », *article précité,* p. 246.

[7] La faiblesse de la motivation de certaines décisions du Conseil constitutionnel fait l'objet de critiques isolées (de moins en moins cependant) mais percutantes. Voir à ce

que le juge devrait « exposer et soumettre à la discussion publique les considérations de philosophie constitutionnelle, politique et économique ou morale auxquelles s'adosse son raisonnement juridique »[1]. Cet appel à la densification de l'argumentation produite par les juridictions, et en particulier par le Conseil constitutionnel, ne visait pas à vérifier que les textes appliqués sont strictement respectés, mais bien à apprécier le raisonnement exprimé dans sa globalité, en lien avec des exigences éthiques.

Section 3.
La volonté de dépassement du bloc de constitutionnalité : le modèle du constitutionnalisme global

Dans le cadre de la protection des droits fondamentaux, une similitude de contenu entre les textes internationaux et constitutionnels est fréquemment relevée par la doctrine. C'est ce qui explique, comme l'a relevé Michel Troper, que le contrôle de conventionnalité soit parfois considéré comme un véritable contrôle de constitutionnalité ou contrôle « indirect »[2] de constitutionnalité, dès lors que l'on considère que « sont constitutionnels toute règle ou tout principe, quelle que soit la nature du texte qui les exprime, ayant pour objet de limiter le pouvoir ou de garantir des droits fondamentaux »[3]. Cette tendance est particulièrement nette s'agissant de la Convention européenne des droits de l'homme et de la Charte des droits fondamentaux de l'Union européenne.

L'éventualité d'une assimilation entre les contrôles de constitutionnalité et de conventionnalité avait déjà été évoquée par Patrick Frydman dans ses conclusions sur l'arrêt *Nicolo*, lorsqu'il notait que le revirement attendu dans l'interprétation de l'article 55 de la Constitution pourrait donner au juge administratif « le rôle d'un juge de constitutionnalité des lois », dès lors que « les principes posés par ces textes s'identifient, le plus souvent, aux principes à valeur constitutionnelle reconnus en France en vertu du Préambule de la Constitution de 1958 et des textes auxquels celui-ci se réfère »[4]. Il évoquait d'ailleurs « l'introduction, dans des traités internationaux, de principes qui ont

---

sujet D. Baranger, « Sur la manière française de rendre la justice constitutionnelle », *Jus Politicum*, n° 7 [http://juspoliticum.com/article/Sur-la-maniere-francaise-de-rendre-la-justice-constitutionnelle-478.html] ; W. Sabete, « De l'insuffisante argumentation des décisions du Conseil constitutionnel », *AJDA*, 2011, p. 885.

[1] P. Mbongo, « Constitution française et libertés. Dits, non-dits, clairs obscurs et idées reçues », *RA*, 2002, p. 610.

[2] Cette expression désigne le contrôle de conventionnalité chez certains auteurs : voir notamment D. Rousseau, *Droit du contentieux constitutionnel*, *op. cit.*, 2008, p. 237 ; P.-L. Frier , J. Petit, *Précis de droit administratif*, Paris, Montchrestien, 5e éd., 2008, p. 60.

[3] M. Troper, « Les effets du contrôle de constitutionnalité des lois sur le droit matériel », *in Le droit et la nécessité*, *op. cit.*, p. 169.

[4] Conclusions sur CE, 20 octobre 1989, Nicolo, n° 108243.

en réalité valeur constitutionnelle », formulation singulière illustrant l'acception matérielle du propos. En effet, d'un point de vue strictement positiviste, il ne saurait exister de valeur « réelle » pour les principes produits par les juges, qu'ils le soient sur la base de textes ou de façon spontanée, qu'ils soient « explicites » ou « implicites » pour reprendre une terminologie opératoire[1]. Bernard Stirn allait pourtant dans le même sens[2] lorsqu'il notait que la Convention européenne des droits de l'homme « contient en réalité l'ensemble des principes de nature constitutionnelle qui inspirent le Préambule de la Constitution et qu'applique le Conseil constitutionnel » évoquant le risque d'exercer un « second contrôle de constitutionnalité »[3].

Dans ce cadre, une troisième tendance se fait jour parmi la doctrine juridique tendant, elle aussi, au dépassement de la notion de bloc de constitutionnalité, mais au nom de la pénétration des sources conventionnelles dans le droit interne. Ce n'est plus d'ordre constitutionnel dont il est désormais question, mais de rapports normatifs entre les ordres internationaux, européens et français dans le cadre plus général du constitutionnalisme global (Paragraphe 1), conduisant certains juristes à chercher à situer le bloc de constitutionnalité par rapport à ces sources, quand d'autres ne s'y référent plus du tout, préférant le remplacer (Paragraphe 2).

Paragraphe 1.
La prégnance des discours du constitutionnalisme global

L'un des thèmes majeurs relatif aux rapports entre les systèmes européens et les systèmes nationaux est celui du « pluralisme ordonné »[4] ou du « constitutionnalisme global »[5], concept « encore très malléable, d'une portée scientifique incertaine, incapable de prétendre à ce stade de son évolution à une unité descriptive »[6], mais qui vise à proscrire toute solution de type hiérarchique aux conflits de normes par l'évitement de ces conflits en partant du principe que « pour être viable, le pluralisme juridique suppose le développement d'une stratégie et de techniques d'évitement de tels conflits »[7].

---

[1] Voir V. Champeil-Desplats, *Les principes fondamentaux reconnus par les lois de la République : principes constitutionnels et justification dans les discours juridiques*, *op. cit.*, p. 35-44.

[2] Arrêt précité du 21 décembre 1990.

[3] Conclusions sur CE, 21 décembre 1990, Confédération nationale des associations familiales catholiques et autres, n° 105743 et suivants.

[4] M. Delmas-Marty, « Le pluralisme ordonné et les interactions entre ensembles juridiques », *Dalloz*, 2006, n°14, p. 951.

[5] Voir (Collectif), *Constitutionnalisme global*, *Jus Politicum* n° 19, Avril 2018 [https://juspoliticum.com/numero/Constitutionnalisme-global-72.html]

[6] S. Pinon, « Les visages cachés du constitutionnalisme global », *RFDC*, 2016, p. 928.

[7] D. Ritleng, « De l'utilité du principe de primauté du droit de l'Union », *RTDE*, 2009, p. 679.

Il n'est guère étonnant de constater qu'afin d'éviter ces conflits soient mis en avant à la fois la convergence des droits protégés et la coopération des juges dans leur protection. Ainsi, lorsque Dominique Ritleng évoquait le « rapprochement matériel des ordres juridiques », c'est à des contenus normatifs qu'il se référait, notamment à « l'émergence et à l'affirmation d'une identité et de valeurs communes » qui seraient « le fruit d'une réception par l'Union des valeurs et principes constitutionnels des Etats membres », avec une précision d'importance relative à la nécessaire « plasticité »[1] des valeurs et principes en cause, ce qui est un appel à l'usage de notions particulièrement générales et faiblement déterminées. Il s'agit en outre de promouvoir « un partage de l'accomplissement de la fonction juridictionnelle de sauvegarde des principes et valeurs constitutionnels », facilité par « l'émergence en droit de l'Union d'une identité constitutionnelle commune construite à partir du "patrimoine constitutionnel européen" partagé des Etats membres ». En mettant en avant l'existence d'une « homogénéité constitutionnelle entre l'ordre juridique national et l'ordre juridique communautaire », on explique sans difficulté que « les juridictions nationales abandonnent, en effet, à la Cour de justice le soin de vérifier le respect par les actes communautaires des principes et valeurs constitutionnels »[2]. C'est l'idée d'un constitutionnalisme à plusieurs niveaux (*multilevel constitutionalism*) qui se fait jour dans la doctrine anglo-saxonne. Comme le notait Manon Altwegg-Boussac « ces discours, bien qu'extrêmement variés, ont pour point commun de se prononcer en faveur de l'importation du registre conceptuel de la constitution ou du constitutionnalisme pour décrire les rapports juridiques existants au-delà (et en-deçà) de l'État »[3]. Par ailleurs, « la pleine valeur scientifique du "constitutionnalisme global" implique de mettre à l'écart le critère formel dans la définition du droit constitutionnel »[4].

Au-delà du cas spécifique de l'Union européenne[5], cette doctrine prétend permettre de façon plus générale la description des relations entre les Etats et les différents systèmes juridiques internationaux, en particulier européens. Comme le notait Michel Troper, on évoque notamment ce constitutionnalisme à plusieurs niveaux lorsque « la protection des droits fondamentaux est en effet assurée à plusieurs niveaux », et dans le registre de discours de ceux qui

---

[1] *Ibid.*, p. 692.

[2] *Ibid.*, p. 693-694.

[3] M. Altwegg-Boussac « Le constitutionnalisme global, quels espaces pour la discussion ? », *Jus Politicum*, n° 19, [https://juspoliticum.com/article/Le-constitutionnalisme-global-quels-espaces-pour-la-discussion-1211.html]

[4] S. Pinon, « Les visages cachés du constitutionnalisme global », *article précité*, p. 930.

[5] Voir V. Constantinesco, « La constitutionnalisation de l'Union européenne », in J. Rideau (dir.), *De la Communauté de droit à l'Union de droit. Continuités et avatars européens*, Paris, LGDJ, 2000, p. 133.

utilisent cette notion, les droits fondamentaux sont considérés comme étant constitutionnels non pas formellement mais matériellement[1]. Dès lors, loin de se borner à affirmer l'existence d'une pluralité de contrôles juridictionnels, cette doctrine « permet notamment de rendre compte des modalités par lesquelles les ordres juridiques nationaux parviennent à donner un sens différent à la notion de "valeur constitutionnelle" selon qu'elle s'applique au sens du droit interne (les normes intervenant dans le contrôle de constitutionnalité) ou au sens du droit international (pour rendre compte, notamment, de la primauté du droit communautaire – mais pas seulement) »[2]. Partant du postulat selon lequel « l'unité de la notion de droits fondamentaux, la recherche de la cohérence de la protection de ces droits prédisent la fin des moyens spéciaux de protection des droits fondamentaux internationaux et européens et l'avènement de l'unification de tous les moyens de protection de tous les droits fondamentaux »[3], Joël Andriantsimbazovina préconisait de « mettre fin à la distinction entre les droits fondamentaux nationaux et ceux qui sont garantis par le droit international et européen » et d'aller vers ce qu'il qualifiait de « contrôle de fondamentalité »[4] qui ne serait « plus centré sur la loi », mais « tourné essentiellement vers la défense des droits »[5]. Là encore est mis en avant le rôle des juges dont l'office est d'« assurer la cohérence de la protection des droits fondamentaux dans des ordres juridiques qui appartiennent au même espace démocratique »[6]. En effet, « le discours sur le constitutionnalisme global est ancré dans le discours de la convergence des droits européens qui s'appuie sur la diffusion des droits de l'homme et l'intégration européenne »[7].

Ce type d'analyse, qui évoque le contenu des normes et non pas leur rang formel, témoigne de la prise en compte croissante de l'aspect matériel dans la définition de la constitutionnalité. A côté d'une analyse formelle classique mettant en avant les rapports hiérarchiques entre les normes, tend ainsi à se développer voire à primer, une analyse de type matériel mettant l'accent sur une identité de contenu, principalement en matière de droits fondamentaux.

---

1 M. Troper, « Les effets du contrôle de constitutionnalité des lois sur le droit matériel », in *Le droit et la nécessité*, *op. cit.*, p. 169.

2 S. Hennette-Vauchez, « Redécouvrir le préambule de la Constitution, ou l'éthique minimale appliquée à l'expertise constitutionnelle », *article précité*, p. 403.

3 J. Andriantsimbazovina « L'enrichissement mutuel de la protection des droits fondamentaux au niveau européen et au niveau national. Vers un contrôle de fondamentalité ? », *RFDA*, 2002, p. 127.

4 *Ibid.*, p. 135.

5 *Ibid.*, p. 138.

6 *Ibid.*, p. 133.

7 M.-C. Ponthoreau, « "Global Constitutionalism", un discours doctrinal homogénéisant. L'apport du comparatisme critique », *Jus Politicum*, n° 19, [https://juspoliticum.com/article/Global-Constitutionalism-un-discours-doctrinal-homogeneisant-L-apport-du-comparatisme-critique-1199.html]

La mise en avant d'une équivalence entre la constitutionnalité et la conventionnalité, qui repose sur une analyse statique, conduit alors à la volonté d'ordonner les différents contrôles issus de systèmes juridiques distincts. Ainsi, le système mis en place dans le cadre de la Convention européenne des droits de l'homme est envisagé « dans un contexte plus large qui considère l'architecture du modèle d'Etat constitutionnel de droit, qui s'intègre dans le "système CEDH" »[1]. Ce type de généralisation permet d'évoquer « l'assimilation entre contrôle de constitutionnalité et contrôle de conventionnalité » qui « se réalise à travers la parenté des techniques d'interprétation et, plus encore, un même attachement à des valeurs communes »[2]. La notion de « système CEDH » ne fait pas référence à un système juridique au sens formel, mais bien à un phénomène de globalisation et de standardisation des normes protégeant les droits fondamentaux.

Il est aisé de voir que ce type de discours ne part nullement de la description d'un droit existant, mais bien de la volonté de poser l'unité de la protection des droits fondamentaux comme valeur cardinale afin de proposer une modification du contrôle effectivement exercé par les juridictions. Si l'idée maîtresse qui apparaît à la lecture de ces discours est bien celle d'une prévalence des droits fondamentaux, il est difficile de ne pas voir la consécration du rôle du juge en tant que protecteur tout désigné des droits en question. Car derrière tout discours sur les droits on trouve systématiquement, à peine dissimulé sous quelques formules pudiques, le présupposé selon lequel le juge est le mieux placé pour assurer leur protection[3]. L'unification des contrôles au nom de la primauté des droits bénéficie ainsi essentiellement au juge dont le rôle se trouve renforcé. Ce type d'analyse, qui conduit à faire du « dialogue des juges » la condition nécessaire à une harmonisation des différents systèmes, est au cœur de la doctrine du constitutionnalisme à plusieurs niveaux. Elle génère des conséquences sur la façon de concevoir la notion de bloc de constitutionnalité.

Paragraphe 2.
Le dépassement du bloc de constitutionnalité au nom de l'harmonisation de la protection des droits fondamentaux

En droit français, si certains juristes, comme Denys de Béchillon ont pu qualifier de problème le fait que l'examen de la conventionnalité des lois « aboutit à contrôler leur conformité à un ensemble de normes dont la teneur

---

[1] F. Cocozza, « Les droits fondamentaux en Europe entre justice constitutionnelle transfrontalière de la CEDH et justice constitutionnelle nationale. Les lignes incertaines d'une relation structurée », *RFDC*, 1996, p. 710.
[2] *Ibid.*, p. 716.
[3] S. Mouton, X. Magnon (dir.), *Le juge dans le constitutionnalisme moderne*, Bayonne, Institut Francophone pour la Justice et la démocratie, 2023.

est, pour l'essentiel, identique à celle des règles comprises au sein du bloc de constitutionnalité »[1], notant le risque de « contrariété matérielle de jugements sur la même loi »[2], telle n'est pas l'orientation principale de la doctrine et du juge. Pour l'essentiel, la doctrine tend, à la suite du juge, à mettre l'accent sur l'évitement des contradictions, comme le fit le rapport présenté à la IXème conférence des Cours constitutionnelles européennes par la délégation du Conseil constitutionnel qui se concluait par le constat selon lequel « les systèmes de protection mis en œuvre respectivement par le juge constitutionnel et par les instances internationales ne font pas apparaître, [...], de contradictions »[3].

Pour autant, la mise en avant de la similitude matérielle des normes internationales – surtout européennes – avec les normes constitutionnelles nationales conduit à souhaiter une coopération des différentes juridictions. C'est ainsi que des auteurs souhaitent voir l'ensemble des contrôles juridictionnels se réunir en un seul, dont l'objet unique serait d'assurer la primauté des droits. Etienne Picard notait qu'« on assiste en France, notamment depuis plusieurs décennies, à une concurrence de deux logiques juridiques dominantes, et à une substitution progressive et conflictuelle de ces deux logiques : d'une part, la logique formelle des normes hiérarchisées et de la distribution des compétences juridictionnelles spécialisées, qui est ainsi susceptible de prévaloir sur les droits ; d'autre part, la logique substantielle des droits, qui prétend trop souvent se dispenser du respect des contraintes normatives formelles et des limites imposées aux compétences juridictionnelles »[4]. C'est pour faire correspondre ces logiques qu'il appelait de ses vœux « l'existence, en droit positif, d'une catégorie des droits fondamentaux, dont la consécration formelle permettrait de les faire prévaloir directement, et en tant que tels, sans devoir passer par ces contorsions juridictionnelles, et sans bouleverser l'organisation juridictionnelle »[5]. On voit bien que l'accent est totalement mis sur l'existence de droits fondamentaux effectifs, opposables aux pouvoirs publics en ce qu'ils seraient garantis par n'importe quel juge.

Dans cette variante du discours sur les droits et le contrôle juridictionnel, l'aspect constitutionnel passe au second plan, car les droits fondamentaux

---

[1] D. (de) Béchillon, « De quelques incidences du contrôle de la conventionnalité internationale des lois par le juge ordinaire (*Malaise dans la Constitution*) », *RFDA*, 1998, p. 226.

[2] *Ibid.*, p. 232.

[3] (Collectif), Rapport présenté par la délégation française à la IXème Conférence des Cours constitutionnelles européennes (Paris, 10-13 mai 1993), « Protection constitutionnelle et protection internationale des droits de l'homme : concurrence ou complémentarité ? », *RFDA*, 1993, p. 869.

[4] E. Picard, « Les rapports entre le Droits international public et la Constitution selon la jurisprudence du Conseil d'Etat », *RA*, Numéro spécial, 1999, p. 30.

[5] *Ibid.*, p. 31.

« transcendent la seule catégorie des normes constitutionnelles »[1] et dès lors, « ce qui paraît aujourd'hui déterminant – […] – ce n'est pas le rang formel des normes mais leur contenu même, c'est-à-dire le degré substantiel de protection qu'elles offrent aux droits fondamentaux »[2]. Cet appel à la primauté de la substance sur la forme étant établi dans le cadre du système juridique français, l'essentiel du discours vise alors à appeler les juges à faire évoluer ce dernier dans le respect de leurs compétences respectives, en relevant que « la formation d'un corpus juridique européen (…) devra bien finir par s'imposer à toutes les juridictions nationales » et, par là même, le Conseil constitutionnel « sera sans doute amené à intégrer tout le droit européen au bloc de constitutionnalité » car il s'agit de « tout un corps de droit, relatif pour l'essentiel aux droits fondamentaux » et que « les différentes origines ou natures des règles qui le constituent – constitutionnelles, communautaires, internationales, jurisprudentielles – tendent à se confondre ou à se fondre les unes dans les autres, précisément pour constituer ce corpus de règles supralégislatives, que toutes les juridictions sont aujourd'hui tentées de faire prévaloir sur les lois, à un titre ou à un autre, en dépit de leurs différences de statut et d'habilitation »[3].

Ramené au niveau des rapports normatifs entre la jurisprudence du Conseil constitutionnel et celle de la Cour européenne des droits de l'homme, cela amène à considérer que la Constitution comme la Convention « possèdent désormais une nature semblable », car elles ne sont rien d'autre qu'« une charte jurisprudentielle des Droits de l'homme » et qu'ainsi elles « répondent à la même définition et remplissent la même fonction, favorisant ainsi leur rapprochement, sinon leur jonction »[4]. Le contrôle du respect des droits garantis par les conventions internationales procèderait d'une logique plus générale d'évolution de la notion de constitution dans une partie du discours juridique, celle qui conduit à l'assimiler à l'énonciation et à la protection juridictionnelle des droits par le juge. C'est ainsi que Frédéric Sudre notait que « toute convention internationale des droits de l'homme a un contenu constitutionnel par nature » dès lors qu'elle constitue un « énoncé des droits

---

[1] *Ibid.*, p. 15.
[2] *Ibid.*, p. 40.
[3] E. Picard « Vers l'extension du bloc de constitutionnalité au droit européen ? », *RFDA*, 1993, p. 54.
[4] *Ibid.*, p. 130.

et libertés »[1] ou que Michel Levinet envisageait la Convention européenne des droits de l'homme comme une « constitution au sens matériel »[2].

Se situe dans une tendance similaire le souhait d'un revirement de jurisprudence du Conseil constitutionnel afin qu'il puisse contrôler le respect du droit international ou européen par le législateur. C'est notamment la position exprimée par Dominique Rousseau, s'agissant particulièrement de la Convention européenne des droits de l'homme. Il considérait ainsi, avant que l'arrêt *Nicolo* ne soit rendu par le Conseil d'Etat, que le refus de donner sa pleine effectivité à l'article 55 de la Constitution constituait une « véritable offense au Droit, une véritable faille dans la théorie et la pratique de l'Etat de droit »[3]. Ce type d'analyse juridique est lié à un jugement de valeur assumé, favorable à la soumission des pouvoirs publics aux droits protégés par la Cour européenne des droits de l'homme ; dans la logique l'inspirant, « rien ne peut justifier que soient contrariés la défense des libertés et l'élargissement des instruments de leur protection »[4]. C'est de cette logique que procède la volonté de voir le Conseil constitutionnel accepter de contrôler la conformité de la loi à la Convention européenne des droits de l'homme, qui est voisine de l'affirmation de l'existence d'un « patrimoine constitutionnel européen »[5].

Relevant qu'on évoque « généralement l'existence d'un bloc de constitutionnalité en droit interne et d'un bloc de conventionnalité en droit international, le concept de "bloc" permettant d'affirmer la cohésion interne de chaque ensemble normatif tout en consacrant sa nécessaire autonomie vis à vis de l'autre », Ghislaine Alberton, soucieuse d'« harmonie normative » dans le cadre du « pluralisme juridique » considérait que le juge était dans une « recherche d'équilibre » en « s'employant à peser le poids de chacun des intérêts en présence avant de décider de sauvegarder l'un et de sacrifier l'autre ». Selon elle, « loin d'être contradictoires, les différentes interprétations jurisprudentielles s'avèrent au contraire parfaitement concordantes parce que révélatrices non d'une prétendue primauté mais d'une réelle égalité entre

---

[1] F. Sudre, « Constitution et protection internationale des droits de l'homme », in *Constitution et Droit international, Recueil des cours de l'Académie internationale de droit constitutionnel (volume 8)*, Tunis, Centre de Publication Universitaire, 2000, p. 198.

[2] M. Levinet, « La Convention européenne des droits de l'homme socle de la protection des droits de l'homme dans le droit constitutionnel européen », *RFDC*, 2011, p. 229.

[3] D. Rousseau « L'intégration de la Convention européenne des Droits de l'homme au bloc de constitutionnalité », in *Conseil constitutionnel et Cour européenne des droits de l'homme, op. cit.*, p. 123.

[4] *Ibid.*, p. 126.

[5] D. Rousseau, « La notion de patrimoine constitutionnel européen », in *Mélanges Philippe Ardant, op. cit.*, p. 27.

normes constitutionnelles et normes internationales »[1]. Dans ce cadre, « les blocs de constitutionnalité et de conventionnalité sont de véritables clones normatifs » et si « l'intérêt que pourrait présenter une intégration du bloc de conventionnalité au bloc de constitutionnalité paraît bien ténu » il pourrait néanmoins avoir d'intéressantes « conséquences pratiques »[2].

La notion de bloc de constitutionnalité serait ainsi « dépassée, périmée, obsolète, désuète ». Elle ne serait « plus adaptée à la dimension actuelle des rapports entre ordres juridiques » dès lors que « l'imprégnation toujours plus croissante du droit international général, mais surtout du droit européen, oblige à repenser les concepts juridiques en général (…) et le concept de "bloc de constitutionnalité" en particulier ». Rappelant qu'à l'origine, « l'expression "bloc de constitutionnalité" ne visait pas uniquement des normes de valeur constitutionnelle, mais au contraire, des normes de valeur juridique diverses ayant pour point commun de s'imposer dans le cadre du contrôle de constitutionnalité », Julien Bonnet et Agnès Roblot-Troizier ont relevé que « l'habitude a été prise d'assimiler "bloc de constitutionnalité" et "normes constitutionnelle" »[3] ce qui a fait perdre son intérêt à la notion car « elle ne permet plus de distinguer au sein des normes de références du contrôle de constitutionnalité, celles qui ont valeur constitutionnelle et celles qui, sans avoir cette valeur, conditionnent la constitutionnalité d'une norme inférieure ». De plus « l'environnement juridique dans lequel le Conseil constitutionnel évolue s'est considérablement transformé sous l'effet des rapports entre les ordres juridiques, au point que la notion de "bloc" est désormais anachronique ». Le bloc de constitutionnalité serait en effet fissuré « par la prise en compte croissante de normes internationales et européennes dans le contrôle de constitutionnalité des lois » et concurrencé « par le contrôle interne et européen de conventionnalité de la loi ». Dès lors « fissurée au point d'exploser, concurrencée au point de s'effriter dans les mains d'une multiplicité de juges, la notion de "bloc de constitutionnalité" n'a plus de réelle consistance et doit être repensée autour de la notion de "source", à travers une distinction entre les "sources constitutionnelles" et les "sources de constitutionnalité" ».

Ainsi, ces auteurs jugeaient que « plutôt que d'admettre et d'assumer l'intégration des sources conventionnelles aux sources de constitutionnalité, le Conseil constitutionnel s'en tient à une jurisprudence aujourd'hui dépassée par les rapports entre ordres juridiques, la circulation et l'européanisation du

---

[1] G. Alberton, « De l'indispensable intégration du bloc de conventionnalité au bloc de constitutionnalité ?, *article précité*, p. 260.

[2] *Ibid.*, p. 267

[3] A. Roblot-Troizier et J. Bonnet, « Repenser le "bloc de constitutionnalité" sous l'effet des rapports entre ordres juridiques : pour une redéfinition des sources de la constitutionnalité », in *Les rapports entre ordres juridiques - Bilan, Enjeux, Perspectives*, Paris, LGDJ, 2016, p. 410.

droit »[1]. A l'inverse, selon eux, « les sources conventionnelles pourraient être formellement intégrés parmi les normes de références du contrôle de constitutionnalité (…) et l'articulation des contrôles de constitutionnalité et de conventionnalité peut être repensée autour de la consécration de la règle du précédent équivalent et du principe de faveur »[2] en soulignant que « l'opportunité d'un changement de politique jurisprudentielle en la matière est évidente pour le justiciable »[3] : en privilégiant cet intérêt, il s'agit d'aller vers « l'optimisation du niveau de garantie des droits et libertés, vers un éclaircissement des modalités d'articulation des différents offices à travers une meilleure pédagogie juridictionnelle »[4].

Agnès Roblot-Troizier avait conclu sa thèse sur les normes de référence du contrôle de constitutionnalité par le constat selon lequel qu'« il n'y a plus une Constitution mais des normes constitutionnelles ; il n'y a plus des normes constitutionnelles mais des normes de référence du contrôle de constitutionnalité ; il n'y a plus un contrôle de constitutionnalité mais des contrôles de constitutionnalité »[5]. Devant ce constat, sa proposition était, déjà, de distinguer, parmi les sources du contrôle de constitutionnalité, les « sources constitutionnelles », catégorie qui « renvoie à la notion de "Constitution" au sens large » et les « sources de constitutionnalité », qui couvrent « à la fois des sources constitutionnelles de la première catégorie et des sources externes, particulièrement des ordres juridiques international et européen (…) mais également des sources législatives, comme les lois organiques, ou même des accords politiques, tels l'accord de Nouméa visé par la Constitution, dès lors qu'ils servent de normes de référence du contrôle de constitutionnalité ». Dans ce cadre, l'expression « sources de constitutionnalité » présenterait « l'avantage d'envisager les normes de référence du contrôle de constitutionnalité non comme un "bloc" homogène, mais comme un ensemble hétérogène se caractérisant par sa fonction : conditionner la constitutionnalité »[6].

On le voit, les tentations d'adaptation des discours sur le constitutionnalisme global conduisent à ce qu'une partie de la doctrine, soucieuse d'équilibre entre les systèmes normatifs de protection des droits fondamentaux[7], soit sollicite une évolution du bloc de constitutionnalité

---

[1] *Ibid.*, p. 432.

[2] *Ibid.*, p. 424.

[3] *Ibid.*, p. 425.

[4] *Ibid.*, p. 433.

[5] A. Roblot-Troizier, *Contrôle de constitutionnalité et normes visées par la Constitution française. Recherches sur la constitutionnalité par renvoi*, *op. cit.*, p. 581.

[6] A. Roblot-Troizier, « Le Conseil constitutionnel et les sources du droit constitutionnel », *article précité*, p. 172-173.

[7] F. Malhière, « Le contrôle de l'équivalence des protections des droits fondamentaux : les juges et les rapports de systèmes », *RDP*, 2013, p. 1053.

incluant désormais la conventionnalité – en particulier européenne – soit considère la notion totalement obsolète pour rendre compte de ce qui devrait se passer dans la jurisprudence du Conseil constitutionnel sous l'effet des rapports de systèmes. Derrière le langage de la coopération et de l'harmonisation, on voit poindre une conception fort différente de la notion de constitution, celle-ci se définissant désormais essentiellement par les droits qu'elle est réputée consacrer, et les normes constitutionnelles produites ne sont alors plus mobilisées, dans les rapports avec les systèmes juridiques extérieurs, qu'en ce qu'elles permettent de servir la cause de l'harmonisation. Ce faisant la notion de constitution tend de plus en plus à décrire une réalité mouvante dont la principale finalité est de permettre un rapprochement de systèmes juridiques distincts[1].

[1] A. Vidal-Naquet, « L'avenir du juge dans le constitutionnalisme de demain », in S. Mouton, X. Magnon (dir.), *Le juge dans le constitutionnalisme moderne*, Bayonne, Institut Francophone pour la Justice et la Démocratie, 2023, p. 313.

CONCLUSION DU CHAPITRE 1

Comme l'a relevé Denis Baranger, « pour que la théorie du bloc de constitutionnalité joue adéquatement son rôle explicatif – c'est-à-dire décrire correctement ce que fait le Conseil constitutionnel – deux conditions devraient être satisfaites. D'abord, il faudrait que le périmètre des normes de référence du contrôle de constitutionnalité soit clairement délimité et clos. (…). Ensuite, il faudrait que les sources recensées dans le bloc déterminent effectivement et de manière constante les solutions adoptées par le juge »[1]. Or, que l'on raisonne en termes de bloc de constitutionnalité, d'ordre constitutionnel ou de sources de constitutionnalité (ces deux dernières expressions présentant par ailleurs l'inconvénient de paraître contre-intuitive quand la quasi-totalité des écrits de droit constitutionnel emploient l'expression bloc de constitutionnalité), on se heurte à une incapacité à déterminer la consistance exacte des normes de référence utilisées par le Conseil, à en déterminer la valeur exacte et à saisir l'usage précis qu'il en fait. En tout état de cause « quiconque prétend revenir sur le bloc de constitutionnalité semble (…) se condamner tout à la fois à répéter des vérités déjà dévoilées par d'autres, et à ne parvenir à rien, car la notion juridique concernée résiste à toute critique de cette sorte. On la retrouvera quoi qu'il arrive dans les manuels, les commentaires des revues juridiques, et les copies des étudiants et élèves-avocats »[2]. C'est affirmé la *marque profonde* qu'elle a désormais sur l'esprit des juristes, qu'ils soient universitaires ou praticiens.

En réalité, ces diverses expressions ramènent peu ou prou à la distinction envisagée dès l'introduction entre bloc de constitutionnalité ou sens strict et bloc de constitutionnalité au sens large. A travers ces expressions, la doctrine vise moins à décrire la réalité de la jurisprudence constitutionnelle en matière de normes de référence qu'à tenter d'ordonner le chaos engendré par celle-ci, point que Denis Baranger n'ignore pas dans ses écrits. Car une analyse de cette jurisprudence atteste que le juge se préoccupe peu de rattacher l'ensemble des normes qu'il crée à des textes et qu'il préfère se référer à des catégories normatives indéterminées ou à des principes au statut incertain, sans rechercher de cohérence particulière, produisant de la constitution « hors texte »[3].

[1] D. Baranger, « Comprendre le "bloc de constitutionnalité" », *article précité*, p. 151.
[2] D. Baranger, *La constitution. Sources. Interprétations. Raisonnements, op. cit.*, p. 447.
[3] *Ibid.*, p. 75.

CHAPITRE 2.
LE BLOC DE CONSTITUTIONNALITÉ, ÉCLATEMENT DE LA CONSTITUTION

Préfaçant la thèse de Danièle Lochak sur *Le rôle politique du juge administratif*[1], Prosper Weil affirmait que « la jurisprudence n'existe que dans l'esprit des "faiseurs de système", et il ne peut y avoir de jurisprudence au sens propre du terme dans la mesure où le Conseil d'Etat statue au coup par coup, résolvant les problèmes les uns après les autres sans pour autant chercher à faire prévaloir une doctrine politique particulière »[2].

Enoncée au sujet de la jurisprudence administrative, et de ses inspirations politiques éventuelles en faisant référence à une controverse restée célèbre relative au rôle de la doctrine en droit administratif[3], cette affirmation est parfaitement transposable lorsqu'il est question d'exposer ce qu'est le bloc de constitutionnalité tant la jurisprudence du Conseil constitutionnel paraît en réalité anarchique et peu articulée juridiquement. De ce point de vue, le droit constitutionnel substantiel auquel a donné naissance le Conseil constitutionnel à travers le bloc de constitutionnalité est marquée par la création de multiples labels normatifs (**Section 1**) et par une dilution contentieuse de la notion de constitution (**Section 2**).

Section 1.
La multiplication des labels normatifs

On l'a vu, le texte de la Constitution de 1958 comprend des énoncés de fond, dont certains sont qualifiés de principes. Ainsi, l'article 66 pose que « nul ne peut être arbitrairement détenu ». Il précise que « l'autorité judiciaire, gardienne de la liberté individuelle, assure le respect de ce principe dans les conditions prévues par la loi ». De même, si l'article 1er alinéa 2 énonce simplement que « la loi favorise l'égal accès des femmes et des hommes aux mandats électoraux et fonctions électives, ainsi qu'aux responsabilités professionnelles et sociales »[4], l'article 4 alinéa 2 précise que les partis et

[1] D. Lochak, *Le rôle politique du juge administratif*, Paris, LGDJ, 1972.
[2] P. Weil, « Préface » in D. Lochak, *Le rôle politique du juge administratif*, *op. cit.*, p. XIII.
[3] Voir B. Chenot, « La notion de service public dans la jurisprudence du Conseil d'Etat », *EDCE*, 1950, p. 77 ; J. Rivero, « Apologie des "faiseurs de systèmes" », *Dalloz*, 1951, p. 99.
[4] Depuis la loi constitutionnelle n° 99-569 du 8 juillet 1999, adoptée, bien des années après, pour faire obstacle à la jurisprudence du Conseil constitutionnel (Cons. constit., 18 novembre 1982, n° 82-146 DC).

groupements politiques « contribuent à la mise en œuvre du principe énoncé au second alinéa de l'article 1er dans les conditions déterminées par la loi » [1].

En dehors de ces cas, c'est le Conseil constitutionnel qui procède de lui-même à la reformulation principielle d'un énoncé, cette opération ayant un impact réel sur la façon dont la justice constitutionnelle est rendue (Paragraphe 1), surtout quand le Conseil constitutionnel, dépassant la simple catégorie des principes, produit à foison des catégories explicites de normes constitutionnelles sans que l'on sache réellement à quoi il se réfère (Paragraphe 2).

Paragraphe 1.
La reformulation principielle des énoncés constitutionnels

L'importance des éléments textuels dans les motivations de ses décisions n'empêche pas le Conseil constitutionnel d'opérer une reconstruction de certains énoncés pour les qualifier de principes : chaque principe ainsi énoncé apparaît comme « une norme construite d'éléments contenus dans les dispositions du droit »[2]. Le principe énoncé n'est ainsi qu'une reformulation, par le Conseil constitutionnel, d'un énoncé déjà présent dans le texte de la Constitution ou dans un des textes mentionnés dans son préambule, sans que cela n'entraîne, théoriquement, la moindre modification du régime juridique de la norme en cause. L'existence de ces « principes explicites »[3] attesterait que « dans le langage juridique, se trouvent les règles de la construction qui garantissent que l'on peut transformer les dispositions légales en vigueur en normes sans changer leur validité, en d'autres termes, sans changer la réglementation du droit en vigueur »[4]. Il s'agit là d'une méthode assez classique en matière d'interprétation juridique, la plupart des juridictions étant amenée, d'une façon ou d'une autre, à employer la notion de principe pour qualifier certaines normes ; il s'agit d'un phénomène important dans la jurisprudence constitutionnelle en raison à la fois de la tendance bien établie du juge à se référer à des catégories et notions génériques et à la généralité et l'abstraction des problèmes juridiques qu'il doit résoudre.

---

[1] Ce même article 4 prévoit par ailleurs, depuis la loi constitutionnelle précitée du 23 juillet 2008, que « la loi garantit les expressions pluralistes des opinions et la participation équitable des partis et groupements politiques à la vie démocratique de la Nation »

[2] « Principes du droit », in A.-J. Arnaud (dir.), *Dictionnaire encyclopédique de théorie et de sociologie du droit*, Paris, LGDJ, 2e éd., 1993, p. 475.

[3] V. Champeil-Desplats, *Les principes fondamentaux reconnus par les lois de la République : principes constitutionnels et justification dans les discours juridiques*, Paris, Economica, 2001, particulièrement p. 35-44.

[4] J. Wroblewski, « Les standards juridiques : problèmes théoriques de la législation et de l'application du droit », *RRJ*, n° 4, 1988, p. 854.

L'usage du qualificatif « principe » a été utilisé pour la première fois par le Conseil constitutionnel dans une décision relative à la loi organique modifiant l'ordonnance du 7 novembre 1958 *autorisant exceptionnellement les parlementaires à déléguer leur droit de vote*[1]. Il s'est référé à l'article 27 de la Constitution pour noter que celui-ci « pose en principe que le droit de vote des membres du parlement est personnel et que la délégation de vote ne peut qu'exceptionnellement être autorisée par la loi organique ». Sur ce fondement, il a déclaré que les dispositions examinées respectaient « le principe constitutionnel susrappelé »[2]. De même, le Conseil a pu constater que certaines dispositions soumises à son contrôle « font obstacle à l'application du principe édicté par l'article 48, 1er alinéa de la Constitution »[3]. Dans des cas de ce type, l'énoncé recevant la signification de norme constitutionnelle est directement reproduit et la notion de principe est utilisée sans qu'aucune véritable reconstruction ne soit opérée qui viendrait révéler une volonté d'agir sur son sens. Il faut également relever que, dans certains cas, c'est la doctrine qui qualifie de principe une sentence énoncée par le Conseil constitutionnel. Ainsi, alors que le Conseil constitutionnel a pu juger que « s'il appartient au Parlement de prescrire, pour sa propre information, dans les lois de finances, des mesures de contrôle sur la gestion des finances publiques et sur les comptes des établissements et entreprises fonctionnant avec des fonds publics, les modalités de ce contrôle relèvent du domaine du règlement »[4], Léo Hamon a expressément relevé qu'il s'agissait là d'un « principe (..) extrêmement important et général (qui) mérite d'autant plus d'être relevé que le Conseil constitutionnel ne le rattache à aucun texte précis de la Constitution », en estimant plus loin que ce principe a pu être déduit de l'article 47 de la Constitution « et des principes généraux du régime parlementaire »[5].

Le Conseil a progressivement introduit, dans ses décisions, les notions génériques de règles et de principes de valeur constitutionnelle dans les années 1970. Après avoir validé certaines dispositions du règlement du Sénat qui n'étaient « contraires à aucune règle constitutionnelle »[6] et certaines dispositions législatives qui « ne sont susceptibles de mettre en cause aucun principe de valeur constitutionnelle »[7], il a inauguré la formule rituelle selon laquelle les dispositions de la loi en cause « ne sont contraires à aucune règle

---

[1] Ordonnance n° 58-1066 du 7 novembre 1958 portant loi organique autorisant exceptionnellement les parlementaires à déléguer leur droit de vote.

[2] Cons. constit., 22 décembre 1961, n° 61-16 DC.

[3] Cons. constit., 20 novembre 1969, n° 69-37 DC.

[4] Cons. constit., 18 décembre 1964, n° 64-27 DC.

[5] L. Hamon, *Notes et chroniques sur le Conseil constitutionnel (1959-1969)*, Paris, Dalloz, p. 304.

[6] Cons. constit., 18 mai 1971, n° 71-42 DC.

[7] Cons. constit., 15 juillet 1976, n° 76-67 DC.

ni à aucun principe ayant valeur constitutionnelle »[1]. La pratique consistant à se référer régulièrement aux « règles et aux principes de valeur constitutionnelle » permet au conseil d'y adjoindre de la sorte certains énoncés, leur conférant ainsi expressément la signification de normes constitutionnelles. Un exemple topique a été fourni par une décision dans laquelle il a établi une véritable liste en évoquant « des principes ou [...] des règles de valeur constitutionnelle, à savoir le principe de la légalité des délits et des peines, le principe selon lequel la loi ne doit établir que des peines strictement et évidemment nécessaires, le principe de l'individualisation des peines, le droit de grève et le droit syndical »[2]. De même le Conseil a pu se référer à de bien étranges « principes de valeur constitutionnelle relatifs au prix des entreprises transférées du secteur public au secteur privé »[3]. Parfois, le Conseil ne modifie pas le régime juridique de certains énoncés mais il les intègre dans un ensemble plus vaste aux contours relativement incertains ; ainsi la liberté d'association, érigée en principe fondamental reconnu par les lois de la République, a par la suite été qualifiée de « principe constitutionnellement garanti »[4]. S'agissant des règles, il lui est même arrivé, comme par mégarde, de qualifier de règles de valeur constitutionnelles deux articles contenus dans l'ordonnance du 2 janvier 1959 portant loi organique relative aux lois de finances[5].

Il peut arriver également que le Conseil use de la notion de principe en ne se référant pas à un article en particulier, mais à plusieurs, voire à l'ensemble du texte constitutionnel. Ce fut le cas lorsqu'il a estimé que les dispositions du règlement de l'Assemblée nationale relatives à la possibilité d'envoyer une pétition à un ministre assortie d'un délai de réponse « ne peuvent être regardées comme conformes à la Constitution, dès lors que le droit de pétition dans son fondement et dans sa nature ne saurait être considéré comme mettant en cause les principes constitutionnels qui régissent les rapports du pouvoir législatif et du pouvoir exécutif »[6]. Cette mention des principes constitutionnels relatifs aux rapports du pouvoir législatif et du pouvoir exécutif est singulière, dès lors qu'elle n'était rattachée à aucun article du texte de la Constitution par le Conseil constitutionnel, qui se satisfaisait de cette référence générale pour justifier sa censure de la disposition en cause. La

---

[1] Cons. constit., 30 décembre 1977, n° 77-90 DC.

[2] Cons. constit., 20 janvier 1981, précité.

[3] Cons. constit., 7 janvier 1988, n° 87-232 DC.

[4] Cons. constit., 25 juillet 1984, n° 84-176 DC.

[5] « La constitutionnalité de la loi de règlement, en celles de ses dispositions qui procèdent à des constatations, s'apprécie au regard des seules règles de valeur constitutionnelle qui définissent son contenu et qui figurent dans les articles 2 et 35 de l'ordonnance du 2 janvier 1959 », Cons. constit., 16 janvier 1986, n° 85-202 DC. La lecture du procès-verbal de la délibération du Conseil constitutionnel atteste qu'il ne s'agit là nullement d'une erreur de plume.

[6] Cons. constit., 20 novembre 1969, précitée.

formulation était un peu différente dans une décision relative à une loi de finances rectificative dans laquelle le Conseil a relevé que « la Constitution attribue au Gouvernement d'une part, et au Parlement d'autre part, des compétences qui leur sont propres », et a jugé plus loin que les dispositions enjoignant au Gouvernement de consulter les commissions parlementaires pour l'élaboration de textes réglementaires « méconnaissent donc le principe ci-dessus rappelé de la séparation des compétences législative et réglementaire et sont dès lors contraires à la Constitution »[1]. Contrairement au cas précédent, le principe énoncé était présenté comme se rattachant de façon générale à la répartition des compétences effectuée par le texte de la Constitution, et si aucun article n'était cité à l'appui de ce raisonnement, les visas de la décision mentionnaient bien les articles de la Constitution ayant trait à la délimitation des domaines législatif et réglementaire. Dans ce cas, le Conseil a donc érigé en principe la répartition des compétences entre le Gouvernement et le Parlement en se fondant sur les différents articles de la Constitution qui y ont trait. Cet usage de la notion de principe témoignait, dès ses débuts, de la volonté du Conseil constitutionnel de produire des normes très générales pour motiver ses décisions, ce qu'illustre davantage la reformulation principielle de dispositions précises.

Le cas du principe de fraternité[2] atteste que le Conseil n'explicite pas davantage les ressorts de la formulation des principes constitutionnels depuis la mise en œuvre de la question prioritaire de constitutionnalité. Comme l'a relevé Jean-Baptiste Perrier, observant que l'article 2 de la Constitution indique que « la devise de la République est "Liberté, Égalité, Fraternité" » et rappelant que « la Constitution se réfère également, dans son Préambule et dans son article 72-3, à "l'idéal commun de liberté, d'égalité et de fraternité" », le Conseil « en conclut que la fraternité est un principe à valeur constitutionnelle (…) sans plus s'en expliquer »[3]. Cela témoigne de la permanence des techniques de reformulation principielle des énoncés. Et cela ne s'arrête pas au principe fraternité : ainsi, après avoir cité l'article 1er de la Constitution selon lequel « la France est une République indivisible, laïque, démocratique et sociale. Elle assure l'égalité devant la loi de tous les citoyens sans distinction d'origine, de race ou de religion. Elle respecte toutes les croyances », le Conseil constitutionnel a jugé, sans plus d'explications, que « le principe de laïcité figure au nombre des droits et libertés que la Constitution garantit »[4].

La reformulation principielle apparaît plus nettement lorsqu'elle s'accompagne de la reconstruction grammaticale d'un énoncé dont la

---

[1] Cons. constit., 30 décembre 1970, n° 70-41 DC.
[2] Cons. constit., 6 juillet 2018, n° 2018-717/718 QPC.
[3] J.-B. Perrier, « Restent des pointillés... [In : Chronique de jurisprudence QPC en matière pénale] », *RFDC*, Mars 2019, n° 117, p. 179-185.
[4] Cons. constit., 22 juillet 2022, n° 2022-1004 QPC.

formulation est modifiée selon les espèces, comme l'illustre l'exemple de l'article 64. Ainsi, dans une décision relative à la loi organique complétant l'ordonnance du 22 décembre 1958[1], le Conseil a cité les termes de l'article 64 de la Constitution selon lesquels « les magistrats du siège sont inamovibles » pour constater qu'une disposition de l'ordonnance fait une « application nécessaire » du « principe ainsi posé ». Dans la même décision, il s'est référé de nouveau au « principe sus énoncé de la Constitution » dont il a explicité les contours en le qualifiant de « principe de l'inamovibilité des magistrats du siège »[2]. Le principe invoqué a donc été directement reformulé à partir d'une disposition de la Constitution intégralement reproduite par le juge. La formulation du principe a évolué ultérieurement : il a pu évoquer « le principe de l'indépendance des juges tel qu'il résulte des dispositions de l'article 64 de la Constitution »[3], le « principe de l'indépendance des juges du siège consacré par l'article 64 de la Constitution »[4], « le principe de l'indépendance de l'autorité judiciaire et la règle de l'inamovibilité des magistrats du siège »[5], le « principe d'indépendance, qui est indissociable de l'exercice de fonctions judiciaires »[6] ou bien encore « le principe de l'indépendance de l'autorité judiciaire et la règle de l'inamovibilité des magistrats du siège, comme l'exige l'article 64 de la Constitution »[7]. Il a également jugé qu'« il résulte des dispositions de l'article 64 de la Constitution en ce qui concerne l'autorité judiciaire et des principes fondamentaux reconnus par les lois de la République en ce qui concerne, depuis la loi du 24 mai 1872, la juridiction administrative, que l'indépendance des juridictions est garantie ainsi que le caractère spécifique de leurs fonctions sur lesquelles ne peuvent empiéter ni le législateur ni le Gouvernement »[8]. Il est allé plus loin en jugeant qu'il « découle de l'indépendance de l'autorité judiciaire, à laquelle appartiennent les magistrats du parquet, un principe selon lequel le ministère public exerce librement, en recherchant la protection des intérêts de la société, son action devant les juridictions »[9]. Dans ce dernier cas, la formulation du principe correspond à une précision importante de son champ d'application.

La reformulation principielle d'un énoncé est reçue sans difficulté par la doctrine qui s'attache, fort logiquement, davantage à la portée que lui donne

[1] Ordonnance n° 58-1270 du 22 décembre 1958 *portant loi organique relative au statut de la magistrature*.
[2] Cons. constit., 26 janvier 1967, n° 67-31 DC.
[3] Cons. constit., 9 juillet 1970, n° 70-40 DC.
[4] Cons. constit., 20 janvier 1981, n° 80-127 DC.
[5] Cons. constit., 21 février 1992, n° 92-305 DC.
[6] Cons. constit., 10 janvier 1995, n° 94-355 DC.
[7] Cons. constit., 16 novembre 2023, n° 2023-856 DC.
[8] Cons. constit., 22 juillet 1980, n° 80-119 DC.
[9] Cons. constit., 8 décembre 2017, n° 2017-680 QPC.

le Conseil, qu'à la qualification retenue[1]. Les diverses reformulations peuvent impliquer soit, dans la plupart des cas, une plus grande généralité de l'énoncé, soit, plus rarement, une plus grande précision. On trouve le même type de formulation pour d'autres sortes de dispositions, les exemples en la matière sont nombreux : ils concernent notamment l'indivisibilité de la République[2], la souveraineté nationale[3], ou encore la séparation des pouvoirs[4]. On constate ainsi une grande souplesse dans la façon dont le Conseil constitutionnel use du langage juridique pour qualifier les énoncés dont il fait des normes. Si l'on accepte l'idée que la reformulation principielle est souvent liée à l'importance supposée de la norme concernée, que ce soit sur un plan axiologique ou tout simplement en raison de sa généralité, il paraît évident que la teneur des dispositions contenues dans la Déclaration des droits de l'homme et du citoyen ou dans le préambule de la Constitution de 1946 ont permis au juge de les reformuler en principes, *a fortiori* dans le second cas puisque, d'après la rédaction même du préambule de la Constitution de 1946, ses différents alinéas contiennent des « principes politiques, économiques et sociaux » proclamés par le peuple français en tant qu'ils sont « particulièrement nécessaires à notre temps ». Le Conseil constitutionnel a ainsi estimé qu'il « découle (de l'article 13 de la Déclaration de 1789) l'objectif de valeur constitutionnelle de lutte contre la fraude et l'évasion fiscales[5], soit un énoncé extrêmement vague susceptible de nourrir une certaine variété de politiques publiques sans que l'on discerne réellement comment il pourrait être méconnu par une disposition législative. La Charte de l'environnement de 2004 était également propice à la reformulation principielle de ses énoncés, quoique rédigée de façon plus prudente (et on a vu que les débats parlementaires durant son examen témoignent que certains articles avaient été envisagés comme servant essentiellement de support à des objectifs à valeur constitutionnelle). Le Conseil a procédé avec ces énoncés comme avec les autres ; il les a non seulement qualifiés de principes mais a également fait varier la formulation de ces principes ou des dispositions textuelles dont ils sont réputés émaner. Il

---

[1] Pour un exemple parmi d'autres, L. Philip et L. Favoreu notent dans leur commentaire de la décision du 26 janvier 1967 (Cons. constit., 26 janvier 1967, n° 67-31 DC) que « le Conseil constitutionnel a consacré une conception rigoureuse du principe d'inamovibilité selon laquelle ce principe s'oppose, non seulement à ce que le magistrat puisse être révoqué, suspendu ou destitué en dehors des garanties prévues par le statut mais aussi à ce qu'il soit déplacé d'une juridiction à l'autre et, plus spécialement, affecté d'office par le gouvernement », *Les grandes décisions du Conseil constitutionnel*, 13e éd., 2007, p. 189.

[2] Cons. constit., 30 décembre 1976, n° 76-71 DC.

[3] Cons. constit., 29 avril 1978, n° 78-93 DC.

[4] Cons. constit., 23 mai 1979, n° 79-104 DC.

[5] Cons. constit., 28 décembre 2018, n° 2018-777 DC.

a ainsi tiré de l'article 7 de cette Charte un « principe du droit à l'information »[1].

L'exemple le plus caractéristique en la matière est celui du principe d'égalité[2] : le principe a progressivement été détaché de la formulation employée par les textes, afin de lui conférer un caractère de généralité puis d'en décliner les applications selon les matières concernées[3]. Le juge l'utilise ainsi de façon relativement autonome, qu'il soit expressément rattaché à un texte comme c'est le cas dans une décision qui citait l'article 6 de la Déclaration des droits de l'homme et du citoyen avant d'évoquer le principe d'égalité[4], ou qu'il soit cité sans référent textuel, comme l'illustre une décision évoquant laconiquement le « principe d'égalité devant la loi » et censurant une disposition législative pour contrariété à ce principe[5]. C'est encore plus net dans une décision affirmant sans équivoque que « l'exclusion des étrangers résidant régulièrement en France du bénéfice de l'allocation supplémentaire, dès lors qu'ils ne peuvent se prévaloir d'engagements internationaux ou de règlements pris sur leur fondement, méconnaît le principe constitutionnel d'égalité »[6]. Le Conseil ne se contente pas d'évoquer le principe d'égalité : il le précise. Ainsi, de jurisprudence constante[7], « le principe d'égalité ne s'oppose ni à ce que le législateur règle de façon différente des situations différentes, ni à ce qu'il déroge à l'égalité pour des raisons d'intérêt général, pourvu que, dans l'un et l'autre cas, la différence de traitement qui en résulte soit en rapport direct avec l'objet de la loi qui l'établit »[8]. Il a parfois ajouté que « si, en règle générale, le principe d'égalité impose de traiter de la même façon des personnes qui se trouvent dans la même situation, il n'en résulte pas pour autant qu'il oblige à traiter différemment des personnes se trouvant dans des situations différentes »[9].

Il s'agit là de ce que l'on a proposé de qualifier de normes de concrétisation des exigences constitutionnelles[10]. Comme l'a relevé Guy Canivet « il s'agit

---

[1] Cons. constit., 19 juin 2008, précité.

[2] Voir F. Melin-Soucramanien, *Le principe d'égalité dans la jurisprudence du Conseil constitutionnel*, Paris, Economica, 1997.

[3] Pour un exemple parmi d'autres, le principe « d'égalité de traitement des fonctionnaires », Cons. constit., 15 juillet 1976, n° 76-67 DC.

[4] Cons. constit., 28 mai 2010, n° 2010-1 QPC.

[5] Cons. constit., 27 juillet 1982, n° 82-141 DC.

[6] Cons. constit., 22 janvier 1990, n° 89-269 DC.

[7] Fortement inspirée par celle du Conseil d'Etat sur le même principe.

[8] Cons. constit., 9 avril 1996, n° 96-375 DC.

[9] Cons. constit., 14 mai 2021, n° 2021-907 QPC.

[10] M. Heitzmann-Patin, *Les normes de concrétisation dans la jurisprudence du Conseil constitutionnel*, Paris, LGDJ, 2020 ; « Les normes de concrétisation des exigences constitutionnelles », *Titre VII*, n° 8, avril 2022 ; X. Magnon, « Brève tentative d'éclairage de la question de la présence de normes générales et abstraites dans la motivation des décisions juridictionnelles en France : pour une distinction entre

bien de la création d'une norme, puisque, du même texte primaire de la Déclaration, le Conseil aurait pu puiser une règle secondaire différente, en énonçant par exemple, comme le font d'autres cours à partir du même principe fondamental d'égalité, que des personnes situées dans une situation différente doivent être traitées différemment »[1]. Selon Mathilde Heitzmann-Patin « prenant pour fondement exprès une norme de référence du contrôle qui est le sien, le juge constitutionnel produit des normes générales qui vont à la fois concrétiser les normes de référence, parce qu'elles en donnent un mode d'emploi et en précisent ainsi les conditions d'application, et mener à la concrétisation-décision, parce qu'elles sont des outils de contrôle constituant un moyen pour le juge d'opérer son contrôle »[2]. De même, Xavier Magnon a évoqué la phase de « *concrétisation jurisprudentielle d'énoncés normatifs textuels* » comme celle qui « consiste pour le juge à établir quels sont les critères généraux d'appréciation, qui ne résultent pas explicitement de l'énoncé textuel, du respect de la norme générale précédemment identifiées »[3]. Il s'agit là d'une grille de lecture intéressante des motivations des décisions du Conseil constitutionnel ; pourtant, d'un strict point de vue normativiste, il s'agit davantage d'une différence intellectuelle au sein du raisonnement du juge dans la création de normes générales que d'une réelle différence entre deux normes. Autrement dit, les normes dites de concrétisation ne sont pas en elles-mêmes des normes indépendantes des normes générales qu'elles seraient réputées préciser.

Si le principe d'égalité fournit l'illustration topique de la tendance analysée, il est loin d'en être le seul exemple. On peut ainsi citer une décision mentionnant le « principe de liberté posé à l'article 2 de la Déclaration des droits de l'homme et du citoyen »[4] ou bien une autre mentionnant le « principe de participation des travailleurs à la détermination collective des conditions de travail, contenu dans le Préambule de la Constitution de 1946, réaffirmé par le Préambule de la Constitution de 1958 »[5]. Le recours à cette formulation

---

l'établissement de la signification générale de l'énoncé prescriptif applicable au litige et la concrétisation jurisprudentielle de cet énoncé normatif textuel », in *Mélanges en l'honneur du professeur Bertrand Mathieu. Pouvoir et contre-pouvoir*, Paris, LGDJ, 2023, p. 157.

[1] G. Canivet, « Les limites de la mission du juge constitutionnel », *Cités*, 2017/1, n° 69, p. 44.

[2] M. Heitzmann-Patin, *Les normes de concrétisation dans la jurisprudence du Conseil constitutionnel op. cit.*, p. 10-11.

[3] X. Magnon, « Brève tentative d'éclairage de la question de la présence de normes générales et abstraites dans la motivation des décisions juridictionnelles en France : pour une distinction entre l'établissement de la signification générale de l'énoncé prescriptif applicable au litige et la concrétisation jurisprudentielle de cet énoncé normatif textuel », *article précité*, p. 159.

[4] Cons. constit., 15 janvier 1975, précité.

[5] Cons. constit., 20 juillet 1977, précité.

s'est intensifié à partir de 1981[1], et le Conseil constitutionnel a pu s'éloigner des textes pour conférer à la continuité du service public « le caractère d'un principe de valeur constitutionnelle »[2] ou encore considérer que « la sauvegarde de la dignité de la personne humaine contre toute forme d'asservissement et de dégradation est un principe à valeur constitutionnelle »[3]. S'agissant de la dignité, outre que cela a pu être interprété comme le signe d'une modification du constitutionnalisme[4], on a pu constater que ce principe très général avait pu justifier l'abrogation d'une disposition législative[5]. Le Conseil constitutionnel a ainsi recours « à une extension continue des énoncés prétendument principiels venant à l'appui de ses interventions »[6].

Les exemples de ce type sont suffisamment nombreux pour que, très soucieux d'expliquer la jurisprudence du Conseil par référence aux textes, Georges Vedel ait évoqué à ce sujet une « convention de vocabulaire » en insistant sur le fait que l'emploi de l'expression principe dans ce cas « ne signifie nullement la mise à l'écart du ou des textes constitutionnels posant ce principe, encore moins l'idée que ces textes ne seraient pas la source formelle de la norme, même s'ils ne font pas l'objet d'une référence expresse »[7]. Dès lors, « le principe, pas plus que la règle, n'est une création jurisprudentielle correspondant à une source de droit autonome. Il s'enracine toujours dans un texte, même si, à tort, le Conseil constitutionnel a, dans le passé, omis parfois d'expliciter sa référence »[8]. Pourtant, force est de constater avec Denis Baranger que le principe « est marqué par l'indétermination. L'énoncé précis d'un principe est en réalité, dans la plupart des cas, *indisponible* ou – ce qui revient en fait au même – *indéfiniment démultiplié*, tout acteur du système juridique ayant vocation à le reformuler »[9]. C'est dire si le registre de langage

---

[1] Cons. constit., 20 janvier 1981, précité.

[2] Cons. constit., 25 juillet 1979, n° 79-105 DC.

[3] Cons. constit., 27 juillet 1994, n° 94-343/344 DC.

[4] Voir O. Cayla, « Le néo, le rétro ou l'anti ? Les vicissitudes du constitutionnalisme contemporain », in O. Cayla, J.-L. Halpérin (dir.), *Néo ou rétro constitutionnalisme ? Mises en perspectives de la démocratie constitutionnelle moderne*, *op. cit.*, p. 27 et suivantes.

[5] Cons. constit., 28 mai 2024, n° 2024-1090 QPC ; Cons. const., 31 octobre 2024, n° 2024-1110 QPC.

[6] S. Rials, « Entre artificialisme et idolâtrie – sur l'hésitation du constitutionnalisme », *Le Débat*, n° 64, 1991, p. 159.

[7] G. Vedel, « Réflexions sur quelques apports de la jurisprudence du Conseil d'Etat à la jurisprudence du Conseil constitutionnel », in *Mélanges René Chapus*, Paris, Montchrestien, 1992, p. 665.

[8] G. Vedel, « La place de la Déclaration de 1789 dans le Bloc de constitutionnalité 1989 », *article précité*, p. 51.

[9] D. Baranger, *La constitution. Sources. Interprétations. Raisonnements, op. cit.*, p. 371.

utilisé n'est pas sans conséquence sur ce qu'on entend par normes constitutionnelles.

Paragraphe 2.
La formulation explicite de catégories de normes constitutionnelles

Le recours aux catégories normatives, qui offre au juge une très grande liberté dans le choix de la solution qui convient à chaque cas, constitue la charnière reliant son pouvoir de créer des normes constitutionnelles et la lecture qu'il a du bloc de constitutionnalité. Dans la motivation produite pour chaque décision, la Conseil constitutionnel tient un véritable discours sur la Constitution, accessible notamment à travers la sémantique dont il fait usage. C'est à travers l'emploi de l'adjectif qualificatif « constitutionnel », souvent accolé au substantif « valeur », que le Conseil constitutionnel a progressivement conféré la qualité d'être des normes constitutionnelles à des énoncés extérieurs aux textes auxquels il se réfère. L'usage de la « valeur constitutionnelle » en tant que qualificatif employé dans ses décisions s'est rapidement autonomisé par rapport à la référence textuelle comme l'atteste l'exemple des principes. Pour pouvoir justifier une politique jurisprudentielle ambitieuse, le juge a certes besoin qu'un rattachement textuel paraisse toujours envisageable, mais il a surtout besoin de faire appel dans les motifs de ses décisions à des catégories normatives, c'est-à-dire des ensembles formalisés explicites fonctionnant comme contenants ouverts, qu'il va progressivement enrichir de normes constitutionnelles produites au fur et à mesure des besoins de l'espèce. La tendance à créer différentes catégories de normes constitutionnelles ne s'arrête nullement aux « règles et principes de valeur constitutionnelle ». Dans la décision sur les nationalisations, le Conseil a pu évoquer « des textes conférant valeur constitutionnelle aux principes et aux droits proclamés en 1789 »[1]. Il a également pu évoquer les « fins d'intérêt général ayant valeur constitutionnelle »[2]. En dehors des règles et principes constitutionnels, on peut relever l'usage de la catégorie des objectifs de valeur constitutionnelle (A), de celle des droits et libertés (B) et, surtout, de celle des exigences constitutionnelles (C).

A. Les objectifs de valeur constitutionnelle

A partir de 1982[3], le Conseil constitutionnel a fait appel à la catégorie des objectifs de valeur constitutionnelle, qu'on a déjà rencontrée, sans que l'on sache exactement ce que recouvre cette dénomination qui n'est jamais définie

---

[1] Cons. constit., 16 janvier 1982, précité.
[2] Cons. constit., 10 mars 2011, n° 2011-625 DC.
[3] A partir de Cons. constit., 27 juillet 1982, n° 82-141 DC.

par le juge[1]. En les qualifiant de « normes constitutionnelles implicites »[2] au sens où ces objectifs seraient « le prolongement de textes initiaux en ramification jurisprudentielles implicites »[3], Bertrand Faure reconnaissait que cette catégorie est construite par le Conseil, qui en a produit relativement peu, mais qui continue à s'en servir parfois pour qualifier certains énoncés particulièrement généraux tels « l'indépendance des médias »[4], « la bonne administration de la justice »[5], la lutte contre la fraude en matière de protection sociale[6] ou encore, ainsi qu'on l'a vu, « la protection de l'environnement, patrimoine commun des êtres humains »[7]. Les objectifs de valeur constitutionnelle ont le plus souvent pour rôle non pas de guider le législateur, mais bien de justifier les dispositions qu'il a adoptées. Dit autrement, face aux critiques formulées dans les saisines ou les questions prioritaires de constitutionnalité mettant en cause la constitutionnalité d'une disposition législative, le Conseil constitutionnel a facilement recours aux objectifs de valeur constitutionnelle pour rejeter l'argumentation produite en affirmant que la disposition contestée poursuit l'un de ces objectifs. Leur caractère très général le permet aisément et tend parfois à rendre le contrôle effectué illisible, la rigueur du raisonnement juridique étant masquée ou absente.

B. Les droits et libertés

Parmi les catégories normatives les plus prisées par le juge se trouve celle des droits et libertés[8], qu'il s'agisse des « droits à valeur constitutionnelle »[9],

---

1 Sur cette catégorie voir notamment P. (de) Montalivet, *Les objectifs de valeur constitutionnelle*, Paris, Dalloz, 2006 ; B. Faure, « Les objectifs de valeur constitutionnelle : une nouvelle catégorie juridique ? », *RFDC*, 1995, p. 47 ; A. Levade, « L'objectif de valeur constitutionnelle, vingt ans après : Réflexions sur une catégorie juridique introuvable », in *L'esprit des institutions, l'équilibre des pouvoirs, Mélanges en l'honneur de Pierre Pactet*, Paris, Dalloz, 2003, p. 687 ; G. Sutter, « Utilité et limites des objectifs de valeur constitutionnelle sur le plan contentieux », *Titre VII*, n° 8, avril 2022.

2 B. Faure, « Les objectifs de valeur constitutionnelle : une nouvelle catégorie juridique ? », *article précité,* p. 55.

3 *Ibid.*, p. 57.

4 Cons. constit., 03 mars 2009, n° 2009-577 DC.

5 Cons. constit., 03 décembre 2009, n° 2009-594 DC.

6 Cons. constit., 14 juin 2019, n° 2019-789 QPC.

7 Cons. constit., 31 janvier 2020, n° 2019-823 QPC.

8 Sur ce point voir V. Champeil-Desplats, « Le Conseil constitutionnel a-t-il une conception des libertés publiques ? », Jus Politicum, n° 7, [http://juspoliticum.com/article/Le-Conseil-constitutionnel-a-t-il-une-conception-des-libertes-publiques-402.html] ; « Que reste-t-il de la doctrine Badinter ? », *Mélanges en l'honneur du professeur Dominique Rousseau*, Paris, LGDJ, 2020 p.367

9 Cons. constit., 18 janvier 1995, n° 94-352 DC.

des « libertés publiques constitutionnellement garanties »[1], des « libertés et droits fondamentaux de valeur constitutionnelle »[2], ou des « droits et libertés constitutionnellement garantis »[3]. En effet, avec l'avènement de la question prioritaire de constitutionnalité, on assiste, dans les décisions QPC, à l'essor de la catégorie des « droits et libertés que la Constitution garantit »[4] qui constitue une « sous-catégorie spécifique et fonctionnelle »[5]. Cette catégorie vise en effet simplement « les éléments du bloc de constitutionnalité qui peuvent être invoqués à l'appui d'une question prioritaire de constitutionnalité »[6].

Pour consacrer le statut constitutionnel d'un droit ou d'une liberté, l'un des moyens les plus commodes consiste à affirmer qu'il est réputé « découler » ou être « impliqué » par d'autres droits et libertés qui font partie de ces catégories plus générales. L'illustration parfaite en est donnée par une décision dans laquelle le Conseil a affirmé que le législateur doit « respecter les libertés et droits fondamentaux de valeur constitutionnelle reconnus à tous ceux qui résident sur le territoire de la République », puis a expressément précisé que « figurent parmi ces droits et libertés, la liberté individuelle et la sûreté, notamment la liberté d'aller et venir, la liberté du mariage, le droit de mener une vie familiale normale » [7], établissant une véritable liste globale qui lui a permis de conférer la qualité de normes constitutionnelles à ces énoncés relatifs aux droits et libertés, sans référent textuel précis, le cas de la liberté du mariage étant topique : pour justifier que la liberté du mariage figure dans cette liste, il a mentionné plus loin qu'elle est « une des composantes de la liberté individuelle », sans davantage de précision, alors que dans une décision ultérieure, elle fut présentée comme une « composante de la liberté personnelle protégée par les articles 2 et 4 de la Déclaration » de 1789[8]. Comme l'a relevé Denis Baranger, « le point commun à toutes ces "normes de références", c'est leur plasticité logique : aucune n'est insusceptible de

---

[1] Cons. constit., 18 janvier 1995, précitée.

[2] Cons. constit., 13 août 2021, n° 2021-823 DC.

[3] Cons. constit., 11 avril 2024, n° 2024-6 RIP.

[4] Cons. constit., 21 avril 2023, n° 2023-1046 QPC.

[5] A. Chauvet, « La qualification juridique des "droits et libertés que la Constitution garantit". Etude des arguments pour refuser l'invocabilité de normes en contentieux QPC », *RFDC*, 2017, n° 111, p. 583 ; L. Boré, « La catégorie des droits et libertés que la Constitution garantit doit-elle désormais être considérée comme stabilisée », *Titre VII*, n° 8, avril 2022.

[6] M. Frappier, « Principe, règle, exigence, disposition ou prescription constitutionnels dans la jurisprudence du Conseil constitutionnel : analyse d'un désordre », *article précité*, p. 1242.

[7] Cons. constit, 13 août 1993, précitée.

[8] Cons. constit., 9 novembre 2006, n° 2006-542 DC.

"recouvrir" la liberté du mariage, aucune ne lui donne un rattachement constitutionnel manifeste en quelque sorte »[1].

De même, à propos de dispositions législatives relatives à la fouille des véhicules, le Conseil a pu relever que « les mesures ainsi édictées par la loi touchent aux conditions dans lesquelles s'exercent la liberté individuelle, la liberté d'aller et venir et le droit d'expression collective des idées et des opinions »[2] sans que ce dernier droit, considéré comme une reconnaissance de la liberté de manifester[3], ne soit explicitement rattaché au moindre texte, ni sa consistance davantage précisée. Il fut jugé plus tard qu'il découlait de la liberté d'expression et de communication de l'article 11 de la Déclaration de 1789[4]. Il faut peut-être conclure, avec Véronique Champeil-Despats, que « les mots du droit, et particulièrement ceux exprimant des droits et libertés, constituent un langage non pas formel, symbolique et univoque mais naturel, abstrait et polysémique. Par conséquent, "n'importe quel groupe de normes qui présentent quelques caractéristiques communes peut être à la base d'un raisonnement inductif ou déductif et participer à la production d'un nombre infini de principes" ou de propositions »[5]. Si la capacité à qualifier de normes constitutionnelles un certain nombre de droits et libertés peut donc passer par la simple affirmation de leur lien avec un autre droit, la tendance du Conseil à utiliser, *in fine*, une référence textuelle, est liée à ce que Véronique Champeil-Desplats a qualifié de « redécouverte »[6] de la Déclaration des droits de l'homme et du citoyen, car ce sont en effet les articles de cette dernière qui sont désormais le plus souvent utilisés à cette fin, et ce à satiété[7]. Ainsi il résulte de l'article 16 de la Déclaration de 1789 « qu'en principe il ne doit pas être porté d'atteintes substantielles au droit des personnes intéressées d'exercer un recours effectif devant une juridiction »[8]. Dans une même décision, le Conseil constitutionnel a pu estimer qu'il résulte du même article le principe de publicité des audiences devant les juridictions civiles et administratives et qu'il en découle également le droit d'obtenir l'exécution des décisions de justice[9]. Comme l'a noté avec acidité Denis Baranger, « ce texte se trouve

---

[1] D. Baranger, *La constitution. Sources. Interprétations. Raisonnements, op. cit.*, p. 341.

[2] Cons. constit., 18 janvier 1995, n° 94-352 DC.

[3] L. Bakir, « Les mutations récentes de la liberté de manifester en France », *RFDA*, 2020, p. 319.

[4] Cons. constit., 4 avril 2019, n° 2019-780 DC.

[5] V. Champeil-Desplats, *Théorie générales des droits et libertés. Perspectives analytiques*, *op. cit.*, p. 181.

[6] V. Champeil-Desplats, « La Déclaration des droits de l'homme et du citoyen, source de principe implicites : "La révolution permanente" », in *Les principes en droit*, Paris, Economica, 2008, p. 161.

[7] Voir par exemple Cons. constit., 10 juin 2009, n° 2009-580 DC.

[8] Cons. constit., 9 avril 1996, n° 96-373 DC.

[9] Cons. constit., 21 mars 2019, n° 2019-778 DC.

souvent incorporé dans ces assemblages jurisprudentiels qui ont pour effet de dissoudre pratiquement tout lien de connexité logique entre la solution retenue et le texte issu du bloc de constitutionnalité qui lui sert de "base" »[1]. C'est hélas courant et bon nombre des affirmations du Conseil constitutionnel souffrent de ne pas être énoncées autrement que comme une vérité d'évidence : ainsi le Conseil a pu évoquer, on l'a vu, « la liberté de la femme qui découle de l'article 2 de la Déclaration des droits de l'homme et du citoyen »[2], sans s'en expliquer davantage et imposant, *in fine*, au constituant d'intervenir pour expliciter cette liberté, c'est-à-dire celle d'avorter.

Le Conseil constitutionnel peut également faire évoluer son interprétation d'un droit ou d'une liberté afin de prendre en compte les évolutions techniques : un ancien membre du Conseil constitutionnel a pu écrire que celui-ci fait « évoluer le sens, la portée et le champ d'application de ces textes originaires du bloc de constitutionnalité en les interprétant de manière évolutive et dans leur contexte contemporain »[3]. Ainsi, Alexandre Viala faisait mine de s'interroger : « imagine-t-on un instant les auteurs de l'article 11 de la Déclaration des droits de l'homme de 1789, songer à la technologie de l'Internet lorsqu'ils énoncèrent que "tout citoyen peut donc parler, écrire, imprimer librement, sauf à répondre de l'abus de cette liberté dans les cas déterminés par la loi" ? Il incombera bien entendu au juge contemporain d'adapter cet énoncé aux difficultés de son époque »[4]. De fait, le Conseil constitutionnel a constamment modulé l'interprétation de cet article 11 afin de l'adapter à la nécessité de prendre en compte les nouveaux moyens de communication permis par l'évolution technique. Il en fut ainsi lorsqu'il a mentionné les « contraintes techniques inhérentes aux moyens de la communication audiovisuelle (ainsi que) la préservation du caractère pluraliste des courants d'expression socioculturels auquel ces modes de communication, par leur influence considérable, sont susceptibles de porter atteinte »[5]. Il en fut également ainsi lorsqu'il a jugé « qu'en l'état actuel des moyens de communication et eu égard au développement généralisé des services de communication au public en ligne ainsi qu'à l'importance prise par ces services pour la participation à la vie démocratique et l'expression des idées et des opinions, ce droit (de libre communication) implique la liberté d'accéder à ces services »[6]. Il en fut enfin ainsi lorsqu'à la liberté d'accéder

---

[1] D. Baranger, *La constitution. Sources. Interprétations. Raisonnements, op. cit.*, p. 470.

[2] Cons. constit., 29 juin 2001, n° 2001-446 DC.

[3] G. Canivet, « les limites de la mission du juge constitutionnel », *Cités*, 2017/1, n° 69, p. 46.

[4] A. Viala, « Interpréter les droits et libertés, qu'est-ce à dire ? », *RFDC*, 2023, n° 133, p. 15.

[5] Cons. constit., 27 juillet 1982, n° 82-141 DC.

[6] Cons. constit., 10 juin 2009, n° 2009-580 DC.

aux services en ligne, le Conseil a ajouté la liberté « de s'y exprimer »[1]. Ainsi, par une interprétation fonctionnelle de la liberté de communication garantie à l'article 11 de la Déclaration des droits de l'homme et du citoyen, le juge constitutionnel a pu faire en sorte que celle-ci prenne en compte l'accès à la communication sur Internet. Cela avait permis de censurer les pouvoirs de sanction prévus par la loi pour la Haute autorité pour la diffusion des œuvres et la protection des droits sur Internet (HADOPI) qui pouvaient « conduire à restreindre l'exercice, par toute personne, de son droit de s'exprimer et de communiquer librement, notamment depuis son domicile » mais aussi de censurer des dispositions législatives ne pouvant « qu'inciter les opérateurs de plateforme en ligne à retirer les contenus qui leur sont signalés, qu'ils soient ou non manifestement illicites ». Cette actualisation est parfaitement reçue par le juge ordinaire qui reprend les considérants du Conseil constitutionnel et les met en application[2].

C. Les exigences constitutionnelles

Si la référence aux « prescriptions constitutionnelles »[3], qui servait souvent à faire masse d'un ensemble d'énoncés et de leur précision, semble abandonnée, plus éclectique est la référence aux « exigences constitutionnelles », que le Conseil utilise beaucoup dans ses décisions sans que ces exigences aient de référent précis, comme l'exigence constitutionnelle qui s'attache à l'équilibre financier de la sécurité sociale[4]. L'exigence est parfois plus précise comme lorsque le Conseil constitutionnel a jugé qu'il découlait de l'article 88-1 de la Constitution une exigence constitutionnelle de transposition des directives, à laquelle seuls peuvent faire obstacle « une règle ou un principe inhérent à l'identité constitutionnelle de la France »[5]. Largement contraint par la jurisprudence de la Cour de justice de l'Union européenne, il a ainsi créé, sans référence à aucun texte constitutionnel, une nouvelle catégorie de normes de valeur constitutionnelle fonctionnant comme contenant ouvert, à savoir les « règles ou principes inhérents à l'identité constitutionnelle de la France »[6], laquelle est largement impressionniste. Il s'est contenté d'en exclure implicitement le principe d'égalité en tant qu'il est « également protégé par le droit de l'Union européenne, notamment par l'article 20 de la Charte des droits fondamentaux de l'Union européenne »[7] et

---

[1] Cons. constit., 18 juin 2020, n° 2020-801 DC.
[2] Voir CAA Paris, 27 mars 2023, M. Gérard Sadik, n° 21PA00815.
[3] Cons. constit., 16 juin 1999, n° 99-411 DC.
[4] Cons. constit., 18 décembre 1997, n° 97-393 DC.
[5] Cons. constit., 27 juillet 2006, n° 2006-540 DC.
[6] Voir E. Dubout, « "Les règles ou principes inhérents à l'identité constitutionnelle de la France" : une supra-constitutionnalité ? », *RFDC*, 2010, p. 451.
[7] Cons. constit, 26 juillet 2018, précitée.

d'y faire entrer l'énoncé selon lequel il résulte de l'article 12 de la Déclaration de 1789 « l'interdiction de déléguer à des personnes privées des compétences de police administrative générale inhérentes à l'exercice de la "force publique" nécessaire à la garantie des droits » en précisant de façon énigmatique que « cette exigence constitue un principe inhérent à l'identité constitutionnelle de la France »[1]. A l'occasion de cette décision, on voit que la catégorie des exigences constitutionnelles est suffisamment plastique pour englober un principe inhérent à l'identité constitutionnelle de la France.

Le champ des exigences constitutionnelles peut aussi couvrir des énoncés entiers du bloc de constitutionnalité : ainsi « selon le huitième alinéa du Préambule de la Constitution de 1946 : "Tout travailleur participe, par l'intermédiaire de ses délégués, à la détermination collective des conditions de travail ainsi qu'à la gestion des entreprise". Le respect de cette exigence constitutionnelle impose que les représentants des salariés bénéficient des informations nécessaires pour que soit assurée la participation du personnel à la détermination collective des conditions de travail et à la gestion de l'entreprise »[2]. Dans ce cas, la concrétisation de l'exigence rend l'obligation constitutionnelle plus claire. Comme l'a relevé Thomas Dubut, « il s'agit là d'un ensemble d'obligations ou, bien évidemment, d'interdictions pour le législateur, sans que l'on puisse clairement en déterminer le contenu »[3]. Selon Brunessen Bertrand, « on peut comprendre la notion d'exigence constitutionnelle comme une condition, une contrainte, et donc une règle puisque, ainsi définie, elle paraît impérative. La définition d'une exigence constitutionnelle n'est pas entièrement fixée ». Dans ce cadre, la catégorie juridique des exigences constitutionnelles « donne le sentiment d'une approximation et entretient la confusion ». Elle « révèle une volonté de flexibilité dans le contrôle mais son indétermination peut corrélativement générer des incertitudes »[4]. Les énoncés en cause peuvent être très généraux : ainsi le Conseil a pu consacrer l'existence d'une « exigence constitutionnelle de protection supérieure de l'enfant »[5]. Le recours aux exigences constitutionnelles fournit au juge les mêmes possibilités que d'autres catégories, comme l'illustre par exemple une décision où le Conseil a affirmé « qu'aucune règle ni aucun principe de valeur constitutionnelle n'interdit à une personne publique de confier à un tiers, pour une période déterminée, une

---

[1] Cons. constit., 15 octobre 2021, n° 2021-940 QPC. Voir également CE, 21 avril 2021, French Data Network et autres, n° 393099.
[2] Cons. constit., 26 juillet 2018, n° 2018-768 DC.
[3] T. Dubut, « Le juge constitutionnel et les concepts. Réflexions à propos des "exigences constitutionnelles" », *RFDC*, 2009, p. 758.
[4] B. Bertrand, « L'exigence de clarté et de sincérité du débat parlementaire. Étude sur un concept régulateur de la procédure législative sous la Ve République », *RDP*, 2011, p. 431.
[5] Cons. constit., 21 mars 2019, n° 2018-768 QPC.

mission globale ayant pour objet la conception, le financement, la construction ou la transformation, l'entretien, la maintenance, l'exploitation ou la gestion d'ouvrages, d'équipements ou de biens immatériels nécessaires au service public » mais que « toutefois, la généralisation de telles dérogations au droit commun de la commande publique ou de la domanialité publique serait susceptible de priver de garanties légales les exigences constitutionnelles inhérentes à l'égalité devant la commande publique, à la protection des propriétés publiques et au bon usage des deniers publics »[1]. L'abstraction des formulations parfois retenues interdit l'accès à la détermination précise des obligations qui pèsent sur le législateur.

Il semble résulter de la jurisprudence constitutionnelle que l'expression est employée comme synonyme d'obligation constitutionnelle[2], ce que vient confirmer le Règlement intérieur sur la procédure suivie devant le Conseil constitutionnel pour les déclarations de conformité à la Constitution[3]. Il prévoit à l'article 2 que « la saisine mentionne les dispositions législatives ou les clauses de l'engagement international sur lesquelles il est invité à se prononcer, ainsi que les exigences constitutionnelles qu'elles sont susceptibles de méconnaître ». Ainsi, dans la conception du Conseil constitutionnel, il n'y a plus une Constitution, il y a une collection d'exigences constitutionnelles, mobilisables à travers les saisines parlementaires mais qui sont loin d'être absentes des décisions rendues sur des questions prioritaires de constitutionnalité, les références normatives étant les mêmes, pour ce qui concerne les droits et libertés que la Constitution garantit. Progressivement, le Conseil constitutionnel a ainsi entendu nommer « exigences constitutionnelles » toutes les normes constitutionnelles, sans que l'on sache réellement pourquoi. Tout le problème vient de l'abstraction des raisonnements qu'il produit à partir de cette catégorie normative surplombante.

*

Le point commun des catégories génériques est bien évidemment l'adjectif qualificatif « constitutionnel » ou l'adverbe « constitutionnellement » qui sont un moyen pour le Conseil constitutionnel de se référer à diverses catégories génériques lui permettant de motiver ses décisions, et donc sa façon d'exercer le contrôle de constitutionnalité, en restant imprécis sur les énoncés en cause.

---

[1] Cons. constit., 24 juillet 2008, n° 2008-567 DC.

[2] On relèvera d'ailleurs que, s'agissant de l'article 88-1 de la Constitution, là où le Conseil constitutionnel a vu une exigence constitutionnelle de transposition de directives, le Conseil d'Etat a lui évoqué une obligation constitutionnelle de transposition des directives (CE, 8 février 2007, Société Arcelor Atlantique et Lorraine et autres, n° 287110).

[3] Cons. constit., 11 mars 2022, n° 2022-152 ORGA.

À travers la référence à ces catégories, la valeur constitutionnelle est mise en avant en tant que qualificatif explicitant le statut normatif des énoncés qui y seront regroupés. Le pouvoir créateur du juge s'exprime ainsi dans le domaine du langage juridique grâce à sa capacité à passer du substantif « Constitution » à l'adjectif qualificatif « constitutionnel » accolé à la valeur dont sont affublées de façon générale plusieurs catégories de normes. Si, comme le fait remarquer Chaïm Perelman « en associant deux caractères, on peut marquer le primat accordé à l'un ou à l'autre en faisant de l'un ou de l'autre le substantif ou le qualificatif »[1], alors en passant du substantif « Constitution » à l'adjectif qualificatif « constitutionnel », le Conseil constitutionnel se pose davantage en gardien d'un statut normatif particulier, que de normes préexistantes. L'attribution de la « valeur constitutionnelle » peut permettre de solenniser un énoncé, comme le Conseil constitutionnel l'a fait en affirmant, après avoir cité de nombreuses références textuelles, que « le concept juridique de "peuple français" a valeur constitutionnelle »[2] ou que « la fraternité est un principe à valeur constitutionnelle »[3]. Dans cette perspective, n'importe quelle notion peut se voir reconnaître le statut de norme constitutionnelle par la grâce d'une qualification explicite, comme l'a également illustré une décision évoquant « l'intérêt général de valeur constitutionnelle qui s'attache à la protection sanitaire de la population »[4]. La détermination des normes constitutionnelles utilisées pour justifier les décisions passe alors essentiellement par l'usage de ces catégories génériques ; ainsi, après avoir cité dans une décision la première phrase de l'article 6 de la Déclaration de 1789, le Conseil constitutionnel a affirmé « qu'il résulte de cet article comme de l'ensemble des autres normes de valeur constitutionnelle relatives à l'objet de la loi que, sous réserve de dispositions particulières prévues par la Constitution, la loi a pour vocation d'énoncer des règles et doit par suite être revêtue d'une portée normative »[5]. Il a ainsi établi une prescription relative à l'objet de la loi en se référant certes à un texte mais également à un ensemble normatif indéterminé, et ce considérant de principe particulièrement laconique, repris à l'identique, a depuis justifier plusieurs censures[6] sans que l'on comprenne véritablement pourquoi[7]. La question du transfert de ce raisonnement aux textes constitutionnels a pu être

---

[1] C. Perelman, *Logique juridique. Nouvelle rhétorique*, Paris, Dalloz, 2e éd., 1999, p. 120.

[2] Cons. constit., 9 mai 1991, n° 91-290 DC.

[3] Cons. constit, 6 juillet 2018, précitée.

[4] Cons. constit., 15 décembre 2005, n° 2005-528 DC.

[5] Cons. constit, 29 juillet 2004, précitée.

[6] Cons. constit., 21 avril 2005, n° 2005-512 DC ; 26 janvier 2017, n° 2016-745 DC ; 9 mars 2023, n° 2023-848 DC.

[7] V. Champeil-Desplats, « N'est pas normatif qui peut. L'exigence de normativité dans la jurisprudence du Conseil constitutionnel », *Les Cahiers du Conseil constitutionnel*, n° 21, 2006, p. 93.

posée par la doctrine pour en démontrer l'absurdité potentielle[1]. Plus généralement, l'abstraction des formulations retenues laisse au juriste soucieux de décortiquer le raisonnement suivi à l'appui de la solution retenue le sentiment d'une démarche largement impressionniste et faiblement articulée sur le plan juridique.

La méthode de « rattachement », particulièrement mise en valeur par la doctrine ainsi qu'on l'a vu, lui permet également de formuler de véritables revirements de jurisprudence comme l'a illustré le cas de la liberté contractuelle : alors qu'il affirmait « qu'aucune norme de valeur constitutionnelle ne garantit le principe de la liberté contractuelle »[2], le Conseil a pu, à l'inverse, évoquer le « principe de liberté contractuelle qui découle de l'article 4 de la Déclaration de 1789 »[3]. Ce type d'exemple atteste de nouveau que le juge assume pleinement sa marge d'appréciation dans le choix des énoncés ayant la qualité de normes constitutionnelles, au point de faire apparaître expressément un changement dans l'interprétation qu'il donne de la Déclaration de 1789. Il témoigne également de ce que, vraisemblablement, il choisit d'abord la norme constitutionnelle qu'il veut produire pour les besoins de sa décision, avant de chercher un texte auquel elle est rattachable, même de loin. On voit ce qu'il en est su sérieux de la « Doctrine Vedel » … Elle atteste enfin que les normes produites ne répondent à aucune logique précise. Un ancien membre du Conseil constitutionnel a ainsi pu souligner « le pouvoir considérable que le Conseil tire de la Constitution et de son Préambule pour énoncer, soit par création *extra legem*, soit par interprétation, des normes juridiques nouvelles, elles-mêmes édictées en des termes généraux et abstraits, à leur tour, soumises à interprétation pour être appliquées aux cas d'espèce qui lui sont soumis dans les diverses procédures de saisine prévues par la Constitution. Ce pouvoir normatif est en lui-même sans limite. Rien n'empêche, en principe, le Conseil de faire découler de nouvelles règles du texte de la Constitution ou des déclarations des droits reprises par son Préambule, de les modifier ou de les abandonner »[4].

Les catégories normatives très générales, y compris celles des droits et libertés, ne sont pas exclusives les unes des autres, loin de là : il existe même une porosité au fil des décisions, voire au sein d'une seule et même décision, tel énoncé étant successivement, rattaché à l'une puis à l'autre. Ainsi, dans une décision, le pluralisme a successivement été qualifié d'objectif de valeur

---

[1] M. Collet, « Le droit déclaratoire. A propos des lois mémorielles et autres dispositions législatives "non normatives" », in Y. Gaudemet (dir.), *Le Préambule de la Constitution de 1946*, Paris, LGDJ, 2008, p. 19.

[2] Cons. constit., 3 août 1994, n° 94-348 DC.

[3] Cons. constit., 30 mars 2006, n° 2006-535 DC.

[4] G. Canivet, « les limites de la mission du juge constitutionnel », *Cités*, 2017/1, n° 69, p. 46.

constitutionnelle, puis d'exigence constitutionnelle[1]. De même une décision a-t-elle mentionné « le principe constitutionnel de protection de la santé publique » [2], alors qu'une autre décision a précisé que cette protection « revêt(ait) le caractère d'objectif de valeur constitutionnelle »[3]. Une relative confusion et un certain manque de rigueur règnent ainsi dans le vocabulaire utilisé pour qualifier les normes constitutionnelles produites.

Section 2.
La dilution contentieuse de la Constitution

Comme l'a très tôt relevé Ernst-Wolfgang Bockenförde, les différentes méthodes d'interprétation de la constitution « contribuent au bout du compte (…) à la destruction de la normativité de la constitution ». En effet, « rapporté au départ, au problème fondamental de l'interprétation constitutionnelle qui résulte de l'imprécision du contenu des normes et principes de la constitution, *elles ne réduisent pas cette imprécision mais au contraire l'étendent et la renforcent. Elles établissent un remaniement et un développement de la constitution largement incontrôlés*, conditionnés par le cas d'espèce, gouvernés par des *topoi*, par une précompréhension de fait et le consensus qui s'y rapporte, par des analyses et des intuitions de la réalité. Et ces remaniements et développements, présentés comme de prétendues interprétations de la constitution, prétendent à avoir, dans leur contenu, rang et valeur constitutionnelle (nous soulignons) »[4].

C'est précisément de ce phénomène de destruction de la normativité de la constitution dont témoigne la notion de bloc de constitutionnalité telle qu'elle s'est développée depuis les années 1970 et la réalité qu'elle entend imparfaitement décrire. Sous couvert d'interpréter la Constitution, de la concrétiser, le contrôle effectué par le juge la rend en réalité illisible et introuvable : il opère une montée en abstraction (Paragraphe 1) et, *in fine*, modifie la représentation de la Constitution (Paragraphe 2).

Paragraphe 1.
Une montée en abstraction

La généralité des notions employées dans le cadre du contrôle de constitutionnalité peut facilement être source d'obscurité pour ceux qui cherchent dans la solution retenue le résultat d'un raisonnement juridique

---

[1] Cons. constit., 18 septembre 1986, n° 86-217 DC.
[2] Cons. constit., 8 janvier 1991, n° 90-283 DC.
[3] Cons. constit., 13 août 1993, n° 93-325 DC.
[4] E.-W. Böckenförde, « Les méthodes d'interprétation de la Constitution : un bilan critique », in *Le droit, l'Etat et la constitution démocratique, Paris*, LGDJ, 2000, p. 245.

rigoureux. Jean Rivero[1] – et d'autres après lui[2] – notait ainsi dès 1971, s'agissant pourtant de la norme clairement exprimée par le Conseil qu'est le principe fondamental reconnu par les lois de la République protégeant la liberté d'association, que sa consécration par le juge n'expliquait pas réellement la censure de la loi, faute de savoir avec précision les garanties qui lui sont attachées. Autrement dit, en l'occurrence, si la liberté d'association fournissait une justification globale à la décision de non-conformité, la seule référence à ce principe ne permettait pas de saisir avec exactitude le raisonnement suivi par le juge pour aboutir à une censure (en quoi les dispositions censurées méconnaissaient-elles précisément cette liberté ?). Ce constat pourrait à la vérité être démultiplié. L'utilisation des catégories de principes amplifie cette indétermination car elle permet au Conseil de produire des conflits de normes très générales, lui laissant une marge de manœuvre conséquente pour justifier la solution qu'il adopte, en permettant de promouvoir la mise en balance, la fameuse conciliation, comme méthode de résolution du conflit[3]. On peut affirmer, de ce point de vue, que « l'invention des différentes variétés de principes constitutionnels, (…), a cette conséquence paradoxale d'offrir une très grande liberté de décision à l'organe »[4], car rien n'est plus sibyllin que les conciliations opérées entre des normes constitutionnelles, particulièrement lorsqu'elles prennent la forme de normes issues de catégorie normatives génériques.

Très tôt, on l'a vu, le Conseil s'est refusé à opérer une hiérarchie parmi les différents énoncés auxquels il a reconnu la signification d'être des normes constitutionnelles, dans sa décision relative aux nationalisations. L'absence de hiérarchie nette conduit régulièrement le Conseil constitutionnel à promouvoir la conciliation entre divers éléments du bloc de constitutionnalité. Un exemple topique est fourni par une décision dans laquelle le Conseil a estimé, en citant l'alinéa 7 du préambule de la Constitution de 1946 relatif au droit de grève « qu'en édictant cette disposition les constituants ont entendu marquer que le droit de grève est un principe de valeur constitutionnelle, mais qu'il a des limites et ont habilité le législateur à tracer celles-ci en opérant la conciliation nécessaire entre la défense des intérêts professionnels, dont la grève est un moyen, et la sauvegarde de l'intérêt général auquel la grève peut être de nature

---

[1] Note précitée sur CC 16 juillet 1971.

[2] G. Boudou, « Autopsie de la décision du Conseil constitutionnel du 16 juillet 1971 sur la liberté d'association », *article précité*.

[3] Sur les modalités du contrôle exercé par le Conseil constitutionnel, voir notamment V. Goesel-Le Bihan, « Réflexion iconoclaste sur le contrôle de proportionnalité exercé par le Conseil constitutionnel » *RFDC*, 1997, p. 227 ; « Le contrôle exercé par le Conseil constitutionnel : défense et illustration d'une théorie générale », *RFDC*, 2001, p. 67.

[4] J. Meunier, *Le pouvoir du Conseil constitutionnel. Essai d'analyse stratégique*, *op. cit.*, p. 154.

à porter atteinte »[1]. Il a ajouté, s'agissant des services publics, que « la reconnaissance du droit de grève ne saurait avoir pour effet de faire obstacle au pouvoir du législateur d'apporter à ce droit les limitations nécessaires en vue d'assurer la continuité du service public qui, tout comme le droit de grève, a le caractère d'un principe de valeur constitutionnelle ».

Cette solution a toutes les apparences d'un cas d'école : elle fournit l'illustration de la production d'une norme constitutionnelle sans base textuelle précise, à savoir la continuité du service public, qui intègre la catégorie des « principes de valeur constitutionnelle », puis celle de la mise en scène d'une conciliation entre deux normes très générales que sont le droit de grève d'une part, et la continuité du service public d'autre part. Il est difficile de ne pas percevoir le gain que peut retirer le Conseil constitutionnel de ce type de formulation qui lui laisse une marge d'appréciation conséquente pour justifier sa solution, tout en le faisant paraître comme l'arbitre, forcément neutre, de deux principes ayant le même poids. Cela a d'autant plus d'impact lorsque, confronté à des lois portant sur un objet proche, il reprend le même considérant pour fixer le cadre de son contrôle, lui conférant un caractère atemporel. Ainsi, près de trente ans après cette décision le Conseil fut de nouveau confronté à une loi réglementant le droit de grève dans un secteur professionnel – celui des transports publics[2]. La reprise du considérant de principe, issu de sa précédente décision, lui a servi de base pour le contrôle de la loi ; le contrôle n'apparaissait cependant plus comme reposant sur la création d'une norme constitutionnelle, mais bien comme l'application de la conciliation entre deux normes constitutionnelles préexistantes. Denis Baranger parle à ce sujet de l'usage de « banque de considérants »[3] par le Conseil : il utilise en effet dans ses décisions des considérants standardisés réputés permettre d'opérer une conciliation à travers laquelle la disposition législative contestée peut être contrôlée. Il n'en est pourtant rien car, bien souvent, les considérants standards n'expliquent pas la solution finalement retenue. Certes « l'interprétation constitutionnelle est (…) constamment confrontée à la nécessité d'harmoniser, au mieux, et d'arbitrer, au pire, entre des valeurs contradictoires »[4], mais tout tient dans la façon de le faire et force est de constater que celle employée par le Conseil constitutionnel n'est pas satisfaisante pour le lecteur attentif de ses décision, qu'il soit juriste ou non.

De façon similaire, la création des objectifs de valeur constitutionnelle a permis au Conseil de formuler le considérant classique selon lequel « il appartient au législateur de concilier, en l'état actuel des techniques et de leur

[1] Cons. constit., 25 juillet 1979, n° 79-105 DC.

[2] Cons. constit., 16 août 2007, n° 2007-556 DC.

[3] D. Baranger, « La jurisprudence constitutionnelle française : méthode ou bricolage ? », in *La doctrine et le Conseil constitutionnel*, *op. cit.*, p. 243.

[4] D. Baranger. *La constitution. Sources. Interprétations. Raisonnements, op. cit.*, p. 360.

maîtrise, l'exercice de la liberté de communication telle qu'elle résulte de l'article 11 de la Déclaration des droits de l'homme, avec, d'une part, les contraintes techniques inhérentes aux moyens de la communication audiovisuelle et, d'autre part, les objectifs de valeur constitutionnelle que sont la sauvegarde de l'ordre public, le respect de la liberté d'autrui et la préservation du caractère pluraliste des courants d'expression socioculturels auquel ces modes de communication, par leur influence considérable, sont susceptibles de porter atteinte »[1]. Or, si la conciliation incombe au législateur, il doit y pourvoir sous le contrôle du Conseil, et à travers ce type de formulation, ce dernier dispose d'une grande latitude pour justifier ses décisions, soit qu'elles confortent une disposition législative, soit qu'elles la déclarent non conforme, soit, de façon plus subtile, qu'elles prescrivent l'interprétation qui doit en être donnée[2]. Le législateur demeure cependant peu éclairé sur le type de dispositif susceptible de passer l'épreuve du contrôle de constitutionnalité. Ce type de conciliation pullule dans les décisions du Conseil constitutionnel et on pourrait multiplier les exemples sans pour autant en atténuer ni la lourdeur, ni l'abstraction. Ainsi, « il appartient au législateur d'assurer la conciliation entre l'objectif de valeur constitutionnelle de prévention des atteintes à l'ordre public et le droit au respect de la vie privée protégé par l'article 2 de la Déclaration des droits de l'homme et du citoyen de 1789 »[3]. Ou encore, s'agissant de la mise en œuvre d'un Etat d'urgence sanitaire, il appartient au législateur « d'assurer la conciliation entre cet objectif de valeur constitutionnelle (de protection de la santé) et le respect des droits et libertés reconnus à tous ceux qui résident sur le territoire de la République »[4]. Le tableau impressionniste dessiné par ce type de formulation atteste le flou conséquent des références à partir desquelles le juge exerce son contrôle.

Face à une disposition législative litigieuse, « le Conseil constitutionnel a presque toujours le choix entre invalider ou ne pas invalider »[5]. Si Jacques Meunier notait qu'une des explications plausibles à l'absence d'ordonnancement des sources formelles utilisées par le Conseil constitutionnel était qu'elle n'apporterait aucun avantage pour les conseillers durant leurs délibérations[6], on peut ajouter que le Conseil lui-même n'y trouverait guère d'atouts car il y perdrait beaucoup de sa liberté. En effet, entre

---

[1] Cons. constit., 27 juillet 1982, précitée.

[2] Voir sur ce point A. Viala, *Les réserves d'interprétation dans la jurisprudence du Conseil constitutionnel*, Paris, LGDJ, 1999.

[3] Cons. constit., 20 janvier 2022, n° 2021-834 DC.

[4] Cons. constit., 9 novembre 2021, n° 2021-828 DC.

[5] D. Lochak, « Le Conseil constitutionnel, protecteur des libertés ? », *Pouvoirs*, n° 13, 1980, p. 36.

[6] J. Meunier, *Le pouvoir du Conseil constitutionnel. Essai d'analyse stratégique*, *op. cit.*, p. 155.

une « hiérarchisation qui facilite son travail en même temps qu'elle le prive d'intérêt (…) et une conciliation qu'il peut établir selon des procédés discrétionnaires qui l'érigent en maître du traitement de ces antinomies »[1], le choix paraît évident qui consiste, plutôt que d'être « esclave d'une méthode d'application ou de reconnaissance d'une hiérarchie formelle préétablie », à « se référer à celle de son choix pour des raisons d'opportunité »[2].

Si l'on part du constat selon lequel « tout se passe comme si le bloc de constitutionnalité, dont le contenu est majoritairement abstrait, flou et polysémique, permettait de faire apparaître comme règle de nature écrite et stable, ou en découlant, ce qui relève du pouvoir d'interprétation et de création du juge »[3], alors plutôt que de mettre l'accent sur l'application de « textes vagues, ambigus et contradictoires »[4] ou sur le « caractère embryonnaire et lacunaire des dispositions constitutionnelles »[5], il faut bien affirmer que la montée en abstraction n'est pas liée qu'aux textes, mais bien plus à la tendance du juge à faire usage de catégories abstraites de normes constitutionnelles, ce que l'on a appelé des « labels normatifs ». Ainsi, ce ne sont pas les textes qui *imposent* cette façon de faire au juge ; cela relève, bien au contraire, d'un *choix* délibéré de privilégier le recours à des ensembles normatifs très généraux qui le placent en situation de devoir statuer dans l'abstrait. Thomas Dubut a ainsi pu affirmer, au sujet des « exigences constitutionnelles », qu'elles jouent « une fonction idéologique indéniable » dès lors qu'elles permettent « au juge constitutionnel de choisir entre des impératifs logiquement et empiriquement irréalisables, sans pour autant hiérarchiser de manière générale et abstraite les normes du "bloc de constitutionnalité" ». Il en a conclu que le Conseil les utilise afin de « construire une "motivation", qui n'explique pas pour autant la décision rendue »[6]. Ce constat peut aisément être transposé à l'ensemble des catégories normatives créées par le juge afin de servir de réceptacle à bon nombre des normes constitutionnelles qu'il produit pour justifier ses décisions. Finalement l'abstraction de la formulation des motivations de nombreuses décisions lui permet de trancher en faveur de la solution qu'il juge la plus appropriée. En outre, le Conseil constitutionnel est un « abondant producteur de standards jurisprudentiels qui ne sont rattachées à rien, ne serait-ce que parce qu'ils ne sont jamais considérés comme jouant un rôle dans le

---

[1] D. Turpin, « Le traitement des antinomies des droits de l'homme par le Conseil constitutionnel », *Droits*, 1985, n° 2, p. 85.
[2] *Ibid.*, p. 91.
[3] L. Eck, « Faut-il constitutionnaliser la décision du Conseil constitutionnel du 16 juillet 1971 ? », *RFDC*, 2022, n° 130, p. 382.
[4] *Ibid.*, p. 35.
[5] D. Lochak, « Le contrôle de l'opportunité par le Conseil constitutionnel », in *Conseil constitutionnel et Cour européenne des droits de l'Homme*, Paris, STH, 1990, p. 77.
[6] T. Dubut, « Le juge constitutionnel et les concepts. Réflexions à propos des "exigences constitutionnelles" », *article précité*, p. 764.

raisonnement juridictionnel, alors que tel est manifestement le cas »[1]. On pense à l'intérêt général, auquel une thèse a été consacrée[2], mais plus globalement, l'existence de ces standards atteste que la substance constitutionnelle dégagée principalement par la juridiction constitutionnelle ne se limite pas aux droits fondamentaux : bien au contraire le juge produit à la fois des normes protectrices de ces droits et des standards permettant d'y déroger (la catégorie des objectifs de valeur constitutionnelle contribue ainsi à justifier les dispositions législatives contestées dans la plupart des cas où elle est utilisée par le juge).

Vu sous cet angle, le bloc de constitutionnalité cache en réalité une dilution contentieuse de la Constitution, réduite à une collection d'exigences constitutionnelles souvent abstraites et rendant souvent difficile pour les auteurs de saisine – dans une moindre mesure pour ceux de questions prioritaires de constitutionnalité – la construction d'un argumentaire sérieux dès lors que la jurisprudence du Conseil constitutionnel offre, à travers la multiplicité des normes du bloc de constitutionnalité, la possibilité d'argumenter dans un sens ou dans un autre sans pouvoir construire un raisonnement rigoureux. Ce constat est vrai que la matière soit substantielle par essence (les droits et libertés, l'ordre public etc.) ou qu'elle soit procédurale : il suffit de lire le début des décisions DC du Conseil constitutionnel, souvent consacré aux critiques procédurales, pour constater que, pas davantage que pour le fond, des normes stables et claires dans leurs implications ne sont appliquées aux cas qui se présentent (que l'on songe à la clarté et à la sincérité du débat par exemple).

Paragraphe 2.
Le changement dans la représentation de la Constitution

On a vu que le Conseil utilisait souvent la notion de principe pour reformuler un énoncé contenu dans le texte de la Constitution ou dans un des textes mentionnés dans son préambule, sans que cela ait la moindre incidence sur le statut normatif de l'énoncé. Cependant, en inférant de ce manque de « plus-value » normative l'absence d'impact sur le plan juridique, on néglige la nature fondamentalement *linguistique* du droit ainsi que sa fonction *symbolique*. En effet, si le droit énoncé par le juge dans les motivations de ses décisions se matérialise par un discours, alors la formulation de ces motivations n'est jamais sans conséquence, elle ne peut être neutre. On peut avancer que le choix d'utiliser régulièrement des catégories génériques sans référent particulier atteste la façon dont le Conseil constitutionnel s'est progressivement approprié la Constitution pour lui donner, dans ces

[1] D. Baranger, « Comprendre le bloc de constitutionnalité », *article précité*, p. 143.

[2] G. Merland, *L'intérêt général dans la jurisprudence du conseil constitutionnel*, Paris, LGDJ, 2004.

motivations, une consistance purement matérielle et pour tout dire, élastique. En créant des catégories de principes et en y incluant de nombreux énoncés, qu'ils soient simplement reformulés ou tout bonnement conçus par le juge, celui-ci introduit un champ terminologique particulier dans la motivation de ses décisions. Et si chaque décision est singulière, c'est bien à travers le langage utilisé dans les motivations que le juge peut tenter de laisser transparaître une certaine cohérence dans sa jurisprudence. Or, on l'a dit, il s'agit précisément de l'une des caractéristiques de la jurisprudence constitutionnelle que de procéder à un usage massif de notions générales, de catégories génériques, pour justifier des solutions particulières. Ainsi, en reformulant certains énoncés précis sous le qualificatif de principe, le juge banalise le recours aux notion génériques telles celles des « règles et principes de valeur constitutionnelle » ou des « exigences constitutionnelles ».

Le principal changement se situe dans l'ordre des *représentations* et ce dans au moins deux directions. En premier lieu, la Constitution est davantage perçue, sous l'angle matériel, comme un contenant que comme un texte. L'exercice du contrôle est alors bouleversé car cette lecture offre au juge un éventail de possibilités considérable pour motiver ses décisions et pour produire de nouvelles normes constitutionnelles. Par ailleurs, si la suprématie qui est reconnue à la Constitution dans le discours juridique tend à lui faire produire des effets sur l'ensemble de l'ordonnancement juridique, tout énoncé élevé au rang de norme constitutionnelle bénéficie alors de cette prétention structurante sur le système juridique. Ce n'est plus pour partie la forme constitutionnelle qui est au cœur du débat juridique, mais la substance des principes auxquels est conféré un statut constitutionnel, et tout l'office du juge constitutionnel s'en trouve modifié. En cela, comme l'a noté Denis Baranger, « on ne peut pas à la fois prétendre que les normes de référence du contrôle de constitutionnalité s'étendent désormais au bloc de constituionnalité et nier l'existence d'une constitutionnalité matérielle »[1].

En deuxième lieu, comme l'a noté Arnaud Le Pillouer, « pour le dire en termes kelséniens, la justification des normes suprêmes du système juridique est formulée de moins en moins sous la forme d'un principe dynamique (se référant à une autorité incontestable) et de plus en plus sous la forme d'un principe statique (se référant au contenu de valeurs incontestables) »[2]. On a pu faire observer que « la pratique judiciaire montre que (la qualification de principe) sert pour traiter quelques normes comme plus importantes que les autres »[3]. Dès lors, si le juge agit ainsi sur la formulation des énoncés sans en

[1] D. Baranger. *La constitution. Sources. Interprétations. Raisonnements, op. cit.*, p. 325.

[2] A. Le Pillouer, « Réviser la constitution. Au chevet du « lit de justice », *Pouvoirs*, 2023, n° 187.

[3] J. Wroblewski, « Les standards juridiques : problèmes théoriques de la législation et de l'application du droit », *article précité*, p. 854.

modifier le sens et sans que la reformulation n'ait d'incidence sur la solution retenue, cela lui permet néanmoins d'œuvrer sur la façon de les faire paraître en rehaussant leur importance. A travers sa capacité à la reformulation en tant que principe de tout un ensemble d'énoncés, le juge montre sa capacité à produire non pas seulement du droit, mais également une certaine façon de montrer le droit, en l'occurrence, la Constitution. Il est en outre évident que la qualification de principe s'agissant de ces énoncés, qui rehausse leur prestige en ce qu'elle est plus porteuse sur le plan sémantique que la simple reprise d'un article, rehausse également l'office du juge, qui de simple contrôleur technique du respect, par le législateur, de dispositions textuelles parfois arides, devient le gardien de principes présentés ou pensés comme consubstantiels au système juridique. La valorisation induite par la qualification principielle, qui est généralement liée à la volonté de reconnaître une certaine importance aux énoncés ainsi qualifiés, tend à une véritable sacralisation de ces énoncés, souvent relatifs à des droits et libertés jugées fondamentaux ou à des exigences collectives qui leur font contrepoids, et conduit les juristes, notamment les praticiens depuis l'émergence de la question prioritaire de constitutionnalité, à une forme de révérence dans les raisonnements produits relatifs aux normes constitutionnelles. Dans ce cadre, « non seulement, les constitutionnalistes seront poussés à se focaliser sur les dispositions relatives aux droits et libertés, et sur leur protection juridictionnelle, mais même lorsqu'ils s'intéressent aux institutions, ils seront tentés de ne saisir l'organisation de celles-ci qu'à travers le prisme de la limitation des pouvoirs et rarement de leur fondation. Ce biais d'appréhension procède lui-même certainement d'une restriction fondatrice dans l'appréhension du phénomène juridique, concentrée sur la sanction (juridictionnelle), alors même que de nombreuses normes juridiques, et surtout d'ailleurs en droit constitutionnel, sont des normes d'habilitation »[1].

On se rapproche alors, pour saisir la signification du bloc de constitutionnalité, des conceptions de l'auteur américain Ronald Dworkin[2] pour qui c'est l'interprétation juridictionnelle de la constitution qui est déterminante. Il ne remettait pas en cause le statut de loi fondamentale de la

---

[1] D. Mongoin, « Brèves de lecture théorique de la décision de 1971 », *Article précité*, p. 322

[2] Sur cet auteur, voir notamment J.-C. Billier, A. Maryioli, « Ronald Dworkin : création et application du droit », in *Histoire de la philosophie du droit*, *op. cit.*, p. 284 ; R. Guastini, « Théorie et ontologie du droit chez Dworkin », *Droit et société*, n° 2, 1986, p. 17 ; « Dworkin Ronald », in *Dictionnaire des grandes œuvres juridiques*, *op. cit.*, p. 153 ; S. Leader, « Le juge, la politique et la neutralité. A propos des travaux de Ronald Dworkin », *Droit et société*, n° 2, 1986, p. 29 ; F. Michaut, « La bonne réponse n'est-elle qu'une illusion ? », *Droits*, n° 9, 1989, p. 69 ; « Vers une conception postmoderne du droit. La notion de droit chez Ronald Dworkin », *Droits*, n° 11, 1990, p. 107 ; M. Troper, « Les juges pris au sérieux. La théorie du droit selon Dworkin », *La théorie du droit, le droit, l'Etat*, *op. cit.*, p. 35.

constitution, qui est « à ce point ancrée dans les préjugés communs qui fondent notre système de pensée juridique qu'une théorie [lui] déniant ce statut [...] manquerait complètement son objet »[1], mais dans le prolongement de sa méthodologie générale, il promouvait le modèle de « l'intégrité constitutionnelle », qui « considère que le texte de la Constitution n'est pas une suite discontinue de positions politiques distribuant le pouvoir de diverses manières, mais un système de principe »[2]. Cette définition apparaît comme une transposition, à la constitution, de son approche du droit et de l'importance fondamentale reconnue aux principes pour comprendre ce qu'est le droit. Mais on ne peut se contenter d'un tel constat sans en tirer les conséquences. La référence à la distribution du pouvoir vise ici clairement à considérer cette fonction de la constitution comme purement annexe sur le plan de son interprétation. Là où le normativisme met en avant la fonction d'habilitation de la constitution, Ronald Dworkin va précisément opposer le caractère substantiel des principes qu'elle est réputée contenir. De ce point de vue, définir la constitution comme un système de principes, c'est tourner le dos à toute approche formelle et positiviste du système juridique pour s'engager sur la voie radicalement opposée de l'analyse et de l'appréciation de la substance des normes. Comme l'a relevé Denis Baranger, « le droit comme pratique interprétative va (...) bien au-delà, chez Dworkin, d'un rapport entre l'interprète et la source. Il s'agit d'une forme d'analyse à large spectre de tout le système politique, moral et juridique de la société, car pour lui, le droit dépend à la fois d'une "philosophie politique" et d'une "philosophie morale". Les sources positives ne sont pas nécessairement mises à l'écart, mais il les interprétait au regard de ce "droit" largement entendu, sans quoi le juge se rendrait responsable d'erreurs au coût moral élevé »[3]. En devenant un ensemble dynamique de principes, la constitution n'a plus rien de commun avec un texte écrit dont le statut normatif est lié à la procédure particulière selon laquelle il a été adopté. Et c'est alors vers l'interprétation produite par les juridictions que l'on doit se tourner pour décrire le prétendu système de principes. Ronald Dworkin rejetait les approches qu'il qualifiait d'historicistes, c'est-à-dire celles qui lient l'interprétation du texte de la constitution par les juges aux intentions de ses auteurs, précisément car selon lui, elles aboutissaient « à nier que la Constitution exprime des principes »[4]. Ce qui l'intéressait particulièrement dans le texte de la constitution, c'est qu'il contient des dispositions relatives aux droits individuels qui sont, pour beaucoup, formulées de façon très générale, se prêtant ainsi parfaitement à des directives d'interprétation. Or ces dispositions seront celles qui seront en

---

[1] R. Dworkin, *Une question de principes*, Paris, PUF, 1996, p. 49.

[2] R. Dworkin, « Controverse constitutionnelle », *Pouvoirs*, n° 59, 1991, p. 9.

[3] D. Baranger. *La constitution. Sources. Interprétations. Raisonnements, op. cit.*, p. 99-100.

[4] R. Dworkin, *L'empire du droit*, Paris, PUF, 1994, p. 401.

causes dans les cas difficiles[1], précisément en raison de leur formulation très abstraite, et c'est dans ce cadre que les juges vont jouer un rôle important, celui d'interpréter ces énoncés afin de fournir la meilleure réponse possible à ces cas lorsqu'ils leur sont soumis. Comme le remarque Riccardo Guastini, « le droit, selon Dworkin, n'est pas un univers purement linguistique » mais « un univers peuplé de faits "moraux" »[2]. La principale caractéristique qui permet de relier la pensée de Ronald Dworkin à la signification du bloc de constitutionnalité est que, comme le relevait Philipe Raynaud, cette pensée est « en accord spontané avec les représentations des juges »[3].

De façon générale la primauté conférée à l'énonciation de droits fondamentaux ou d'impératifs très généraux par le juge conduit à relâcher singulièrement la nécessité de se référer systématiquement à un texte. Cela explique que certains juristes se contentent d'un lien, même ténu, entre un droit et un principe, l'un étant simplement « dégagé » ou « déduit » de l'autre. Cependant cette démarche doctrinale reproduit les schémas mis en place par le Conseil constitutionnel consistant à développer la production de normes constitutionnelles dont les énoncés sont grevés d'un degré de généralité lui permettant d'en faire « découler » d'autres normes. Cette démarche correspond à ce que Ricardo Guastini qualifie de « surinterprétation », qui consiste « à rechercher dans le texte constitutionnel des normes aptes à régir (tendanciellement) tout aspect de la vie sociale et politique »[4]. Autrement dit, si le discours doctrinal peut lui-même surinterpréter les décisions rendues par le juge, voire en devancer certaines[5], il n'en demeure pas moins qu'il s'insère dans un type de représentation de la Constitution directement favorisé par son interprétation juridictionnelle. Ce faisant, qu'il s'agisse d'une stratégie consciente de ses membres ou non, la jurisprudence du Conseil constitutionnel participe de ce que Dominique Schnapper nomme la « transcendance du droit », à savoir « la dynamique – ou la force – propre au droit qui se déploie

---

[1] Ou dans les « cas tragiques » pour reprendre une terminologie employée par M. Atienza qui se livre à une relecture très intéressante de l'opposition cas faciles / cas difficiles : « Les limites de l'interprétation constitutionnelle. Retour sur les cas tragiques », in *L'architecture du droit. Mélanges en l'honneur de Michel Troper*, *op. cit.*, p. 93.

[2] R. Guastini, « Théorie et ontologie du droit chez Dworkin », *article précité.*, p. 24.

[3] P. Raynaud, « La justice constitutionnelle : une approche philosophique ? », *article précité*, p.8

[4] R. Guastini, « La "constitutionnalisation" du système juridique. (I) Concept et conditions de la constitutionnalisation », in *Leçons de théorie constitutionnelle*, *op. cit.*, p. 112.

[5] D. Rousseau, « Une décision non commentée existe-t-elle ou commenter est-ce délirer ? », in *L'architecture du droit. Mélanges en l'honneur de Michel Troper*, *op. cit.*, p. 897 ; M. Carpentier, « Ce qu'aurait (peut-être) dit le Conseil constitutionnel de la loi spéciale. Commentaire d'une décision inexistante », *AJDA*, 2025, p. 171.

par-delà les aléas apparents de sa fabrication »[1]. Dans la façon dont le Conseil constitutionnel motive ses décisions par référence à des principes, on retrouve ainsi certains aspects de l'idée de « droit naturel positif »[2] évoquée par Chaim Perelman. La conséquence de cette jurisprudence anarchique est qu'elle conduit nécessairement à la fragmentation contentieuse de la Constitution. Bien loin de signifier l'existence d'un ensemble uni, complet et cohérent, le bloc de constitutionnalité est en réalité le nom donné à une machine à broyer la Constitution, laquelle ne se comprend plus que comme un ensemble mouvant d'exigences matérielles, une collection de normes mobiles et instables. C'est là la signification profonde de la notion de bloc de constitutionnalité.

[1] D. Schnapper, *Une sociologue au Conseil constitutionnel*, Paris, Gallimard, 2010, p. 28.

[2] C. Perelman, « Le juriste et le droit naturel. Essai de définition du droit naturel positif », in *La pensée juridique de Paul Foriers*, Bruxelles, Bruylant, 1963, p. 411.

CONCLUSION DU CHAPITRE 2

Loin de former un bloc de constitutionnalité ou un ordre constitutionnel cohérent, les normes constitutionnelles produites par le Conseil constitutionnel à partir d'énoncés divers attestent plutôt l'existence d'un profond et étrange désordre contentieux dans l'appréhension de la Constitution, quand bien même le juge pourrait trouver « un intérêt stratégique à maintenir le flou entourant les catégories qu'il emploie »[1]. C'est que « plus la fondamentalité s'impose dans un système juridique, plus celui-ci évolue dans le sens de l'informalité ou de la "déformalisation" »[2]. Même des auteurs *a priori* favorables à l'action jurisprudentielle du Conseil constitutionnel ont pu questionner la légitimité de certains excès au regard de « la stabilité (et) et le caractère intangible de la Constitution, (qui) sont des caractères essentiels de la norme fondamentale »[3]. De fait, on doit bien conclure avec Michel Troper que « ce n'est pas l'existence de principes qui conduit au contrôle, c'est au contraire le contrôle qui conduit à la création de principes ».

Loin de se limiter aux principes, le contrôle de constitutionnalité tel qu'il se pratique en France, broie la Constitution comprise comme un texte juridique porteur de normes et la remplace par une nuée plus ou moins abstraite d'exigences essentiellement matérielles. L'étude de la jurisprudence du Conseil constitutionnel permet alors de retrouver à la fois les théories de la supralégalité constitutionnelle qui mettaient l'accent sur des principes flous considérés comme matériellement constitutionnels, et les défauts qu'avaient parfaitement identifiés les opposants à ces théories, à la limite près que le contrôle de la procédure lui-même, entre les mains du juge constitutionnel, tend à devenir substantiel.

---

[1] M. Frappier, « Principe, règle, exigence, disposition ou prescription constitutionnels dans la jurisprudence du Conseil constitutionnel : analyse d'un désordre », *article précité*, p. 1261.

[2] D. Baranger, *La constitution. Sources. Interprétations. Raisonnements, op. cit.*, p. 225.

[3] D.-G. Lavroff, « Le Conseil constitutionnel et la norme constitutionnelle », *article précité*, p. 348

CONCLUSION DU TITRE 2

La notion de bloc de constitutionnalité est très imparfaite pour décrire l'état des normes constitutionnelles produites par le juge constitutionnel. Elle avait néanmoins le mérite, selon son concepteur, Louis Favoreu, de maintenir dans l'esprit des juristes l'unité de la Constitution. Ce point est d'autant plus curieux que sous la IIIème République, la Constitution était formée de trois lois constitutionnelles sans que personne n'y voit un risque de confusion. La quête d'unité est alors bien davantage à mettre en relation avec l'origine même de la pluralité des normes constitutionnelles : une interprétation du Conseil constitutionnel, par surcroit en rupture avec sa jurisprudence antérieure. C'est alors sans doute bien davantage pour légitimer le Conseil constitutionnel que sa production que la notion fut employée puis progressivement adoptée par l'essentiel des juristes comme synonymes de « normes constitutionnelles ». Car la grande différence entre les deux situations vient du fait que les trois lois constitutionnelles étaient un choix direct d'une assemblée constituante quand l'assemblage du bloc de constitutionalité est, pour l'essentiel, la résultante de décisions d'une juridiction constitutionnelle. Cela pose bien d'autres problèmes en termes de légitimité. On ajoutera que les tentatives pour y substituer d'autres dénominations, liées à certaines préoccupations comme la mise en avant du rôle du juge ou le contexte du constitutionalisme global, n'ont jamais pu fonctionner tant la notion, simplificatrice, presque *omnibus*[1], de bloc de constitutionnalité est aujourd'hui ancrée dans l'esprit et la pratique des juristes, à tel point qu'elle est reprise par le Conseil constitutionnel sur son site Internet.

La notion de bloc de constitutionnalité est directement associée à une modification dans la représentation de la Constitution : éclatée en diverses catégories de normes constitutionnelles, maladroitement unifiées sous l'appellation d'« exigences constitutionnelles », celle-ci désigne aujourd'hui le produit des interprétations du juge constitutionnel, et ce quand bien même une partie du droit constitutionnel se fait en dehors de tout contrôle. Une des raisons de cette situation est liée au fait que « le juge constitutionnel n'est pas perçu comme un simple organe de "garantie technique" (Kelsen) mais comme l'autorité qui a pris le dessus s'agissant de formuler le sens de la Constitution. On se trouve donc en présence d'un juge qui est devenu un intermédiaire

[1] Au sens où P. Bourdieu emploie cette expression s'agissant de certains faits traités par la télévision : « Les faits *omnibus* sont des faits qui, comme on dit, ne doivent choquer personne, qui sont sans enjeu, qui ne divisent pas, qui font le consensus, qui intéressent tout le monde mais sur un mode tel qu'ils ne touchent à rien d'important », in *Sur la télévision*, Paris, Liber, 1996, p. 16.

indispensable, "l'oracle" de la Constitution »[1]. Dans ce cadre, « le bloc de constitutionnalité se présente (…) comme la variante française d'un tournant historique en droit constitutionnel. Le fond de cette conception contemporaine, c'est qu'il n'y a *pas de différence entre ce qu'énonce le juge constitutionnel et ce que contient la constitution* »[2].

[1] D. Baranger, *La constitution. Sources. Interprétations. Raisonnements, op. cit.*, p. 408.
[2] *Ibid.*, p. 448.

CONCLUSION DE LA PARTIE 2

Si le droit énoncé par le juge se matérialise par un discours – celui qui se trouve dans les motivations de ses décisions – alors la formulation des décisions n'est jamais sans conséquence. On peut avancer que le choix d'utiliser régulièrement des catégories génériques sans référent particulier atteste la façon dont le Conseil constitutionnel, encouragé par la doctrine et par les exemples étrangers, s'est progressivement approprié la Constitution pour en promouvoir une lecture matérielle, c'est-à-dire privilégiant une approche substantielle de la norme constitutionnelle, approche qu'il n'a cessé de développer sans convaincre. De ce point de vue, si « la conception substantielle qui fait de la Constitution un dispositif privilégié de protection des droits et libertés entretient un mouvement permanent d'élargissement des normes constitutionnelles »[1], la lecture matérielle, loin de s'arrêter aux droits et libertés, conduit à sacraliser tout un ensemble d'exigences particulièrement générales jugées de première importance. Comme le notait Chaïm Perelman, « si le droit est un instrument souple, et capable de s'adapter aux valeurs considérées comme prioritaires par le juge, il ne faut pas, dans cette perspective, que le juge décide en fonction de directives venant du gouvernement, mais en fonction des valeurs dominantes dans la société »[2].

En créant des catégories génériques et en y incluant de nombreux énoncés, qu'ils soient simplement reformulés ou tout bonnement conçus par le juge, celui-ci introduit un champ terminologique particulier dans la motivation de ses décisions. Le Conseil constitutionnel a banalisé le recours à la notion de principe, *a fortiori* lorsqu'il l'utilise de façon générale en évoquant la catégorie des « règles et principes de valeur constitutionnelle » dont à la vérité personne – pas même lui – ne connaît précisément ce qu'elle recouvre, pas davantage que ce qui distinguerait lesdits principes desdites règles. L'évolution du bloc de constitutionnalité, qu'elle soit le fait du constituant par l'accroissement des énoncés votés en la forme constitutionnelle, ou du juge par l'afflux des catégories génériques de normes constitutionnelles, est fondamentalement marqué par la déformalisation de la Constitution au profit d'une lecture matérielle de celle-ci et de sa fragmentation.

---

[1] J. Chevallier, « Pour une sociologie du droit constitutionnel », *article précité*, p. 288.
[2] C. Perelman, *Logique juridique. Nouvelle rhétorique*, Paris, Dalloz, 2e éd., 1999, p. 147.

CONCLUSION GENERALE

L'étude de la notion de bloc de constitutionnalité dans une perspective longue témoigne de la grande richesse des discours juridiques portant sur la substance constitutionnelle autant qu'elle apporte un regard critique sur le développement du contrôle de constitutionnalité tel qu'il est effectué en France. En ouverture de son ouvrage sur la Constitution paru en 2022, Denis Baranger relevait que « dans l'opinion commune, et dans les introductions des enseignements de premiers cycles universitaires, il ne semble pas faire de doute que le droit constitutionnel soit le droit d'une seule et unique source : la Constitution elle-même »[1]. On a précisément voulu montrer dans cet ouvrage que, pour ce qui concerne la jurisprudence du Conseil constitutionnel du moins, il n'en va pas du tout ainsi : la réalité normative est loin de rejoindre l'intuition. L'étude appelle quatre types de remarques conclusives.

En premier lieu, on a montré que le débat sur la constitutionnalité, entendu comme un débat sur ce qui devrait être constitutionnel, dans un premier temps, puis sur ce qui l'est effectivement du fait de la jurisprudence, dans un second temps, atteste une grande richesse des discours et des analyses. Incontestablement, la notion de constitutionnalité est liée dans les discours juridiques à une approche plus matérielle que formelle de la constitution. Si une lecture formelle de la constitution consiste à utiliser un critère procédural afin d'identifier, parmi des énoncés, ceux qui ont été édictés dans le respect d'un mode de production particulier, une lecture matérielle consiste, à l'inverse, à considérer que font partie de la constitution tout un ensemble d'énoncés ou de principes ayant pleine valeur juridique, sans forcément s'intéresser à leur statut formel. La différence essentielle séparant ces deux types d'approche se situe dans le caractère souvent prescriptif des discours se rattachant au second. C'est au sujet du rôle reconnu aux juridictions dans le cadre du contrôle de constitutionnalité que sont illustrés les principaux points de divergence. Autrement dit, l'approche matérielle fait de la justice constitutionnelle un véritable enjeu pour évaluer un système juridique, non pas sur le plan technique, en le perfectionnant, à la manière de Hans Kelsen, mais bien sur celui des valeurs. C'est donc un basculement qui s'opère dans la conception de la constitution et de son rôle. C'est précisément ce que vient illustrer la notion de bloc de constitutionnalité. En cherchant à fonder le droit de façon axiologique, la lecture matérielle de la constitution vise à considérer que « le droit positif trouve sa base matérielle dans des valeurs qui sont à réaliser par le droit » et elle tend à assimiler le système juridique à un « ordre

[1] D. Baranger, *La Constitution. Sources. Interprétations. Raisonnements, op. cit,* p. 1.

axiologique »[1]. Dans la plupart des cas en effet, les juristes adoptant ce type d'approche poursuivent un objectif plus ou moins assumé visant à assurer le contrôle de la conformité à la constitution des actes juridiques en général et de la loi en particulier, mais également de façon plus globale à soumettre le droit produit au sein du système juridique à certaines exigences éthiques qu'il s'agit de préserver. On voit alors apparaître tout un ensemble de théories ou de doctrines visant à défendre non seulement le caractère normatif, mais également et surtout, le statut constitutionnel de certains énoncés, bénéficiant déjà d'une autorité juridique, ou étrangers au droit positif – on songe ici à la théorie de la supralégalité constitutionnelle sous la IIIème République. Cette conception implique que les normes constitutionnelles « apparaissent dorénavant comme un ensemble de valeurs à contenu normatif, profondément enracinées dans la société et l'opinion commune et dont la détermination est laissée à l'organe juridictionnel chargé de contrôler la constitutionnalité des lois »[2]. Or, la façon dont le Conseil constitutionnel interprète la Constitution en l'étendant à ce que l'on appelle le bloc de constitutionnalité contribue à accentuer l'approche matérielle de la Constitution ; on a voulu montrer que sa jurisprudence tend à développer une lecture matérielle de la Constitution en formulant des exigences très générales qui justifient rarement en détail les décisions qu'il rend tout en lui laissant une liberté considérable d'argumenter dans un sens ou dans un autre.

En deuxième lieu, la façon dont le Conseil constitutionnel produit les normes constitutionnelles qui viennent former le bloc de constitutionnalité tend à fragmenter la Constitution. Entendue classiquement comme une norme, celle-ci se transforme en réalité en une collection de normes, ici des exigences constitutionnelles, recouvrant elles-mêmes des catégories génériques indéterminées, des labels normatifs, comme les objectifs de valeur constitutionnelle ou encore les règles et principes de valeur constitutionnelle. Cette tendance est difficilement distinguable de l'approche substantielle de la Constitution. L'un des éléments fondamentaux révélés par l'étude du bloc de constitutionnalité est bien que, contrairement à ce que pouvaient penser les opposants à la théorie de la supralégalité constitutionnelle – et au premier chef Gaston Jèze – il n'existe pas de frontière réelle entre inconstitutionnalité intrinsèque et extrinsèque. Dans les deux cas, le juge tend à privilégier le recours à des catégories abstraites de normes qui renvoient toutes à une approche substantielle de la constitution et qui conduisent à faire peser une lourde incertitude sur le sens de ses décisions. Dans le bloc de constitutionnalité, il n'y a pas d'un côté les normes de procédure qui seraient claires et n'appelleraient aucune appréciation de fond, et les normes de fond

[1] E.-W. Böckenförde, « Pour une critique de la fondation axiologique du droit », in *Le droit, l'Etat et la constitution démocratique*, *op. cit.*, p. 77-78.

[2] A. Papatolias, *Conception mécaniste et conception normative de la constitution*, *op. cit.*, p. 271.

elles-mêmes, qui seraient soumises à discussion quant à leurs implications sur telle ou telle disposition. Et ce, quand bien même le mécanisme de la question prioritaire de constitutionnalité conduit à une telle distinction en limitant l'objet de la question aux droits et libertés que la Constitution garantit. On relèvera d'ailleurs que l'incompétence négative, qui paraît être un vice de forme de la loi, a été déclarée invocable, à certaines conditions, dans le cadre d'une question prioritaire de constitutionnalité par le Conseil constitutionnel[1]. Si l'on souscrit au constat que « le constitutionnalisme est un mouvement qui tend à soumettre les organes suprêmes de l'Etat à un ensemble de règles établies une fois pour toutes, dont le respect s'impose à tous, qui ont une force juridique supérieure à toutes les autres règles et qui sont réunis normalement dans un texte unique appelé Constitution »[2], alors il est indiscutable que, par l'image fragmentée et imprécise qu'il donne de la Constitution française, le bloc de constitutionnalité atteste que le constitutionnalisme ne fonctionne pas correctement sous la Vème République. En 1980, Danièle Lochak pointait déjà du doigt, on l'a dit, le fait que le Conseil constitutionnel s'appuyait sur des « textes vagues, ambigus et contradictoires (…) dont il détermine discrétionnairement la valeur juridique et les conditions d'application » mais aussi sur « l'incertitude qui s'attache à l'existence, à la consistance, à la valeur et à la portée des normes constitutionnelles »[3]. L'inventeur du concept de bloc de constitutionnalité, Louis Favoreu, considérait lui-même qu'il existait un « défaut de précision des normes constitutionnelles françaises » dès lors que la Constitution française, « à la différence des Constitutions allemande italienne espagnole voire américaine ne comporte que très peu de dispositions applicables aux individus »[4]. Jean-Marie Denquin pointait également le fait que « la Constitution et les documents annexes sur lequel s'appuie le juge constitutionnel présentent un caractère général au sens de vague, peu déterminé, de moins en moins opératoire en raison du décalage temporel, qui ne cesse de s'accroitre, entre l'époque de leur rédaction et le moment où le juge en fait usage »[5]. Comme l'a relevé Denis Baranger, « le juge, censé être soumis au texte de la constitution, est parvenu à décider de son contenu réel »[6].

---

[1] Cons. constit., 18 juin 2010, n° 2010-5 QPC.

[2] M. Fromont, « La notion de justice constitutionnelle et le droit français », in *Renouveau du droit constitutionnel. Mélanges en l'honneur de Louis Favoreu*, Paris, Dalloz, 2007, p. 149.

[3] D. Lochak, « Le Conseil constitutionnel protecteur des libertés ? », *Pouvoirs*, n° 13, 1980, p. 41.

[4] L. Favoreu, « Le Conseil constitutionnel et l'alternance », *article précité*, p. 1018.

[5] J.-M. Denquin, « Situation présente du constitutionnalisme. De quelques réflexions sur l'idée de démocratie par le droit », in J.-M. Denquin, *Penser le droit constitutionnel*, Paris, Dalloz, 2019, p. 119.

[6] D. Baranger, *La Constitution. Sources. Interprétations. Raisonnements, op. cit,* p. 409.

En troisième lieu, l'étude a pu établir un lien tout à fait constant entre la notion de bloc de constitutionnalité et celle de gouvernement des juges. Si celle-ci n'est qu'un spectre comme l'avait relevé Michel Troper[1], elle n'en demeure pas moins un lieu commun des discours juridiques et politiques lorsqu'il s'agit d'évoquer les normes constitutionnelles produites par le juge à l'occasion de l'interprétation de la constitution. En 1921, dans son ouvrage précité sur le *Gouvernement des juges*, Edouard Lambert avait déjà exposé une vision assez clairvoyante – et ce quelle que soit l'appréciation portée sur son propos de fond – des conséquences que pouvait avoir le contrôle de constitutionnalité ; selon lui en effet « aux constitutions rigides bâties par les conventions ou les assemblées constituantes, (le contrôle de constitutionnalité) substitue des constitutions judiciaires, d'une extrême souplesse, qui s'enrichissent constamment d'éléments nouveaux par le jeu de la litigation constitutionnelle. Ou, pour serrer les faits de plus près, il greffe sur l'antique constitution populaire, une constitution judiciaire, plus neuve et plus vivante, qui peu à peu recouvre et étouffe sous ses frondaisons luxuriantes l'œuvre primitive des constituants »[2]. Ce type de constat a été reproduit à satiété tant par certains juristes, que par des acteurs politiques. De ce point de vue, l'étude de l'élaboration, de la contestation puis de la consécration du bloc de constitutionnalité dans le champ politique a permis d'attester qu'immanquablement, à chaque étape, le risque ou le constat d'une interprétation trop libre de la Constitution – et qu'est-ce que le bloc de constitutionnalité sinon une telle interprétation ? – est systématiquement mis en parallèle avec le risque que les juges prennent, non pas le pouvoir, mais une partie du pouvoir législatif, c'est-à-dire le pouvoir central dans les fonctions de l'Etat. Ainsi, bien que ne recouvrant aucun concept précis[3], la notion ou l'expression gouvernement des juges renvoie-t-elle souvent aux mêmes peurs ou aux mêmes idées-forces.

En dernier lieu, on doit constater que le Conseil constitutionnel s'est écarté de la conception de la constitutionnalité défendue par Charles Eisenmann dans sa thèse de doctorat et rappelée en ouverture de cette étude. Il n'est pas

---

[1] M. Troper, « Le bon usage des spectres. Du gouvernement des juges au gouvernement par les juges », *article précité*.

[2] E. Lambert, *Le gouvernement des juges et la lutte contre la législation sociale aux Etats-Unis*, *op. cit.*, p. 228-229.

[3] Comme l'a noté B. Daugeron, il est « impossible de dire si oui ou non l'on est face "au", ou à "un" "gouvernement des juges" à partir d'un paramètre établi et si l'on peut ou doit y être favorable ou opposé parce que ce dernier n'existe pas à l'état "pur", susceptible de servir d'étalon de mesure et de comparaison : le gouvernement des juges est une accusation et comme toute accusation, un *discours* d'autant plus empreint de subjectivité qu'il est la plupart du temps employé sur le mode implicite, « Le gouvernement des juges : valeur d'un argument, usage d'une rhétorique », in C. Boutin, B. Daugeron, F. Rouvillois (dir.), *Contre le gouvernement des juges ?*, *op. cit.*, p. 29.

étonnant de constater que celui-ci a « peu écrit sur le Conseil constitutionnel et son analyse du contrôle de constitutionnalité comme contrôle purement formel – dans la continuité de l'analyse de Hans Kelsen – l'amenait à se méfier d'un contrôle trop substantiel venant limiter la compétence du législateur au nom de la défense des droits fondamentaux. A cet égard, Eisenmann demeure tout à la fois un positiviste conséquent et un homme de son temps, méfiant envers le pouvoir que le juge pourrait acquérir »[1]. C'est qu'à « l'usure du temps, le contrôle de constitutionnalité montre inlassablement le brouillard qui plane inéluctablement sur les normes référentielles, au point de les rendre instables et complexes »[2]. Il faut néanmoins admettre que « le pouvoir de création interprétatif du Conseil constitutionnel à partir d'un "préambule-croupion" semble avoir été largement accepté par la communauté des juristes car il est vrai qu'en termes de résultats, ce pouvoir a permis à la France de se doter de nombreux droits fondamentaux dont le niveau de protection est jugé très satisfaisant »[3]. Pour autant, « en préférant s'en tenir à un certain laissez-faire, le Conseil s'apparente davantage à une instance de justification et de légitimation des choix législatifs plutôt qu'à un contre-pouvoir dont l'action est prioritairement guidée par une conception exigeante du niveau de garantie des droits et libertés »[4].

On peut savoir gré au Conseil constitutionnel d'avoir bâti une jurisprudence permettant l'exercice de son contrôle et son adaptation aux différentes majorités parlementaires à partir de textes épars qui n'avaient pas été conçus pour ce faire. Néanmoins, en constatant que « la notion de constitution s'est dissoute dans les dispositions normatives qui constituent le fondement du contrôle de la loi »[5] on ne peut que regretter l'impression constante de flou sur ce qu'il faut désormais entendre par le mot « Constitution ».

---

[1] B. Fargeaud, « La doctrine et le Conseil constitutionnel. Des panégyriques à la critique », in S. Bezina, J. Jeanneney (dir.), *La doctrine et le Conseil constitutionnel*, *op. cit.*, p.142.

[2] A. Kpodar, « Quand l'interprétation constitutionnelle menace la lisibilité du bloc référentiel. Contribution doctrinale sur la fausse vraie idée du contrôle de constitutionnalité », *Constitutions*, 2015 p.7.

[3] L. Eck, « Faut-il constitutionnaliser la décision du Conseil constitutionnel du 16 juillet 1971 ? », *RFDC*, 2022, n° 130, p. 383.

[4] V. Champeil-Desplats, *Théorie générales des droits et libertés. Perspectives analytiques, op. cit.*, p. 341.

[5] D. Mongoin, « Brèves de lecture théorique de la décision de 1971 », *article précité*, p. 329

TABLE DES ABREVIATIONS

AIJC	Annuaire international de justice constitutionnelle
AJDA	Actualité juridique – Droit administratif
APD	Archives de philosophie du droit
Cass.	Cour de cassation
CE	Conseil d'État
CEDH	Cour européenne des droits de l'homme
CIJ	Cour internationale de justice
CJUE	Cour de justice de l'Union européenne
CC	Conseil constitutionnel
CCC	Les cahiers du Conseil constitutionnel
CEDH	Cour européenne des droits de l'homme
CURAPP	Centre universitaire de recherche sur l'action publique et la politique
EDCE	Études et documents du Conseil d'État
JCP	Juris-classeur périodique – La Semaine juridique
LGDJ	Librairie générale de droit et de jurisprudence
LPA	Les petites affiches
PUAM	Presses universitaires d'Aix-Marseille
PUF	Presses universitaires de France
PUG	Presses universitaires de Grenoble
QPC	Question prioritaire de constitutionnalité
RDP	Revue du droit public et de la science politique
Rec.	Recueil Lebon
RA	Revue administrative
RAE	Revue des affaires européennes
RFDA	Revue française de droit administratif
RFDC	Revue française de droit constitutionnel
RFSP	Revue française de science politique
RCDIP	Revue critique de droit international privé
RGDIP	Revue générale de droit international public
RIDC	Revue internationale de droit comparé
RJE	Revue juridique de l'environnement
RRJ	Revue de la recherche juridique – Droit prospectif
RSC	Revue de science criminelle
RTDcivil	Revue trimestrielle de droit civil
RTDE	Revue trimestrielle de droit européen
RUDH	Revue universelle des droits de l'homme

BIBLIOGRAPHIE

Ouvrages principaux

(Collectif), *Documents pour servir à l'histoire de l'élaboration de la Constitution du 4 octobre 1958*, Paris, La Documentation Française, Vol. I, 1987 ; Vol. II, 1988 ; Vol. III, 1991 ; Vol. IV, 2001.

(Collectif), *La Déclaration des droits de l'homme et du citoyen et la jurisprudence*, *Colloque des 25 et 26 mai 1989 au Conseil constitutionnel*, Paris, PUF, 1990.

(Collectif), *La pensée du doyen Maurice Hauriou et son influence*, Journées Hauriou, Paris, Pedone, 1969.

(Collectif), *La Cour de cassation et la constitution de la République*, Paris, La Documentation française, 1995.

(Collectif), *Les Cahiers du Conseil constitutionnel*, n° 15, « La constitution et l'environnement », 2003

(Collectif), *La jurisprudence du Conseil Constitutionnel et les différentes branches du droit, Jus politicum*, Volume X, Paris, Dalloz, 2019.

(Collectif), *Constitutionnalisme global, Jus Politicum* Volume IX, Paris, Dalloz, 2018.

(Collectif), *Pouvoirs*, n° 187, 2023, *La Constitution.*

(Collectif), *Le droit constitutionnel du Conseil d'État*, *Jus Politicum*, n° 32, Juillet 2024, en ligne.

CURAPP, *Le Préambule de la Constitution de 1946 : antinomies juridiques et contradictions politiques*, Paris, PUF, 1996.

Y. Aguila, *Le Conseil constitutionnel et la philosophie du droit*, Paris, LGDJ, 1993.

D. Alland, S. Rials (dir.), *Dictionnaire de la culture juridique*, Paris, PUF, 2003.

P. Amselek, (dir.), *Interprétation et droit*, Bruxelles, Bruylant, 1995.

J. Andriantsimbazovina, *et al.*, (dir.), *Dictionnaire des Droits de l'Homme*, Paris, PUF, 2008.

A.-J. Arnaud (dir.), *Dictionnaire encyclopédique de théorie et de sociologie du droit*, Paris, LGDJ, 2e éd., 1993.

P. Avril, *Les conventions de la Constitution*, Paris, PUF, 1997.

P. Avril, M. Verpeaux, *Les règles et principes non écrits en droit public*, Paris, Panthéon-Assas, 2000.

V. Bacquet-Brehant, *L'article 62 alinéa 2 de la Constitution du 4 octobre 1958. Contribution à l'étude de l'autorité des décisions du Conseil constitutionnel*, Paris, LDGJ, 2005.

G. Balakrishnan, *L'ennemi. Un portrait intellectuel de Carl Schmitt*, Editions Amsterdam, 2005.

J.-C. Balat, *La nature juridique du contrôle de constitutionnalité des lois dans le cadre de l'article 61 de la Constitution de 1958*, Paris, PUF, 1984.

A. Barak, *Purposive Interpretation in Law*, Princeton University Press, 2005.

A. Barak, *The Judge in a democraty*, USA, Princeton University Press, 2006.

D. Baranger, *La Constitution. Sources. Interprétations. Raisonnements*, Paris, Dalloz, 2022.

J. Barthélemy, *Précis de droit constitutionnel*, Paris, Dalloz, 1932.

J. Barthelemy, P. Duez, *Traité de droit constitutionnel*, Paris, LGDJ, 2004.

P. Bastid, *L'idée de constitution*, Paris, Economica, 1985.

F. Batailler, *Le Conseil d'Etat, juge constitutionnel*, Paris, LGDJ, 1966.

S. Baume, *Kelsen. Plaider la démocratie*, Paris, Editions Michalon, 2007.

S. Baume, *Carl Schmitt, penseur de l'Etat : Genèse d'une doctrine*, Paris, Les Presses de Sciences Po, 2008.

R. Baumert, *La découverte du juge constitutionnel, entre science et politique. Les controverses doctrinales sur le contrôle de la constitutionnalité des lois dans les Républiques française et allemande de l'entre-deux-guerres*, Paris, LGDJ, 2009.

O. Beaud, *Les derniers jours de Weimar. Carl Schmitt face à l'avènement du nazisme*, Paris, Descartes & Cie, 1997.

O. Beaud, P. Pasquino, *La controverse sur le gardien de la Constitution et la justice constitutionnelle, Kelsen contre Schmitt*, Paris, Panthéon-Assas, 2007.

D. (de) Bechillon, *Hiérarchie des normes et hiérarchie des fonctions normatives de l'Etat*, Paris, Economica, 1996.

D. (de) Bechillon (de), *Qu'est-ce qu'une règle de droit ?*, Paris, Odile Jacob, 1997.

S. Belaïd, *Essai sur le pouvoir créateur et normatif des juges*, Paris, LGDJ, 1974.

S. Bezina (dir.), *Le Conseil constitutionnel est-il le gardien des libertés ?*, Poitiers, Presses universitaires juridiques de Poitiers, 2021

S. Bezina, J. Jeanneney (dir.), *La doctrine et le Conseil constitutionnel*, Paris, Dalloz, 2024.

J.-C. Billier, A. Maryioli, *Histoire de la philosophie du droit*, Paris, Armand Colin, 2001.

P. Blachèr, *Le contrôle de constitutionnalité et la volonté générale*, Paris, PUF, 2001.

J.-M. Blanquer, *Les méthodes du juge constitutionnel*, Paris, LGDJ, 1999.

A. Blondel, *Le contrôle juridictionnel de la constitutionnalité des lois*, Aix-en-Provence, Roubaud, 1927.

N. Bobbio, *Essais de théorie du droit*, Paris, LGDJ, 1998.

E.-W. Böckenförde, *Le droit, l'Etat et la constitution démocratique*, Paris, LGDJ, 2000.

P. Bon, D. Maus (dir.), *Les grandes décisions des cours constitutionnelles européennes*, Paris, Dalloz, 2008.

J. Bonnet, *Le juge ordinaire français et le contrôle de la constitutionnalité des lois*, Paris, Dalloz, 2009.

B. Bonnet (dir.), *Traité des rapports entre ordres juridiques*, Paris, LGDJ, 2016.

M. Bouaziz, *Définir la constitution. L'article 16 de la Déclaration de 1789 et le constitutionnalisme*, Paris, Classiques Garnier, 2024.

D. Boutet, *Réflexions sur l'apparition de l'Etat de droit en France et sa protection par le Conseil constitutionnel*, Thèse, Tours, 1987.

C. Boutin, B. Daugeron, F. Rouvillois (dir.), *Contre le gouvernement des juges ?*, Paris, Les éditions du Cerf, 2022.

C. Brami, *La hiérarchie des normes en droit constitutionnel français. Essai d'analyse systémique*, Thèse, Cergy-Pontoise, 2008.

S. Breyer, *Pour une démocratie active*, Paris, Odile Jacob, 2007.

S. Breyer, *La Cour suprême, l'Amérique et son histoire*, Paris, Odile Jacob, 2011.

S. Breyer, *Interpréter la constitution américaine : La lettre ou l'esprit,* Paris, Odile Jacob, 2024.

E. Bruce, *L'article 55 de la Constitution dans la jurisprudence du Conseil constitutionnel*, Thèse, Aix-en-Provence, 2004.

P. Brunet, *Vouloir pour la nation. Le concept de représentation dans la théorie de l'Etat*, Paris, LGDJ, 2004

P. Brunet, F. Hamon, M. Troper, *Droit constitutionnel*, Paris, LGDJ, 45e ed., 2024.

K. Buteri, *L'application de la constitution par le juge administratif*, Thèse, Aix-en-Provence, 2000.

S. (de) Cacqueray, *Le Conseil constitutionnel et les règlements des assemblées*, Paris, PUAM, Economica, 2001.

O. Camy, *Droit constitutionnel critique*, Paris, L'Harmattan, 2007.

J. Carbonnier, *Droit et passion du droit sous la Ve République*, Paris, Flammarion, 2006.

R. Carré de Malberg, *Confrontation de la théorie de la formation du droit par degrés avec les idées et les institutions consacrées par le droit positif français relativement à sa formation*, Paris, Sirey, 1933.

R. Carré de Malberg, *La loi, expression de la volonté générale*, Paris, Economica, 1984.

R. Carré de Malberg, *Contribution à la théorie générale de l'Etat*, Paris, Dalloz, 2003.

G. Carcassonne, M. Guillaume, *La Constitution introduite et commentée*, Paris, Seuil, 14e éd., 2017.

O. Cayla, *La notion de signification en droit. Contribution à une théorie du droit naturel de la communication*, Thèse, Paris II, 1992.

O. Cayla et J.-L.Halperin, (dir.), *Dictionnaire des grandes œuvres juridiques*, Paris, Dalloz, 2008.

O. Cayla, J.-L. Halpérin (dir.), *Néo ou rétro constitutionnalisme ? Mise en perspective de la démocratie constitutionnelle contemporaine*, Paris, Mare et Martin, 2018.

V. Champeil-Desplats, *Les principes fondamentaux reconnus par les lois de la République : principes constitutionnels et justification dans les discours juridiques*, Paris, Economica, 2001.

V. Champeil-Desplats, *Méthodologie du droit et des sciences du droit*, Paris, Dalloz, 2014.

V. Champeil-Desplats, *Théorie générales des droits et libertés. Perspectives analytiques*, Paris, Dalloz, 2019.

V. Champeil-Desplats, J.-M. Denquin, *Démocratie et constitutionnalisme. Retours critiques*, Paris, Mare et Martin, 2018.

R. Chapus, *Droit administratif général*, 15e éd., Paris, Montchrestien, 2001.

J. Chevallier, *L'Etat de droit*, Paris, Montchrestien, 4e éd., 2003.

M. Clapier, *Les principes particulièrement nécessaires à notre temps, Etude de droit public*, Thèse, Montpellier, 1992.

G. Conac, (dir .) *La Déclaration des droits de l'homme et du citoyen de 1789*, Paris, Economica, 1993.

B. Cubertafond, *Le nouveau droit constitutionnel*, Paris, L'Harmattan, 2008.

M. Delmas-Marty, *Le pluralisme ordonné*, Paris, Seuil, 2006.

T. Del Moro, *Contribution à l'étude des modalités d'interprétations concurrentes de la Constitution du 4 octobre 1958*, Thèse, Toulouse, 2002.

C. Denizeau, *Existe-t-il un bloc de constitutionnalité ?*, Paris, LGDJ, 1997.

A. Derrien, *Les juges français de la constitutionnalité. Etude sur la construction d'un système contentieux. Conseil constitutionnel, Conseil d'Etat, Cour de cassation : trois juges pour une norme*, Bruxelles, Bakkoulas et Bruylant, 2003.

O. Desaulnay, *L'application de la Constitution par la Cour de cassation*, Paris, Dalloz, 2009.

T. Di Manno, *Le Conseil constitutionnel et les moyens et conclusions soulevés d'office*, Paris, Economica, 1994.

T. Di Manno, *Le juge constitutionnel et la technique des décisions interprétatives en France et en Italie*, Paris, Economica, 1997.

A. Le Divellec (dir.), *La notion de constitution dans la doctrine constitutionnelle de la Troisième République*, Paris, Panthéon-Assas, 2020.

D. Dokhan, *Les limites du contrôle de la constitutionnalité des actes législatifs*, Paris, LGDJ, 2001.

O. Dord, *Cours constitutionnelles nationales et normes européennes*, Thèse, Paris X Nanterre, 1996.

L. Duguit, *Les transformations du droit public*, Paris, Colin, 1913

L. Duguit, *L'Etat, le droit objectif et la loi positive*, Paris, Albert Fontemoing, 1901.

G. Drago, *Contentieux constitutionnel français*, Paris, PUF, 2e éd., 2006.

C. Eisenmann, *La justice constitutionnelle et la Haute Cour constitutionnelle d'Autriche*, Paris, LGDJ, 1928.

D. Fallon (dir.), *Les normes de référence du contrôle de constitutionnalité*, Paris, LGDJ, 2017

L. Fontaine, *La constitution maltraitée : Essai sur l'injustice constitutionnelle*, Paris, Broché, 2023.

P.-L. Frier, J. Petit, *Précis de droit administratif*, Paris, Montchrestien, 5e éd., 2008.

J.-M. Denquin, *Penser le droit constitutionnel*, Paris, Dalloz, 2019.

G. Drago, *L'exécution des décisions du Conseil constitutionnel. L'effectivité du contrôle de constitutionnalité des lois*, Paris, Economica, 1991.

G. Drago, *Contentieux constitutionnel français*, Paris, PUF, 5e éd., 2020.

G. Drago, (dir.), *L'application de la Constitution par les cours suprêmes : Conseil constitutionnel, Conseil d'Etat, Cour de cassation*, Paris, Broché, 2007.

G. Drago, B. François, N. Molfessis, (dir.), *La légitimité de la jurisprudence du Conseil constitutionnel,* Paris, Economica, 1999.

E. Dubout, S. Touzé, (dir.), *Les droits fondamentaux : charnière entre ordre et systèmes juridiques*, Paris, Pedone, 2009.

L. Duguit, *L'État, le droit objectif et la loi positive*, Paris, Fontemoing, 1901, T. I.

L. Duguit, *Manuel de droit public*, Paris, Fontemoing, t. 1, 1ère éd., 1907.

L. Duguit, *Les transformations du droit public*, Paris, Armand Colin, 1913.

L. Duguit, *Traité de droit constitutionnel,* Paris, de Boccard, t. 3, 3e éd., 1930.

P.-M. Dupuy, (dir.), *Droit international et droit interne dans la jurisprudence comparée du Conseil constitutionnel et du Conseil d'Etat*, Paris, LGDJ, 2001.

R. Dworkin, *L'empire du droit*, Paris, PUF, 1994.

R. Dworkin, *Prendre les droits au sérieux*, Paris, PUF, 1995.

R. Dworkin, *Une question de principes*, Paris, PUF, 1996.

J. Jeanneney, *Les lacunes constitutionnelles*, Paris, Dalloz, 2016.

J. Egret, *Louis XV et l'opposition parlementaire*, Paris, Armand Collin, 1970.

C. Eisenmann, *La justice constitutionnelle et la Haute Cour constitutionnelle d'Autriche*, Paris, Economica, PUAM, 1986 (rééd),

C. Eisenmann, *Ecrits de théorie du droit, de droit constitutionnel et d'idées politiques*, Paris, LGDJ, 2002.

A. Esmein, *Éléments de droit constitutionnel français et comparé*, Paris, Éditions Panthéon-Assas, 2001.

L. Favoreu, (dir.), *Cours constitutionnelles européennes et droits fondamentaux*, Paris, Economica, 1982.

L. Favoreu, *La politique saisie par le droit : alternance, cohabitation et Conseil constitutionnel*, Paris, Economica, 1988.

L. Favoreu, T. Renoux, *Le contentieux constitutionnel des actes administratifs*, Paris, Sirey, 1992.

L. Favoreu, *Les cours constitutionnelles*, Paris, PUF, 3e éd., 1993.

L. Favoreu, *et al.*, *Droit constitutionnel*, 8e éd., Paris, Dalloz, 2005.

L. Favoreu, *et al.*, *Droit des libertés fondamentales*, 3e éd., Paris, Dalloz, 2005.

L. Favoreu, L. Philip, *Les grandes décisions du Conseil constitutionnel*, Paris, Dalloz, 13e éd, 2005

J. Flammermont, *Remontrances du parlement de Paris au XVIIIe siècle*, Paris, Imprimerie nationale, 1888-1898

Y. Gaudemet (dir.), *Le Préambule de la Constitution de 1946*, Paris, LGDJ, 2008

B. Genevois, *La jurisprudence du Conseil Constitutionnel. Principes directeurs*, Paris, STH, 1988.

J. Gerkrath, *L'émergence d'un droit constitutionnel pour l'Europe*, Bruxelles, Éditions de l'Université de Bruxelles, 1997.

J. Gicquel, J.-E. Gicquel, *Droit constitutionnel et institutions politiques*, Paris, Montchrestien, 21e éd., 2007.

R. Girardet, *Mythes et mythologies politiques*, Paris, Seuil, 1990.

C. Grewe, *et al.*, *La notion de « justice constitutionnelle »*, Paris, Dalloz, 2005.

R. Guastini, *Leçons de théorie constitutionnelle*, Paris, Dalloz, 2010.

B. Jeanneau, *Les principes généraux du droit dans la Jurisprudence administrative*, Paris, Editions du Recueil Sirey, 1954.

P. Joxe, *Cas de conscience*, Genève, Labor et fides, 2010.

P. Häberle, *L'Etat constitutionnel*, Paris, Economica, 2004.

J. Habermas, *Droit et démocratie. Entre faits et normes*, Paris, Editions Gallimard, 1997.

L. Hamon, *Les juges de la loi. Naissance et rôle d'un contre pouvoir : le Conseil constitutionnel*, Paris, Fayard, 1987.

L. Hamon, *Notes et chroniques sur le Conseil constitutionnel (1959-1969)*, Paris, Dalloz, 2021.

S. Hanley, *Les lits de justice des rois de France*, Paris, Aubier, 1991.

H.L.A. Hart, *Le Concept de droit*, Belgique, Facultés universitaires Saint Louis - Bruxelles, 2005.

M. Hauriou, *Principes de droit public*, Paris, Larose, 2e éd., 1916.

M. Hauriou, *Précis de droit constitutionnel*, Paris, Sirey, 2e éd., 1929.

M. Hauriou, *Aux sources du droit. Le pouvoir, l'ordre et la liberté*, Caen, Centre de philosophie politique et juridique, 1986.

M. Heitzmann-Patin, *Les normes de concrétisation dans la jurisprudence du Conseil constitutionnel*, Paris, LGDJ, 2020.

C.-M. Herrera (dir.), *Le Droit, le politique autour de Max Weber, Hans Kelsen, Carl Schmitt, Paris, L'Harmattan, 1995.*

C.-M. Herrera, *Théorie juridique et politique chez Hans Kelsen*, Paris, Kimé, 1997.

C.-M. Herrera (dir.), *Actualité de Kelsen en France*, Paris, LGDJ, 2001.

B. Jeanneau, *Les principes généraux du droit dans la jurisprudence administrative*, Paris, LGDJ, 1954.

P. Josse, *Le rôle de la notion de travaux préparatoires dans la jurisprudence du Conseil constitutionnel*, Paris, Edictions Panthéon-Assas, 1998.

H. Kelsen, *Théorie générale des normes*, Paris, PUF, 1996.

H. Kelsen, *Théorie générale du droit et de l'État*, Paris, LGDJ, 1997.

H. Kelsen, *Théorie pure du droit*, Paris, LGDJ, 1999.

H. Kelsen, *La démocratie : sa nature, sa valeur*, Paris, Dalloz, 2004.

H. Kelsen, *Qui doit être le gardien de la Constitution ?*, Paris, Michel Houdiard Editeur, 2007.

E. Lambert, *Le gouvernement des juges et la lutte contre la législation sociale aux Etats-Unis*, Paris, Dalloz, 2005.

J. Leblanc, *Du pouvoir des tribunaux d'apprécier en France la constitutionnalité des lois*, Paris, PUF, 1924.

A. J. Lemaître (dir.), *Le monde parlementaire au XVIIIe siècle. L'invention d'un discours politique*, Presses universitaires de Rennes, 2010.

J. Lemasurier, *Le contrôle de constitutionnalité des lois et la Constitution de 1946*, thèse de doctorat, Droit, Paris, 1953.

S. Leroyer, *L 'apport du Conseil d'État au droit constitutionnel de la Ve République*, Paris, Dalloz, 2011

D. Lochak, *Le rôle politique du juge administratif*, Paris, LGDJ, 1972.

F. Luchaire, *Le Conseil constitutionnel*, Paris, Economica, 1980.

F. Luchaire, *La protection constitutionnelle des droits et libertés*, Paris, Economica, 1987.

F. Luchaire, G. Conac (dir), *Commentaire de la Constitution française de 1958*, Paris, Economica, 2e éd., 1983

X. Magnon, *Contrôle de constitutionnalité et droit communautaire devant les juges constitutionnels français et italien*, Thèse, Aix-Marseille III, 2002.

X. Magnon, S. Mouton (dir.), *Quelles doctrines pour quel(s) droit(s) constitutionnel(s)*, Paris, Mare et Martin, 2022.

J. (de) Maistre, *Essai sur le principe générateur des constitutions politiques*, à la suite de *Considérations sur la France*, Paris, Editions Complexe, 2006.

O. Martin, F. Olivier-Martin, *Les lois du roi*, Paris, Loysel, 1988.

W Mastor, J. Benetti, P. Egéa, X. Magnon (dir.), *Les grands discours de la culture juridique*, Paris, Dalloz, 1er ed, 2017.

B. Mathieu, M. Verpeaux, *La constitutionnalisation des branches du droit*, Paris, Economica, 1999.

B. Mathieu, *et al.*, *Les grandes délibérations du Conseil constitutionnel*, Paris, Dalloz, 2009.

M.-L. Mathieu, *Les représentations dans la pensée des juristes*, Paris, IRJS Editions, 2014.

E. Maulin, *La théorie de l'Etat de Carré de Malberg*, Paris, PUF, 2003.

D. Maus, L. Favoreu, J.-L. Parodi (dir.), *L'écriture de la Constitution de 1958*, Paris, Economica, 1992.

T. Meindl, *La notion de droit fondamental dans les jurisprudences et doctrines constitutionnelles françaises et allemandes*, Paris, LGDJ, 2003.

F. Melin-Soucramanien, *Le principe d'égalité dans la jurisprudence du Conseil constitutionnel*, Paris, Economica, 1997.

F. Melin-Soucramanien, (dir.), *L'interprétation constitutionnelle*, Paris, Dalloz, 2005.

G. Merland, *L'intérêt général dans la jurisprudence du conseil constitutionnel*, Paris, LGDJ, 2004

J. Meunier, *Le pouvoir du Conseil constitutionnel : Essai d'analyse stratégique*, Paris, LGDJ, 1994.

F. Michaut, *La recherche d'un nouveau paradigme de la décision judiciaire*, Paris, L'Harmattan, 2000

N. Molfessis, *Le Conseil constitutionnel et le droit privé*, Thèse, Paris II Panthéon-Assas, 1994.

P. (de) Montalivet, *Les objectifs de valeur constitutionnelle*, Paris, Dalloz, 2006.

A. Montebourg, *La machine à trahir*, Paris, Broché, 2000

S. Mouton, *La constitutionnalisation du droit en France. Rationalisation du pouvoir et production normative*, Thèse, Toulouse, 1998.

S. Mouton, X. Magnon (dir.), *Le juge dans le constitutionnalisme moderne*, Bayonne, Institut Francophone pour la Justice et la démocratie, 2023.

Y.-V. Müller, *Carl Schmitt : un esprit dangereux*, Paris, Armand Collin, 2007.

T. Olson (T.), P. Cassia, *Le droit international, le droit européen et la hiérarchie des normes*, Paris, PUF, 2006.

F. Ost, M. Van de Kerchove, *Jalons pour une théorie critique du droit*, Bruxelles, Publications des Facultés universitaires Saint-Louis, 1987.

F. Ost, M. Van de Kerchove, *Le système juridique entre ordre et désordre*, Paris, PUF, 1988.

F. Ost, M. Van de Kerchove, *De la pyramide au réseau ? Pour une théorie dialectique du droit*, Bruxelles, Publications des Facultés universitaires Saint-Louis, 2002.

A. Papatolias, *Conception mécaniste et conception normative de la constitution*, Bruxelles, Bruylant, 2000.

P. Pasquino, O. Beaud, *La controverse sur le gardien de la Constitution et la justice constitutionnelle, Kelsen contre Schmitt*, Paris, Panthéon-Assas, 2007.

C. Perelman, *Justice et raison*, Bruxelles, Presses universitaires de Bruxelles, 1963.

C. Perelman, *Logique juridique. Nouvelle rhétorique*, Paris, Dalloz, 2e éd., 1999.

E. Picavet, *Kelsen et Hart. La norme et la conduite*, Paris, PUF, 2000.

S. Platon, *La coexistence des droits fondamentaux constitutionnels et européens dans l'ordre juridique français*, Paris, LGDJ, 2008.

M.-C. Ponthoreau, *La reconnaissance des droits non-écrits par les cours constitutionnelles italienne et française. Essai sur le pouvoir créateur du juge constitutionnel*, Paris, Economica, 1994.

M.-C. Ponthoreau, *Droits(s) constitutionnel(s) comparé(s)*, Paris, Economica, 2010.

L. Potvin-Solis, *L'effet des jurisprudences européennes sur la jurisprudence du Conseil d'État français*, Paris, LGDJ, 1999.

B. Poullain, *La pratique française de la justice constitutionnelle*, Paris, Economica, 1990.

S. Pugeault, *Le Conseil constitutionnel et les principes-normes du contrôle de constitutionnalité des lois ordinaires*, Thèse, Reims, 1984.

P. Raynaud, S. Rials, (dir.), *Dictionnaire de philosophie politique*, Paris, PUF, 2003.

T. Renoux, M. (de) Villiers, *Code constitutionnel*, Paris, Litec, 2005.

S. Rials, *Le juge administratif français et la technique du standard (Essai sur le traitement juridictionnel de l'idée de normalité)*, Paris, LGDJ, 1980.

S. Rials, *La Déclaration des droits de l'homme et du citoyen*, Paris, Hachette, 1989.

S. Rials, *Textes constitutionnels étrangers*, Paris, PUF, 12e éd., 2006.

G. Ripert, *Les forces créatrices du droit*, Paris, LGDJ, 1955.

J. Rivero, *Le Conseil constitutionnel et les libertés*, Paris, Economica, 1986.

J. Robert, *et al.*, *Le Conseil constitutionnel a quarante ans*, Paris, LGDJ, 1999.

J. Robert, *Le juge constitutionnel, juge des libertés*, Paris, Montchrestien, 1999.

A. Roblot-Troizier, *Contrôle de constitutionnalité et normes visées par la Constitution française. Recherches sur la constitutionnalité par renvoi*, Paris, Dalloz, 2007.

S. Romano, *L'ordre juridique*, Paris, Dalloz, 2e éd., 1975.

J. Rossetto, *Recherche sur la notion de Constitution et l'évolution des régimes constitutionnels*, Thèse, Poitiers, 1982.

A. Ross, *Introduction à l'empirisme juridique*, Paris, LGDJ, 2004

D. Rousseau, F. Sudre (dir.), *Conseil constitutionnel et CEDH*, Paris, STH, 1990.

D. Rousseau, *Sur le Conseil constitutionnel : la doctrine Badinter et la démocratie*, Broché, 1997

D. Rousseau, *La justice constitutionnelle en Europe*, Paris, Montchrestien, 3e éd., 1999.

D. Rousseau, *Droit du contentieux constitutionnel*, Paris, Montchrestien, 8e éd., 2008.

F. Savonitto, *Les discours sur la « violations de la Constitution » sous la Vème République*, Paris, LGDJ, 2013.

C. Schmitt, *La notion de politique*, Paris, Flammarion, 1992.

C. Schmitt, *Théorie de la constitution*, Paris, PUF, 1993.

C. Schmitt, *Les trois types de pensée juridique*, Paris, PUF, 1995.

C. Schmitt, *Le nomos de la terre*, Paris, Paris, PUF, 2001.

C. Schmitt, *Théologie politique*, Paris, Editions Gallimard, 2006.

C. Schmitt, *Le Tribunal du Reich comme gardien de la Constitution*, Paris, Dalloz, 2017.

D. Schnapper, *Une sociologue au Conseil constitutionnel*, Paris, Gallimard, 2010.

C.-E. Senac, *L'office du juge constitutionnel. Etude du contrôle de constitutionnalité par les juridictions françaises*, Paris, LGDJ, 2015.

C. Severino, *La doctrine du droit vivant*, Paris, Economica, 2003.

S. Sydoryk, *La doctrine constitutionnelle. Etude des discours de connaissance du droit constitutionnel contemporain français*, Toulouse, Presses de l'Université Toulouse Capitole, 2023.

D. Simon, *Le système juridique communautaire*, 3e éd., Paris, PUF, 2001.

C. Starck, *La constitution, cadre et mesure du droit*, Paris, Economica, 1994.

B. Stirn, *Les sources constitutionnelles du droit administratif*, Paris, LGDJ, 1989.

A. Stone, *The Birth of Judicials Politics in France : The Constitutional Council in Comparative Perspective*, Oxford University Press, Oxford, 1992.

P. Sueur, *Histoire du droit public français, XVe-XVIIIe siècle. Tome II Affirmation et crise de l'Etat sous l'Ancien Régime*, Paris, PUF, 4e éd., 2009.

G. Teboul, X. Pretot, G. Conac (dir.), *Le Préambule de la constitution de 1946*, Paris, Dalloz, 2001.

C. Thibierge, *et al.*, *La force normative. Naissance d'un concept*, Paris, LGDJ, 2009.

M. Troper, *Pour une théorie juridique de l'Etat*, Paris, PUF, 1994.

M. Troper, *La théorie du droit, le droit, l'Etat*, Paris, PUF, 2001.

M. Troper, *Le droit et la nécessité*, Paris, Puf, 2011.

M. Troper, L. Jaume, (dir.), *1789 et l'invention de la constitution*, Paris, LGDJ, 1994.

M. Troper, D. Chagnollaud (dir.), *Traité international de droit constitutionnel*, Paris, Dalloz, 2012, 3 tomes.

M. Troper, V. Champeil-Desplats, C. Grzegorczyk, *Théorie des contraintes juridiques*, Paris, LGDJ, 2005.

G. Tusseau, *Les normes d'habilitation*, Paris, Dalloz, 2006.

G. Tusseau (dir.), *Les notions juridiques*, Paris, Economica, 2009.

G. Tusseau, *Contentieux constitutionnel comparé. Une introduction critique au droit processuel constitutionnel*, Paris, LDGJ, 2021.

G. Tusseau, *Droit constitutionnel et institutions politiques*, Paris, Seuil, 7e ed., 2024.

A. Vergne, *La notion de Constitution d'après les Cours et assemblées à la fin de l'Ancien Régime (1750-1789)*, Paris, De Boccard, 2007.

A. Viala, *Les réserves d'interprétation dans la jurisprudence du Conseil constitutionnel*, Paris, LGDJ, 1999.

A. Vidal-Nacquet, *Les « garanties légales des exigences constitutionnelles » dans la jurisprudence du Conseil constitutionnel*, Paris, Panthéon-Assas, 2007.

E. Zoller, *Droit constitutionnel*, Paris, PUF, 2e éd., 1999.

ARTICLES PRINCIPAUX

(Collectif), Rapport présenté par la délégation française à la VIIIème Conférence des Cours constitutionnelles européennes (Ankara, 7-10 mai 1990), « Normes de valeur constitutionnelle et degré de protection des droits fondamentaux », *RDFA*, 1990, p. 322.

(Collectif), Rapport présenté par la délégation française à la IXème Conférence des Cours constitutionnelles européennes (Paris, 10-13 mai 1993), « Protection constitutionnelle et protection internationale des droits de l'homme : concurrence ou complémentarité ? », *RFDA*, 1993, p. 869.

Y. Aguila, « Cinq questions sur l'interprétation constitutionnelle », *RFDC*, n° 21, 1995, p. 9.

Y. Aguila, W. Hebert, L. Rollini, « Pour une consécration constitutionnelle du principe de non-régression », *La Semaine Juridique, Edition Générale*, n° 47, 16 novembre 2020, n° 1275.

G. Alberton, « De l'indispensable intégration du bloc de conventionnalité au bloc de constitutionnalité », *RDFA*, 2005, p. 249.

D. Alland, « La loi sur les jeux : le règne des antiphrases », *AJDA*, 2010, p. 113.

P. Amselek, « De quoi l'institution est-elle le nom ? », *RDP*, 2024, p. 173.

J. Andriantsimbazovina, « Le "gouvernement des juges" ? Quel "gouvernement des juges" ?, in *Mélanges en l'honneur du professeur Bertrand Mathieu. Pouvoir et contre-pouvoir*, Paris, LGDJ, 2023, p. 547.

J. Andriantsimbazovina « L'enrichissement mutuel de la protection des droits fondamentaux au niveau européen et au niveau national. Vers un contrôle de fondamentalité ? », *RFDA*, 2002, p. 127.

M. Atienza, « Les limites de l'interprétation constitutionnelle. Retour sur les cas tragiques », in *L'architecture du droit. Mélanges en l'honneur de Michel Troper*, Paris, Economica, 2006, p. 93.

R. Badinter, « Le pouvoir et le contre-pouvoir », *Le Monde*, 23 novembre 1993.

R. Badinter, « Une longue marche "du Conseil constitutionnel à la Cour constitutionnelle" », *CCC*, 2009, n° 25, p. 6.

L. Bakir, « Les mutations récentes de la liberté de manifester en France », *RFDA*, 2020, p. 319.

A. Barak, « Le rôle de la Cour suprême dans une démocratie », *RFDC*, 2006, p. 233.

A. Barak, « Les juges comme gardiens de la Constitution sur l'acte de juger », *Cités*, 2017/1, n° 69, p. 19.

D. Baranger, « La faiblesse des liens forts et la force des liens faibles : comprendre le "bloc de constitutionnalité", *Les droits de l'homme à la croisée des droits, Mélanges en l'honneur de Frederic Sudre*, Paris, LexisNexis, 2018, p. 21.

D. Baranger « Un chantier qui ne prend jamais fin. Le juge, les révisions, et les autres formes de changement constitutionnel dans la France contemporaine », *Jus Politicum*, n° 18, 2017, en ligne.

D. Baranger, « Sur la manière française de rendre la justice constitutionnelle », *Jus Politicum*, n° 7, 2012, en ligne.

P. Basseres, C. Ribeyre, « Conformité des cours criminelles départementales à la Constitution », *La Semaine juridique. Édition générale*, 12 février 2024, n° 6, p. 284.

P. Baumann, « À propos des obligations positives dans la jurisprudence du Conseil constitutionnel », *RFDC*, 2020, p. 883.

O. Beaud, « L'histoire du concept de constitution en France. De la constitution politique à la constitution comme statut juridique de l'Etat », *Jus Politicum*, n° 3, 2009, en ligne.

O. Beaud, « Duguit, l'État et la reconstruction du droit constitutionnel français », in F. Melleray (dir.), *Autour de Léon Duguit*, Bruxelles, Bruylant, 2010, p. 29.

O. Beaud, « Pour une interprétation raisonnable de la disposition votée par le Sénat sur la constitutionnalisation du droit à l'IVG », *Blog Jus Politicum*, 18 février 2023, en ligne.

O. Beaud, « La jurisprudence Arrighi ou le refus obstiné du Conseil d'État de contrôler la constitutionnalité de la loi par voie d'exception », *Jus Politicum*, n° 32, 2024, en ligne.

D. (de) Bechillon, « Comment encadrer le pouvoir normatif du juge constitutionnel ? », *CCC*, n° 24, juillet 2008, en ligne.

D. (de) Béchillon, « Le gouvernement des juges : une question à dissoudre », *Dalloz*, 2002, p. 973

D. (de) Béchillon, « De quelques incidences du contrôle de la conventionnalité internationale des lois par le juge ordinaire (*Malaise dans la Constitution*) », *RFDA*, 1998, p. 226.

C. Benoist, « Les deux parlementarismes : la cour suprême des Etats-Unis », *Revue des Deux Mondes*, 15 Janvier 1902, Vol. 7, n° 2, p. 284.

F.-P. Bénoit, « Notions et concepts, instruments de la connaissance juridique. Les leçons de la Philosophie du droit de Hegel », *Mélanges en l'honneur du professeur Gustave Peiser - Droit public*, Grenoble, PUG, 1995, p. 28.

B. Bertrand, « L'exigence de clarté et de sincérité du débat parlementaire. Étude sur un concept régulateur de la procédure législative sous la Vème République », *RDP*, 2011, p. 431.

J.-M. Blanquer, « Bloc de constitutionalité ou ordre constitutionnel ? », in *Mélanges Jacques Robert. Libertés*, Paris, Montchrestien, 1998, p. 228.

J.-M. Blanquer, « L'ordre constitutionnel d'un régime mixte. Le sens donné à la constitution par le Conseil constitutionnel », *RDP*, 1998, p. 1535.

J.-M. Blanquer, « La distance parcourue : de l'ordre institutionnel à l'ordre constitutionnel », in *Le Conseil constitutionnel a 40 ans*, Paris, LGDJ, 1999, p. 30.

J.-S. Boda, « Le Conseil constitutionnel et l'article 4 de la Charte de l'environnement : sur une occasion manquée », *JCP A*, n° 15, 15 avril 2024, act. 197.

J. Bonnet, A. Roblot-Troizier, « Repenser le "bloc de constitutionnalité" sous l'effet des rapports entre ordres juridiques : pour une redéfinition des sources de la constitutionnalité », in B. Bonnet (dir.), *Les rapports entre ordres juridiques - Bilan, Enjeux, Perspectives*, Paris, LGDJ, 2016, p. 409.

L. Boré, « La catégorie des droits et libertés que la Constitution garantit doit-elle désormais être considérée comme stabilisée ? », *Titre VII*, n° 8, avril 2022.

G. Boudou, « Autopsie de la décision du Conseil constitutionnel du 16 juillet 1971 sur la liberté d'association », *RFDC*, 2014, n° 97, p. 5.

J. Bougrab, « Le contrôle de constitutionnalité des lois dans l'élaboration de la Constitution du 27 octobre 1946 », *RFDC*, 1999, p. 285.

P. Bourdieu, « La force du droit, éléments pour une sociologie du champ juridique », *Actes de la recherche en sciences sociales*, n° 64, 1986, p. 3.

R. Bourdoncle, « L'arrêt du Conseil d'Etat du 12 février 1960, Société Eky, et la limitation du pouvoir constituant », *Sirey*, 1960, p. 66.

G. Braibant, « Le contrôle de la constitutionnalité des lois par le Conseil d'Etat », in *Le nouveau constitutionnalisme. Mélanges en l'honneur de Gérard Conac*, Paris, Economica, 2001, p. 185.

E. Brosset, « Loi relative aux OGM (à propos de la décision du Conseil constitutionnel n° 2008-564 DC du 19 juin 2008). Le législateur, la Charte de l'environnement et le droit communautaire devant le Conseil constitutionnel », *RDP*, 2009, p. 1185.

P. Brunet, « Irrationalisme et anti-formalisme : sur quelques critiques du syllogisme normatif », *Droits,* n° 39, 2004, p. 197.

P. Brunet, « Constitution », Encyclopædia Universalis, 2007.

P. Brunet, « Les principes généraux du droit et la hiérarchie des normes », in *L'architecture du droit. Mélanges en l'honneur du Professeur Michel Troper*, Paris, Economica, 2006, p. 207.

P. Brunet, « A quoi sert la "théorie" des principes généraux du droit ? », in S. Caudal (dir.), *Les principes en droit*, Paris, Economica, 2008 p. 179.

G. Burdeau, « Une survivance : la notion de constitution », in *L'Evolution du droit public. Etudes offertes à Achille Mestre*, Paris, Sirey, 1956, p. 53.

O. Carton, « De l'inutilité d'une constitutionnalisation du droit de l'environnement ? », *LPA,* n° 175, 2005, p. 3.

G. Canivet, « De l'implicite dans la motivation des décisions du Conseil constitutionnel », *L'exigence de justice. Mélanges en l'honneur de Robert Badinter*, Paris, Dalloz, 2016, p. 145.

G. Canivet, « Les limites de la mission du juge constitutionnel », *Cités*, 2017, n° 69, p. 15.

E. Carpentier, « Le juge administratif et la Charte de l'environnement », *RDP*, 2009, p. 450.

A. Capitani, « La Charte de l'environnement, un leurre constitutionnel ? », *RFDC*, 2005, p. 493.

R. Carré de Malberg, « La constitutionnalité des lois et la constitution de 1875 », *Revue politique et parlementaire*, 1927, p. 353.

P. Cassia, « Le véritable sens de la décision n° 2004-496 du Conseil constitutionnel », *AJDA*, 2004, p. 1385.

P. Castéra, « Quelques observations sur les professeurs de droit au Conseil constitutionnel 1960-1989, *Droits*, 2016, n° 63, p. 237.

O. Cayla, « Constitution ou norme constitutionnelle ? », *Titre VII*, n° 8, avril 2022.

O. Cayla, « L'obscure théorie du pouvoir constituant originaire, ou l'illusion d'une identité souveraine inaltérable », *L'architecture du droit. Mélanges en l'honneur du Professeur Michel Troper*, Paris, Economica, 2006, p. 249.

N. Chahid-Nouraï, « La portée de la Charte pour le juge ordinaire, *AJDA*, 2005, p. 1175.

V. Champeil-Desplats, « La notion de droit fondamental et le droit constitutionnel français », *Dalloz*, 1995, p. 323.

V. Champeil-Desplats, « Le Conseil constitutionnel a-t-il une conception des libertés publiques ? », *Jus Politicum*, n° 7, 2012, en ligne.

V. Champeil-Desplats, Que reste-t-il de la doctrine Badinter ? », *Mélanges en l'honneur du professeur Dominique Rousseau*, Paris, LGDJ, 2020 p. 367.

V. Champeil-Desplats, « La Charte de l'environnement prend son envol aux deux ailes du Palais-Royal », *Revue juridique de l'environnement*, 2009, p. 234.

V. Champeil-Desplats, « N'est pas normatif qui peut. L'exigence de normativité dans la jurisprudence du Conseil constitutionnel », *CCC*, n° 21, 2006, p. 93.

V. Champeil-Desplats, « Alf Ross : droit et logique », *Droit et société*, n° 50, 2002, p. 29.

V. Champeil-Desplats, « La Déclaration des droits de l'homme et du citoyen, source de principe implicites : "La révolution permanente" », in S. Caudal (dir.), *Les principes en droit*, Paris, Economica, 2008, p. 161.

J.-P. Chaumont, « La Déclaration des droits, la constitution et la loi : le débat doctrinal sur la valeur juridique de la Déclaration en droit public », *LPA*, n° spécial du 25 aout 1989.

A. Chauvet, « La qualification juridique des "droits et libertés que la Constitution garantit". Etude des arguments pour refuser l'invocabilité de normes en contentieux QPC », *RFDC*, 2017, n° 111, p. 583.

B. Chenot, « La notion de service public dans la jurisprudence du Conseil d'Etat », *EDCE*, 1950, p. 77. J. Chevallier, « Constitution et communication », *Dalloz*, 1991, p. 247.

J. Chevallier, « L'Etat de droit », *RDP*, 1988, p. 314.

J. Chevallier, « Doctrine juridique et science juridique », *Droit et société*, n° 50, 2002, p. 103.

J. Chevallier, « Pour une sociologie du droit constitutionnel », *L'architecture du droit. Mélanges en l'honneur du Professeur Michel Troper*, Paris, Economica, 2006, p. 293.

F. Cocozza, « Les droits fondamentaux en Europe entre justice constitutionnelle transfrontalière de la CEDH et justice constitutionnelle nationale. Les lignes incertaines d'une relation structurée », *RFDC*, 1996, p. 710.

M.-A. Cohendet, « La doctrine de la Charte de l'environnement : nos choix et leurs conséquences », *Revue juridique de l'environnement*, 2016, HS, n° 16, p. 296.

M.-A. Cohendet, N. Huten, « La Charte de l'environnement deux ans après : chronique d'une anesthésie au Palais-Royal », *Revue juridique de l'environnement*, 2007, p. 288.

P. Coleman, « La sauvegarde des intérêts fondamentaux de la Nation en matière économique », Droit administratif, 2023, n° 10, p. 29.

V. Constantinesco, « La constitutionnalisation de l'Union européenne », in J. Rideau (dir.), *De la Communauté de droit à l'Union de droit. Continuités et avatars européens*, Paris, LGDJ, 2000, p. 133.

S. Cotta, « La notion de constitution dans ses rapports avec la réalité sociale », *Annales de philosophie politique*, 1965, p. 147.

A. Coutant, « De la valeur d'un texte introductif : la Constitution française de 1848 et son Préambule », *RFDC*, 2011, p. 681.

E. Dailly, « Droit d'asile. La révision de la Constitution n'apporte qu'une réponse de circonstance », *Le Monde*, 22 octobre 1993.

M. Deffairi, « La portée constitutionnelle des dispositions de la Charte de l'environnement », *Titre VII*, n° 8, avril 2022.

J.-M. Delarue, « Principes fondamentaux reconnus par les lois de la République, principes généraux du droit et conventions d'extradition », *RFDA*, 1996, p. 870.

A. Delcamp, « Le Conseil constitutionnel et le Parlement », *RFDC*, 2004, n° 57, p. 74.

M. Delmas-Marty, « Le pluralisme ordonné et les interactions entre ensembles juridiques », *Dalloz*, 2006, n°14, p. 951.

C. Denizeau « La genèse du bloc de constitutionnalité », *Titre VII*, n° 8, avril 2022.

G. Drago, « Principes directeurs d'une Charte constitutionnelle de l'environnement », *AJDA*, 2004, p. 133.

G. Druesne, « La jurisprudence constitutionnelle des tribunaux judiciaires sous la Ve République », *RDP*, 1974, p. 169.

E. Dubout, « "Les règles ou principes inhérents à l'identité constitutionnelle de la France" : une supra-constitutionnalité ? », *RFDC*, 2010, p. 451.

A. Dyèvre, « Comprendre et analyser l'activité décisionnelle des cours et des tribunaux : l'intérêt de la distinction entre interprétation et concrétisation », *Jus Politicum*, n° 4, 2010, en ligne.

T. Dubut, « Le juge constitutionnel et les concepts. Réflexions à propos des "exigences constitutionnelles" », RDP, 2009, p. 749.

L. Duguit, « Jean-Jacques Rousseau, Kant et Hegel », *RDP*, 1918, p. 175.

R. Dworkin, « Controverse constitutionnelle », *Pouvoirs*, n° 59, 1991, p. 9.

L. Eck, « Faut-il constitutionnaliser la décision du Conseil constitutionnel du 16 juillet 1971 ? », *RFDC*, 2022, n° 130, p. 382.

C. Emeri, « Chronique constitutionnelle et parlementaire française, vie et droit parlementaire », *RDP*, 1970, p. 678.

P. Esplugas-Labatut, « Derrière le respect de la dignité de la personne humaine, le retour du gouvernement des juges ? », *AJDA*, 2022, p. 305.

G. Eveillard, « Abrogation implicite ou inconstitutionnalité de la loi ? Les vicissitudes de l'abrogation implicite de la loi par une disposition constitutionnelle postérieure, entre postérité et supériorité », *RDFA*, 2011, p. 353.

B. Fargeaud, « Les ambiguïtés de l'hostilité au contrôle de constitutionnalité sous la IVe République », *Jus Politicum*, n° 32, 2024, en ligne.

B. Faure, « Les objectifs de valeur constitutionnelle : une nouvelle catégorie juridique ? », *RFDC*, 1995, p. 47.

L. Favoreu, « Le Conseil constitutionnel régulateur de l'activité normative des pouvoirs publics », *RDP*, 1967, p. 99.

L. Favoreu, « Le principe de constitutionnalité, essai de définition d'après la jurisprudence du Conseil constitutionnel », in *Recueil d'études en hommage à Charles Eisenmann*, Paris, Cujas, 1975, p. 33

L. Favoreu, « L'apport du Conseil constitutionnel au droit public », *Pouvoirs*, n° 13, 1980, p. 21.

L. Favoreu, « Actualité et légitimité du contrôle juridictionnel des lois en Europe occidentale », *RDP*, 1984, p. 1178.

L. Favoreu, « Le Conseil constitutionnel et l'alternance », *RFSP*, 1984, p. 1002.

L. Favoreu, « Les normes de références », in *Le Conseil constitutionnel et les partis politiques*, Paris, Economica, 1988, p. 86.

L. Favoreu, « Dualité ou unité d'ordre juridique. Conseil constitutionnel et Conseil d'Etat participent ils de deux ordres différents », in *Conseil constitutionnel et Conseil d'Etat,* Paris, Montchrestien, 1988, p. 158.

L. Favoreu, « L'interprétation de l'article 55 de la Constitution », *RFDA*, 1989, p. 993.

L. Favoreu « Définition du bloc de constitutionnalité », in O. Duhamel, Y. Meny (dir.), *Dictionnaire constitutionnel*, Paris, PUF, 1992, p. 87.

L. Favoreu, « La légitimité du juge constitutionnel », *RIDC*, 1994, p. 557.

L. Favoreu, « La prise en compte du droit international et communautaire dans la jurisprudence du Conseil constitutionnel », in *L' internationalité dans les institutions et le droit : convergences et défis : études offertes à Alain Plantey*, Paris, Pédone, 1995, p. 34.

L. Favoreu, « Les normes de référence applicables au contrôle des délibérations des assemblées territoriales des territoires d'outre-mer : principes généraux du droit ou normes constitutionnelles ? », *RFDA*, 1995, p. 1240.

L. Favoreu, « La constitutionnalisation du droit », in *L'unité du droit. Mélanges en l'honneur de Roland Drago*, Paris, Economica, 1996, p. 28.

L. Favoreu, « Principes généraux du droit et ordonnances non ratifiées », *RFDA*, 1996, p. 111.

L. Favoreu, « Principes généraux du droit et principes fondamentaux reconnus par les lois de la République. Point de vue sur l'affaire Koné », *RFDA*, 1996, p. 882.

L. Favoreu, « Légalité et constitutionnalité », *CCC*, n° 3, 1997, p. 113.

L. Favoreu, « Intervention », in *La Charte de l'environnement : enjeux scientifiques et juridiques*, Actes du colloque de Paris du 13 mars 2003, en ligne.

J. Favre, B. Tardivel, « Recherches sur la catégorie jurisprudentielle de libertés et droits fondamentaux de valeur constitutionnelle », *RDP*, 2000, p. 1412.

P. Ferrari, « Essai sur la notion de coauteur », in *Recueil d'études en l'honneur de Charles Eisenmann*, Paris, Cujas, 1975, p. 215.

S. Ferrari, « De l'art du trompe-l'œil : l'abrogation implicite de la loi par la Constitution au service d'un continuum constitutionnel », *RFDC*, 2010, p. 497.

M. Fioravanti, « Sieyès et le jury constitutionnaire : perspectives historico-juridiques », *Annales historiques de la Révolution française*, 2007, n° 349 p. 87.

B. Fiorini, « Le Conseil constitutionnel refuse de faire de l'intervention du jury criminel un principe constitutionnel », *Blog Jus politicum*, 29 novembre 2023, en ligne.

L. Fonbastier, « Une tentative de refondation du droit : l'apport ambigu de la sociologie à la pensée de Léon Duguit », *RFDA*, 2004, p. 1053.

L. Fontaine, « La violation de la Constitution : autopsie d'un crime qui n'a jamais été commis », *RDP*, 2014, p. 1617.

N. Foulquier, « Maurice Hauriou, constitutionnaliste (1856-1929) », *Jus Politicum*, n° 2, 2009, en ligne.

J. Foyer, « Pour la suppression du Conseil constitutionnel », *RA*, 1998, p. 101.

B. François, « Du juridictionnel au juridique. Travail juridique, construction jurisprudentielle du droit et montée en généralité », in CURAPP, *Droit et politique*, Paris, PUF, 1993 p. 201.

B. François, « La constitution du droit ? La doctrine constitutionnelle à la recherche d'une légitimité juridique et d'un horizon politique », in CURAPP, *La doctrine juridique*, Paris, PUF, 1993, p. 210.

M. Frappier, « Principe, règle, exigence, disposition ou prescription constitutionnels dans la jurisprudence du Conseil constitutionnel : analyse d'un désordre », *RDP*, 2021, p. 1239.

M. Fromont, « La notion de justice constitutionnelle et le droit français », in *Renouveau du droit constitutionnel. Mélanges en l'honneur de Louis Favoreu*, Paris, Dalloz, 2007, p. 149.

B. (de) Lamy « Peine de mort : de l'abolition à l'interdiction », *RSC*, 2008, p. 126.

F. Larnaude « Les garanties judiciaires qui existent, dans certains pays au profit des particuliers contre les actes du pouvoir législatif », *Bulletin de la Société de législation comparée*, n° 3, mars 1902, p. 175.

F. Larnaude, « L'inconstitutionnalité des lois et le droit public français », *Revue politique et parlementaire*, 1926, p. 184.

C. Lavric, « Jeux en ligne : le Conseil constitutionnel répond à la Cour de cassation sur la QPC », *Dalloz*, 2010, p. 1205.

L. Garlicki, « La légitimité du contrôle de constitutionnalité : problèmes anciens contre développements récents », *RFDC*, 2009, p. 227.

B. Genevois, « La jurisprudence du Conseil constitutionnel est-elle imprévisible ? », *Pouvoirs*, n° 59, 1991, p. 129.

L. Gianformaggio, « La conception volontariste du droit du dernier Kelsen », *Droits*, n° 28, 1999, p. 104.

C. Goyard, « Etat de droit et démocratie », in *Mélanges René Chapus. Droits administratif*, Paris, Dalloz, 1992, p. 305.

B. Genevois, « Normes de référence du contrôle de constitutionnalité et respect de la hiérarchie en leur sein », *L'Etat de droit : mélanges en l'honneur de Guy Braibant*, Paris, Dalloz, 1996, p. 324.

F. Geny, « De l'inconstitutionnalité des lois ou des autres actes de l'autorité publique et des sanctions qu'elle comporte dans le droit nouveau de la IVe République », *JCP*, 1947, I, n° 613.

R. Guastini, « Théorie et ontologie du droit chez Dworkin », *Droit et société*, n° 2, 1986, p. 17.

A. Jennequin, « L'intelligibilité de la norme dans les jurisprudences du Conseil constitutionnel et du Conseil d'État », *RFDA*, 2009, p. 913.

G. Jèze, « Valeur juridique des déclarations de droits et des garanties des droits », *RDP*, 1913, p. 685.

G. Jèze, « Le contrôle juridictionnel des lois », *RDP*, 1924, p. 403.

O. Gohin, « L'évolution institutionnelle de la Nouvelle-Calédonie », *AJDA*, 1999, p. 500.

O. Gohin, « La Constitution française contre les droits de l'homme : le précédent de la restriction de suffrage en Nouvelle-Calédonie », in *Mélanges en l'honneur de Pierre Pactet. L'esprit des institutions, l'équilibre des pouvoirs*, Paris, Dalloz, 2003, p. 187.

V. Goesel-Le Bihan, « Réflexion iconoclaste sur le contrôle de proportionnalité exercé par le Conseil constitutionnel » *RFDC*, 1997, p. 227.

V. Goesel-Le Bihan, « Le contrôle exercé par le Conseil constitutionnel : défense et illustration d'une théorie générale », *RFDC*, 2001, p. 67.

K. Grabarczyk, « La notion de constitution à l'épreuve des révisions constitutionnelles », *RRJ*, 2007, p. 1331.

A. Graneo, « Les révisions constitutionnelles non abouties sous la Troisième République », *RFDC*, 2013, p. 835.

M. Gros, « Quel degré de normativité pour les principes environnementaux ? », *RDP*, 2009, p. 425.

L. Hamon, « L'Etat de droit et son essence », *RFDC*, 1990, p. 699.

M. Hauriou, « L'institution et le droit statutaire », *Recueil de l'Académie de Législation de Toulouse*, 1906, p. 134.

M. Heitzmann-Patin, « Les normes de concrétisation des exigences constitutionnelles », *Titre VII*, n° 8, avril 2022.

S. Hennette-Vauchez, « Redécouvrir le préambule de la Constitution, ou l'éthique minimale appliquée à l'expertise constitutionnelle », *RFDA*, 2009, p. 397.

P. Jan, « La question de constitutionnalité : une question de circularité », in *Mélanges en l'honneur du professeur Dominique Rousseau*, Paris, LGDJ, 2020, p. 108.

Pascal Jan, « Le comité constitutionnel, embryon du Conseil constitutionnel ? », in *La Constitution du 27 octobre 1946. Nouveaux regards sur les mythes d'une Constitution "mal-aimée"*, Paris, Mare et marin, 2017, p. 89.

Y. Jégouzo, « Charte de l'environnement : ni l'enfer vert, ni le paradis », *AJDA*, 2004, p. 1105.

G. Jèze, « Notions sur le contrôle des délibérations des assemblées délibérantes », *Revue générale d'administration*, 1896, p. 3.

H. Kelsen, « La garantie juridictionnelle de la Constitution, la justice constitutionnelle », *RDP*, 1928, p. 198.

H. Kelsen, « Le contrôle de constitutionnalité des lois. Une étude comparative des Constitutions autrichienne et américaine », *RFDC*, 1990, p. 20.

A. Kpodar, « Quand l'interprétation constitutionnelle menace la lisibilité du bloc référentiel. Contribution doctrinale sur la fausse vraie idée du contrôle de constitutionnalité », *Constitutions*, 2015 p. 7.

H. Labayle, « Question prioritaire de constitutionnalité et question préjudicielle : ordonner le dialogue des juges ? », *RDFA*, 2010, p. 659.

C. Landais, F. Lenica, « Premières précisions sur la portée juridique de la Charte de l'environnement, *AJDA*, 2006, p. 1584.

R. (de) Lacharriere, « Opinion dissidente », *Pouvoirs*, n° 13, 1980, p. 134

P. Laroque, « Les juges français et le contrôle de la loi », *RDP*, 1926, p. 736.

H. J. Laski, « La conception de l'Etat de Léon Duguit », *APD*, 1932, p. 121.

D.-G. Lavroff, « La crise de la Constitution française », in *En hommage à Francis Delpérée. Itinéraires d'un constitutionnaliste*, Bruxelles, Bruylant, 2007, p. 757.

D.-G. Lavroff, « Le Conseil constitutionnel et la norme constitutionnelle », *Mélanges en l'honneur du professeur Gustave Peiser*, Grenoble, Presses universitaires de Grenoble, 1995, p. 358.

A. Le Divellec, « Un ordre constitutionnel confus. Indicibilité et incertitudes de la Constitution française », in *Les 50 ans de la Constitution*, Paris, Litec, 2008, p. 153.

A. Le Divellec, « La "supériorité" des normes "infra-constitutionnelles". Ou : la concrétisation normative textuelle des constitutions formelles », in *Mélanges en l'honneur de Michel Verpeaux*, Paris, Dalloz, 2020, p. 375.

L. Le Fur, « Compte-rendu de l'ouvrage d'Edouard Lambert », *RDP*, 1922, p. 314.

A. Le Pillouer, « Indétermination du langage et indétermination du droit », *Droit et Philosophie*, Volume 9, Paris, Dalloz, 2018, p. 41.

S. Leader, « Le juge, la politique et la neutralité. A propos des travaux de Ronald Dworkin », *Droit et société*, n° 2, 1986, p. 29.

B. Lecoq-Pujade, 1971, une révolution de palais ? », *RDFC*, 2022, n° 130, p. 283.

A. Levade, « L'objectif de valeur constitutionnelle, vingt ans après : Réflexions sur une catégorie juridique introuvable », in *L'esprit des institutions, l'équilibre des pouvoirs, Mélanges en l'honneur de Pierre Pactet*, Paris, Dalloz, 2003, p. 687.

A. Levade, « Le Conseil constitutionnel aux prises avec le droit communautaire dérivé », *RDP*, 2004, p. 889.

A. Levade, « La constitutionnalité des lois de transposition entre conformité et compatibilité. Esquisse d'un bilan de la jurisprudence "européenne" récente du Conseil constitutionnel », in *Renouveau du droit constitutionnel. Mélanges en l'honneur de Louis Favoreu*, Paris, Dalloz, 2007, p. 1291.

A. Levade, « Contrôle de constitutionnalité et contrôle de conventionnalité ne sont pas jeux de hasard : la réplique du Conseil constitutionnel à la Cour de cassation ! », *Dalloz*, 2010, p. 1321.

A. Levade, « Dialogue contradictoire autour de l'arrêt : le caractère prioritaire de la question de constitutionnalité est-il compatible avec le droit de l'Union ? », *Constitutions*, 2011, n° 4, p. 520.

M. Levinet, « La Convention européenne des droits de l'homme socle de la protection des droits de l'homme dans le droit constitutionnel européen », *RFDC*, 2011, p. 229.

H. Lloyd, « Le constitutionnalisme », in J. Burns (dir.), *Histoire de la pensée politique moderne*, Paris, PUF, 1997.

D. Lochak, « Le Conseil constitutionnel, protecteur des libertés ? », *Pouvoirs*, n° 13, 1980, p. 36.

D. Lochak, « Le contrôle de l'opportunité par le Conseil constitutionnel », in *Conseil constitutionnel et Cour européenne des droits de l'Homme*, Paris, STH, 1990, p. 77.

K. Loewenstein, « Réflexions sur la valeur des constitutions dans une époque révolutionnaire. Esquisse d'une ontologie des Constitutions », *RFSP*, 1952, p. 332.

F. Luchaire, « Le Conseil d'Etat et la constitution », *RA*, 1979, p. 141.

F. Luchaire, « De la méthode en droit constitutionnel », *RDP*, 1981, p. 276.

J.-P. Machelon, « Parlementarisme et Etat de droit. A propos du contrôle de constitutionnalité des lois en France sous le Troisième République (positions et controverses) », *RA,* Novembre-Décembre 1995, n° 288, p. 629.

X. Magnon, « La QPC face au droit de l'Union : la brute, les bons et le truand », *RFDC*, 2010, p. 761.

X. Magnon, « Brève tentative d'éclairage de la question de la présence de normes générales et abstraites dans la motivation des décisions juridictionnelles en France : pour une distinction entre l'établissement de la signification générale de l'énoncé prescriptif applicable au litige et la concrétisation jurisprudentielle de cet énoncé normatif textuel », in *Mélanges en l'honneur du professeur Bertrand Mathieu. Pouvoir et contre-pouvoir*, Paris, LGDJ, 2023, p. 157.

F. Malhière, « Le contrôle de l'équivalence des protections des droits fondamentaux : les juges et les rapports de systèmes », *RDP*, 2013, p. 1053.

B. Manin, « Volonté générale ou délibération ? Esquisse d'une théorie générale de la délibération politique », *Le Débat*, n° 33, janvier 1985, p. 83.

A. Manouguian, « La décision du 16 juillet 1971 aux prises avec la diatribe de René de Lacharrière : une opinion toujours "dissidente" », *RFDC*, 2022, n° 130, p. 361.

V. Marinese, « Les saisines parlementaires », *Revue des droits de l'homme*, 2022, n° 21, en ligne.

G. Marty, « La théorie de l'institution », in G. Mary, A. Brimo (dir.), *La pensée du doyen Maurice Hauriou et son influence*, Paris, Pedone, *1969*, p. 42.

J. Massot, « Le contrôle de la transposition des directives : vide ou trop plein ? », *Dalloz*, 2006, p. 2337.

B. Mathieu, « Pour une reconnaissance des principes matriciels en matière de protection constitutionnelle des droits de l'homme », *Dalloz*, 1995, p. 211.

B. Mathieu, « La France », in N. Lenoir, B. Mathieu, D. Maus, *Constitution et Ethique Biomédicale*, Paris, La documentation française, 1998, p. 37.

B. Mathieu, « Observations sur la portée normative de la Charte de l'environnement », *CCC*, n° 15, 2003, p. 145.

B. Mathieu, « Le Conseil d'État, juge de la constitutionnalité des lois », *Le dialogue des juges. Mélanges en l'honneur du président Bruno Genevois*, Paris, Dalloz, 2009, p. 735.

M.-L Mathieu-Izorche, *Le raisonnement juridique*, Paris, PUF, 2001.

E. Maulin, « Le principe du contrôle de la constitutionnalité des lois dans la pensée de Raymond Carré de Malberg », *RFDC*, 1995, p. 79.

P. Mbongo, « Constitution française et libertés. Dits, non-dits, clairs obscurs et idées reçues », *RA,* n° 330, 2002, p. 594.

F. Melleray, « Gaston Jèze et le contrôle de constitutionnalité des lois », in *Constitutions, peuples et territoires. Mélanges en l'honneur de André Roux*, Paris, Dalloz, 2022, p. 345.

N. Merley, « La non-consécration par le Conseil constitutionnel de principes fondamentaux reconnus par les lois de la République », *RFDA*, 2005, p. 621.

J.-L. Mestre, « Le contrôle de constitutionnalité de la loi par la Cour de cassation sous la IIème République », in *Renouveau du droit constitutionnel, Mélanges en l'honneur de Louis Favoreu*, Paris, Dalloz, 2007, p. 291.

I. Michalis, « La genèse de la théorie des principes généraux du droit. Une politique jurisprudentielle engagée du Conseil d'Etat », *AJDA*, 2023, p. 923.

F. Michaut, « L'inscription de la décision judiciaire dans un système juridique. Réflexion sur l'évolution de la doctrine américaine contemporaine », *RDP*, 1989, p. 1058.

F. Michaut, « La bonne réponse n'est-elle qu'une illusion ? », *Droits*, n° 9, 1989, p. 69.

F. Michaut, « Vers une conception postmoderne du droit. La notion de droit chez Ronald Dworkin », *Droits*, n° 11, 1990, p. 107.

M. Milet, « La controverse de 1925 sur l'exception d'inconstitutionnalité. Genèse d'un débat : l'affaire Ratier », *RFSP*, 1999, 49/6, p. 783.

F.-X. Millet, « Le dialogue des juges à l'épreuve de la QPC », *RDP*, 2010, p. 1729 ; D. Simon, « Conventionnalité et constitutionnalité », *Pouvoirs*, n° 137, 2011, p. 19.

F. Moderne, « Y a-t-il des sources complémentaires de la Constitution dans la jurisprudence constitutionnelle française ? », *LPA*, n° 121, 1992, p. 10.

N. Molfessis, « L'ordre constitutionnel en question », *RTDC*, 1997, p. 787.

D. Mongoin, « Brèves de lecture théorique de la décision de 1971 », *RFDC*, 2022, n° 130, p. 322.

P.-Y. Monjal, « La Constitution, toute la Constitution, rien que le droit communautaire… (Remarques à vif à propos de la décision du 10 juin 2004), *LPA*, n° 161, 2004, p. 16.

P. (de) Montalivet, « La dégradation de la qualité de la norme constitutionnelle sous la Vème République », *RDP*, 2012, p. 925.

J. Montes, « Le retour du "gouvernement des juges". Analyse comparée de la juridicisation de la vie politique dans la France et l'Espagne contemporaines », *RSC*, 2002, p. 293.

G. Morange, « La valeur juridique des principes contenus dans les Déclarations des Droits », *RDP*, 1945, p. 229.

P. Mouzet, « Le rapport de constitutionnalité. Les enseignements de la Ve République », *RDP*, 2007, p. 996.

P. Mouzet, « L'anticonstitutionnalité », *Mélanges en l'honneur du professeur Jean Rosseto*, Paris, LGDJ, 2016, p. 101.

J.-L. Nadal, « La Constitution et le juge judiciaire », in B. Mathieu (dir.), *Cinquantième anniversaire de la Constitution française*, Paris, Dalloz, 2008, p. 65.

Zanon Nicolò, « La polémique entre Hans Kelsen et Carl Schmitt sur la justice constitutionnelle », *Annuaire international de justice constitutionnelle*, 5-1989, 1991, p. 177

H. Oberdorff, « Le Conseil constitutionnel et l'ordre juridique communautaire : coopération et contrôle », *RDP*, 2004, p. 872.

P. Pactet, « A propos de la marge de liberté du Conseil constitutionnel », in *Mélanges Jacques Robert. Libertés*, 1998, Paris, LGDJ, 1998, p. 282.

P. Pactet, « La désacralisation progressive de la Constitution de 1958 », in *Mélanges Pierre Avril. La République*, Paris, Montchrestien, 2001, p. 389.

R. Pelloux, « Quelques réflexions sur le préambule de la Constitution française de 1958 », in *Mélanges Basdevant, Paris, Pédone,* 1960, p. 389.

C. Perelman, « Le juriste et le droit naturel. Essai de définition du droit naturel positif », in *La pensée juridique de Paul Foriers*, Bruxelles, Bruylant, 1963, p. 411.

J.-B. Perrier, « La Cour de cassation et la question prioritaire de constitutionnalité : de la réticence à la diligence », *RFDC*, 2010, p. 793.

J.-B. Perrier, « Restent des pointillés... [In : Chronique de jurisprudence QPC en matière pénale] », *RFDC*, 2019, n° 117, p. 179.

O. Pfersmann, « Carré de Malberg et la hiérarchie des normes », *RFDC*, 1997, p. 488.

O. Pfersmann, « De l'impossibilité du changement de sens de la constitution », in *Mélanges en l'honneur de Pierre Pactet. L'esprit des institutions, l'équilibre des pouvoirs*, Paris, Dalloz, 2003, p. 357.

X. Phillippe, « Le rôle du constitutionnalisme dans la construction des nouveaux Etats de droit », in *Etudes en l'honneur de Loïc Philip. Constitution et finances publiques*, Paris, Economica, 2005, p. 187.

E. Picard, « L'émergence des droits fondamentaux en France », *AJDA*, numéro spécial, 20 juillet 1998, p. 6.

E. Picard, « "Science du droit" ou "doctrine juridique" », *L'unité du droit. Mélanges en l'honneur de Roland Drago*, Paris, Economica, 1996, p. 119.

E. Picard, « Les rapports entre le Droits international public et la Constitution selon la jurisprudence du Conseil d'Etat », *RA*, Numéro spécial, 1999, p. 30.

E. Picard « Vers l'extension du bloc de constitutionnalité au droit européen ? », *RFDA*, 1993, p. 54.

S. Pierré-Caps, « La Constitution comme ordre de valeurs », in *La Constitution et les valeurs. Mélanges Dmitri-Georges Lavroff*, Paris, Dalloz, 2005, p. 283.

S. Pina, « La diffusion des travaux de Hans Kelsen en France », *APD*, 2015, T. 58, p. 373.

S. Pinon, « Léon Duguit face à la doctrine constitutionnelle naissante », *RDP*, 2010, p. 523.

S. Pinon, « L'effectivité de la primauté du droit communautaire sur la Constitution », *RTDE*, 2008, p. 263.

S. Pinon, « Les visages cachés du constitutionnalisme global », *article précité*, p. 927.

E. Pisier, « Léon Duguit et le contrôle de constitutionnalité des lois : paradoxes pour paradoxes… », in *Droit, institution et systèmes politiques. Mélanges en l'honneur de Maurice Duverger*, Paris, PUF, 1988, p. 189.

L. Philip, « La valeur juridique de la Déclaration des droits de l'homme et du citoyen du 26 aout 1789, selon la jurisprudence du Conseil constitutionnel », *Mélanges Kayser*, Presses universitaires d'Aix-Marseille, 1979, tome II, p. 318.

Y. Poirmeur, D. Rosenberg, « La doctrine constitutionnelle et le constitutionnalisme français », in CURAPP, *Les usages sociaux du droit*, Paris, PUF, 1989, p. 230.

B. Quiriny, « Le Conseil constitutionnel dans les travaux du Comité consultatif constitutionnel de 1958 », *RDP*, 2019, n° 117, p. 145.

P. Raynaud, « Des droits de l'homme à l'Etat de Droit », *Droits*, n° 2, 1985, p. 63.

M.-J. Redor, « "C'est la faute à Rousseau…". Les juristes contre les parlementaires sous la IIIe République », *Politix*, n° 32, 1995, p. 89.

V. Réveillère, « "Couvrez ces valeurs que je ne saurais voir". La discussion des valeurs au Conseil constitutionnel (1959-1985) », *RDP*, 2015, p. 465.

S. Rials, « Les incertitudes de la notion de constitution sous la Ve République », *RDP*, 1984, p. 587.

S. Rials, « Entre artificialisme et idolâtrie – sur l'hésitation du constitutionnalisme », *Le Débat*, n° 64, 1991, p. 159.

D. Ritleng, « De l'utilité du principe de primauté du droit de l'Union », *RTDE*, 2009, p. 679.

J. Rivero, « Apologie des "faiseurs de systèmes" », *Dalloz*, 1951, p. 99.

J. Robert, « Le Conseil constitutionnel a-t-il démérité ? », in *Mélanges en l'honneur de Pierre Pactet, L'esprit des institutions, l'équilibre des pouvoirs*, Paris, Dalloz, 2003, p. 869.

P. Rolland, « L'art du préambule. Le précédent de 1848 », *Droits fondamentaux*, n° 1, 2001, p. 229.

D. Rousseau « Vers l'intégration de la Convention européenne des Droits de l'homme au bloc de constitutionnalité », in *Conseil constitutionnel et Cour européenne des droits de l'homme*, Paris, STH, 1990, p. 117.

D. Rousseau, « La notion de patrimoine constitutionnel européen », in *Droit et politique à la croisée des cultures. Mélanges Philippe Ardant*, Paris, LGDJ, 1999, p. 27.

D. Rousseau, « Une résurrection : la notion de constitution », *RDP*, 1990, p. 6.

D. Rousseau, « Les transformations du droit constitutionnel sous la Ve république », *RDP*, 1998, p. 1782.

D. Rousseau, « L'Etat de Droit est-il un Etat de valeurs particulières ? », in *Mélanges en l'honneur de Pierre Pactet, L'esprit des institutions, l'équilibre des pouvoirs*, Paris, Dalloz, 2003, p. 885.

D. Rousseau, D. Lévy, « La Cour de cassation et la question prioritaire de constitutionnalité : pourquoi tant de méfiance ? », *Gazette du Palais*, 27 avril 2010, n° 117, p. 12.

J. Roux, « La question prioritaire de constitutionnalité à la lumière de la décision du Conseil constitutionnel du 3 décembre 2009, *RDP*, 2010, p. 233.

Y. Roznai, « La classification des normes constitutionnelles, », *Titre VII*, n° 8, avril 2022.

W. Sabete, « De l'insuffisante argumentation des décisions du Conseil constitutionnel », *AJDA*, 2011, p. 885.

F. Saint-Bonnet, « Le parlement, juge constitutionnel (XVIe-XVIIIe siècle) », *Droits*, n° 34, 2001, p. 177.

F. Saint-Bonnet, « La double genèse de la justice constitutionnelle en France. La justice politique au prisme des conceptions françaises », *RDP*, 2007, p. 753.

J.-M. Sauvé, « Le Conseil d'État et la Constitution », *RFDC*, 2009, p. 15.

F. Savonitto, « L'atonie du Comité constitutionnel dans l'exercice du contrôle de la constitutionnalité des lois sous la IVe République », *RFDC*, n° 119, 2019, p. e19.

R. Savy, « La constitution des juges », *Dalloz*, 1983, p. 105.

C.-E. Senac, « Le constat juridictionnel de l'abrogation implicite d'une loi par la Constitution », *RDP*, 2008, p. 1081.

D. Simon, « Le feuilleton de la question prioritaire de constitutionnalité : Drôle de drame, Quai des brumes, Le jour se lève? », *Europe*, n° 6, 2010, p. 1.

A. Soulier, « La délibération du Comité constitutionnel du 18 juin 1948 », *RDP*, 1949, p. 195.

B. Stirn, « Le Conseil d'État et la Constitution », in *Le droit administratif : permanences et convergences. Mélanges en l'honneur de Jean-François Lachaume*, Paris, Dalloz, 2007, p. 1001.

F. Sudre, « Constitution et protection internationale des droits de l'homme », in *Constitution et Droit international, Recueil des cours de l'Académie internationale de droit constitutionnel (volume 8)*, Tunis, Centre de Publication Universitaire, 2000, p. 198.

G. Sutter, « Utilité et limites des objectifs de valeur constitutionnelle sur le plan contentieux », *Titre VII*, n° 8, avril 2022.

G. Teboul, « A propos du Préambule de la constitution du 4 octobre 1958 : Quelques remarques », *RDP*, 2002, p. 485.

O. Thozolan, « Aux origines pré-révolutionnaires de la notion de constitution : Henri de Boulainvilliers (1658-1722) », in *Pensée politique et droit*, Aix-en-Provence, PUAM, 1998, p. 161.

E. Tillet, « Les ambiguïtés du concept de constitution au XVIIIe siècle : l'exemple de Montesquieu », in *Pensée politique et droit, Presses universitaires d'Aix-Marseille*, 1998, p. 361.

J. Tremeau, « La caducité des lois incompatibles avec la Constitution », *AIJC*, 1992, n° 6, p. 219.

M. Troper, « Les dangers d'un nouveau pouvoir », *Le Monde*, 02 août 1971.

M. Troper, « La Constitution et ses représentations sous la Vème République », *Pouvoirs*, 1978, n° 4, p. 22.

M. Troper, « Sieyès et le jury constitutionnaire, in *Mélanges en l'honneur de Pierre Avril : la République*, Paris, Montchrestien, 2001, p. 265.

M. Troper, « La logique de la justification du contrôle de constitutionnalité des lois », in *Mélanges en l'honneur de Pierre Pactet. L'esprit des institutions, l'équilibre des pouvoirs*, Dalloz, 2003, p. 911.

M. Troper, « L'interprétation constitutionnelle », in F. Melin-Soucramanien (dir.), *L'interprétation constitutionnelle*, Paris, Dalloz, 2005, p. 19.

M. Troper, « Sur le dogme de la complétude et la théorie de la norme générale exclusive », *Droits*, n° 47, 2008, p. 249.

D. Turpin, « Le traitement des antinomies des droits de l'homme par le Conseil constitutionnel », *Droits*, 1985, n° 2, p. 85.

M. Unau, « La Constitution dans la théorie juridique de Hans Kelsen », *RDP*, 2024, n° 3, p. 60.

G. Vedel, J. Rivero, « Les principes économiques et sociaux de la constitution : le Préambule », *Collection Droit social*, vol. XXI, 1947, p. 21.

G. Vedel, « Le précédent judicaire en droit public français », *Société de législation comparée*, 1985, p. 284.

G. Vedel, « Le Conseil constitutionnel, gardien du droit positif ou défenseur de la transcendance des droits de l'homme ? », *Pouvoirs*, n° 45, 1988, p. 154.

G. Vedel, « Doctrine et jurisprudence constitutionnelle », *RDP*, 1989, p. 14.

G. Vedel, « La place de la Déclaration de 1789 dans le bloc de constitutionnalité », in *La Déclaration des droits de l'homme et du citoyen et la jurisprudence*, Paris, PUF, 1990, p. 49.

G. Vedel, « Réflexions sur quelques apports de la jurisprudence du Conseil d'Etat à la jurisprudence du Conseil d'Etat à la jurisprudence du Conseil constitutionnel », in *Mélanges René Chapus. Droits administratif*, Paris, Dalloz, 1992, p. 667.

G. Vedel, « Schengen et Maastricht. (A propos de la décision n° 91-294 DC du Conseil constitutionnel du 25 juillet 1991) », *RFDA*, 1992 p. 173.

G. Vedel, « Excès de pouvoir législatif et excès de pouvoir administratif », *CCC*, n° 1, 1996, en ligne.

G. Vedel, « Excès de pouvoir législatif et excès de pouvoir administratif », *CCC*, n° 2, 1996, en ligne.

M. Verpeaux, « Le contrôle de la loi par la voie de l'exception dans les propositions parlementaires de la IIIe République », *RFDC*, 1990, p. 688.

M. Verpeaux, « La charte de l'environnement ou le triomphe de l'obstination », *JCP*, 2005, p. 657.

A. Viala, « Interpréter les droits et libertés, qu'est-ce à dire ? », *RFDC*, 2023, n° 133, p. 15.

T. Viehweg, « Que veut-on dire par positivisme juridique ? », *APD*, 1965, p. 181.

P. Wachsmann « Les principes généraux du droit comme droit constitutionnel non écrit élaboré par le Conseil d'état », *Jus Politicum*, n° 32, 2024, en ligne.

M. Waline, « Les idées maîtresses de deux grands publicistes français : Léon Duguit et Maurice Hauriou », *L'année politique française et étrangère*, 1929, n° 16, p. 388.

A. Werner, « Le Conseil constitutionnel et l'appropriation du pouvoir constituant », *Pouvoirs*, n° 67, 1993, p. 117.

J. Wroblewski, « Les langages juridiques : une typologie », *Droit et société*, n° 8, 1988, p. 15.

J. Wroblewski, « Les standards juridiques : problèmes théoriques de la législation et de l'application du droit », *RRJ*, n° 4, 1988, p. 854.

TABLE DES MATIERES

Structures éditoriales du groupe L'Harmattan

L'Harmattan Italie
Via degli Artisti, 15
10124 Torino
harmattan.italia@gmail.com

L'Harmattan Hongrie
Kossuth l. u. 14-16.
1053 Budapest
harmattan@harmattan.hu

L'Harmattan Sénégal
10 VDN SICAP AMITIE 3
BP 45034 Dakar-Fann
direction@senharmattan.com

L'Harmattan Cameroun
Tsinga/Derrière polyclinique FECAFOOT
BP 11486 Yaoundé
Jacques.koukam@harmattan.fr

L'Harmattan Burkina Faso
Villa 281, secteur 23 623, rue 14.32
Ouagadougou
zagbie@outlook.fr

L'Harmattan Guinée
Almamya, rue KA 028 OKB Agency
BP 3470 Conakry
harmattanguinee@yahoo.fr

L'Harmattan RDC
185, avenue Nyangwe
Commune de Lingwala – Kinshasa
matangilamusadila@yahoo.fr

L'Harmattan Congo
219, avenue Nelson Mandela
BP 2874 Brazzaville
deunovmikhael@gmail.com

L'Harmattan Mali
Immeuble Mgr Jean Marie Cissé
Aci Hamadallaye
BP 145 Bamako
syllaka@yahoo.fr

L'Harmattan Togo
Djidjole – Maison Amela
face EPP BATOME
02 BP 20680 Lomé
didieramela11@gmail.com

L'Harmattan Côte d'Ivoire
Résidence Karl – Cité des Arts
Abidjan-Cocody
03 BP 1588 Abidjan
harmattan.ivoire@gmail.com

L'Harmattan Bénin
Rue 604, (Immeuble à l'entrée
de la rue UCAO- Cite de Saint-Jean)
Cotonou
stepcorpus@gmail.com

Nos librairies en France

Librairie internationale
16, rue des Écoles
75005 Paris
librairie.internationale@harmattan.fr
01 40 46 79 11
www.librairieharmattan.com

Librairie des savoirs
21, rue des Écoles
75005 Paris
librairie.sh@harmattan.fr
01 46 34 13 71
www.librairieharmattansh.com

www.ingramcontent.com/pod-product-compliance
Lightning Source LLC
LaVergne TN
LVHW011142061026
849535LV00003B/568